JN418580

Cost Accounting **전정판**

원가회계

정재권 · 백대기 공저

도서출판 두남

전정판을 내면서

원가회계는 제품원가계산을 통한 재무제표 정보와 경영계획 및 통제에 유용한 정보를 제공하는 회계분야이다. 따라서 재무회계 영역뿐만 아니라 관리회계 영역에 이르기 까지 기업 내·외부에서 필수적으로 원가회계 정보를 사용한다.

원가회계 관련 중요 개념과 과정 및 계산구조를 충분히 이해하여야만 정확한 원가정보를 이해관계자에게 제공할 수 있다. 이 책에서는 재무회계·관리회계의 기본이 되는 원가회계를 실무지침인 「원가계산준칙」과 「기업회계기준서 제1002호 재고자산」에 준거하여 제조기업을 중심으로 기술하였다.

전정판을 내면서 중점을 둔 사항은 아래와 같다.

첫째, 각 장마다 본문의 내용을 이해하기 쉽게 설명함과 동시에 요점정리된 도표를 많이 삽입함으로써, 회계원리를 학습한 분들에게 손쉽게 원가회계를 마스터하도록 배려하였다.

둘째, 본문의 내용을 잘 이해하도록 각 장마다 수준 높은 예제 풀이를 넣었으며, 주관식 연습문제와 객관식 연습문제도 많이 삽입하였다. 특히 이번 개정에서는 각종시험(공인회계사, 세무사, 감정평가사, 경영·기술지도사, 공무원 시험, 주택관리사, 전산세무회계 1·2급 등)에서 최근에 출제된 주·객관식 기출문제들을 대폭 추가하였으므로, 각종 수험대비용으로도 이 책이 사용가능하도록 배려하였다.

셋째, 이 책은 대학 및 전문대학에서 원가회계강의를 위한 교재로 적합하도록 저술되었으며, 또한 원가회계분야의 실무자를 위한 실무(연수)교재로도 이용가능하다.

이 책의 내용은 대부분 저자 자신이 저술한 것이지만, 많은 국내외 서적들을 참조하였다. 끝으로 도서출판 두남의 전두표 사장님과 편집부 모두의 노고에 깊이 감사를 드립니다.

2011년 2월

저 자

차 례

제 1 장 원가회계의 본질

제1절 원가회계의 의의 ······14
1. 원가회계와 재무회계 ······15
2. 원가회계와 관리회계 ······15

제2절 원가회계의 목적 ······16
1. 재무회계에의 정보제공 목적 ······17
2. 경영계획 수립 목적 ······17
3. 원가관리 및 통제 목적 ······17

제3절 원가회계시스템의 종류 ······18
1. 개별원가계산과 종합원가계산 ······18
2. 실제원가계산과 정상원가계산, 표준원가계산 ······18
3. 전부원가계산과 변동원가계산 ······19
❑ (주·객관식) 연습문제 ······20

제 2 장 원가의 개념과 분류

제1절 원가의 개념 ······24
1. 원가의 의의 ······24
2. 원가와 자산 및 비용 ······24

제2절 원가의 분류 ······26
1. 재무제표작성 목적상의 분류 ······26
2. 계획 및 통제 목적상의 분류 ······28
3. 의사결정 목적상의 분류 ······31
❑ (주·객관식) 연습문제 ······34

제 3 장 원가의 흐름과 집계

제1절 제조기업의 원가흐름과 제조원가명세서 ······ 44
1. 제조기업의 원가흐름 ······ 44
2. 원가흐름의 회계처리 ······ 46

제2절 상기업의 원가흐름과 집계 ······ 50
1. 상기업의 원가흐름 ······ 50
2. 원가흐름의 회계처리 ······ 50
❑ (주·객관식) 연습문제 ······ 53

제 4 장 요소별 원가계산

제1절 재료원가의 계산 ······ 63
1. 재료의 의의와 분류 ······ 63
2. 재료의 구입청구와 주문, 검수, 보관과 출고 ······ 64
3. 재료매입액의 계산 ······ 67
4. 재료원가의 계산 ······ 68

제2절 노무원가의 계산 ······ 74
1. 노무원가의 의의와 분류 ······ 74
2. 노무원가의 계산 ······ 76
3. 노무원가의 기장흐름 ······ 78

제3절 경비의 계산 ······ 81
1. 경비의 의의와 분류 ······ 81
2. 경비의 계산 ······ 81
3. 경비의 기장흐름 ······ 83
❑ (주·객관식) 연습문제 ······ 86

제 5 장 부문별 원가계산

제1절 부문별 원가계산의 본질 ……94
1. 부문별 원가계산의 의의 ……94
2. 부문별 원가계산의 목적 ……94

제2절 원가부문의 설정과 분류 ……95
1. 원가부문의 설정 ……95
2. 원가부문의 분류 ……95

제3절 부문별 원가계산의 절차 ……96
1. 부문개별원가와 부문공통원가의 부문별 배부 ……98
2. 보조부문원가의 제조부문별 배부 ……102
❏ (주·객관식) 연습문제 ……109

제 6 장 제조간접원가의 배부

제 1 절 제조간접원가배부의 본질 ……120
1. 제조간접원가배부의 의의 ……120
2. 제조간접원가의 배부목적 ……121

제 2 절 제조간접원가의 제품별 배부 ……122
1. 제조간접원가의 배부기준 ……123
2. 제조간접원가배부율 ……126

제 3 절 제조간접원가의 예정배부 ……129
1. 제조간접원가 예정배부의 의의 및 필요성 ……129
2. 제조간접원가의 예정배부 ……130
3. 제조간접원가 배부차이와 회계처리 ……131

제 4 절 활동기준원가계산과 제조간접원가 ……135
1. 활동기준원가계산의 의의 ……135

2. 제조간접원가의 배부 비교 ······136
□ (주·객관식) 연습문제 ······138

제 7 장 개별원가계산

제1절 개별원가계산의 본질 ······148
1. 개별원가계산의 의의 ······148
2. 개별원가계산의 특징과 계산과정 ······148

제2절 개별원가계산의 원가흐름과 절차 ······150
1. 단순개별원가계산 ······151
2. 부문별 개별원가계산 ······154
3. 정상개별원가계산 ······159

제3절 공손 및 작업폐물의 회계처리 ······162
1. 공손의 회계처리 ······162
2. 작업폐물의 회계처리 ······165
□ (주·객관식) 연습문제 ······167

제 8 장 종합원가계산

제1절 종합원가계산의 기초 ······180
1. 종합원가계산의 특징과 분류 ······180
2. 종합원가계산의 5단계 순서 ······182

제2절 원가흐름의 가정과 원가배분 ······187
1. 선입선출법 ······187
2. 평균법 ······190

제3절 공정별 원가계산 ······193
1. 전원가요소 공정별 원가계산 ······193
2. 가공원가 공정별 원가계산 ······194
[보론] 기말재공품의 평가(공식법) ······200
❑ (주·객관식) 연습문제 ······202

제 9 장 공손 및 감손의 회계처리

제1절 공손의 의의 및 분류 ······216

제2절 공손량의 구분 ······217

제3절 공손원가의 계산과 회계처리 ······220
1. 공손무인식법과 공손인식법 ······220
2. 공손품의 처분가치가 없는 경우와 있는 경우 ······221

제4절 감손원가의 계산과 회계처리 ······228
❑ (주·객관식) 연습문제 ······232

제 10 장 조별 및 작업별 원가계산

제1절 조별원가계산 ······248
1. 조별원가계산의 의의 및 분류 ······248
2. 단순조별원가계산 ······248
3. 공정별 조별원가계산 ······251

제2절 작업별 원가계산 ······258
1. 작업별 원가계산의 의의 ······258
2. 작업별 원가계산의 물량 및 원가흐름 ······258
❑ (주·객관식) 연습문제 ······262

제11장 등급별 원가계산과 연산품 원가계산

제1절 등급별 원가계산 ····· 268
1. 등급별 원가계산의 의의 ····· 268
2. 등급별 원가계산의 유형 ····· 269

제2절 연산품 원가계산 ····· 273
1. 연산품 원가계산의 의의 ····· 273
2. 결합원가의 배분 ····· 274
3. 추가가공 여부 의사결정 ····· 281

제3절 부산물회계 ····· 282
1. 부산물의 의의와 특성 ····· 282
2. 부산물의 인식과 회계처리 ····· 283
❑ (주·객관식) 연습문제 ····· 288

제 12 장 표준원가계산

제1절 표준원가계산의 본질 ····· 300
1. 표준원가계산과 예산 ····· 300
2. 표준원가의 설정 ····· 303

제2절 표준원가계산의 원가흐름 ····· 305

제3절 원가차이분석 ····· 309
1. 원가차이분석의 의의 ····· 309
2. 원가차이의 계산 ····· 312
3. 원가차이의 발생원인들 ····· 321
4. 배합차이와 수율차이 ····· 322

5. 원가차이의 회계처리 ······ 324
6. 원가차이분석시 유의사항 ······ 331

제4절 판매부문의 원가차이 분석 ······ 332
❑ (주·객관식) 연습문제 ······ 338

제 13 장 변동원가계산

제1절 변동원가계산의 기초 ······ 356
1. 변동원가계산의 의의 ······ 356
2. 변동원가계산과 전부원가계산의 비교 ······ 356

제2절 변동원가계산과 재무보고 ······ 359
1. 영업이익의 비교 ······ 359
2. 영업이익의 차이 조정 ······ 364

제3절 변동원가계산의 유용성과 한계 ······ 365
❑ (주·객관식) 연습문제 ······ 366

제 14 장 활동기준원가계산

제1절 활동기준원가계산의 본질 ······ 382
1. 활동기준원가계산의 의의 ······ 382
2. 전통적 원가계산과 활동기준원가계산 ······ 382

제2절 활동기준원가계산의 절차 ······ 386
1. 활동분석 단계 ······ 387
2. 활동별 원가의 집계 단계 ······ 388
3. 활동별 원가동인의 파악 단계 ······ 388
4. 단위당 활동원가배부율의 산정 단계 ······ 389
5. 활동원가의 원가대상별 배부 단계 ······ 389

제3절 활동기준원가계산의 유용성과 한계 ······ 392
1. 활동기준원가계산의 유용성 ······ 392
2. 활동기준원가계산의 한계 ······ 393

제4절 활동기준경영 ······ 393
1. 활동기준경영의 의의 ······ 393
2. 활동원가 차이분석 ······ 394
❑ (주·객관식) 연습문제 ······ 396

[부록] / 407
1. 원가계산준칙 ······ 408
2. 기업회계기준서 제1002호 재고자산 ······ 416
3. 주관식 연습문제 해답 ······ 425

찾아보기 / 499

CHAPTER 1

원가회계의 본질

원가회계는 제품이나 서비스의 창출에 투입된 경제가치를 계산하는 분야로, 제조업 뿐만 아니라 각종 서비스업까지 유용한 원가정보를 제공하고 있다. 이 장에서는 원가회계의 의의와 목적을 살펴보고, 원가회계시스템의 종류에 대해서도 학습하도록 한다.

제1절 원가회계의 의의
제2절 원가회계의 목적
제3절 원가회계시스템의 종류

제1절 원가회계의 의의

원가회계는 산업혁명 이후의 공장생산과 기술혁신, 경영관리기법 등의 발전과 맥락을 같이 하고 있다. 원가회계는 제품과 서비스를 생산함에 있어 투입된 경제가치를 계산하는 분야로 제조업이나, 농업, 각종 서비스업(은행, 보험, 건설, 운수, 정보통신업 등)에 유용한 원가정보를 제공하고 있다.

미국의 전국회계사협회(National Association of Accountants : NAA)는 "원가회계는 생산한 제품 및 서비스의 원가를 집계하여 상세히 기록 및 보고하는 일련의 체계적인 절차이다. 이는 제품과 서비스의 원가를 인식·분류·배분·집계하는 방법을 포함하며 나아가 사전에 설정된 표준원가와 비교하는 방법까지 포함한다"고 정의하였다.

따라서 **원가회계**(cost accounting)는 제품이나 서비스의 창출에 투입된 경제가치를 화폐가치로 인식하여 집계하고 분류하여 보고하는 체계적인 절차라 할 수 있다. 초기의 원가회계는 원가구성요소나 발생부문, 제품별로 원가를 파악하여 재고자산액이나 기간손익을 정확히 산출하는 재무회계중심의 원가회계이었지만 오늘날에는 그 적용범위가 확대되어 경영자의 의사결정이나 경영계획의 수립·통제 등에 유용한 정보를 제공하고 있다.

회계는 회계정보이용자들이 요구하는 정보의 성격에 따라 재무회계와 원가회계 및 관리회계로 크게 분류된다. 회계의 분류를 정보이용자, 회계목적면에서 구분하면 다음 <그림 1-1>과 같다.

<그림 1-1> 회계의 분류

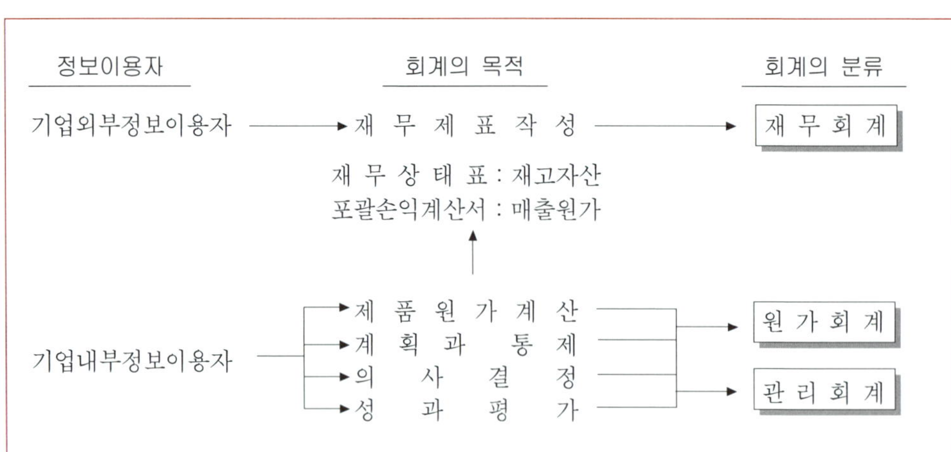

1. 원가회계와 재무회계

원가회계는 제품과 서비스의 원가를 계산하고 경영계획 및 통제에 유용한 정보를 제공하는 회계이다. 따라서 정확한 재무회계정보의 창출에 기여할 뿐만 아니라 기업내부의 효율적 경영관리에도 공헌도가 크다 할 수 있다.

원가회계의 실무지침으로는 **「원가계산준칙」**이 있으며, 보고범위는 제품이나 부문, 공정 등 탄력적으로 조정되며, 보고도 6개월이나 1년 등 정례적인 것 이외에 수시로 행해진다.

재무회계는 기업외부의 정보이용자들(주주, 채권자, 세무당국, 은행 등)이 합리적 의사결정을 할 수 있도록 기업의 재무제표와 관련된 정보를 제공하는 회계이다. 따라서 회계정보의 유용성으로 객관성과 검증가능성 등을 강조한다. 재무회계의 실무지침으로는 「기업회계기준」이 있으며, 보고의 범위는 회사전체를 대상으로 행해지며 보고는 6개월이나 1년 등 정기적으로 이루어진다.

원가회계와 재무회계를 비교해 보면 다음 <표 1-1>과 같다.

<표 1-1> 원가회계와 재무회계

	원가회계	재무회계
보고 대상	내부 및 외부 이해관계자	외부 이해관계자 (주주, 채권자, 거래처, 정부 등)
보고 목적	제품원가계산, 경영계획 수립, 원가통제 및 성과평가	경제적 의사결정의 기초자료 제공
보고 범위	제품, 부문, 공정 등	회사 전체
보고 시기	정기 또는 수시	정기
준거 기준	원가계산준칙	기업회계기준

2. 원가회계와 관리회계

원가회계는 특정 제품이나 서비스의 원가정보를 인식하고 배분, 집계하여 보고하는 원가계산과 원가통제 및 성과평가에 유용한 정보를 제공한다. 또한 원가회계 정보의 이용자는 내부 및 외부의 이해관계자로 「원가계산준칙」에 근거한 과거의 정보를 강조하며 제조원가명세서 등과 같은 일정한 보고 형식을 중시한다.

관리회계는 경영자가 경영계획을 수립하거나 통제를 행하고 의사결정을 함에 있어 유용한 정보를 제공하는 회계이다. 따라서 정보의 이용자가 내부의 경영자로 국한되며 보고목적은 의사결정에 주안을 두고 있다. 보고의 내용으로는 목적적합성과 합리성, 경제적 효율성 등에 준거한 미래지향의 정보가 요구되며, 일정한 보고 양식을 요구하지 않는다.

원가회계와 관리회계를 비교해 보면 다음 <표 1-2>와 같다.

<표 1-2> 원가회계와 관리회계

	원가회계	관리회계
보고 대상	내부 경영자 및 외부 이해관계자	내부 경영자
보고 목적	제품원가계산, 계획과 통제 및 성과평가 중시	계획과 통제 및 성과평가 이외의 의사결정 중시
보고 양식	제조원가명세서 등의 일정한 형식을 중시	일정한 형식이 없다. (특수목적별 보고서)
보고 내용	과거지향의 정보	미래지향의 예측 정보
준거 기준	원가계산준칙	목적적합성, 합리성, 경제적 효율성 강조

제2절 원가회계의 목적

원가는 제품이나 서비스를 창출하는 과정에서 희생 된 경제적 가치를 화폐로 환산한 것이다. 회계전산화 덕분에 오늘날 회계정보는 단순한 정보의 산출보다는 이용가치를 보다 강조한다. 특히 원가회계정보는 기업외부의 재무제표 정보이용자나 내부의 경영관리자 모두에게 유용하게 활용되고 있으므로, 원가회계는 재무회계와 관리회계에 필요한 원가정보를 제공하는 분야이다. 따라서 원가회계의 목적은 구체적으로 다음과 같다.

① 재무제표 작성에 필요한 원가정보의 제공
② 가격결정에 필요한 원가정보의 제공
③ 원가의 관리 및 통제에 필요한 원가정보의 제공
④ 예산편성 및 예산통제에 필요한 원가정보의 제공
⑤ 경영의 기본계획 설정 및 경영관리 목적에 필요한 원가정보의 제공

이 원가회계의 목적을 크게 세 가지로 구분하면 다음 <그림 1-2>와 같다.

<그림 1-2> 원가회계의 목적

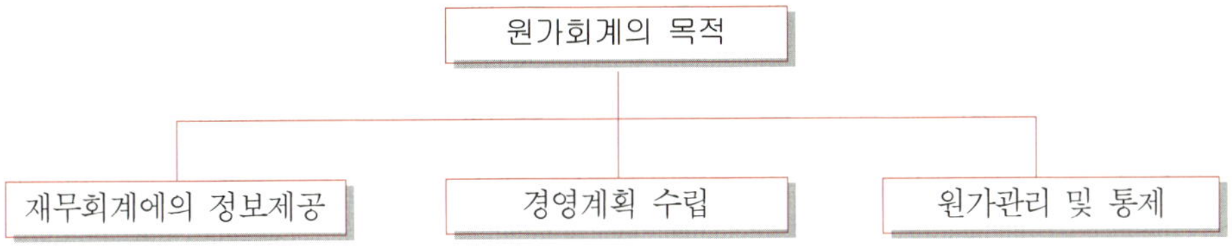

1. 재무회계에의 정보제공 목적

재무회계는 기업 외부의 이해관계자들에게 기업의 재무상태 및 경영성과에 관한 회계정보를 제공함에 주된 목적을 갖고 있다. 원가회계는 제품원가계산에 의한 재무회계의 기반이 되는 매출원가 및 재고자산에 대한 정보를 제공하고 있다.

매출원가 및 재고자산에 관한 원가정보는 기업의 기간손익과 재무상태를 파악함에 있어 중요한 변수로 유용한 회계정보를 창출하는 기반인 것이다. 이들 원가정보는 원가의 인식과 배분·집계의 과정을 거치면서 재무제표 작성의 기초정보를 제공하게 된다.

2. 경영계획 수립 목적

경영계획이란 조직의 목표를 효율적으로 달성하고자 제 자원을 결합하고 관리하기 위한 첫 단계이다. 구체적으로는 이익목표를 달성하기 위한 이익계획과 효과적인 자금조달과 운영을 위한 자금계획으로 나누어 볼 수 있다.

경영계획을 구체적인 수치로 표현한 공식적인 보고서가 예산인데 원가회계는 예산의 편성이나 관리, 예산차이분석 등에 유용한 원가정보를 제공해 준다. 특히 표준원가계산을 채택하는 경우 예산편성에 유용한 원가정보를 적시에 제공할 수 있게 된다.

3. 원가관리 및 통제 목적

원가관리란 제품이나 서비스를 생산하는 과정에서 발생하는 원가를 절감하고 원가능률(cost efficiency)을 향상시키기 위한 조치이다.

구체적으로는 조직 구성원들의 원가의식을 제고하기 위해 각 원가발생 부문이나 장소별로 원가표준을 설정하고, 실제발생원가와의 원가차이분석을 통해 원가책임 소재를 명확히 하고 그 개선조치를 강구하도록 하는 것이다.

제3절 원가회계시스템의 종류

원가회계시스템은 원가의 집계방법, 측정방법, 계산방법에 따라 다음 <그림 1-3>과 같이 구분할 수 있으며, 상호 결합된 원가회계시스템이 사용가능하다.

<그림 1-3> 원가회계시스템의 종류

원가의 집계방법	원가의 측정방법	원가의 계산방법
개별원가계산	실제원가계산	전부원가계산
	정상원가계산	
종합원가계산	표준원가계산	변동원가계산

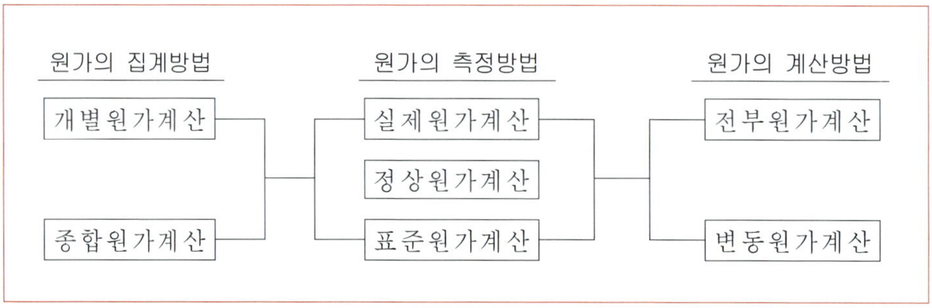

1. 개별원가계산과 종합원가계산

원가회계는 생산형태의 차이로 인하여 원가의 집계방법에 따라 개별원가계산과 종합원가계산으로 나누어진다. 개별원가계산은 특정제조지시서를 발행하여 개별작업마다 원가를 구분하여 계산하는 원가계산시스템이다. 따라서 선박·특수기계·건물 등 주문생산 형태에 적합한 원가시스템이다. 종합원가계산은 계속제조지시서를 발행하여 일정한 원가계산기간 동안 공정 또는 부문별로 원가를 계산하므로 정유업, 화공업, 제지업, 식품업 등 대량생산 형태에 알맞은 원가시스템이다.

2. 실제원가계산과 정상원가계산, 표준원가계산

원가회계는 원가의 측정방법(시점)에 따라 실제원가계산과 정상원가계산, 표준원가계산으로 구분된다. 실제원가계산은 사후적 원가계산으로, 제품의 제조를 끝낸 뒤에 실제로 발생한 원가를 집계하는 원가시스템이다. 따라서 이 계산결과를 재무제표에 기록·보고한다.

정상원가계산은 직접재료원가와 직접노무원가는 실제원가로 계산하고, 제조간접원가는 예정원가로 계산하는 원가시스템으로 불완전한 사전원가계산이다.

표준원가계산은 제품 생산에 효율성을 예상한 원가(표준원가)를 설정하여 실제 원가의 발생을 통제하는 완전한 사전원가계산이다.

3. 전부원가계산과 변동원가계산

원가회계는 제품원가의 계산방법(범위)에 따라 전부원가계산과 변동원가계산으로 나누어진다. 전부원가계산(흡수원가계산)은 제품 생산으로 인해 발생되는 모든 원가를 인식하고 측정하는 원가시스템이다. 따라서 원가시스템의 주된 목적은 정확한 재고자산의 평가와 매출원가의 산출을 통해, 기간손익의 산정과 재무제표의 작성에 반영하는 재무회계에 정보제공을 하는 전통적 원가계산 방법이다.

변동원가계산(직접원가계산)은 생산과정에서 발생하는 모든 원가를 원가행태에 따라 변동원가와 고정원가로 분류하는 것을 전제로 한다. 직접재료원가, 직접노무원가, 변동제조간접원가 등 변동제조원가만을 제품원가(product costs)로 인식하고 고정제조간접원가는 기간비용(period costs)으로 인식하는 원가시스템이다.

이 경우 고정제조간접원가는 원가성을 인정하지 않음으로 판매비 및 관리비와 마찬가지로 발생 즉시 비용으로 인식한다. 따라서 변동원가계산은 생산량 또는 판매량의 변화가 이익에 미치는 영향을 분석하거나 원가구조의 변화가 판매량이나 이익에 미치는 영향을 분석하는 데 유용하다.

연습문제

[문제 1-1] 원가회계란 무엇인가?

[문제 1-2] 원가회계와 재무회계를 바교 · 설명하라.

[문제 1-3] 원가회계와 관리회계의 차이를 설명하라.

[문제 1-4] 원가회계의 목적은 무엇인가?

[문제 1-5] 원가의 집계방법 및 측정방법과 계산방법별로 원가계산을 구분하여 설명하라.

[문제 1-6] 다음은 원가의 개념에 대한 설명이다. 틀린 것은? (전산회계 1급 24회)

① 원가란 재화나 용역을 얻기 위하여 희생된 경제적 자원이다.
② 원가회계에서는 일반적으로 상이한 목적에 따라 상이한 원가가 사용된다.
③ 조업도가 증가함에 따라 단위당 변동비는 증가하는 반면, 단위당 고정비는 일정하다.
④ 조업도는 생산량, 판매량, 직접노동시간 등 원가와 인과관계가 있는 척도이다.

정답 ③

[문제 1-7] 다음 중 원가회계의 성격과 다른 것은? (전산세무 2급 22회)

① 경영통제를 위한 원가자료의 제공
② 제품원가계산을 위한 원가자료의 제공
③ 특수의사결정을 위한 원가자료의 제공
④ 기업의 외부정보이용자에게 정보제공

정답 ④

〔문제 1-8〕 다음 중 원가회계의 목적과 관련이 없는 것은? (전산세무 2급 19회)

① 경영자들의 각종 의사결정 및 통제에 필요한 자료를 제공한다.
② 일반 재무제표의 작성에 필요한 원가를 집계한다.
③ 경영자에게 원가관리에 필요한 원가자료를 제공한다.
④ 회계원칙의 기준에 따라 작성되어야 한다.

정답 ④

〔문제 1-9〕 다음은 원가계산준칙에 따른 제조원가요소의 분류에 대한 설명이다. 틀린 것은? (전산회계 1급 22회)

① 제조원가요소는 재료비, 노무비 및 경비로 분류한다.
② 회사가 선택하고 있는 원가계산방법에 따라 직접재료비, 직접노무비 및 제조간접비 등으로 분류할 수 있다.
③ 제조원가요소와 판매비와관리비요소는 구분하여 집계한다.
④ 제조원가요소와 판매비와관리비요소의 구분이 명확하지 아니한 경우에는 판매비와 관리비로 계상한다.

정답 ④

〔문제 1-10〕 원가회계는 성격에 따라 외부보고용 재무제표의 작성을 위한 원가회계(A)와 경영관리적 측면에 보다 유용한 원가회계(B)로 크게 구분할 수 있다. A, B를 순서대로 가장 알맞게 짝지은 것은? (3회 기업회계1급 2006, 한국세무사회)

① 개별원가계산 - 전부원가계산
② 전부원가계산 - 표준원가계산
③ 변동원가계산 - 종합원가계산
④ 정상원가계산 - 표준원가계산

정답 ②

CHAPTER 2

원가의 개념과 분류

원가란 제품이나 용역의 가치증대에 희생된 경제적 가치를 화폐액으로 측정한 것이다. 이 장에서는 자산 및 비용과 비교하여 그 특성을 살펴보고, 원가를 재무제표작성 목적, 계획 및 통제 목적, 의사결정 목적으로 분류하여 살펴보도록 한다.

제1절 원가의 개념
제2절 원가의 분류

제1절 원가의 개념

1. 원가의 의의

원가(cost)란 제품이나 용역의 가치증대와 관련하여 희생된 경제적 가치를 화폐액으로 측정한 것이다. 재화나 용역의 가치증대는 구입이나 생산, 가공처리 과정 그리고 판매, 재고 등 경영활동 전반에 걸쳐 나타난다.

경영자는 제품이나 용역에 대한 원가 뿐만 아니라 구체적으로 어떤 활동 또는 부문의 원가가 얼마인지를 알고자 한다. 여기에서 원가의 측정이나 보고의 대상이 되는 것을 원가대상(cost object)이라 한다. 원가대상(원가계산대상)으로는 제품이나 용역이외에도 활동, 부문이나 공정, 프로젝트, 프로그램 등이 있다.

특히 원가회계에서는 제품원가를 정확히 산출할 목적으로 원가대상별로 원가를 파악하여 정보이용목적에 효과적으로 활용하고 있다. 예를 들어 부문별 원가계산은 각 부문에서 발생하였거나 부담하여야 할 원가를 정확히 산출하는 절차이며, 제품별 원가계산의 전단계에 해당된다.

2. 원가와 자산 및 비용

원가와 자산은 동전의 양면과 같다. 예를 들어 자산을 취득하기 위하여 지출한 원가는 취득원가이며 제품생산과 관련하여 생산공정에 투입된 재화의 가치는 제조원가이다. 따라서 경제적 가치를 갖고 있는 자산이나 용역을 얻기 위해 희생된 가치가 원가인 것이다.

원가는 자산과의 관련성에 따라 다음 <그림 2-1>과 같이 소멸원가와 미소멸원가로 구분하기도 한다. 기업이 보유한 자산이 생산공정에 투입되어 제품이 완성되는 과정에서 원가의 발생과 변형·소멸이 나타나는데 당기의 소멸원가인 매출원가는 당기수익인 매출과 대응된다. 반면에 당기의 미소멸원가인 재고자산은 미래가치를 가지는 자산으로써 차기로 이월되어 소멸되게 된다.

원가란 특정제품이나 용역을 창출하기 위한 가치의 희생으로 원가계산상의 개념이다. 반면에 비용이란 일정기간의 수익창출과 관련하여 소비된 경제적 가치로 손익계산상의 개념이다.

<그림 2-1> 원가와 자산

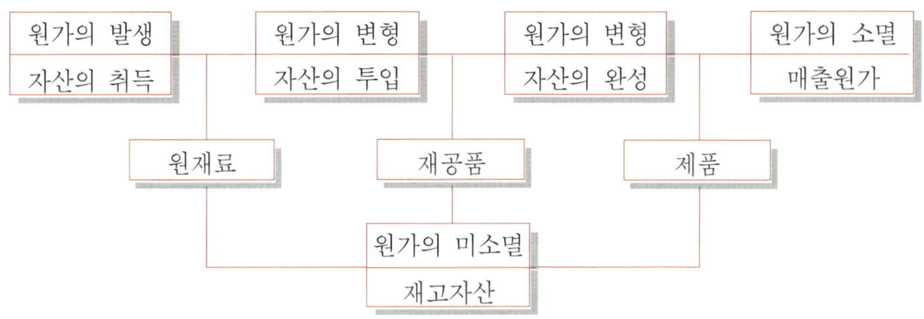

원가와 비용은 모두 경영활동과 관련해 소비된 경제적 가치를 의미하나 원가는 제조활동과 관련되고 비용은 판매 및 관리활동과 관련하여 발생한다. 제품원가는 판매시점에서 수익에 대응하는 비용(매출원가)으로 전환된다. 따라서 원가와 비용은 기업활동에 따른 구분이지만 수익에 대응되어 이익이라는 이익성과를 산출할 수 있음을 알 수 있다.

원가와 비용은 원가계산 및 손익계산 목적과 관련하여 다음 <그림 2-2>와 같이 기초원가와 부가원가 그리고 목적비용과 중성비용으로 구분할 수 있다.

<그림 2-2> 원가와 비용

손익계산상의 비용	중성비용 (비용이나 원가가 아님)	목적비용 (비용이며 원가인 것)	
원가계산상의 원가		기초원가 (원가이며 비용인 것)	부가원가 (원가이나 비용이 아님)

중성비용	손익계산상의 비용이나 원가계산상 원가가 아닌 비용으로 생산과 직접 관계없는 비용(예: 기부금, 재료평가차손, 단기 매매증권평가차손 등)
목적비용	손익계산상의 비용인 동시에 원가계산상 원가인 것 (예: 재료원가, 노무원가, 제조간접원가, 판매비, 관리비 등)
기초원가	원가계산상 원가인 동시에 손익계산상 비용인 것 (예: 재료원가, 노무원가, 제조간접원가, 판매비, 관리비 등)
부가원가	원가계산상 원가이나 손익계산상 비용이 아닌 것 (예: 장부상 감가상각이 끝난 유형자산의 사용, 무상으로 취득한 원재료의 소비, 자기자본에 대한 이자, 사용자의 보수 등)

제2절 원가의 분류

원가는 정보이용 목적에 따라 분류할 수 있는데 구체적인 정보이용 목적에는 ① 재무제표작성 목적 ② 경영계획 및 통제 목적 ③ 의사결정 목적 등이 있다.

1. 재무제표작성 목적상의 분류

원가회계는 기본적으로 제품의 매출원가 및 재고자산에 대한 정확한 정보를 제공하여 객관성 있고 유용한 재무제표를 작성하는데 기여하여야 한다. 이와 같은 목적에는 다음과 같은 원가개념이 유용하다.

(1) 재료비, 노무비, 경비[1)]

원가는 발생형태에 따라 재료비·노무비·경비로 분류하여, 이 구분을 **원가의 3요소**라 한다.

재료비는 제품의 생산에 필수적인 원재료 등의 원가이며, **노무비**는 제품 생산에 관련있는 종업원의 근로에 대한 대가로 지출되는 원가가 해당되며, **경비**는 재료비와 노무비를 제외한 기타의 제조관련 원가를 말한다.

한편 원가의 추적가능성 여부에 따라 직접원가(direct costs)와 간접원가(indirect costs)로 구분할 수 있다. **직접원가**는 특정제품 혹은 특정부문에 직접 관련시킬 수 있는 원가로 재료원가 중에서 직접재료원가, 노무원가 중에서 직접노무원가, 직접경비 등이 있다. **간접원가**는 제조 및 생산과정상 발생하기는 하였지만 특정제품 혹은 특정부문에 직접 추적할 수 없는 원가로 간접재료원가·간접노무원가·간접경비 등으로 구성된다.

(2) 제조원가와 비제조원가

원가는 제조활동과의 관련성 측면에서 제조원가와 비제조원가로 분류할 수 있다. **제조원가**(manufacturing costs)는 제품의 제조과정에서 발생하는 원가를 의미하고, 제품원가라고도 하며 직접재료원가, 직접노무원가, 제조간접원가(**제조원가의 3요소**라고 함)가 이에 속한다.

또한, 제조원가는 제품제조활동의 기본적 요소 여부에 따라 기초원가와 가공원가로

---

1) 「원가」와 「비용」은 서로 다른 개념이므로, 본서에서는 원가에 해당되는 용어는 모두 ○○원가(예 : 재료원가·노무원가 등)로 구분하여 사용한다.

분류할 수 있다. 기초원가(prime costs)는 제품제조의 기본이 되는 원가로 직접재료원가와 직접노무원가가 이에 해당하고 가공원가(conversion costs)는 원재료를 제품으로 가공하는 과정에서 발생하는 원가로 직접노무원가와 제조간접원가가 이에 해당한다.

비제조원가(nonmanufacturing costs)는 제품의 제조활동과 관계가 없이 제품의 판매활동과 일반관리활동에서 발생하는 원가를 의미하고, 기간원가라고도 하며 판매비와 관리비가 이에 속한다.

판매비(selling expense)는 제품을 고객에게 인도하는 활동과 관련된 비용으로 시장조사비, 광고선전비, 판매수수료, 판매원 급여 등이 이에 해당한다.

관리비(administrative expense)는 기업조직의 유지 및 관리와 관련된 비용으로 제품제조나 판매활동과는 관련이 없는 비용으로 임원급여, 사무직급여, 본사의 통신비, 수도광열비, 건물감가상각비 등이 있다.

(3) 제품원가와 기간원가

원가는 수익과의 대응시기에 따라 제품원가와 기간원가로 분류할 수 있다. **제품원가**(product costs)는 (대차대조표상 재고자산으로 원가를 구성하게 되는) 재고가능원가이면서, 제품이 판매되는 기간(당기 또는 차기)에 비용화하는 원가를 의미한다. 직접재료원가 · 직접노무원가 · 제조간접원가 등 제조원가가 이에 해당한다.

기간원가(period costs)는 제품원가로 처리할 수 없는 원가로써 발생한 기간에 손익계산서상의 비용으로 처리하는 원가를 의미한다. 판매비와 관리비 등의 비제조원가가 이에 해당한다.

재무제표작성 목적상의 원가분류는 다음 <그림 2-3>과 같다.

<그림 2-3> 재무제표작성 목적상의 원가분류

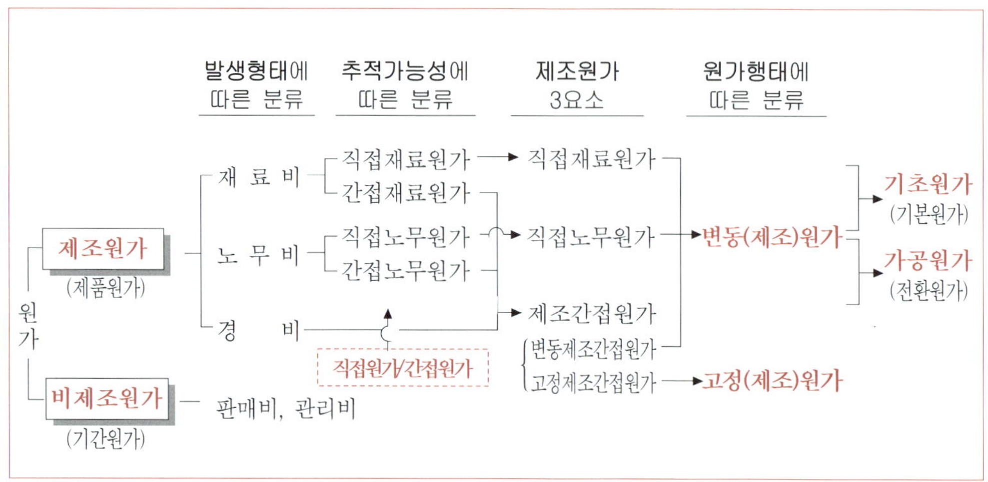

2. 계획 및 통제 목적상의 분류

(1) 변동원가, 고정원가, 준변동원가, 준고정원가

조업도(volume)란 일반적으로 일정기간 동안의 생산설비의 이용정도를 의미한다. 조업도는 측정되는 원가대상에 따라 기업전체를 대상으로 하는 경우에는 제품의 매출액이나 판매량·생산량, 공장을 대상으로 하는 경우에는 제품생산량, 그리고 원가부문을 대상으로 하는 경우에는 직접노무원가·직접노동시간·기계작업시간 등이 된다.

원가행태(cost behavior)는 조업도의 변동에 따라 원가가 어떻게 변동하는 가를 나타내므로, 이에 따라 원가를 변동원가, 고정원가, 준변동원가, 준고정원가로 구분할 수 있다.

경제학에서는 조업도의 변동에 따라 원가가 체증 또는 체감하는 비선형의 원가함수를 가정하는 반면, 회계학에서는 조업도의 변동에 비례하여 원가가 증감하는 선형원가함수를 가정하고 그 유효범위를 **관련범위**(relevant range)로 국한하고 있다. 따라서 회계학에서는 선형원가함수가 비선형원가함수에 비해 정확성이 크게 낮아지지 않으며, 추정이 용이하고 이해하기 쉽다는 면에서 선형원가함수를 가정하고 있다.

경제학상의 원가함수와 회계학상의 원가함수는 다음 <그림 2-4>와 같다.

<그림 2-4> 원가함수의 비교

경제학상의 원가함수

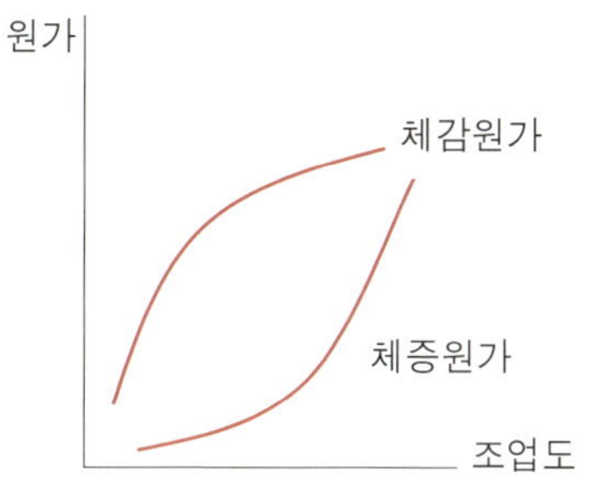

회계학상의 원가함수

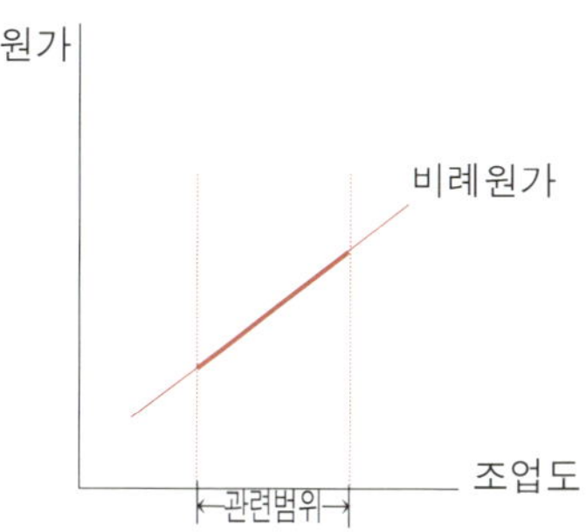

변동원가(variable costs)는 조업도의 변동에 비례하여 증감하는 원가로 직접재료원가, 직접노무원가, 변동제조간접원가가 이에 해당한다. **고정원가**(fixed costs)는 조업도의 변동과 관계없이 총원가가 일정하게 발생하는 원가이다. 고정원가의 예로는 보험료, 감가상각비, 재산세, 임차료, 광고비, 연구개발비 등이 있다.

조업도의 변동에 따라 변동원가와 고정원가는 각각 총원가와 단위원가와 관련하여 원가형태가 다음 <표 2-1>과 같이 다르게 나타난다.

<표 2-1> 조업도의 변동에 따른 총원가와 단위원가의 변동형태

	변 동 원 가	고 정 원 가
총 원 가	조업도의 변동에 비례하여 증감	일 정
단위원가	일 정	조업도의 변동과 반대 방향으로 증감

고정원가는 경영자의 의사결정에 따른 재량권이 부여되느냐에 따라 확정고정원가(committed fixed costs)와 임의고정원가(discretionary fixed costs)로 분류할 수 있다. 확정고정원가는 법률상의 계약이나 의사결정으로 인해 일정기간동안 경영자가 임의로 변동시킬 수 없는 원가로 그 예로는 보험료, 감가상각비, 재산세, 임차료, 리스료, 광고비 등이 있다. 임의고정원가는 경영자가 의사결정으로 그 총액을 변동시킬 수 있는 고정원가로 그 예로는 연구개발비, 교육훈련비 등이 있다.

준변동원가(semi-variable costs)는 혼합원가(mixed costs)라고도 하며 고정원가와 변동원가 요소가 혼합된 원가이다. 이는 조업도 수준이 0 상태에서 일정수준의 원가가 발생되며 이후 조업도의 증감에 따라서 총원가가 변동하는데 그 예로는 전기료, 전화료, 수도료, 수선비 등이 있다.

준고정원가(semi-fixed costs)는 계단식 원가(step costs)라고도 하며, 이는 총원가가 일정조업도 범위내에서는 고정적이나 그 범위를 벗어나면 급증하여 다시 새로운 수준의 고정원가 형태를 보이는 고정원가로 예를 들면 감독자 급여가 있다.

조업도 변동에 따른 원가행태별 원가구분을 그림으로 나타내면 다음 <그림 2-5>와 같다.

<그림 2-5> 원가행태별 원가구분

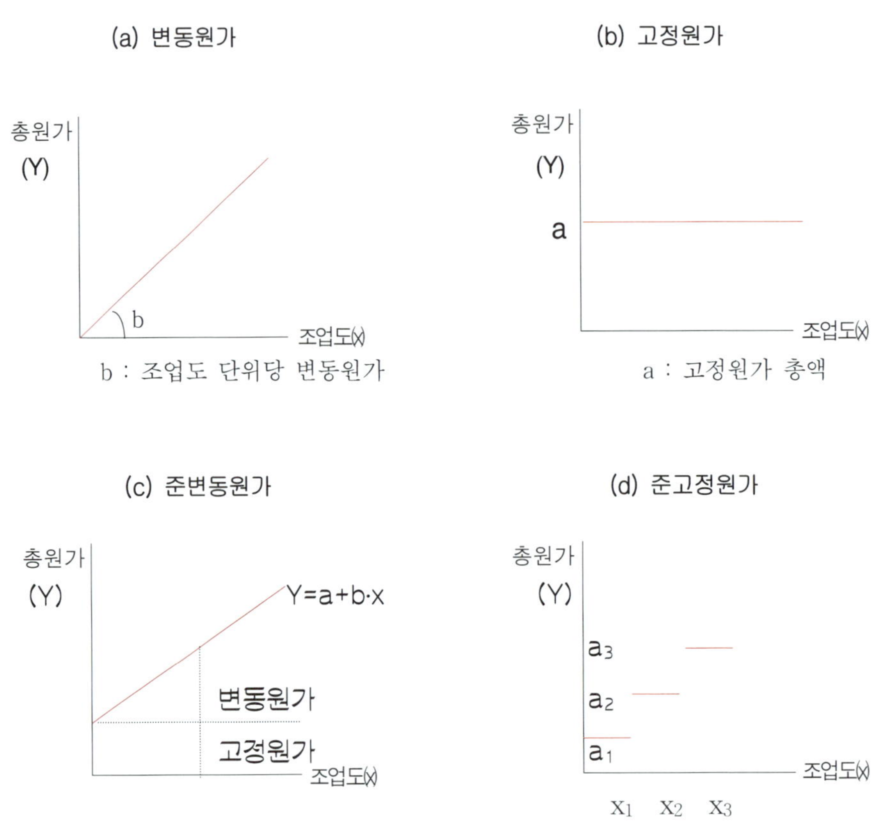

(2) 직접원가와 간접원가

원가는 원가대상에의 추적가능성 여부에 따라 직접원가와 간접원가로 구분할 수 있다. **직접원가**(direct costs)는 특정제품이나 부문에의 추적이 가능한 추적가능원가(traceable costs)로 개별원가라고도 하며, 직접재료원가 · 직접노무원가 · 부문의 고유원가 등이 이에 속한다.

간접원가(indirect costs)는 특정제품이나 부문에의 추적이 불가능한 추적불능원가(nontraceable costs)로 **공통원가**라고도 하며 제조간접원가, 연구개발비, 광고비, 부문공통비 등이 이에 해당한다.

이 간접원가는 공통원가의 성질을 가지므로 합리적 배부기준을 선정하여 특정 원가대상에 배분하는 절차를 거친다.

(3) 통제가능원가와 통제불능원가

통제가능원가(controllable costs)란 특정관리자가 당해 원가의 발생정도에 대하여 영향을 미치는 권한이 있는 원가를 말하며, 특정 관리자의 성과 평가시 이를 반영한다. 이에 대응되는 개념은 통제불능원가(uncontrollable costs)이며, 특정관리자의 성과평가에 반영시키지 않고, 회사전체의 성과평가에 반영한다.

통제가능원가의 결정요인은 조직계층과 통제가능기간이다. 조직계층에 따라 영향을 받는 원가로는 접대비, 감가상각비 등이 있다. 이들 원가에 대해 최고경영층은 통제가능하나 하위관리자는 통제불가능하다. 또한 통제가능기간에 영향을 받는 원가로는 광고선전비 등이 있다. 이 원가분류는 부문관리자의 성과를 평가하는데 유용하다.

성과평가와 관련된 원가분류를 요약하면 다음 <표 2-2>와 같다.

<표 2-2> 성과평가와 관련된 원가분류

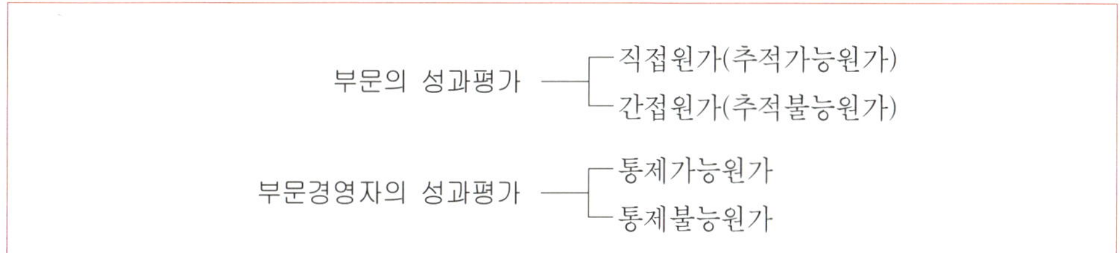

3. 의사결정 목적상의 분류

의사결정은 본질상 항상 대안(대체안)이 존재하게 되며 과거가 아닌 현재와 미래에 영향을 미치게 되는 것이다. 따라서 의사결정과 관련하여 고려되어야 할 원가도 목적에 맞는 관련원가로서 경쟁적 대체안간에 차이가 있는 미래원가이어야 한다.

따라서 관련원가(relevant costs)란 특정 의사결정에 직접적으로 관련이 있는 원가로서, 의사결정 대안간에 차이가 있는 미래의 원가를 말하며, 비관련원가(irrelevant costs)란 특정 의사결정과 관련이 없는 원가로서, 의사결정 대안간에 차이가 없는 과거 또는 미래의 원가를 말한다. 관련원가와 비관련원가의 구분을 요약하면 다음 <그림 2-6>과 같다.

<그림 2-6> 관련원가와 비관련원가의 구분

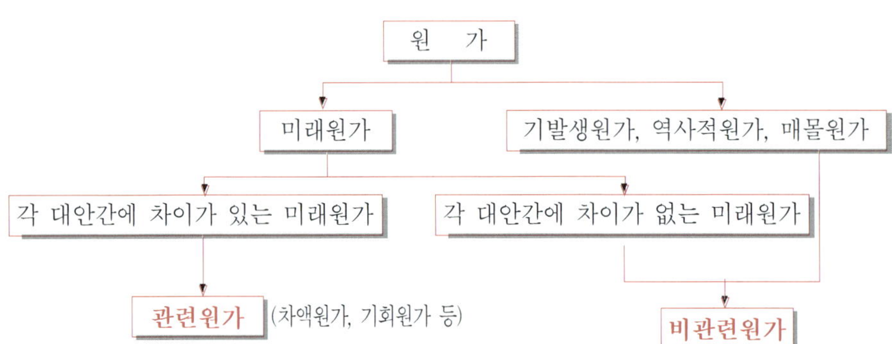

(1) 차액원가

차액원가(differential costs)란 대안간에 원가차이액(증분원가, 감분원가)을 의미한다. 의사결정시 대안간의 모든 원가를 고려하기 보다 차액원가 정보를 계산하면, 이해하기 쉽고 적시에 의사결정을 내릴 수 있다. 대안간의 차액수익에서 차액원가를 차감함으로써 차액이익을 구하고 이 결과를 의사결정에 적용하게 된다. 이 차액원가 개념은 경제학상의 한계원가 개념과 근본적으로 일치한다.

(2) 기회원가

기회원가(opportunity costs : 기회비용)은 여러 대안 중 최선의 한 개 대안을 선택함으로서, 포기된 차선 대안이 희생되는 잠재적 효익(이익 또는 순현금유입액)을 의미한다. 기회원가는 실제로 지출되지 않지만 모든 대안들은 기회원가를 갖고 있으므로 의사결정과정에서 필히 고려되어야 할 관련원가이다.

이 원가개념은 대체적인 용도를 가지는 한정된 자원의 이용에 주로 적용하며, 여러 대안 중 차선의 대안으로 획득할 수 있었던 포기되어진 이익을 최선의 선택된 대안에 비교하여 기회원가라고 부른다.

(3) 부가원가

부가원가(imputed costs)란 의사결정에서 인식해야만 하는 가치희생은 있으나 회계장부에 기록되지도 않고 현금지출이 수반되지도 않는 원가(자기자본이자 등)를 말한다. 이는 기회원가 개념과 유사하며 의사결정목적에 적합한(관련) 원가에 해당한다. 부가원가는 현금지출을 수반하지 않고 재무제표 상에도 나타나지 않으나, 원가계산담당자의 입장에서는 가치가 희생되었다는 점에서 원가로 볼 수 있다. 부가원가를 협의로 해석하는 경우에는 현금지출을 수반하지 않는 이자비용(금융비용)

만을 뜻한다. 예를 들면 자기자본으로 신규투자를 할 경우 그 투자액에 대한 이자 비용은 부가원가이다.

(4) 현금지출원가

일반적으로 대부분의 가치희생은 현금지출을 수반하는 원가이므로, **현금지출원가**(outlay costs)는 특정의 의사결정으로 인하여 현재나 가까운 장래에 현금의 지출을 필요로 하는(관련)원가를 말한다. 예컨대 특별주문을 수락하게 되면 주문을 수락하지 않을 경우 회피할 수 있었던 현금지출원가를 발생시키는 것이다. 이 원가개념은 단기적인 자금관리 측면에서 매우 유용하다.

(5) 회피가능원가

회피가능원가(avoidable costs)는 여러 의사결정 대안중 한 대안을 선택함으로써 절감되거나 발생이 회피될 수 있는(관련)원가를 의미한다. 따라서 이 원가는 대안간의 차이를 가져오는 관련원가이다. 그러나 회피불능원가는 특정 대안을 선택하는 것과 관계없이 계속해서 발생하는 원가를 말하며, 이 원가는 비관련원가이므로 의사결정시 배제되어야 한다.

예를 들면 특정부문을 폐쇄하는 경우 그 부문과 관련된 재료원가와 노무원가, 제조간접원가는 회피가능원가이며, 특정부문의 폐쇄에도 계속 발생하는 일부 고정 제조간접원가는 회피불능원가이다.

(6) 연기가능원가

연기가능원가(postponable costs)는 단기적인 경영능률에 영향을 미치지 않고 미래로 그 발생을 연기할 수 있는(관련)원가를 의미한다. 예를 들면 당기의 수선유지비를 대폭 삭감하는 경우 이는 수선을 회피하는 것이 아니라 차기로 수선을 연기하는 것이다. 이 원가개념은 단기적으로 경영능률을 유지하면서 장기적으로 원가를 배분하는 경우에 유용하다.

(7) 매몰원가

매몰원가(sunk costs)란 과거의 의사결정의 결과로 이미 발생된(비관련)원가를 의미한다. 매몰원가는 의사결정 대안간에 차이가 없고 어떤 대안을 선택하더라도 경영자가 통제(회피)불가능한 원가이므로 비관련원가가 된다. 따라서 매몰원가는 기발생원가, 역사적 원가(과거원가), 비차액원가라는 개념과 동일(또는 유사한) 개념으로 사용된다.

연습문제

〔문제 2－1〕 원가개념을 자산이나 비용개념과 비교 · 설명하라.

〔문제 2－2〕 제조원가와 비제조원가의 차이를 설명하라.

〔문제 2－3〕 변동원가와 고정원가를 비교 · 설명하라.

〔문제 2－4〕 원가의 기본개념들

원가관리회계에서 사용되는 주요 용어들에 대한 다음의 개념설명에 가장 적합한 것을 고르시오.

A. 제조간접원가	B. 제조원가	C. 제품원가	D. 비제조원가
E. 변동원가	F. 고정원가	G. 직접원가	H. 간접원가
I. 기회원가	J. 차액원가	K. 관련원가	L. 매몰원가
M. 부가원가	N. 통제가능원가	O. 회피가능원가	P. 연기가능원가

1. 직접재료원가와 직접노무원가를 제외한 모든 제조원가를 의미함. 간접재료원가 · 간접노무원가 · 간접경비로 구성된다.(　)

2. 조업도의 증감에 비례해서 총원가는 증감하나 단위당 원가는 일정하다.(　)

3. 제조활동과 관련하여 발생하는 모든 생산요소의 원가(직접재료원가 · 직접노무원가 · 제조간접원가)이다.(　)

4. 조업도의 변동에 관계없이 총원가는 일정하나 단위당 원가는 조업도의 변동에 증감한다.(　)

5. 판매를 목적으로 제조된 제품에 대해 부과되는 원가로서, 재고가능원가라고도 한다.(　)

6. 특정 원가계산대상에 직접 추적할 수 있는 원가로서, 제품원가계산과정에서 해당 원가를 직접 부과할 수 있다.( )

7. 제조활동과 직접적인 관련없이 발생하는 원가로서, 판매비와 관리비가 해당된다.( )

8. 특정 원가집적대상에 추적이 불가능한 원가로서, 제품원가계산과정에서 원가배분을 필요로 한다.( )

9. 의사결정시 대안간에 차이가 나는 미래원가들의 총칭이다.( )

10. 의사결정시 회계기록은 않지만 원가계산상으로만 가치의 희생을 부가시킨 원가를 의미한다.(예 : 신규투자시 자기자본에 대한 이자비용, 개인사업자의 보수)( )

11. 경제적 자원을 현재의 용도가 아닌 차선의 용도에 사용했더라면 의사결정시 얻을 수 있었던 최대효익의 측정원가이며, 회계장부에는 기록되지 않는다.( )

12. 특정부문의 경영자가 원가의 발생을 관리할 수 있으며, 부문경영자의 성과평가 기준이 된다.( )

13. 의사결정시 특정대안과 다른 대안간에 원가차액이 있을 경우를 의미하며, 관련원가의 대부분이 해당된다.( )

14. 경영자의 선택에 따라 반드시 필요로 하지 않는 원가를 의미하며, 특정제품의 생산중단시 해당원가는 회피가능하다.( )

15. 과거에 발생한 원가로서 현재 또는 미래의 의사결정에 관련이 없는 원가를 의미하며, 역사적원가 또는 과거원가가 해당된다.( )

16. 현재 생산활동의 능률에 거의 영향을 미치지 않기 때문에 장래로 연기할 수 있는 원가를 의미하며, 예로는 기계설비의 수리비와 검사비가 해당된다.( )

〔문제 2－5〕 원가구성도의 이해

원가구성도가 다음과 같을 경우, 다음 물음에 답하시오.

영업이익 (₩ ?)

판매비와 관리비 (₩6,000)

재 료 비 (₩60,000)

노 무 비 (₩15,000)

경 비 (₩25,000)

직접재료원가 (₩50,000)

직접노무원가 (₩10,000)

직접원가 (₩ ?)

제조간접원가 (₩ ?)

제조원가 (₩ ?)

총 원 가 (₩ ?)

판매가격 (₩120,000)

＊ **제조간접원가**＝간접재료원가＋간접노무원가＋간접경비

[물음] 위의 자료를 근거로 다음 항목을 계산하시오.

1. 원가의 발생형태별로 분류할 경우 총제조원가는?
2. 제품과의 관련성별로 분류할 경우 제품제조 관련 직접원가와 간접원가는?
3. 기본원가와 가공원가는?
4. 제조원가와 비제조원가(기간원가)는?
5. 제조원가, 판매비와 관리비중 변동원가가 각각 70%와 40%일 경우 총변동원가와 총 고정원가는?
6. 총원가와 영업이익은?

〔문제 2－6〕 **다음 중 원가의 특성을 설명한 것으로 적합하지 않은 것은?**

(3회 기업회계1급 2006, 한국세무사회)

① 소멸된 원가는 손익계산서상 비용 또는 손실로 계상되며, 미소멸된 원가는 대차대조표상 자산으로 계상한다.

② 원가는 과거에 소비된 것만을 대상으로 한다.

③ 원가는 정상적으로 발생한 것만 대상으로 한다.

④ 원가는 기업의 주된 경영활동인 구매, 제조, 판매 및 일반관리활동과 관련하여 나타나는 재화 및 용역의 소비액이다.

정답 ②

〔문제 2-7〕 **다음 중 원가에 대한 설명으로 틀린 것은?** **(전산세무 2급 24회)**

① 노무비 - 제품 제조를 위하여 투입된 노동력에 대한 대가

② 혼합비 - 직접비의 성격과 간접비의 성격이 혼합된 원가

③ 변동비 - 조업도가 증가함에 따라 총원가가 비례적으로 증가되는 원가

④ 고정비 - 조업도가 증가함에 따라 단위당 원가가 감소되는 원가

정답 ②

〔문제 2-8〕 **직접노무비가 다음 항목에 포함되는지를 모두 옳게 나타낸 것은?**

(국가직 9급 회계학 2006년 4월)

	기본원가	가공비	제품원가	기간비용
①	예	아니오	예	아니오
②	예	예	아니오	예
③	예	예	예	아니오
④	아니오	아니오	아니오	예

정답 ③

〔문제 2-9〕 **제조원가에 대한 설명 중에서 그 내용이 옳지 않은 것은?**

(국가직 9급 회계학 2006년 4월)

① 제품의 단위당 변동비는 조업도에 비례하여 증감한다.

② 고정비의 관련범위 내에서 조업도와 무관하게 총액은 일정하다.

③ 비용 중에는 변동비와 고정비로 구분하기 어려운 것도 있다.

④ 변동비와 고정비의 분류는 원가통제에 유용하다.

정답 ①

〔문제 2-10〕 **다음 중 원가에 대한 설명이 틀린 것은?** **(전산회계 1급 22회)**

① 원가대상별로 분리 또는 추적이 불가능한 원가를 간접원가라고 한다.

② 조업도에 관계없이 크기가 일정한 원가를 고정원가라고 한다.

③ 이미 발생하여 변경될 수 없는 원가를 기회원가라고 한다.

④ 의사결정과 관련된 원가를 관련원가라고 한다.

정답 ③

〔문제 2-11〕 **원가는 특정한 목적을 달성하기 위해서 희생되거나 포기된 자원을 말한다. 다음 원가의 분류 중 올바르지 않은 것은? (3회 기업회계1급 2006, 한국세무사회)**

① 사업기능 - 연구개발원가, 생산원가, 마케팅원가, 유통원가

② 원가대상에의 할당 - 기초원가, 가공원가

③ 원가행태 - 변동원가, 고정원가
④ 재무보고 - 재고가능원가, 기간비용

정답 ②

〔문제 2-12〕 조업도수준이 0일때 고정원가와 같이 일정한 값을 갖고 조업도 수준이 증가함에 따라 변동원가와 같이 증가하는 원가를 무엇이라 하는가?
(3회 기업회계1급 2006, 한국세무사회)

① 계단원가 ② 준고정원가
③ 전부원가 ④ 혼합원가(준변동원가)

정답 ④

〔문제 2-13〕 다음은 원가의 분류에 대한 설명이다. 옳지 않은 것은?
(전산세무회계 1급 16 회)

① 제품원가는 재고가능원가이고, 기간원가는 재고불능원가이다.
② 기회원가란 의사결정시에 고려해야 할 원가로서 장부상에 실제로 발생하는 원가를 말한다.
③ 조업도수준이 변화함에 따라 총원가 발생액이 일정한 형태로 변화하는 원가를 변동원가라고 하고, 일정금액으로 발생하는 원가를 고정원가라고 한다.
④ 제품 등 원가대상에 직접 배부할 수 있는 원가를 직접원가라고 하고, 합리적 배부기준에 의하여 원가대상에 배분하는 원가를 간접원가라고 한다.

정답 ②

[문제 2-14〕 다음 중 원가계산의 구성요소에서 제외되어야 하는 항목에 해당하는 것은?
(인천시 2004)

① 재료비 ② 기계수선비
③ 기회원가 ④ 매몰원가

정답 ③

〔문제 2-15〕 변동원가와 고정원가에 대한 설명으로 틀린 것은? (지도사 2002)

① 단위당 변동원가는 불변이다.
② 단위당 고정원가는 불변이다.
③ 변동원가 총액은 변동한다.
④ 고정원가 총액은 불변이다.
⑤ 조업도 증가시 단위당 고정원가는 감소한다.

정답 ②

〔문제 2-16〕 관련범위 내에서 단위당 변동원가는 어떤 행태로 설명될 수 있는가?

(전산세무회계 1급 16회)

① 각 생산수준에서 일정하다.
② 생산량이 증가함에 따라 감소한다.
③ 각 생산수준에서 다르다.
④ 생산량이 증가함에 따라 증가한다.

정답 ①

〔문제 2-17〕 다음중에서 "당기제품제조원가" 와 "매출원가" 가 동일해지는 경우는 어느 경우인가? (29회 전산회계1급 2006)

① 기초제품재고금액과 당기제품제조원가 금액이 동일한 경우
② 기말제품재고금액과 당기제품제조원가 금액이 동일한 경우
③ 기초제품재고금액과 기말제품재고금액이 동일한 경우
④ 기초제품재고금액과 매출원가금액이 변동없이 동일한 경우

정답 ③

〔문제 2-18〕 원가계산준칙에서 규정하고 있는 원가계산의 일반원칙이 아닌 것은?

(3회 기업회계1급 2006, 한국세무사회)

① 제조원가는 일정한 제품의 생산량과 관련시켜 집계하고 계산한다.
② 제조원가는 신뢰할 수 있는 객관적인 자료와 증거에 의하여 계산한다.
③ 제조원가는 생산환경에 비추어 기간별 비교가 가능하도록 계산한다.
④ 제조원가는 제품의 생산과 관련하여 발생한 원가에 의하여 집계한다.

정답 ③

〔문제 2-19〕 다음 설명 중 올바르지 않은 설명은? (2회 기업회계1급 2006, 한국세무사회)

① 기발생원가는 의사결정시점 이전에 이미 발생한 원가로서 비관련원가이다.
② 회피불가능원가는 어떤 대안을 포기하더라도 계속 발생하는 원가이다.
③ 기회비용은 차선의 대안으로부터 얻을 수 있는 순현금유입액이다.
④ 모든 현금지출원가는 관련원가이다.

정답 ④

〔문제 2-20〕 다음 원가요소자료에 의하여 가공비 금액을 계산하시오.

(28회 전산회계1급 2006)

• 변동제조간접비 :	850,000원	• 고정제조간접비 :	300,000원
• 직 접 재 료 비 :	1,200,000원	• 직 접 노 무 비 :	1,500,000원

① 1,150,000원　　② 1,500,000원
③ 2,650,000원　　④ 3,850,000원

정답 ③

〔문제 2-21〕 특정 제품생산을 위하여 소비한 원가 및 판매와 관련된 자료가 다음과 같을 때 판매가격은? (행자부 9급 2000)

• 직접원가 ₩150,000　• 제조간접비 ₩50,000　• 판매관리비 ₩40,000
• 단, 판매가격은 제조원가에 10%이익을 가산하여 결정한다.

① ₩240,000　　② ₩255,000
③ ₩260,000　　④ ₩264,000

정답 ③

〔문제 2-22〕 2006년 5월 화재로 장부가 손상되어 아래의 자료만 남아있다. 다음 자료에 의하면 전기에 이월되었던 재공품원가는 얼마인가? (28회 전산회계1급 2006)

㉠ 기초제품	5,000,000원	㉡ 기말제품	3,000,000원
㉢ 기말재공품	2,000,000원	㉣ 당기총제조원가	10,000,000원
㉤ 매출원가	12,000,000원		

① 0원　　② 2,000,000원
③ 3,000,000원　　④ 5,000,000원

정답 ②

〔문제 2-23〕 다음 중에서 자동차 생산기업의 제조간접원가에 포함되는 항목은? (9급 지방직 2010)

① 특정 자동차 생산라인에서 일하는 생산직의 급여
② 타이어 생산업체에서 구입한 타이어
③ 판매관리직의 인건비
④ 생산을 지원하는 구매부나 자재관리부 직원의 급여

정답 ④

〔문제 2-24〕 다음 자료로 당기제품제조원가와 매출원가를 산출하시오? (지도사 2009)

당기재료비 ₩450,000 기초재공품 ₩50,000 기말재공품 ₩35,000
당기노무비 ₩150,000 기초제품 ₩70,000 기말제품 ₩25,000
당기경비 ₩200,000

	당기제품제조원가	매출원가
①	₩800,000	₩845,000
②	₩800,000	₩755,000
③	₩815,000	₩840,000
④	₩815,000	₩860,000
⑤	₩845,000	₩890,000

정답 ④

〔문제 2-25〕 (주)원가는 기계장치를 생산, 판매하는 기업으로 사업 첫 해에 다음과 같은 원가가 발생했다. 이 자료를 바탕으로 원가계산을 했을 경우 (가)부터 (마)까지의 설명 중 타당하지 않은 것을 모두 고르면? (CPA 2010)
(단, 기초재공품재고액은 없고, 기말재공품재고액이 ₩10 존재한다.)

직접재료원가	₩110	간접재료원가	₩30	판매직급여	₩30
직접노무원가	120	간접노무원가	60	관리직급여	70
간접경비	200	광고선전비	20	이자비용	10

(가) 당기제품제조원가는 ₩510이다.
(나) 기본원가(기초원가, prime costs)는 ₩230이다.
(다) 제조간접원가에는 어떤 재료원가도 포함되지 않으므로 간접노무원가와 간접경비를 합한 ₩260이다.
(라) 당기총제조원가는 ₩520으로, 기본원가에 가공원가를 합한 금액이다.
(마) 기간원가는 ₩130으로, 재고가능원가라고 부르기도 한다.

① (가), (나) ② (다), (라) ③ (라), (마)
④ (나), (다), (마) ⑤ (다), (라), (마)

정답 ⑤

〔문제 2-26〕 여러 제품을 생산하는 (주)서울은 제조업을 운영한다. 다음중 제조간접비에 포함시켜야 할 것은? (9급 서울시 2008)

① 기획담당 임원 인건비
② 공장 수도광열비
③ 특정제품 주재료 매입운임 및 매입수수료
④ 특정라인 작업인력 인건비
⑤ 판매사원의 급료

정답 ②

〔문제 2-27〕 (주)모닝의 제조간접원가는 가공원가의 20%이다. 만약 직접노무원가가 ₩38,000이고, 직접재료원가가 ₩47,000이면 (주)모닝의 제조간접원가는 얼마인가?
(감정평가사 2008)

① ₩8,750 ② ₩9,500
③ ₩11,750 ④ ₩17,000
⑤ ₩21,250

정답 ②

〔문제 2-28〕 2008년 11월 제품생산과 관련하여 발생한 (주) 한강의 직접노무원가는 가공원가의 30%이다. 2008년 11월의 직접재료원가가 ₩52,500이고 제조간접원가가 ₩21,000이라면, 직접노무원가는? (9급 지방직 2009)

① ₩75,000 ② ₩9,000
③ ₩30,000 ④ ₩6,300

정답 ②

〔문제 2-29〕 다음은 12월 말 결산법인인 (주)경기의 2008 회계연도 중의 발생원가 및 비용과 관련된 자료이다. 이를 이용하여 가공원가(전환원가)를 계산하면? (9급 국가직 2009)

직접재료원가	₩35,000	직접노무원가	₩30,000
공장건물감가상각비	₩20,000	본사비품감가상각비	₩25,000
판매원판매수당	₩17,000	공장수도광열비	₩12,000
간접노무원가	₩18,000	공장소모품비	₩7,000

① ₩65,000 ② ₩83,000
③ ₩87,000 ④ ₩122,000

정답 ③

CHAPTER 3

원가의 흐름과 집계

원가흐름이란 원가의 발생에서부터 변형 및 소멸까지를 의미하는데, 이는 신뢰성 있고, 유용한 회계정보 창출에 핵심요인이다. 이 장에서는 제조기업의 원가흐름과 상기업의 원가흐름에 대해 숙지하도록 한다.

제1절 제조기업의 원가흐름과 제조원가명세서
제2절 상기업의 원가흐름과 집계

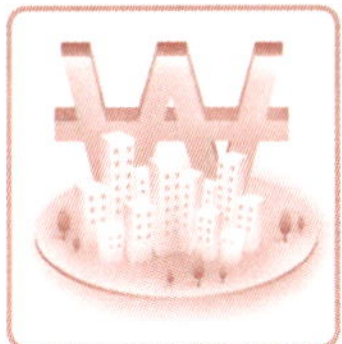

기업의 경영활동은 가치를 창출하고자 재화나 용역을 결합하는 과정으로 구매활동과 생산활동, 판매활동, 대금회수 활동으로 나누어 볼 수 있다.

원가시스템(cost systems)이란 제품이나 용역을 생산하는 과정에서 투입되는 원가를 수집, 측정, 배분, 보고하는 계산절차로 기업경영활동에 유용한 원가정보를 제공하는 것이다.

원가시스템이 유용한 원가정보를 제공하기 위해서는 신뢰할 수 있는 객관적인 자료와 증거에 의하여 원가를 수집하여야 하며, 합리적인 배부기준에 따라 원가를 배분하여야 한다.[1] 따라서 원가의 흐름과 집계가 매우 중요한 문제임을 알 수 있는 것이다.

기업의 경영활동과 원가흐름을 비교하면 다음 <그림 3-1>과 같다.

<그림 3-1> 경영활동과 원가흐름

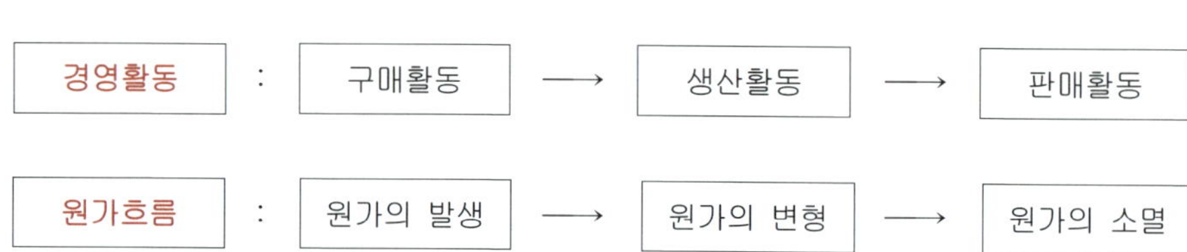

이와 같은 경영활동과 원가흐름은 기업형태에 따라 달라진다. 본 장에서는 제조기업과 상기업의 원가흐름과 집계를 살펴보도록 한다.

제1절 제조기업의 원가흐름과 제조원가명세서

1. 제조기업의 원가흐름

제조기업은 원재료를 외부에서 구입하여 노동력이나 기타 용역을 투입하는 생산공정을 거쳐 그 제품을 생산하고 이를 시장에 판매함으로써 이익을 실현한다.

---

1) 「원가계산준칙」 제6조(원가계산의 일반원칙) 제조원가의 계산은 다음 각호에 따른다.

1. 제조원가는 일정한 제품의 생산량과 관련시켜 집계하고 계산한다.
2. 제조원가는 신뢰할 수 있는 객관적인 자료와 증거에 의하여 계산한다.
3. 제조원가는 제품의 생산과 관련하여 발생한 원가에 의하여 계산한다.
4. 제조원가는 그 발생의 경제적 효익 또는 인과관계에 비례하여 관련제품 또는 원가부문에 직접부과하고, 직접부과가 곤란한 경우에는 합리적인 배부기준을 설정하여 배부한다.

따라서 제품생산과정에 투입되는 원재료 · 노동력 · 제조용역 등의 원가가 발생하며, 이 세 가지는 재공품이나 제품과 같은 원가의 변형이 이루어지고 궁극적으로는 수익에 대응하는 매출원가로서 소멸된다.

제조공정에 투입된 직접재료원가와 직접노무원가 그리고 제조간접원가는 당기총제조원가로 재공품 계정에 집계된다. 당기제품제조원가는 당기총제조원가에 기초재공품을 가산하고 기말재공품을 차감하여 산출한다. 그리고 매출원가는 당기제품제조원가에 기초제품재고액을 가산하고 기말제품재고액을 차감하여 구하게 된다.

제조기업의 원가흐름과 집계과정을 살펴보면 다음 <그림 3-2>와 같다.

<그림 3-2> 제조기업의 원가흐름과 집계과정

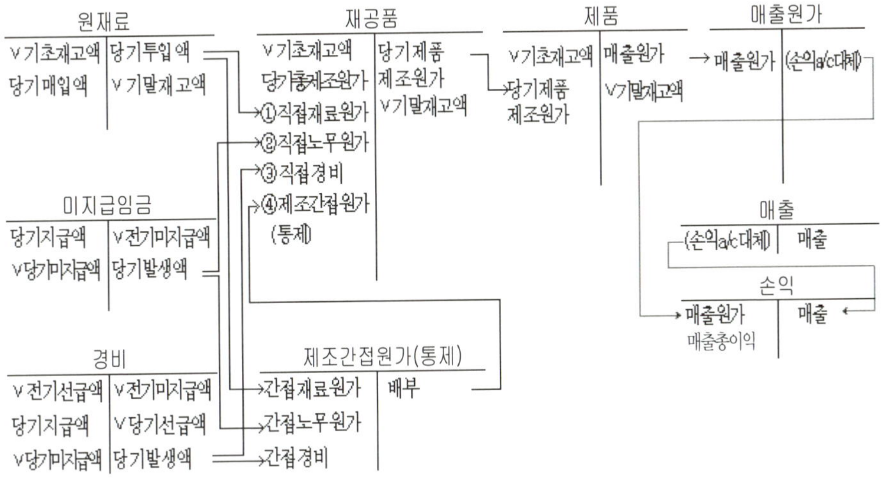

계산 공식	
	당기총제조원가 = 직접재료원가 + 직접노무원가 + 제조간접원가 + (직접경비)
	당기제품제조원가 = 기초재공품원가 + 당기총제조원가 − 기말재공품원가
	매출원가 = 기초제품재고액 + 당기제품제조원가 − 기말제품재고액

제조기업의 원가흐름과 관련하여 외부보고목적으로는 제조원가명세서와 손익계산서를 작성하여야 한다. **제조원가명세서**(statement of cost of goods manufactured)는 당기제품제조원가의 계산(재공품계정에 집계된) 내역을 요약한 중요한 제조기업의 재무제표 부속명세서이다. **포괄손익계산서**(statement of comprehensive income)는 일정 기간 동안의 당기순손익과 기타 포괄손익의 구성요소를 표시하여 경영성과를 보고하는 재무제표이다.

제조원가명세서와 포괄손익계산서의 양식은 다음 <표 3-1>과 같다.

<표 3-1> 제조원가명세서와 포괄손익계산서

제조원가명세서

Ⅰ. 직접재료원가		
1. 기초재고액	×××	
2. 당기매입액	×××	
계	×××	
3. 기말재고액	(×××)	×××
Ⅱ. 직접노무원가		×××
Ⅲ. 제조간접원가		×××
Ⅳ. 당기총제조원가		×××
Ⅴ. 기초재공품재고액		×××
합계		×××
Ⅵ. 기말재공품재고액		(×××)
Ⅶ. 당기제품제조원가		×××

포괄손익계산서

매출액		×××
매출원가		
1. 기초제품재고액	×××	
2. 당기제품제조원가	×××	
계	×××	
3. 기말제품재고액	(×××)	(×××)
매출총이익		×××
기타수익		××
물류원가		(××)
관리비		(××)
기타비용		(××)
법인세비용차감전순이익		×××

2. 원가흐름의 회계처리

제조기업의 원가흐름을 순차적으로 회계처리하면 다음과 같다.

① 원재료를 매입하는 경우

(차)	원재료	×××	(대) 매입채무	×××

② 원재료를 투입하는 경우

(차)	재공품	×××	(대) 원재료	×××
	제조간접원가(통제)	×××		

③ 노무원가가 발생한 경우

(차)	재공품	×××	(대)	미지급임금	×××
	제조간접원가(통제)	×××			

④ 제조간접원가가 발생한 경우

(차)	재공품	×××	(대)	현금예금	×××
	제조간접원가(통제)	×××		미지급비용	×××

⑤ 제조간접원가를 대체하는 경우

(차)	재공품	×××	(대)	제조간접원가(통제)	×××

⑥ 제품이 완성된 경우

(차)	제 품	×××	(대)	재공품	×××

⑦ 제품을 판매한 경우

(차)	매출원가	×××	(대)	제 품	×××
	매출채권	×××		매 출	×××

⑧ 판매비가 발생한 경우

(차)	판매비	×××	(대)	미지급비용	×××

예제 3-1

서울회사의 20×1년 3월중의 생산 및 판매, 재고 관련자료는 다음과 같다.

생산활동 :

직접원재료 매입	₩200,000
직접노무원가 발생	150,000
제조간접원가 발생	240,000

판매활동 :

매 출 액	₩800,000
판 매 비	100,000

재고자산 :	기초재고	기말재고
원 재 료	₩50,000	₩40,000
재 공 품	200,000	240,000
제 품	150,000	100,000

[물음] 1. 서울회사의 3월중의 모든 거래를 분개하고 T-계정에 전기하라.
2. 제조원가명세서와 포괄손익계산서를 작성하라.

해답

1. 분개

① 직접원재료의 매입

(차)	원재료	₩200,000	(대) 매입채무	₩200,000

② 직접원재료의 투입

(차)	재공품	₩210,000	(대) 원재료	₩210,000

③ 직접노무원가의 발생

(차)	재공품	₩150,000	(대) 미지급임금	₩150,000

④ 제조간접원가의 발생

(차)	제조간접원가	₩240,000	(대) 미지급비용	₩240,000

⑤ 제조간접원가의 대체

(차)	재공품	₩240,000	(대) 제조간접원가	₩240,000

⑥ 제품의 완성

(차)	제품	₩560,000	(대) 재공품	₩560,000

⑦ 제품의 판매

(차)	매출원가	₩610,000	(대) 제품	₩610,000
	매출채권	₩800,000	매출	₩800,000

⑧ 판매비의 발생

(차)	판매비	₩100,000	(대) 미지급비용	₩100,000

■ T-계정에 전기

원재료

기초재고	50,000	② 재공품	210,000
① 매입채무	200,000	기말재고	40,000

재공품

기초재고	200,000	⑥ 제품	560,000
② 원재료	210,000	기말재고	240,000
③ 미지급임금	150,000		
⑤ 제조간접원가	240,000		

미지급임금

		③ 재공품	150,000

제 품

기초재고	150,000	⑦ 매출원가	610,000
⑥ 재공품	560,000	기말재고	100,000

제조간접원가

차변		대변	
④ 미지급비용	240,000	⑤ 재공품	240,000

매출원가

차변		대변	
⑦ 제품	610,000		

매입채무

차변		대변	
		① 원재료	200,000

매 출

차변		대변	
		⑦ 매출채권	800,000

미지급비용

차변		대변	
		④ 제조간접원가	240,000
		⑧ 판매비	100,000

매출채권

차변		대변	
⑦ 매출	800,000		

판매비

차변		대변	
⑧ 미지급비용	100,000		

2.

제조원가명세서

Ⅰ. 직 접 재 료 원 가		
1. 기 초 재 고 액	₩50,000	
2. 당 기 매 입 액	200,000	
계	₩250,000	
3. 기 말 재 고 액	(40,000)	₩210,000
Ⅱ. 직 접 노 무 원 가		150,000
Ⅲ. 제 조 간 접 원 가		240,000
Ⅳ. 당 기 총 제 조 원 가		₩600,000
Ⅴ. 기 초 재 공 품 재 고 액		200,000
합 계		₩800,000
Ⅵ. 기 말 재 공 품 재 고 액		(240,000)
Ⅶ. 당 기 제 품 제 조 원 가		**₩560,000**

포괄손익계산서

매 출 액		₩800,000
매 출 원 가		
1. 기 초 제 품 재 고 액	₩150,000	
2. 당 기 제 품 제 조 원 가	**560,000**	
계	₩710,000	
3. 기 말 제 품 재 고 액	(100,000)	(610,000)
매 출 총 이 익		₩190,000
판 매 비		(100,000)
법 인 세 비 용 차 감 전 순 이 익		₩90,000

제2절 상기업의 원가흐름과 집계

1. 상기업의 원가흐름

상기업은 상품을 외부에서 구입하여 일정기간 보관하거나 가공을 하는 등 마케팅 기능을 추가하여 외부에 판매함으로써 이익을 실현하는 기업형태이다.

상기업에서는 생산활동을 행하지 않으므로 <표 3−1>의 경영활동과 원가흐름에서 구매활동(원가의 발생)과 판매활동(원가의 소멸)만을 수행한다.

상품의 구매활동에 의한 매입원가에는 취득원가에 인수운임, 보험료, 매입수수료, 하역비, 보관비 등 매입부대비용을 가산하여야 한다. 그리고 판매활동에 의한 매출원가는 기초상품재고액과 당기상품매입액의 합계인 판매가능 상품원가에서 기말상품재고액을 차감하여 산출한다.

상기업의 원가흐름과 집계를 살펴보면 다음 <그림 3-3>과 같다.

<그림 3-3> 상기업의 원가흐름과 집계

상 품	
기초재고액	매출원가
당기매입원가	기말재고액

⟶

매출원가	
매출원가	

2. 원가흐름의 회계처리

상기업의 원가흐름을 회계처리하면 다음과 같다.

① 상품을 매입한 경우

(차) 상품	×××	(대) 매입채무	×××

② 상품을 판매한 경우

(차) 매출원가	×××	(대) 상 품	×××

예제 3-2

부산회사는 20×1년 3월중에 상품 2,000개를 단위당 ₩10에 매입하여 단위당 판매가격 ₩18에 2,200개를 판매하였다. 상품의 구입과정에서 인수운임과 하역비가 단위당 ₩2이 발생하였다. 3월 1일 기초상품재고량은 400개이며 이의 단위당 원가는 ₩12이었다. 한편 3월중 ₩10,000의 판매비가 발생하였다.

[물음] 1. 부산회사의 3월중의 모든 거래를 분개하고 T-계정에 전기하시오.
2. 포괄손익계산서를 작성하라.

해답

1. 분개

① 상품의 매입

(차) 상 품	₩20,000	(대) 매입채무	₩20,000

② 상품매입 부대비용 발생

(차) 상 품	₩4,000	(대) 매입채무	₩4,000

③ 상품의 판매

(차) 매출원가	₩26,400	(대) 상 품	₩26,400
매출채권	39,600	매 출	39,600

④ 판매비의 발생

(차) 판매비	₩10,000	(대) 미지급비용	₩10,000

■ T-계정에 전기

매입채무

		①상 품	20,000
		②상 품	4,000

상 품

기초재고	4,800	③매출원가	26,400
①매입채무	20,000	기말재고	2,400
②매입채무	4,000		

매출원가

③상 품	26,400		

매출채권

③매 출	39,600		

매 출

		③매출채권	39,600

판 매 비

④미지급비용	10,000		

미지급비용

	④ 판매비 10,000

2.

포괄손익계산서

매 출 액		₩39,600
매 출 원 가		
1. 기초상품재고액	₩ 4,800	
2. 당기상품매입액	24,000	
계	₩28,800	
3. 기말상품재고액	(2,400)	(26,400)
매 출 총 이 익		₩13,200
판 매 비		(10,000)
법인세비용차감전순이익		₩3,200

연습문제

〔문제 3-1〕 원가의 흐름

(주)세원철강의 20×1년 4월 중 발생한 생산 및 판매활동에 관한 자료는 다음과 같다.

1) 재고자산의 내역

	4월 1일	4월 30일
원 재 료	₩3,000	₩2,000
재 공 품	1,500	2,500
제 품	5,000	7,000

2) 원가발생내역

① 재료투입액 ₩10,000
② 공장에서 발생한 총임금 ₩9,000(이 중 ₩1,000은 간접임금)
③ 제조간접원가 발생액 ₩8,000(감가상각비 ₩6,000, 수도광열비 ₩2,000)

3) 판매관련 내역

① 당월 매출액 ₩30,000
② 판매비와 관리비는 매출액의 10%이다.

[물음] 1. 4월중 생산 및 판매활동의 흐름을 분개하라.
2. 재료, 미지급임금, 제조간접원가, 재공품, 제품의 각 계정에 전기하고 마감하라.
3. 제조원가명세서와 포괄손익계산서를 작성하라.

〔문제 3-2〕 제조원가명세서와 포괄손익계산서 수정

제조기업인 한양공업사는 5월 한달 동안 영업활동에 대한 다음과 같은 포괄손익계산서를 작성하였다.

포괄손익계산서

매출액			₩300,000
원가 및 영업비용 :			
재료매입비	₩100,000		
임금 및 급여	50,000	(공장분 60%)	

감가상각비	₩40,000	(공장분 80%)	
수도광열비	30,000	(공장분 70%)	
여비교통비	8,000	(공장분 80%)	
수선유지비	6,000	(공장분 90%)	
광고선전비	10,000		244,000
순 이 익			₩56,000

원장 확인결과 다음과 같은 재고자산에 대한 자료를 파악하였다.

	5. 1	5. 31
재 료	₩10,000	₩20,000
재 공 품	8,000	12,800
제 품	25,000	20,000

[물음] 1. 5월의 제조원가명세서를 작성하시오.
2. 5월의 정확하게 수정된 포괄손익계산서를 작성하시오.

〔문제 3-3〕 T-계정을 이용한 보고서 작성

한일기업의 20×1년 3월의 T-계정과 추가자료는 다음과 같다.

원 재 료

차변		대변	
기초재고	30,000	재공품	270,000
매입	300,000	제조간접원가	10,000
		기말재고	50,000
	330,000		330,000

미지급임금

차변		대변	
현금	100,000	재공품	80,000
미지급	5,000	제조간접원가	25,000
	105,000		105,000

제조간접원가

차변		대변	
원재료	10,000	재공품	127,000
미지급임금	25,000		
감가상각비	50,000		
전력비	30,000		
보험료	12,000		
	127,000		127,000

재 공 품

차변		대변	
기초재고	60,000	제품	450,000
원재료	270,000	기말재고	87,000
미지급임금	80,000		
제조간접원가	127,000		
	537,000		537,000

제 품			
기초재고	100,000	매출원가	430,000
재공품	450,000	기말재고	120,000
	550,000		550,000

▣ 추가자료

① 매출액 ₩800,000
② 판매비와 관리비 ₩110,000
③ 지급이자 ₩40,000, 재고자산평가손실 ₩20,000
④ 재해손실 ₩50,000, 법인세비용 ₩30,000

[물음] 1. 3월의 제조원가명세서를 작성하시오.
2. 3월의 포괄손익계산서를 작성하시오.

〔문제 3-4〕 다음 중 원가의 집계를 위한 원가흐름이 옳은 것은? (전산세무회계 3급 11회)

① 재료비 → 재공품 → 제품 → 매출원가
② 재료비 → 재공품 → 매출원가 → 제품
③ 노무비 → 제품 → 재공품 → 매출원가
④ 재료비 → 제품 → 재공품 → 매출원가

정답 ①

〔문제 3-5〕 제조원가명세서에 대한 다음의 설명 중 맞는 것은? (전산세무 1급 21회)

① 당기총제조원가를 구하는 과정을 나타내는 보고서이다.
② 제조원가명세서에 최종적으로 나타나는 당기제품제조원가는 손익계산서상 당기제품제조원가와 항상 일치한다.
③ 기본적으로 작성해야 할 필수 재무제표이다.
④ 손익계산서상의 매출원가에 대한 상세한 정보를 담는 보고서이다.

정답 ②

〔문제 3-6〕 제조원가명세서에서 산출된 당기제품제조원가는 손익계산서 작성시 어떤 항목을 계산하는데 사용되는가? (전산세무회계 3급 16회)

① 영업외수익　　② 매출원가
③ 매출액　　④ 판매비와 관리비

정답 ②

〔문제 3-7〕 (주)서울은 5월중 ₩43,000의 직접재료를 구입하였다. 5월 중 제조간접비의 합은 ₩27,000이었고 총제조원가는 ₩106,000이었다. 직접재료의 5월초 재고가 ₩8,000이었고 5월말 재고가 ₩6,000이었다면 5월 중 직접노무비는 얼마인가?
(세무사 2004)

① ₩34,000　② ₩38,000　③ ₩36,000
④ ₩45,000　⑤ ₩35,000

정답 ①

〔문제 3-8〕 우진회사는 개별원가계산제도를 채택하고 있다. 제품 A의 제조와 관련한 다음의 자료를 토대로 당기에 발생한 제품 A의 직접재료원가를 구하면 얼마인가?
(세무사 2005)

· 당기총제조원가 : ₩6,000,000
· 당기제품제조원가 : ₩4,900,000· 제조간접원가는 직접노무원가의 60%가 배부되었는데 이는 당기총제조원가의 25%에 해당한다.

① ₩4,125,000　② ₩2,000,000　③ ₩4,500,000
④ ₩3,600,000　⑤ ₩900,000

정답 ②

〔문제 3-9〕 월중 매출액과 매출원가로 맞는 것은?(단, 매출액은 단위당 원가에 50% 이익을 가산한다)
(행자부 2002)

㉠ 원재료 : 월초재고액 ₩50,000
월중매입액 ₩950,000
월말재고액 ₩100,000
㉡ 노무비소비액 : ₩700,000(전액 직접비)
㉢ 제조경비소비액 : ₩400,000(전액 간접비)
㉣ 월초재공품과 월말재공품은 없다.
㉤ 제품 : 월초수량 100개, 매출수량 900개, 월말수량 200개

	매출액	매출원가		매출액	매출원가
①	₩2,400,000	₩1,600,000	②	₩2,700,000	₩1,800,000
③	₩3,000,000	₩2,000,000	④	₩3,300,000	₩2,200,000

정답 ②

〔문제 3-10〕 다음 자료에 의하여 제품의 판매가격을 계산하면 얼마인가?

(행자부 9급 세무직 2004)

- 직접재료비 ₩200,000
- 직접노무비 ₩300,000
- 직접제조경비 100,000
- 제조간접비 400,000
- 판매관리비는 제조원가의 10%이다.
- 판매이익은 판매원가의 20%이다.

① ₩1,300,000 ② ₩1,320,000
③ ₩1,350,000 ④ ₩1,370,000

정답 ②

〔문제 3-11〕 20×1년 1월 5일에 영업을 시작한 서울상회는 20×1년 12월 31일에 재공품 ₩10,000, 제품 ₩20,000을 가지고 있었다. 20×2년에 영업실적이 부진하자 이 회사는 동년 6월말에 재공품 재고를 남겨두지 않고 전량 제품으로 생산한 뒤 싼 가격으로 전부 처분하고 공장을 폐쇄하였다. 이 회사의 20×2년도 원가를 큰 순서대로 정리한 것으로 옳은 것은? (세무사 2006)

① 매출원가, 당기제품제조원가, 당기총제조원가
② 매출원가, 당기총제조원가, 당기제품제조원가
③ 당기총제조원가, 당기제품제조원가, 매출원가
④ 모두 금액이 같다.
⑤ 매출원가만 높고, 당기제품제조원가와 당기총제조원가는 같다.

정답 ①

〔문제 3-12〕 다음 자료를 이용하여 (주)부산의 총매출액을 산출하면 얼마인가?

(감정평가사 2005)

매출총이익	₩2,500,000
당기제품제조원가	₩8,000,000
기초재공품	₩700,000
기초제품	₩1,000,000
기말재공품	₩850,000
기말제품	₩1,500,000

① ₩5,500,000 ② ₩7,500,000 ③ ₩8,000,000
④ ₩8,580,000 ⑤ ₩10,000,000

정답 ⑤

〔문제 3-13〕 다음은 (주)백두의 재공품 및 제품 관련 정보이다. (주)백두의 기말제품재고액은 얼마인가? (주택관리사(보) 2008)

(1) 매출액 ₩180,000
(2) 매출총이익률 20%
(3) 재공품의 기초재고와 기말재고는 없다.
(4) 기초제품재고액 ₩10,000
(5) 당기제조간접원가 ₩40,000
(6)직접재료원가는 기본원가의 60%이고, 직접노무원가는 가공원가의 50%이다.

① ₩4,000 ② ₩6,000
③ ₩10,000 ④ ₩12,000 ⑤ ₩14,000

정답 ②

〔문제 3-14〕 다음은 대한상사의 2007년 3월중 원가자료이다.

	2007년 3월 1일	2007년 3월 31일
원재료	₩20,000	₩25,000
재공품	₩35,000	₩30,000
제 품	₩100,000	₩110,000

대한상사의 2007년 3월 중의 원재료 매입액은 ₩125,000이고, 제조간접원가는 직접노무원가의 50%이었으며, 매출원가는 ₩340,000이었다. 대한상사의 2007년 3월의 기본원가(prime costs)는 얼마인가? (세무사 2007)

① ₩255,000 ② ₩260,000 ③ ₩265,000
④ ₩270,000 ⑤ ₩275,000

정답 ④

〔문제 3-15〕 다음은 (주)한국의 2010년 7월 원가자료이다.

	2010년 7월 1일	2010년 7월 31일
직접재료	₩10,000	₩20,000
재공품	₩100,000	₩200,000
제품	₩100,000	₩50,000

(주) 한국의 2010년 7월 직접재료매입액이 ₩610,000이고, 매출원가는 ₩2,050,000이다. 가공원가가 직접노무원가의 300%라고 할 때, (주)한국의 2010년 7월의 제조간접원가는? (9급 국가직 2010))

① ₩800,000 ② ₩1,000,000
③ ₩1,600,000 ④ ₩2,000,000

정답 ②

〔문제 3-16〕 다음은 (주)보성의 2007년 12월 31일로 종료되는 회계연도의 제조원가와 관련된 자료이다. 기초재공품은 얼마인가? (9급 국가직 2008)

직접재료비	₩50,000		직접노무비	₩40,000
제조간접비	₩30,000		기말재공품	₩20,000
당기제품제조원가	₩130,000		제품제조단가	₩100

① ₩10,000　　② ₩20,000
③ ₩30,000　　④ ₩40,000

정답 ③

〔문제 3-17〕 (주)한국은 실제원가계산을 적용하고 있으며, 20×9년 1월의 월초 및 월말 재고자산 금액은 다음과 같다.

	직접재료	재공품	제품
1월초	₩25,000	₩30,000	₩40,000
1월말	15,000	20,000	25,000

1월중에 가공원가는 ₩230,000이 발생하였으며, 재공품계정의 차변합계 금액은 ₩330,000이었다. 20×9년 1월의 직접재료구입액과 매출원가는 각각 얼마인가? (감정평가사 2009)

	직접재료구입액	매출원가
①	₩70,000	₩325,000
②	₩70,000	₩350,000
③	₩65,000	₩325,000
④	₩60,000	₩325,000
⑤	₩60,000	₩350,000

정답 ④

〔문제 3-18〕 다음은 (주)독도의 2008 회계연도 말의 제조원가명세서와 손익계산서에서 얻은 자료이다.

기초재료재고액	₩10,000	기말재료재고액	₩20,000
기초재공품재고액	₩40,000	기말재공품재고액	₩20,000
기초제품재고액	₩100,000		
당기재료비 발생액	₩140,000	당기노무비 발생액	₩200,000
당기경비 발생액	₩50,000	매출원가	₩460,000

아래 설명 중 옳지 않은 것은? (9급 행정안전부 2009)

① 당기의 판매가능제품원가를 계산하기 위하여 기초제품재고에 가산해야 할 당기완성품원가는 ₩410,000이다.

② 당기총제조원가는 ₩390,000이다.

③ 당기재료매입액은 ₩150,000이다.

④ 2008 회계연도의 기말 대차대조표에 보고해야 할 재고자산가액은 ₩40,000이다.

정답 ④

〔문제 3-19〕 (주)한강은 단일 제품을 생산•판매하고 있다. 이 회사의 2008년 12월 한 달 동안 매출총이익은 ₩2,640이며, 당기제품제조원가는 ₩13,600이다. 월초 및 월말 재고자산이 다음과 같을 경우 2008년 12월의 매출액은?

계정과목	12월 1일	12월 31일
원재료	₩1,000	₩300
재공품	₩1,120	₩1,520
제품	₩1,800	₩2,080

① ₩15,840 ② ₩16,940

③ ₩16,540 ④ ₩15,960

정답 ④

CHAPTER 4

요소별 원가계산

원가계산은 요소별 원가계산, 부문별 원가계산, 제품별 원가계산의 3단계로 진행되는데, 이 장에서는 원가계산의 첫 단계로 원가를 발생 행태에 따라 재료원가, 노무원가, 경비로 분류하여 인식하고 기장하는 것을 학습하도록 한다.

제1절 재료원가의 계산
제2절 노무원가의 계산
제3절 경비의 계산

원가계산은 일반적으로 원가의 요소별 계산, 부문별 계산, 제품별 계산의 3단계로 집계되며, 최종적으로 제품 1단위당 원가를 계산하는 것을 목표로 하고 있다.

요소별 원가계산 ⟶ **부문별** 원가계산 ⟶ **제품별** 원가계산

요소별 원가계산은 원가를 발생행태에 따라 재료원가, 노무원가, 제조간접원가로 분류하여 인식·측정하는 것으로 원가계산 목적에 유용하다. **부문별 원가계산**은 원가요소를 부문이라는 발생장소별로 집계하여 인식·측정하는 것으로 원가관리 목적에 유용하다. 또한 **제품별 원가계산**은 제품이라는 원가대상에 부문별 원가를 집계하는 것으로 외부보고 목적이나 이익관리 목적에 유용하다.

본 장에서는 요소별 원가계산을 살펴보고, 부문별 원가계산은 제5장에서 그리고 제품별 원가계산은 제7장 이후에서 살펴보도록 한다.

한편, 원가계산시 제조원가의 구체적인 계정과목들을 예시하면 다음과 같다.

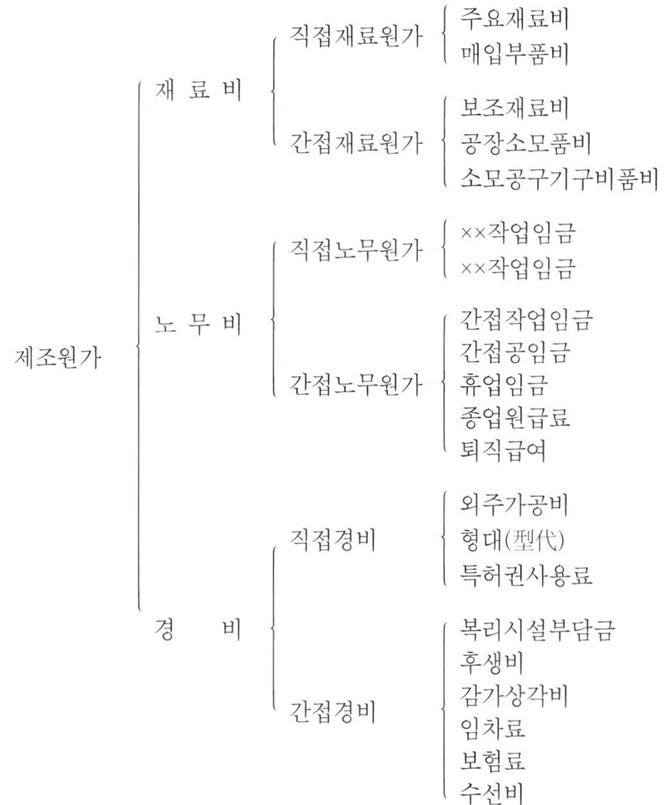

제1절 재료원가의 계산

1. 재료의 의의와 분류

원재료란 제품 제조에 소비할 목적으로 외부에서 구입하여 보관하고 있는 물품으로, 재료(materials)란 물리적인 변화에 의해서 제품화하는 것이고, 원료(raw materials)란 화학적인 변화에 의해 제품화하는 것이다. 그러나 이와 같은 개념상의 구분은 원가계산시에 별로 의미가 없으며 일반적으로 재료라는 용어로 많이 사용한다.

재료는 제품 제조에 소비되는 형태에 따라 주요재료(main materials), 보조재료(subsidiary materials), 부품(parts), 소모공구기구비품(consumable tools, instruments and equipments)로 분류된다.

(1) 주요재료

주요재료는 제품의 주요부분을 구성하는 재료이다. 예를 들면 가구제조업의 목재, 제과업의 밀가루, 의류제조업의 원단 등이다.

(2) 보조재료

보조재료는 제품 제조에 보조적으로 소비되는 재료이다. 예를 들면 포장재료, 수선재료, 동력용 연료 등이다.

(3) 부품

부품은 제품에 부착되어 제품의 구성부분이 되는 재료로 외부에서 구입하느냐 또는 내부에서 제조하느냐에 따라 매입부품과 자가제조부품으로 구분할 수 있다. 예를 들면 자동차 제조업의 타이어, 에어백, 가구제조업의 장식품 등이다.

(4) 소모공구기구비품

소모공구기구비품은 내용년수가 1년 미만이거나 내용년수가 1년 이상이더라도 가액이 상당수준 이하인 물품이다. 예를 들면 소모공구는 드라이버, 해머, 스패너 등이 있고 기구로는 온도계, 전압계 등 측정 및 검사기구가 있으며 비품으로는 의자, 책상, 금고 등이 있다.

2. 재료의 구입청구와 주문, 검수, 보관과 출고

재료는 제품 제조과정에서 소비되는 물품으로, 재료원가가 제품원가에서 차지하는 비중이 상당히 크다. 따라서 재료에 대한 합리적인 구입과 보관·출고 절차가 수립되어 있어야 한다. 재료의 구입청구에서부터 출고까지의 문서흐름을 살펴보면 다음 <그림 4-1>과 같다.

<그림 4-1> 재료의 문서흐름

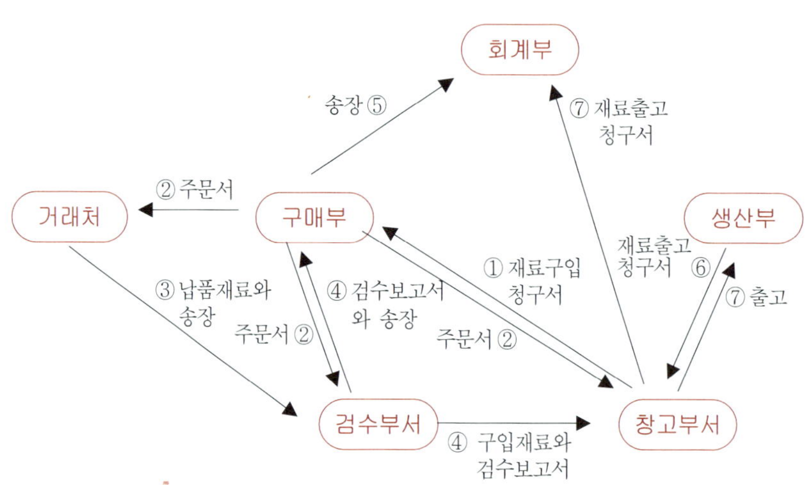

2.1 재료의 구입청구와 주문

재료를 외부에서 구입하기 위해서는 재료를 보관중인 창고부서에서 다음 <표 4-1>과 같은 재료구입청구서(purchase requisition)를 구매부에 의뢰하여야 한다. 재료구입청구서에는 재료의 품명·규격·품질·수량·납기일과 인도장소 등을 기재하는데, 보통 2통을 작성하여 원본은 구매부로 송부하고, 부본은 창고부서에서 보관한다.

<표 4-1> 재료구입청구서

재료구입청구서

(년 월 일)

No. ________

주 문 서 ________
인도기일 ________
인도장소 ________

구매부장 귀하

아래의 재료를 구입하여 주시기 바랍니다.

품 명	적 요	수 량	비 고

발행부문______________인

재료의 구매의뢰를 받은 구매부는 다음 <표 4-2>와 같은 주문서(purchase order)를 발행하여 재료를 주문한다. 주문서에는 재료의 품명, 규격, 품질, 수량, 단가, 금액 및 납품기일과 납품장소, 운송방법, 대금지급방법 등을 기재한다.

<표 4-2> 주문서

주 문 서

(년 월 일)

__________귀중

No. ________

아래와 같이 주문합니다.

__________번지

__________회사

대표이사________인

납품기일 __________

납품장소 __________

운 송 방 법 __________

대금지급방법 __________

품 명	적 요	수 량	단 가	금 액	비 고

발행부문__________인

주문서는 보통 4통을 작성하여 원본은 거래처로 그리고 부본 2통은 창고부서와 검수부서로 송부하고 나머지 부본 1통은 구매부에서 보관한다.

2.2 재료의 검수

검수부서는 납품된 재료와 송장을 주문서 사본과 대조하여 확인한 후 다음 <표 4-3>의 재료검수보고서(receiving report)를 작성한다. 재료검수보고서에는 재료의 품명, 규격, 품질, 수량, 금액 및 거래처와 송장번호, 검수일자, 검수장소 등을 기재한다.

<표 4-3> 재료검수보고서

재료검수보고서

(년 월 일)

No. ________

주 문 서 __________

송 장 __________

검수일자 __________

검수장소 __________

수 입 처 __________

품 명	적 요	수 량	금 액	비 고

검수부문__________인

재료검수보고서는 보통 3통을 작성하여 원본과 송장은 구매부로, 부본 1통과 구입재료는 창고부서로 인도하고, 나머지 부본 1통은 검수부서에서 보관한다. 구매부는 검수부서에서 송부해 온 송장과 재료검수보고서를 주문서와 대조 확인하고, 송장을 회계부서로 송부한다.

2.3 재료의 보관과 출고

창고부서는 검수부서에서 보내온 재료검수보고서에 의한 구입재료를 확인하고 창고에 보관한다. 보관재료는 훼손이나 멸실, 분실이 되지 않도록 주의를 기울여 관리하여야 한다.

재료의 출고는 생산부서가 다음 <표 4-4>와 같은 재료출고청구서(material requisition), 또는 출고전표를 작성하여 창고부서에 출고를 요청함으로써 행해진다. 재료출고청구서에는 출고재료의 품명, 규격, 수량, 단가, 금액과 인도장소 등을 기재한다.

<표 4-4> 재료출고청구서

재료출고청구서

(년 월 일)

No. ________

제조지시서 No. ________　　　　인도장소 ________

차 변 과 목 ________

품 명	적 요	수 량	단 가	금 액	비 고

검수부문 ____________ 인

재료출고청구서는 보통 2통을 작성하여 원본은 창고부서로 송부하고 부본은 생산부서에서 보관한다. 창고부서는 재료출고시 재료출고청구서에 출고수량을 기입하여 회계부서로 송부한다.

재료의 구입청구에서부터 출고까지의 기장흐름을 살펴보면 다음 <그림 4-2>와 같다.

<그림 4-2> 재료의 기장흐름

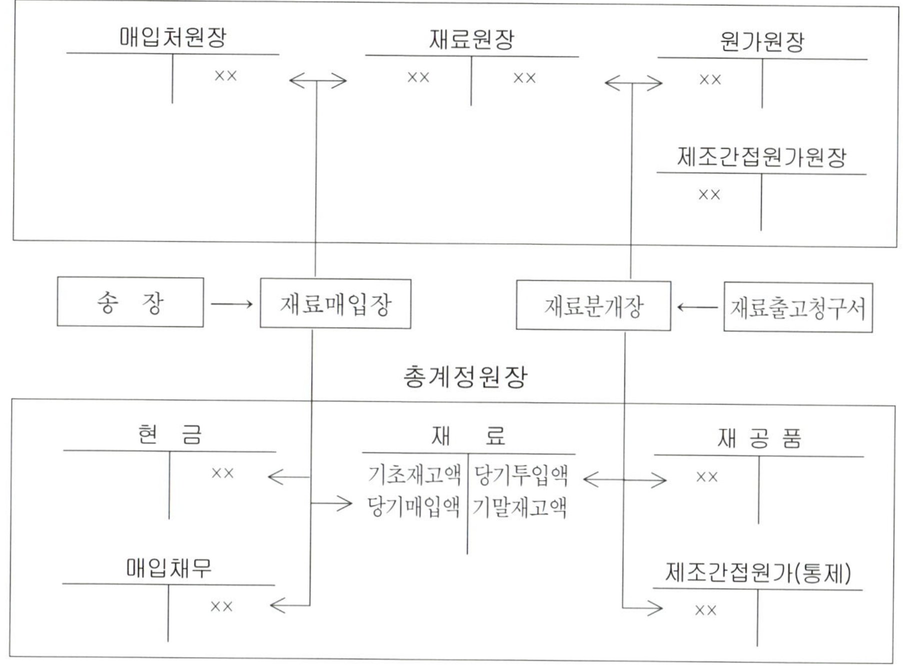

3. 재료매입액의 계산

재고자산은 취득원가와 순실현가능가치 중 낮은 금액으로 측정하며, 재고자산의 취득원가는 매입원가, 전환원가 및 재고자산을 현재의 장소에 현재의 상태로 이르게 하는데 발생한 기타 원가 모두를 포함한다.[1)]

재료의 매입액은 당기에 투입되는 재료원가와 기말재료재고액의 평가에 영향을 미치게 된다. 일반적으로 당기 재료의 매입액은 재료의 구입가액 이외에 재료구입과 관련하여 발생하는 모든 부대비용을 합한 금액이다.[2)] 재료구입과 관련된 부대비용에는 외부에 지급하는 부대 비용인 외부재료부비와 기업내부에서 발생하는 내부재료부비가 있다. 외부재료부비에는 매입수수료, 인수운임, 보험료, 하역비 등이 있으며 내부재료부비에는 검수비, 정리비, 선별비, 보관비 등이 있다.

---

1) 부록 2「기업회계기준서 제1002호」9, 10 재고자산의 측정

2)『기업회계기준서 제1002호』10 재고자산의 취득원가
재고자산의 매입원가는 매입가격에 수입관세와 제세금(과세당국으로부터 추후 환급받을 수 있는 금액은 제외). 매입운임, 하역료 그리고 완제품, 원재료 및 용역의 취득과정에 직접 관련된 기타 원가를 가산한 금액이다. 매입할인, 리베이트 및 기타 유사한 항목은 매입원가를 결정할 때 차감한다.

실무적으로는 재료매입액은 재료구입가액에 외부재료부비만을 가산하는 방법이 널리 이용되고 있다. 왜냐하면 내부재료부비의 경우 재료구입가액과의 직접적인 인과관계를 파악하기가 용이하지 않기 때문이다.

재료매입액 = 재료구입가액 + 외부재료부비

4. 재료원가의 계산

제품제조를 위해 소비된 재료원가는 재료별로 소비된 수량과 소비가격을 곱하여 구한다.

재료원가 = 재료소비수량 X 재료소비가격

4.1 재료의 소비수량 계산

재료의 소비수량을 파악하는 방법[3]에는 계속기록법・실지재고조사법・역산법이 있다.

(1) 계속기록법

계속기록법(perpetual inventory system)은 재료의 입・출고시 재료원장에 계속 기입함으로써 재료의 소비량을 장부상에서 파악하려는 방법이다.

기초재고량 + 당기구입량 − 당기소비량 = 기말재고량

계속기록법의 장점은 ①재료별 소비량과 재고량을 정확히 구할 수 있어 정확한 재료원가 계산에 기여한다. ②재료의 장부재고량과 실제재고량을 비교함으로써 재료감손량을 손쉽게 파악할 수 있어 재고관리에 유용하다. ③재료의 낭비와 부정을 예방할 수 있다. 계속기록법의 단점은 기장사무가 복잡하여 시간과 비용이 많이 든다는 것이다.

(2) 실지재고조사법

실지재고조사법(periodic inventory system)은 원가계산기말의 실제재료재고량을 조사한 후 이를 기초재고량과 당기구입량에서 차감하여 재료의 소비량을 구하는 방법이다.

---

3) 부록 1「원가계산준칙 제9조 ②항」재료의 소비수량은 계속기록법에 의하여 계산하며 필요한 경우에는 실지재고조사법 또는 역산법에 의하여 계산할 수 있고, 2 이상의 방법을 병행하여 적용할 수 있다.

기초재고량 + 당기구입량 − 기말재고량 = 당기소비량

실지재고조사법에 의하면 손쉽게 재료소비량을 구할 수 있다는 장점은 있으나 재료의 실제소비량과 감손량을 구분할 수 없고, 재료의 부문별·제품별 소비량을 파악할 수 없으며 원가계산기말까지 원가계산이 지연되는 등 여러 가지 단점을 갖고 있다.

(3) 역산법

역산법(retrograde method)은 제품단위당 재료의 표준소비량을 추정하고 이를 제품생산량에 곱하여 재료의 소비량을 역산하는 방법이다.

제품생산량 × 제품단위당 표준재료소비량 = 추정재료소비량

역산법은 추정재료소비량을 파악함으로써 능률적인 재료관리에 기여한다는 장점은 있으나 표준소비량의 추정이 주관적이며 추정사무에 많은 시간과 경비가 소요된다는 점으로 인해 지속적으로 역산법을 적용하기가 어렵다는 단점이 있다.

정확한 원가계산을 위해서는 계속기록법을 사용하되 보완적으로 재료의 효율적인 재고관리를 위해서는 실지재고조사법을, 효과적인 재료관리를 위해서는 역산법을 병행하여 적용할 수 있다.

4.2 재료의 소비가격 계산

재료의 소비가격은 재료의 구입(취득)원가에 근거하여 계산한다. 재료의 구입단가가 항상 일정하다면 소비가격의 결정은 별 문제가 없다. 그러나 동일재료라 할지라도 구입시점에 따라 구입단가가 다른 것이 일반적인데 이 경우 소비가격을 무엇으로 할 것인가가 중요한 것이다.

재료의 소비가격을 계산하는 방법에는 어떤 물량과 원가흐름을 가정하느냐에 따라 개별법, 선입선출법, 후입선출법, 이동평균법, 총평균법 등의 방법을 택할 수 있다.[4)]

① 개별법

개별법(specific identification method)은 재료의 구입단가가 다르면 이를 구분하여 보관하였다가 출고시 해당 재료의 구입단가를 개별적으로 추적하여 소비가격으로

---

4) 「원가계산준칙 제9조 ③항」 재료의 소비가격은 취득원가에 의하여 계산하며, 동일재료의 취득원가가 다를 경우에는 개별법·선입선출법·후입선출법·이동평균법 또는 총평균법 등의 방법을 적용하여 계산한다. 그러나 「기업회계기준서 제1002호」는 2003년 개정 당시 재고자산 평가방법에서 후입선출법을 제외하여 인정하지 않고 있다.

적용하는 방법이다.

이 방법은 구입재료와 소비재료의 물량과 원가흐름을 일치시킴으로써 정확한 재료원가를 구할 수 있는 장점이 있고 재료의 종류가 많고 구입단가가 다양한 경우에는 적용하기가 곤란한 단점이 있다.

② 선입선출법

선입선출법(first-in, first-out method : FIFO)은 재료의 구입단가가 다른 경우 재료가 구입 순으로 출고된다는 가정하에 먼저 구입한 재료의 구입단가를 소비가격으로 적용하는 방법이다.

이 방법은 구입재료와 소비재료의 물량과 원가흐름을 거의 일치시키는 장점이 있으나, 재료의 입출고가 빈번한 경우 계산이 매우 복잡해지며 동일 제품이라 하더라도 상이한 재료원가가 적용되어 제품원가가 달라질 수 있다는 단점이 있다.

③ 후입선출법

후입선출법(last-in, first-out method : LIFO)은 재료의 구입단가가 다른 경우 나중에 구입한 재료부터 출고된다는 가정하에 나중에 구입한 재료의 구입단가를 소비가격을 적용하는 방법이다.[5)]

이 방법은 인플레이션 하에서 적정한 제품원가와 당기순이익의 산출에 기여하는 장점은 있으나 대차대조표상의 재고자산은 과소계상될 수 있다는 문제점을 갖고 있다. 이외에도 선입선출법과 마찬가지로 계산이 번잡하고 동일 제품인 경우에도 제품원가가 달라질 수 있는 단점이 있다.

④ 이동평균법

이동평균법(moving average method)은 재료의 구입단가가 다른 경우 구입할 때마다 가중평균단가를 계산하여 재료의 소비가격으로 적용하는 방법이다. 여기에서 가중평균단가는 재료원장의 재고란에 있는 재고수량과 금액에 구입재료의 수량과 금액을 가산한 후 총금액을 총수량으로 나누어 구한다.

이 방법은 물가 변동에 따라 제품원가가 변동하는 위험을 줄여 주는 장점은 있으나, 재료구입이 빈번하고 구입가격이 다른 경우에는 소비가격을 계산하기가 매우 번거롭다는 단점이 있으며 계속기록법하에서만 적용이 가능하다.

---

5) 후입선출법을 채택하고 있는 기업의 현황 : 2006년 12월 28일 현재 유가증권시장에 상장되어 있는 기업은 732개임. 그 중에 금융업 등 업종의 특성상 재고자산을 보유하지 않는 기업을 제외한 605개 사 중 178개 사를 조사한 결과 (모집단 605개 회사 중 약 30%를 조사함) 3개 회사만 후입선출법을 사용하고 있었음. 정유업계의 SK 및 S-Oil(단, 두 회사 공히 미착품은 개별법, 저장품은 이동평균법 적용). 한편 자동차관련 제조업인 삼성공조는 미착품에 한하여 후입선출법 적용함.

⑤ 총평균법

총평균법(weighted average method)은 원가계산기말에 총평균단가를 구하여 이를 재료의 소비가격으로 적용하는 방법이다. 총평균단가는 재료원장 입고란의 기초재고액에 당기구입총액을 가산한 다음 이를 기초재고량과 당기구입총량을 합산한 수량으로 나누어 구한다.

이 방법은 재료소비가격의 계산이 간편하다는 장점은 있으나 원가계산기말에 가서야 재료의 소비가격을 확정지을 수 있어 원가계산이 지연될 수 있고, 실지재고조사법하에서만 적용이 가능하다는 단점이 있다.

전술한 재료의 소비가격을 계산하는 방법들을 정리하면 다음과 같다.

개별법	동종의 재료라도 취득원가가 다른 것은 취득원가별로 정리·보관하였다가 출고시에 실제로 출고된 재료의 취득가격을 소비가격으로 결정하는 방법이다.
선입선출법	먼저 구입한 것부터 우선적으로 사용한다는 것을 전제로 소비가격을 결정하는 방법이다.
후입선출법	선입선출법과는 반대로 나중에 구입한 것부터 먼저 사용한다는 것을 전제로 소비가격을 결정하는 방법이다.
이동평균법	단가가 다른 재료를 구입한 후, 재고와 구입재료와의 **가중평균단가***를 산출해서 소비가격으로 정하는 방법이다.
총평균법	원가계산기간 중의 총구입액을 총구입수량으로 나눠 **총평균단가****를 산출, 이것을 소비가격으로 결정하는 방법이다.

$$* \text{ 가중평균단가} = \frac{\text{매입직전의 재료재고액} + \text{금번의 재료매입액}}{\text{매입직전의 재료재고량} + \text{금번의 재료매입량}}$$

$$** \text{ 총평균단가} = \frac{\text{전월이월액} + \text{당월매입액}}{\text{전월이월량} + \text{당월매입량}}$$

예제 4-1

청주회사의 20×1년 3월 중 재료의 거래에 관한 자료는 다음과 같다.

3월	1일	전월이월	400개	@₩20	₩8,000
	5일	구입	200개	@₩22	₩4,400
	10일	출고	300개		
	20일	구입	200개	@₩21	₩4,200
	25일	출고	200개		

[물음] 다음의 방법으로 재료원장을 작성하고 당월의 소비액과 월말 재고액을 계산하라. 단, 장부상의 재고량과 실제 재고량은 일치한다고 가정한다.

1. 선입선출법
2. 후입선출법
3. 이동평균법
4. 총평균법

해답

1. 선입선출법

재료원장

일자		적 요	입 고			출 고			재 고		
			수량	단가	금액	수량	단가	금액	수량	단가	금액
3	1	전월이월	400	20	8,000				400	20	8,000
	5	구 입	200	22	4,400				400	20	8,000
									200	22	4,400
	10	출 고				300	20	6,000	100	20	2,000
									200	22	4,400
	20	구 입	200	21	4,200				100	20	2,000
									200	22	4,400
									200	21	4,200
	25	출 고				100	20	2,000			
						100	22	2,200	100	22	2,200
									200	21	4,200
	31	차월이월				100	22	2,200			
						200	21	4,200			
			800		16,600	800		16,600			
4	1	전월이월	100	22	2,200						
			200	21	4,200						

당월소비액 : ₩10,200
월말재고액 : ₩6,400

2. 후입선출법

재료원장

일자		적 요	입 고			출 고			재 고		
			수량	단가	금액	수량	단가	금액	수량	단가	금액
3	1	전월이월	400	20	8,000				400	20	8,000
	5	구 입	200	22	4,400				400	20	8,000
									200	22	4,400
	10	출 고				200	22	4,400			
						100	20	2,000	300	20	6,000
	20	구 입	200	21	4,200				300	20	6,000
									200	21	4,200
	25	출 고				200	21	4,200	300	20	6,000
	31	차월이월				300	20	6,000			
			800		16,600	800		16,600			
4	1	전월이월	300	20	6,000						

당월소비액 : ₩10,600
월말재고액 : ₩6,000

3. 이동평균법

재료원장

일자		적 요	입 고			출 고			재 고		
			수량	단가	금액	수량	단가	금액	수량	단가	금액
3	1	전월이월	400	20	8,000				400	20	8,000
	5	구 입	200	22	4,400				600	20.67	12,400
	10	출 고				300	20.67	6,200	300	20.67	6,200
	20	구 입	200	21	4,200				500	20.8	10,400
	25	출 고				200	20.8	4,160	300	20.8	6,240
	31	차월이월				300	20.8	6,240			
			800		16,600	800		16,600			
4	1	전월이월	300	20.8	6,240						

당월소비액 : ₩10,360
월말재고액 : ₩6,240

4. 총평균법

재료원장

일자		적 요	입 고			출 고			재 고		
			수량	단가	금액	수량	단가	금액	수량	단가	금액
3	1	전월이월	400	20	8,000				400		
	5	구 입	200	22	4,400				600		
	10	출 고				300	20.75	6,225	300		
	20	구 입	200	21	4,200				500		
	25	출 고				200	20.75	4,150	300	20.75	6,225
	31	차월이월				300	20.75	6,225			
			800		16,600	800		16,600			
4	1	전월이월	300	20.75	6,225						

※ (₩8,000+₩4,400+₩4,200)÷(400개+200개+200개)=₩20.75

당월소비액 : ₩10,375
월말재고액 : ₩6,225

제2절 노무원가의 계산

1. 노무원가의 의의와 분류

1.1 노무원가의 의의

노무원가(labor costs)는 제품생산에 투입된 노동용역의 소비가치를 화폐단위로 측정한 것이다. 이는 구입원가인 임금(wages)과는 다른 개념이다. 임금이란 노동력 제공의 대가로 종업원에게 지급하는 금액이다. 노동력은 그 성질상 구입과 동시에 소비되므로 일정기간의 지급임금과 소비임금인 노무원가는 거의 일치한다. 따라서 실무에서는 임금과 노무원가를 같은 의미로 사용하고 있다.

1.2 노무원가의 분류

노무원가는 지급형태와 발생형태, 제품과의 관련성에 따라 다음과 같이 분류할 수 있다.

(1) 지급형태에 따른 분류

① 임금

임금(wages)은 공장의 작업장에서 주로 육체적인 노동력을 제공하는 종업원에게 지급되는 대가로 기본급 이외에 시간외 수당, 위험수당, 특별작업수당 등의 가급금이 있다. 이는 주로 일급이나 시간급, 성과급으로 지급된다.

② 급료

급료(salaries)는 공장사무 및 관리업무에 종사하여 주로 정신적인 노동력을 제공하는 직원에 대하여 지급하는 대가로 이는 거의 월급으로 지급된다.

③ 잡급

잡급(miscellaneous wages)은 공장의 정규직이 아닌 임시직공이나 일용근로자 등에게 지급되는 대가로 주로 일급, 시간급이나 성과급으로 지급된다.

④ 종업원상여수당

종업원상여수당(bonus and allowances)은 공장의 작업원에게 지급되는 임금과는 달리 작업과는 직접적인 관련 없이 회사의 전 종업원에게 지급되는 대가이다.

상여금에는 연말상여금과 임시상여금이 있는데 연말상여금은 임금 성격이 강하지만 임시상여금은 성과급이나 이익분배급과 같은 성격을 갖고 있다. 수당에는 정근수당, 가족수당, 휴가수당 등이 있다.

⑤ 종업원 퇴직금

종업원 퇴직금은 근로기준법 또는 노사협약에 근거한 퇴직급여규정에 의해 종업원이 퇴직할 때 지급하는 보수이다. 원가계산시에는 기업이 부담하여야 할 연간 퇴직급여충당금전입 추정액을 원가계산기간에 분할하여 부담시킨다.

⑥ 복리후생비

복리후생비는 종업원의 고용과 더불어 기업이 부담해야 할 비용으로 4대 사회보험(국민연금, 건강보험, 고용보험, 산재보험)료와 문화오락비, 체육활동지원비 등이 있다.

(2) 발생형태에 따른 분류

① 노무주비

노무주비(main labor costs)는 임금, 급료, 잡급, 종업원상여수당 등 종업원이 제공하는 노동력에 대해 지급하는 대가이다.

② 노무부비

노무부비(sub-labor costs)는 노동력의 안정적인 확보측면에서 노동력의 조달, 유지, 관리활동과 관련된 비용이다. 예를 들면 종업원 모집광고비나 여비, 종업원 교육훈련비, 종업원퇴직금, 복리후생비 등이다.

(3) 제품과의 관련성에 따른 분류

① 직접노무원가

직접노무원가(direct labor costs)는 특정제품의 생산에 추적이 가능한 원가로 예를 들면 직접공에 지급하는 임금 등이 이에 해당한다.

② 간접노무원가

간접노무원가(indirect labor costs)는 여러 제품을 생산하는데 공통적으로 발생하여 특정제품에의 추적이 불가능하므로 일정배부기준에 따라 배부를 하여야 하는 원가이다. 예를 들면 공장장 등에 지급하는 급료나 수선, 운반, 용수, 동력, 창고보관 등을 담당하는 간접공에게 지급하는 임금 등이 있다.

2. 노무원가의 계산

노무원가는 계산목적에 따라 지급임금과 소비임금으로 나눌 수 있다. 지급임금은 재무회계의 영역에 속하는 것으로 노동용역의 제공 대가로 종업원에게 지급한 금액이다. 반면에 소비임금은 원가회계의 영역에 속하는 것으로 구입한 노동용역 중 제품제조과정에서 소비된 금액이다.

(1) 지급임금

지급임금은 기본급에 가급금을 가산하여 일정기간(월별, 주별, 일별)을 단위로 계산한다. 기본급은 시간급이냐 또는 성과급이냐에 따라 작업시간이나 작업량에 지급임률을 곱하여 구할 수 있다. 작업시간이나 작업량은 출근표나 작업량 보고서를 기초로 계산한다. 지급임률은 종업원 각자에게 지급하는 노무단가로 능력이나 경력에 따라 다양하다.

지급임금 = 기본급 + 가급금
시간제 기본급 = 작업시간 × 지급임률
성과 기본급 = 작업량 × 지급임률

(2) 소비임금

소비임금은 실제작업시간 또는 실제작업량에 소비임률을 곱하여 계산한다.

소비임금 = 실제작업시간(량) × 소비임률

① 작업시간

작업시간은 근로시간에서 유휴시간을 차감한 시간으로 작업시간의 내용은 다음 <표 4-5>와 같다.

<표 4－5> 작업시간의 내용

<table>
<tr><td colspan="5">취업시간</td></tr>
<tr><td colspan="4">근로시간</td><td>휴식시간</td></tr>
<tr><td colspan="3">작업시간</td><td>유휴시간</td><td></td></tr>
<tr><td colspan="2">**직접작업시간**</td><td>**간접작업시간**</td><td></td><td></td></tr>
<tr><td>준비시간</td><td>가동시간</td><td></td><td></td><td></td></tr>
</table>

작업시간은 특정 제품제조만을 위하여 소비되는가 아니면 여러 제품을 제조하기 위해 소비되는가에 따라 직접작업시간과 간접작업시간으로 구분되며 이는 각각 직접노무원가와 간접노무원가 계산의 기초자료가 된다. 유휴시간(idle time)은 기계 수선이나 공구검사, 정전 등 그 발생책임이 종업원에 있지 않은 시간으로 정상적인 것이면 간접노무원가로 비정상적인 경우에는 기간비용으로 처리한다.

작업시간은 다음 <표 4－6>과 같은 작업시간보고서(time ticket)에 의해 작업자별, 작업종류별로 작업개시와 종료, 작업시간 등을 기록하여 파악한다.

<표 4－6> 작업시간보고서

작업시간보고서

(년 월 일)

작업자명 ________　　　　제조지시서No. ________

소속부문 ________　　　　작 업 종 류 ________

개시시간	종료시간	작업시간	임 률	금 액

________인

② 소비임률

소비임률은 제품제조에 소비된 노무단가로 작업시간과 더불어 소비임금을 결정짓는 중요 요인이다. 소비임률에는 실제임률과 예정임률이 있으며 각각 개별임률과 평균임률로 나눌 수 있는데 일반적으로는 예정평균임률을 적용한다.

가. 실제임률

실제임률은 실제노무원가를 실제작업시간으로 나누어 구한다. 이에는 각 개인별로 적용하는 개별임률과 공장전체나 특정 직종 및 작업・부문별로 적용할 수 있는 평균임률이 있다.

$$실제개별임률 = \frac{일정기간의\ 지급임금}{일정기간의\ 작업시간}$$

$$실제평균임률 = \frac{일정기간의\ 지급임금총액}{일정기간의\ 총작업시간}$$

실제임률법의 문제점으로는 노무원가의 경우 원가계산기간과 임금지급기간이 일치하지 않아 지급임금을 기초로 한 실제임률을 그대로 적용하기 곤란하며, 임률 산정을 원가계산기말까지 연기하여야 한다는 단점이 있다.

나. 예정임률

예정임률은 예상되는 실제임률을 추정하는 것으로 실제임률과 마찬가지로 개별임률과 평균임률로 나눌 수 있는데 예정평균임률을 일반적으로 이용한다.

$$예정개별임률 = \frac{일정기간의\ 예정임금}{일정기간의\ 작업시간}$$

$$예정평균임률 = \frac{일정기간의\ 예정임금총액}{일정기간의\ 총작업시간}$$

예정임률법은 실제임률법과는 달리 임률산정을 원가계산기말까지 지연시킬 필요가 없이 노무원가가 발생할 때마다 손쉽게 임률을 구할 수 있다는 장점이 있다. 예정임률과 실제임률과의 차이인 임률차이는 원가계산기말에 조정하여야 한다.

참고로 개인별 임금총액을 계산할 경우 시간급제와 성과급제로 구분하여 계산하는 공식은 다음과 같다.

개인별 임금총액 = 기본임금 + 각종 수당

시간급제에 의한 계산	성과급제에 의한 계산
· 기본임금 = 작업시간수×작업 1시간당 임률	· 기본임금 = 생산량×제품 1단위당 임률
· 평균임률 = $\frac{1개월의\ 총임금액}{동기간의\ 총작업시간수}$	· 평균임률 = $\frac{1개월의\ 총임금액}{동기간의\ 총생산량}$

3. 노무원가의 기장흐름

지급임금 관련 기장은 먼저 각 종업원 별로 임금계산표를 작성해서 기본급 및 가급금과 기타 제수당의 합계액에서 연금이나 소득세·보험료 등을 차감한 순지급임금액을 구한 후 그 내역을 임금지급장에 기입한다. 임금지급장은 원가계산기말(보통 매월)에 마감하여 각 란의 합계액을 총계정원장에 합계 전기하는데 이 경우 다음과 같이 분개한다.

(차)	미지급임금	×××	(대) 현　　금	×××
			소득세예수금	×××
			보험료예수금	×××

소비임금은 작업시간보고서상의 직접작업시간에 해당하는 소비임금은 원가원장과 임금분개장에, 간접작업시간에 해당하는 소비임금은 제조간접원가원장과 임금분개장에 기입한다. 임금분개장은 매월 마감하여 다음과 같이 분개를 한 후 총계정원장에 합계 전기한다.

(차)	재공품	×××	(대) 미지급임금	×××
	제조간접원가	×××		

노무원가의 기장흐름은 다음 <그림 4-3>과 같다.

<그림 4-3> 노무원가의 기장흐름

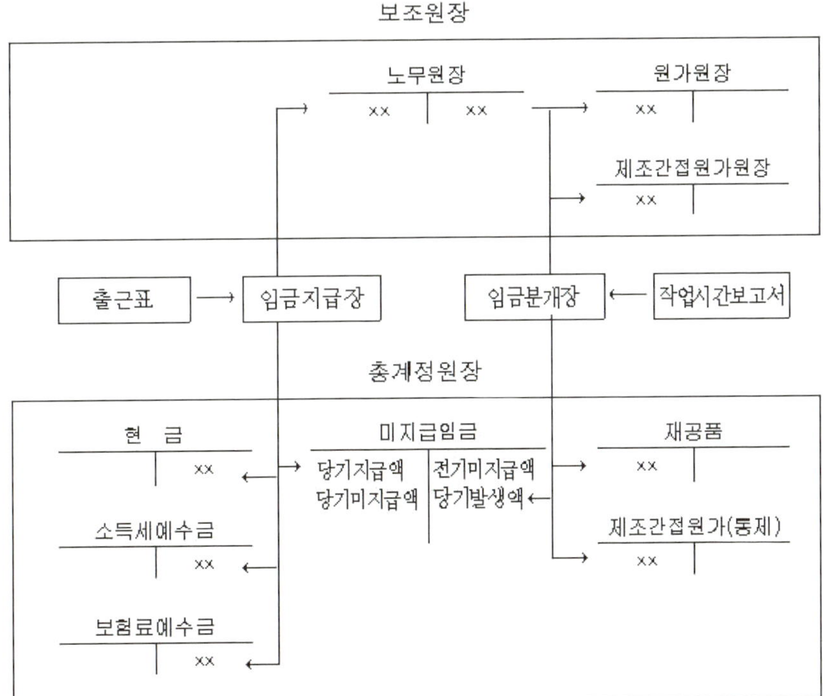

예제 4-2

오송회사의 20×1년 3월 중 임금에 관한 자료는 다음과 같다.

(1) 2월말 미지급임금은 ₩20,000이었다.
(2) 3월의 임금지급 내역은 다음과 같다.

지급임금 내역		₩300,000
공제액		
소득세예수금	₩20,000	
보험료예수금	10,000	30,000
순현금지급액		₩270,000

(3) 3월의 임금소비액중 직접공임금은 ₩250,000이고, 간접공임금은 ₩100,000이었다.

[물음] 위의 거래를 분개하고, 미지급임금계정을 마감하라.

해답

① 임금 지급시

(차)	미지급임금	₩300,000	(대) 현 금	₩270,000
			소득세예수금	20,000
			보험료예수금	10,000

② 소비임금 기입시

(차)	재공품	₩250,000	(대) 미지급임금	₩350,000
	제조간접원가	100,000		

미지급임금

현 금	270,000	전월이월	20,000
소득세예수금	20,000	재공품	250,000
보험료예수금	10,000	제조간접원가	100,000
차월이월	70,000		
	370,000		370,000

제3절 경비의 계산

1. 경비의 의의와 분류

1.1 경비의 의의

경비(expenses)는 제품제조에 투입된 경제가치 중 재료원가와 노무원가를 제외한 일체의 원가이다. 경비는 재료원가나 노무원가와 달리 원가인식 대상을 명확히 할 수 없고, 기업의 업종이나 규모에 따라 원가의 성격과 내용이 복잡하고 다양하다. 예를 들면 전기료, 가스수도료, 운임, 감가상각비, 수선비, 소모품비, 세금과 공과, 임차료, 보험료 등이며, 각 회사마다 지출액이 큰 항목을 중심으로 발생형태에 따라 비목을 자유롭게 설정할 수 있다.

1.2 경비의 분류

경비는 특정제품 제조와의 관련성에 따라 직접(제조)경비(direct expenses)와 간접(제조)경비(indirect expenses)로 나눌 수 있다.

직접경비는 특정제품에 직접 부과할 수 있는 경비로 예를 들면 외주가공비, 특허권사용료, 형대(型代), 특수기계임차료 및 감가상각비 등이 있다. **간접경비**는 여러 제품제조와 관련된 공통경비로, 특정제품별로 추적이 어려워 인위적인 배부절차가 요구되는데 복리후생비, 감가상각비, 가스수도료, 임차료, 보험료, 수선비 등 대부분의 경비가 이에 해당한다.

제조경비를 분류기준별로 구분하면 다음과 같다.

분류기준	종 류
발생형태에 따른 분류	복리후생비, 감가상각비, 가스수도료, 전기료 등
특정제품과의 관련성에 따른 분류	직접(제조)경비, 간접(제조)경비
제조원가에의 산입방법에 따른 분류	월할제조경비, 측정제조경비, 지급제조경비, 발생제조경비

2. 경비의 계산

경비는 그 성격에 따라 지급경비 · 월할경비 · 측정경비 · 발생경비로 나누어 계산할 수 있다.

(1) 지급경비

지급경비는 원가계산기간 중에 실제로 지급한 금액으로 소비액을 계산할 수 있다. 예를 들면 외주가공비, 복리후생비, 운임, 수리수선비, 여비교통비 등이다.

지급경비의 소비액은 당월지급액에 전월선급액과 당월미지급액을 가산한 후 당월선급액과 전월미지급액을 차감하여 계산한다. 이를 위해 작성되는 경비지급표는 <표 4-7>과 같다.

<표 4-7> 경비지급표

______ 월분		경 비 지 급 표 (년 월 일)				
비 목	당월지급액	전 월		당 월		당월소비액
		미지급액 (−)	선급액 (+)	미지급액 (+)	선급액 (−)	

(2) 월할경비

월할경비는 1년이나 6개월, 3개월 등과 같이 일정기간 단위에 걸쳐 발생하는 총경비액을 원가계산목적으로 월별로 그 발생액을 균등 부담하도록 하는 경비이다. 예를 들면 감가상각비, 임차료, 보험료, 세금과 공과 등이 있다. 이는 다음 <표 4-8>과 같은 경비월할표를 이용하여 정확히 계산할 수 있다.

<표 4-8> 경비월할표

경 비 월 할 표 (년 상반기)								
비 목	금 액	월 수	월 할 액					
			1월	2월	3월	4월	5월	6월

(3) 측정경비

측정경비는 원가계산기말에 계량기에 의해 측정한 용역의 실제소비량을 기준으로 그 소비액을 계산하는 경비이다. 예를 들면 가스료, 전기료, 수도료 등이 있다. 일반적으로 당월의 측정액과 소비액은 일치하지 않으므로 지급경비와 구분된다.

측정경비를 정확히 계산하고자 다음 <표 4-9>와 같은 경비측정표를 작성한다.

<표 4-9> 경비측정표

______ 월분	경 비 측 정 표 (년 월 일)				
비 목	전월검침량	당월검침량	당월소비량	단 가	금 액

(4) 발생경비

발생경비는 원가계산기간에 발생하였으나 그 발생액을 실사에 의해서만 파악이 가능하고 지출되지 않는 경비이다. 예를 들면 재료감모손실, 공손비 등이 있다. 발생경비를 기입하는 경비발생표는 다음 <표 4-10>과 같다.

<표 4-10> 경비발생표

______ 월분	경 비 발 생 표 (년 월 일)			
비 목	발생부문	적 요	금 액	비 고

3. 경비의 기장흐름

원가계산기간 동안 경비의 지급은 경비지급전표를 증빙서류로 현금출납장과 일반분개장에 기입하고 해당 계정에 전기한다.

경비소비액은 경비지급표, 경비월할표, 경비측정표, 경비발생표의 작성으로 확정된 후 경비분개장과 보조원장에 기입하게 되는데 이 경우 직접경비는 경비분개장과 해당제품의 원가원장에 기입하고, 간접경비는 경비분개장과 제조간접원가원장에 기입한다.

원가계산기말에는 경비분개장을 마감하고 합계분개를 하여 총계정원장에 전기한다. 합계분개는 다음과 같다.

(차) 재공품	×××	(대) 제경비	×××
제조간접원가	×××		
판매비와 관리비	×××		

경비의 기장흐름은 다음 <그림 4-4>와 같다.

<그림 4-4> 경비의 기장흐름

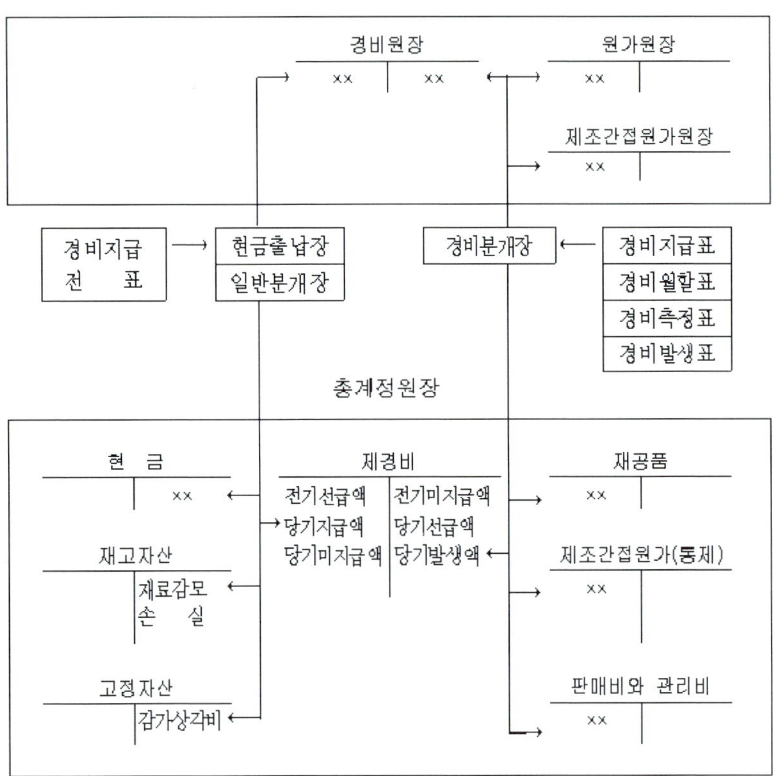

예제 4-3

경기회사의 20×1년 3월 중 경비에 관한 자료는 다음과 같다.

(1) 수리수선비 : 당월지급액 ₩50,000 당월선급액 ₩20,000
당월미지급액 ₩10,000
(2) 외주가공비 : 당월지급액 ₩70,000 전월미지급액 ₩20,000
전월선급액 ₩30,000
(3) 보 험 료 : 당월지급액 ₩100,000 전월미지급액 ₩30,000
당월미지급액 ₩20,000
(4) 가 스 료 : 당월지급액 ₩50,000 당월측정액 ₩60,000
(5) 재료감모손실 : ₩20,000 (전액 정상적인 것임)

[물음] 3월의 경비발생내역을 경비분개장에 기입하고 분개하라.
경비는 직접경비를 제외하고 제조부문에 70%, 판매부문에 30% 배분한다.

해답

경비분개장

경비 분류	원가요소	차 변			대변 합계
		재공품	제조간접원가	판매비와관리비	
지급경비	수리수선비		₩28,000	₩12,000	₩40,000
	외주가공비	₩80,000			80,000
월할경비	보험료		63,000	27,000	90,000
측정경비	가스료		42,000	18,000	60,000
발생경비	재료감모손실		20,000		20,000
	합 계	₩80,000	₩153,000	₩57,000	₩290,000

<분개>

(차)	재공품	₩80,000	(대)	수리수선비	₩40,000[1)]
	제조간접원가	153,000		외주가공비	80,000[2)]
	판매비와 관리비	57,000		보험료	90,000[3)]
				가스료	60,000
				재료감모손실	20,000

1) 당월지급액 ₩50,0000 + 당월미지급액 ₩10,000 − 당월선급액 ₩20,000 = ₩40,000
2) 당월지급액 ₩70,000 + 전월선급액 ₩30,000 − 전월미지급액 ₩20,000 = ₩80,000
3) 당월지급액 ₩100,000 + 당월미지급액 ₩20,000 − 전월미지급액 ₩30,000 = ₩90,000

연습문제

[문제 4 – 1] 계속기록법의 장점을 실지재고조사법 및 역산법과 비교하여 설명하라.

[문제 4 – 2] 지급임금과 소비임금의 차이를 설명하라.

[문제 4 – 3] 지급경비, 월할경비, 측정경비, 발생경비를 각각 설명하라.

[문제 4 – 4] 재료원가의 계산

광운회사의 20×1년 1월 중 재료에 관한 자료는 다음과 같다. 단, 기초재료는 없다.

1월 2일	구입	1,000개	@₩4.00	₩4,000
14일	구입	6,000개	@₩5.00	₩30,000
15일	출고	3,000개		
18일	구입	4,000개	@₩5.50	₩22,000
20일	출고	6,000개		
25일	구입	4,000개	@₩6.00	₩24,000

이 회사는 재료소비량의 계산방법으로 계속기록법을 적용하고 있다.

[물음] 1) 선입선출법 2) 이동평균법을 사용하여 재료의 당월소비액과 월말재고액을 계산하라.

[문제 4 – 5] 노무원가의 계산

고려회사의 20×1년 4월 중 임금에 관한 자료이다.

(1)

항 목	3월 미지급액	4월 총지급액	4월 미지급액
임 금	₩700	₩5,000	₩1,800

(2) 소득세 ₩300, 의료보험료 ₩600, 종업원대여금 ₩700을 차감한 잔액은 현금으로 지급하였다.

(3) 당기발생액중 직접노무원가는 ₩4,000이고 제조간접원가는 ₩2,100이다.

[물음] 1. 상기 내용을 분개하시오.
2. 미지급임금 계정을 마감하라.

[문제 4-6] 경비의 계산

삼일회사의 20×1년 4월 중 경비에 관한 자료는 다음과 같다.

(1) 수 선 비 : 당월 지급액 ₩12,000 당월 미지급액 ₩6,000
(제조부문 90%, 영업부문 10%)

(2) 외주가공비 : 당월 지급액 ₩60,000 전월 미지급액 ₩8,000
당월 미지급액 ₩8,000

(3) 전 력 비 : 당월 지급액 ₩15,000 당월 측정액 ₩20,000
(제조부문 70%, 영업부문 30%)

(4) 수도광열비 : 당월 지급액 ₩19,000 당월 측정액 ₩25,000
(제조부문 60%, 영업부문 40%)

(5) 공장기계 감가상각비 : ₩180,000(당 회계연도분, 정액법)

(6) 보 험 료 : ₩90,000(당 회계연도분) (제조부문 60%, 영업부문 40%)

(7) 재고감모손실 : 월초 재고액 ₩80,000 당월 매입액 ₩130,000
당월 소비액 ₩120,000 월말 재고액(실제) ₩70,000
(단, 재고감모손실은 정상적인 것임)

[물음] 위의 경비 발생내역을 경비분개장에 기입하고, 4월말의 합계분개를 표시하라.

〔문제 4-7〕 원가의 발생형태에 따라 제품의 원가를 계산하기 위한 방법 중 요소별 원가계산의 범위에 속하지 않는 것은? (전산세무회계 3급 24회)

① 재료비계산 ② 재공품계산
③ 제조경비계산 ④ 노무비계산

정답 ②

〔문제 4-8〕 제품제조과정에서 나타나는 재료비에 관한 설명 중 옳은 것은? (서울시 2003)

① 재료는 선입선출법에 의하여 출고되는 것을 원칙으로 한다.

② 재료비는 제품계정 차변으로 대체된다.
③ 재료비는 유형자산으로 대차대조표에 기입된다.
④ 재료비는 제조간접비계정의 대변에 대체된다.
⑤ 재료비는 재료계정 대변에 기입된다.

정답 ⑤

〔문제 4-9〕 다음 자료에 의하여 당기 원재료매입액을 계산하면 얼마인가?
(국가직 9급 회계학 2006년 4월)

매출원가 ₩1,500,000 직접노무비 ₩200,000 제조간접비 ₩200,000

	기 초	기 말
원 재 료	₩150,000	₩100,000
제 품	250,000	200,000
재 공 품	100,000	150,000

① ₩ 950,000 ② ₩1,050,000
③ ₩1,000,000 ④ ₩1,100,000

정답 ②

〔문제 4-10〕 (주)세무는 7월에 근로자 A에게 노무비 100,000원을 현금지급하였고, 근로자 B에게는 노무비 30,000원을 미지급하였다. 근로자 A에게 지급한 노무비 중 선급노무비 50,000원이 포함되어 있다면 (주)세무가 7월에 인식해야 할 회사 전체 노무비 발생액은 얼마인가? (29회 전산회계1급 2006)

① 20,000원 ② 120,000원
③ 80,000원 ④ 180,000원

정답 ③

〔문제 4-11〕 제조경비를 제조원가에의 산입방법에 따라 분류할 경우 경비항목의 연결이 옳지 않은 것은? (행정자치부 2000)

① 지급제조경비 - 외주가공비, 복리후생비, 수선비
② 측정제조경비 - 전기료, 수도료, 가스료
③ 월할제조경비 - 특허권사용료, 임차료, 운반비
④ 발생제조경비 - 재료감모손실, 반품차손비, 공손비

정답 ③

〔문제 4-12〕 다음 중 일반적으로 제조원가에 포함되지 않는 것은? (전산회계 1급 20회)

① 보조재료비 ② 간접노무비

③ 공장건물에 대한 임차료 ④ 판매수수료

정답 ④

〔문제 4-13〕 재고자산에 대한 설명으로 옳지 않은 것은? (국가직 9급 2005.04)

① 재고자산의 취득원가는 매입원가 또는 제조원가를 말한다.

② 고정제조간접비는 생산설비의 정상조업도와 유사한 경우에는 실제조업도를 사용할 수 있다.

③ 표준원가제도를 채택하고 있는 경우에도 재고자산의 대차대조표가액은 실제원가로 보고한다.

④ 저가기준을 적용하여 매출가격환원법을 적용하는 경우에는 원가율을 계산할 때 가격인하를 매출가격에 의한 판매가능액에서 차감한다.

해설 저가기준소매재고법(매가환원법)을 적용하는 경우에는 보수적으로 매출원가를 높게 계산하기 위해 원가율 산정시 원가율을 낮추기 위해서 매가의 가격인상액은 고려하지만 가격인하액은 고려하지 않는 방법이다.

정답 ④

〔문제 4-14〕 (주)산천은 재고자산에 대해 계속기록법과 후입선출법을 적용하고 있다. 다음은 20×1년 1월 1일 ~ 12월 31일 동안의 상품의 입출고내역, 구입단가 등을 요약한 자료의 일부이다. (CPA 2004)

		입고			출고			잔고		
		수량	단가	금액	수량	단가	금액	수량	단가	금액
1월 1일	기초상품	50	@100	5,000				50	@100	5,000
4월 15일	매입	100	@120	12,000				150		
7월 1일	매출				130	?	?	20	?	?

기말실사 결과 상품기말재고는 17개였다. 당사는 장부상 기말재고수량의 5%까지는 정상적인 감모손실로 인정하고 있다. 다음의 서술 중 옳지 않은 것은?

① 후입선출법 사용시 20×1년 매출원가는 ₩15,000이다.

② 후입선출법 사용시 20×1년 기말 상품재고는 ₩1,700이다.

③ 평균법 사용시 20×1년 7월 1일 매출에 대한 분개와 함께 매출원가 ₩14,729에 대해서도 분개한다.(평균단가 계산시 소수점 둘째 자리에서 반올림)

④ 선입선출법 사용시 20×1년 후입선출법보다 영업이익을 ₩380 더 작게 보고한다.

⑤ 선입선출법 사용시 20×1년 기말 상품재고는 ₩2,040이다.

정답 ④

〔문제 4-15〕 12월말 결산법인인 (주)대한의 5월중 상품매매에 관한 자료는 다음과 같으며, 5월말 상품의 실제재고수량은 30개로 확인되었다. (주)대한은 상품의 원가흐름에 대한 가정으로 후입선출법을 적용하고 있다. (주)대한의 5월말 상품재고액을 계속기록법의 경우와 실지재고조사법의 경우로 나누어 제시한 것으로서 옳은 것은?

(세무사 2008)

일 자	거 래	수 량	1개당 매입단가	금 액
5월 1일	월초재고	20개	₩1,000	₩20,000
5월 10일	매 입	40개	₩1,200	₩48,000
5월 15일	매 출	50개	-	-
5월 20일	매 입	70개	₩1,500	₩105,000
5월 25일	매 출	50개	-	-

	계속기록법	실지재고조사법
①	₩32,000	₩32,000
②	₩40,000	₩40,000
③	₩32,000	₩40,000
④	₩40,000	₩32,000
⑤	₩34,000	₩32,000

정답 ④

〔문제 4-16〕 (주)부산은 회계기말에 실지재고조사법에 따라서 재고자산의 수량을 결정하고 있다. 다음은 2007년 동안의 재고자산 입·출고에 관한 내용이다.

일자	내용	단가	수량	합계
1월 1일	기초재고	@₩100	100	₩10,000
3월 5일	매 입	@₩150	150	₩22,500
7월 12일	매 출		130	
11월 5일	매 입	@₩200	100	₩20,000
12월 24일	매 출		170	

(주)부산의 기말 재고자산 시가가 ₩7,000일 경우 다음 중 옳지 않은 것은?

(CPA 2007)

① (주)부산이 재고자산의 원가결정방법으로 평균법을 사용할 경우 재고자산 기말재고액은 ₩7,000이다.

② (주)부산이 재고자산의 원가결정방법으로 선입선출법을 사용할 경우 재고자산 평가충당금 ₩3,000이 계상된다.
③ (주)부산이 재고자산의 원가결정방법으로 후입선출법을 사용할 경우 재고자산 평가손실이 계상되지 않는다.
④ 재고자산의 기말 시가가 ₩7,000일 경우 재고자산평가충당금의 크기는 후입선출법, 평균법, 선입선출법의 순서로 작아진다.
⑤ (주)부산이 재고자산의 원가결정방법으로 후입선출법을 사용할 경우 재고자산 기말재고액은 ₩5,000이다.

정답 ④

〔문제 4-17〕 **재고자산의 원가흐름 가정에 대한 다음의 설명 중 옳지 않은 것은?**
(감정평가사 2007)

① 재고자산의 매입가격이 상승할 때 후입선출법을 적용하면 선입선출법보다 항상 매출원가가 더 많이 계상된다.
② 후입선출법을 사용하면 경영자의 불건전한 구매습관을 조장할 수 있다.
③ 개별법을 적용하면 경영자가 이익조작을 할 수 있다.
④ 선입선출법을 적용하면 재고감모가 없을 때 계속기록법과 실지재고조사법의 기말상품가액이 동일하게 산출된다.
⑤ 재고자산의 매입가격이 상승할 때 선입선출법을 사용하면 수익과 비용이 적정하게 대응되기 곤란하다.

정답 ①

〔문제 4-18〕 **기초에서 기말까지 물가가 지속적으로 상승하고 있는 가운데 계속하여 매출이 이루어지고 기초에 비하여 기말재고자산의 수량이 감소하지 않은 경우, 매출총이익을 가장 크게 표시하는 재고자산의 원가결정방법부터 순서대로 나열한 것은? (단, 재고청산이 없다고 가정한다.) (감정평가사 2009)**

① 선입선출법-이동평균법-총평균법-후입선출법
② 선입선출법-총평균법-이동평균법-후입선출법
③ 총평균법-선입선출법-이동평균법-후입선출법
④ 이동평균법-선입선출법-총평균법-후입선출법
⑤ 선입선출법-후입선출법-총평균법-이동평균법

정답 ①

CHAPTER 5

부문별 원가계산

부문별 원가계산은 원가계산의 두 번째 단계로, 요소별로 파악된 원가를 발생장소인 원가부문별로 인식하여 집계하는 것이다. 부문별 원가계산의 본질은 부문이나 제품별로 정확한 원가계산과 효율적인 원가관리를 행함에 있다. 이 장에서는 원가부문의 설정 및 분류와 부문별 원가계산의 구체적인 절차를 살펴보도록 한다.

제1절 부문별 원가계산의 본질
제2절 원가부문의 설정과 분류
제3절 부문별 원가계산의 절차

제1절 부문별 원가계산의 본질

1. 부문별 원가계산의 의의

부문별 원가계산은 요소별 원가계산에서 원가의 발생형태별로 원가요소들을 파악한 후 그것들을 발생장소인 원가부문별로 인식하고 분류·집계하는 계산절차로 제품별 원가계산의 전단계에 해당한다.

부문별 원가계산의 유용성으로는 ① 원가의 발생장소인 원가부문별 원가계산으로 정확한 제품원가 산정에 기여할 수 있고 ② 원가부문과 원가부문경영자의 성과에 대한 효율적인 평가가 가능해진다.

2. 부문별 원가계산의 목적

정확한 제품원가계산 및 원가관리와 통제를 위해서는 제조간접비를 그것이 발생한 부문별로 분류·집계하여 적절한 절차를 거쳐 제품에 배부하여야 하며, 이 절차는 개별원가계산과 종합원가계산에 공통적으로 적용된다.

일반적으로 부문별 원가계산의 목적은 다음과 같다.

(1) 부문별 및 제품별 정확한 원가계산

개별원가계산의 경우 원가요소 중 직접재료원가와 직접노무원가는 개별원가로서 제품별로 원가의 인식과 부과가 가능하나, 제조간접원가는 다수의 부문과 제품에 공통으로 발생하는 공통원가이므로 정확한 제품원가의 계산을 위해 인위적인 배부기준에 의해 부문별로 원가배부를 하여야 한다.

제조간접원가의 배부시 정확한 제품원가를 계산하기 위해서는 단일의 공장전체 배부율을 적용하기보다는 원가의 발생장소인 원가부문별로 다수의 부문별 배부율을 적용하는 것이 합리적이다.

(2) 부문별 및 제품별 효율적인 원가관리

원가를 부문별로 인식하고 측정하는 것은 부문이나 부문경영자의 원가발생에 대한 책임소재를 명확히 할 수 있어 효율적으로 관리할 수 있다.

원가관리의 목적을 효과적으로 달성하기 위해서는 성과평가와 연계되어야 하는데, 부문의 성과평가시에는 추적가능원가를 그리고 부문경영자의 성과평가시에는 통제가능원가를 이용하여야 한다.

제2절 원가부문의 설정과 분류

1. 원가부문의 설정

원가부문(cost department)이란 원가발생을 인식하고 집계하는 원가계산조직상의 최소단위를 말하는 바, 원가계산목적을 효과적으로 달성할 수 있도록 설정하는 것이 바람직한데, 이 경우 업종이나 규모·관리능력·경제성 등을 충분히 감안하여야 한다.

구체적인 원가부문의 설정기준으로는 조직부문과 생산기술을 들 수 있다. 조직부문에 의한 원가부문의 설정은 업무에 대한 권한과 책임을 갖고 있는 부서에서 원가발생에 대한 권한과 책임을 갖도록 하는 것으로, 원가부문의 설정과 원가능률을 파악하는데 유용하며 특히 책임회계의 기반을 제공할 수 있다.

생산기술에 의한 원가부문 설정은 기계의 종류나 생산공정의 특성·작업장소 등을 고려하는 것으로, 생산현장에서 발생되는 원가를 정확히 계산하는데 유익하다.

2. 원가부문의 분류

제조간접원가가 최종 원가배부대상인 제품에 배부되는 과정에서 제조간접원가는 부문을 거쳐 배부되는데, 부문은 제품의 직접생산여부에 따라 다음과 같이 보조부문(auxiliary department)과 제조부문(production department)의 두 가지로 나누어진다.<표 5-1 참조> 제조부문은 다시 주경영부문과 부경영부문으로, 보조부문은 보조경영부문과 공장관리부문으로 구분된다.

<표 5-1> 원가부문의 분류

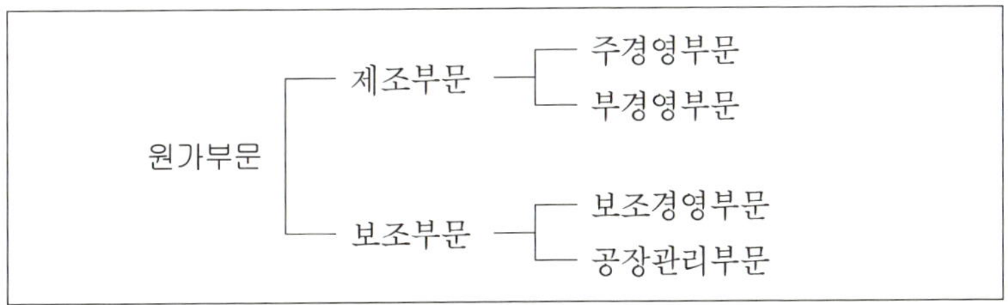

(1) 제조부문

제조부문은 직접적으로 제품을 제조하는 부서로 일반적으로 제품의 종류나 제조활동의 증가로 부문의 갯수는 증가한다.

① 주경영부문

주경영부문은 주된 제품의 제조를 담당하는 부서이다. 예를 들면 기계제조업의 주조부, 단조부, 선반부, 조립부 등이다.

② 부경영부문

부경영부문은 주된 제품 이외의 부차적인 제품을 제조하거나 가공을 담당하는 부서이다. 예를 들면 부산물 가공이나 포장재를 제조하는 부서 등이다.

(2) 보조부문

보조부문은 직접적으로 제품제조를 담당하지는 않지만 제조부문에 용역을 제공하거나 공장관리기능 등을 담당하는 부서이다.

① 보조경영부문

보조경영부문은 제조부문에 자기 부서의 용역을 제공하는 부서이다. 예를 들면 수선부, 동력부, 운반부, 검사부 등이다.

② 공장관리부문

공장관리부문은 공장전체의 관리기능을 담당하는 부서이다. 예를 들면 공장사무부, 자재부, 노무관리부, 시험연구부 등이다.

제3절 부문별 원가계산의 절차

직접재료원가와 직접노무원가는 해당 제품별로 직접부과한다. 그러나 제조간접원가의 경우 제품(또는 부문)에 대한 공통비 성질을 갖기 때문에, 부문별 원가계산시 다음과 같이 3단계 배부절차를 거친다. (개별원가계산과 종합원가계산에 공통적으로 적용)

1단계 : 배부대상인 제조간접원가를 부문개별원가와 부문공통원가로 구분한 후, 일정한 배부기준에 의해 관련 제조부문과 보조부문에 배부한다.**(1단계 배부)**

2단계 : 보조부문에 집계된 보조부문원가를 제조부문과의 용역수수정도를 측정하여 관련 제조부문에 배부한다.**(2단계 배부)**

> **▶ 보조부문원가 배부방법**
> ㉠ 보조부문 상호간의 용역수수관계를 어느 정도 인식하는가에 따라
> ⓐ 직접배부법 ⓑ 단계배부법(계제식배부법) ⓒ 상호배부법(이중배부법)
> ㉡ 보조부문원가를 변동원가와 고정원가로 구분하여 배부하는가에 따라
> ⓐ 단일배부율법 ⓑ 이중배부율법

3단계 : 제조부문에 집계된 제조간접원가를 제품별 일정한 배부기준에 의해 제조부문별 제조간접원가배부율을 이용하여 관련 제품에 배부한다.**(3단계 배부)**

부문별 원가계산의 기장흐름은 다음 <그림 5-1>과 같다.

<그림 5-1> 부문별 원가계산의 기장흐름

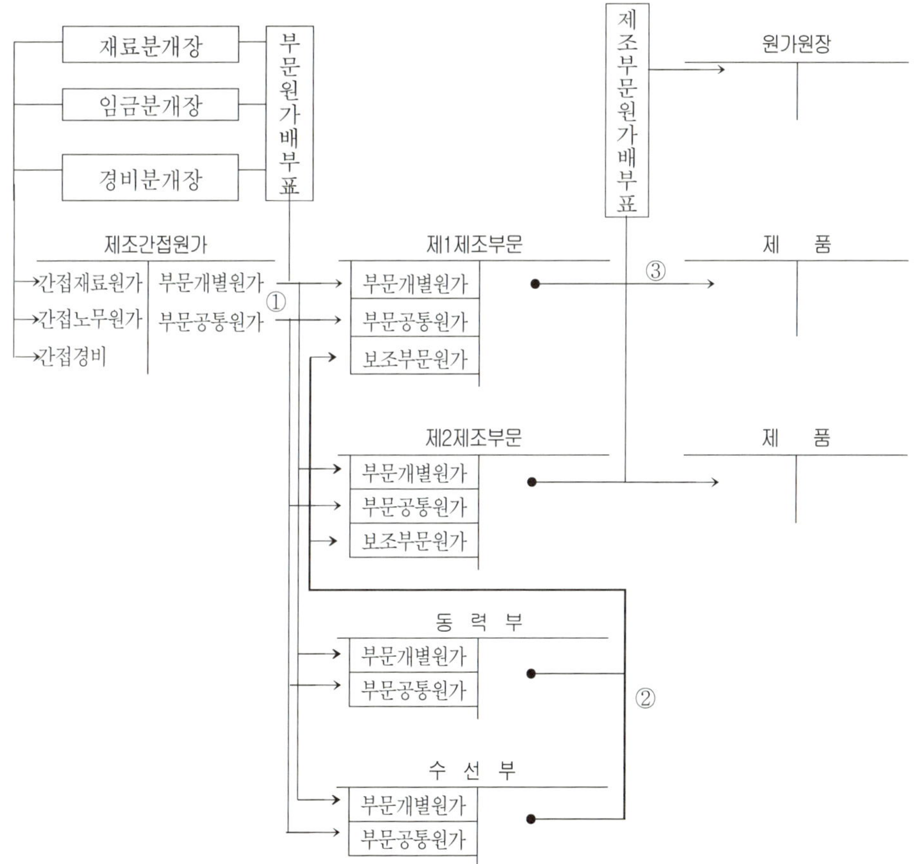

* ①, ②, ③의 원가배부과정을 각각 ①단계, ②단계, ③단계 배부라고 부른다.

한편 부문별 원가의 계산방법에는 기업이 채택하고 있는 원가계산제도에 따라, 부문별 원가집계과정에서 다음과 같은 차이가 있다.

- 개별원가계산제도 : 원칙적으로 제조간접원가만을 부문별로 집계한다. 다만 필요한 경우에는 직접노무원가도 각 부문별로 집계한다.
- 공정별 종합원가계산 : 원칙적으로 모든 원가요소를 각 부문별(또는 공정별)로 집계한다.
- 가공원가 공정별 종합원가계산 : 가공원가(직접재료원가 이외의 원가요소)만을 각 부문별(또는 공정별)로 집계한다.
- 조별 종합원가계산 : 원칙적으로 조간접원가만을 각 부문별로 집계하나, 필요한 경우에는 조별 직접노무원가도 부문별로 집계한다.

1. 부문개별원가와 부문공통원가의 부문별 배부

원가를 제조부문과 보조부문에 합리적으로 배부하기 위해서는 특정 원가부문에의 추적가능성(traceability) 여부에 따라 배부대상원가인 제조간접원가를 부문개별원가와 부문공통원가로 나누어 각 부문에 배부하여야 한다.(1단계 배부에 해당)

(1) 부문개별원가

부문개별원가는 특정 부문에 개별적으로 발생하여 부문별로 추적이 가능한 원가이므로 해당부문에 직접 부과하며 배부과정을 거치지 않는다. 예를 들면 특정부문 감독자의 급료나 수선유지비, 기계감가상각비, 소모품비 등이다.

(2) 부문공통원가

부문공통원가는 다수의 부문(또는 공장전체)에서 공통적으로 발생하는 원가로서 특정 부문에 추적이 불가능한 원가이므로 적정한 배부기준에 따라 각 부문에 배부해야 한다. 예를 들면 간접재료원가, 간접노무원가, 공장건물감가상각비, 건물임차료와 보험료, 검사비, 운반비 등이다.

부문공통원가를 각 원가부문에 배부할 때 적용하는 배부기준은 두 가지 원칙을 갖고 설정되어야 한다.

첫째, 배부기준은 배부되는 각 부문에 공통으로 적용할 수 있는 공통성을 가져야 한다. 예를 들면 각 부문의 재료소비량, 건물면적이나 가액, 검사원의 작업시간 등이다.

둘째, 부문공통원가와 배부기준간에 상관관계가 있어야 한다. 예를 들면 공장건물 감가상각비의 배부기준으로서 종업원 수는 적절치 못한 것이며, 건물의 점유면적이나 건물가액이 적절한 것이다.

부문공통원가의 일반적인 배부기준을 살펴보면 다음 <표 5-2>와 같다.

<표 5-2> 부문공통원가의 배부기준

부문공통원가	(부 문 별) 배 부 기 준
간접재료원가	각 부문의 추정소비량 또는 각 부문의 직접재료원가
간접노무원가	각 부문 종업원의 작업시간수 또는 직접노무원가
재료보관비	각 부문에의 출고액
건물감가상각비	각 부문의 점유면적, 또는 건물의 가액
기계장치감가상각비, 기계장치보험료	각 부문의 기계장치 가액
건물수선비, 부동산임차료, 건물보험료, 건물재산세	각 부문의 점유면적
공장소모품비 · 연료비	각 부문의 추정소비량
복리후생비	각 부문의 종업원수
동력비	각 부문의 기계의 마력수×운전시간수
운반비	중량×운반거리
가스 · 수도료 · 전기료	각 부문의 소비량(또는 추정량)
시험연구비	각 부문의 직접작업시간
종업원모집비	각 부문의 종업원수 또는 직접작업시간
전화료	각 부문의 전화대수 혹은 통화수

원가를 부문개별원가와 부문공통원가로 구분하고 부문공통원가의 배부기준을 결정한 후에는 각 부문에 원가를 배부하여 집계하여야 하는데, 이 때 작성하는 것이 다음 <표 5-3>의 부문원가 배부표이다. 부문원가 배부표를 작성할 때에는 부문개별원가는 재료분개장 · 임금분개장 · 경비분개장 등에 기초하여 기입하며, 부문공통원가는 적정한 배부기준에 의해 각 부문에 배부한다.

<표 5-3> 부문원가 배부표

원가요소	배부기준	금 액	제 조 부 문		보 조 부 문		
			A제조부문	B제조부문	동력부	수선부	공장사무부
부문개별원가 : 간접재료원가 간접노무원가 제 조 경 비							
소 계							
부문공통원가 : 급 료 복리후생비 보 험 료 동 력 비 감가상각비 ⋮							
소 계							
부문원가 합계							

예제 5-1

광주회사의 공장은 두 개가 제조부문과 세 개가 보조부문으로 구성되어 있다. 이 공장에서 발생한 제조간접원가자료는 다음과 같다.

(1) 부문개별원가 (간접노무원가)
제1제조부문 ₩400,000, 제2제조부문 ₩600,000, 동력부문 ₩200,000
수선부문 ₩100,000, 공장사무부문 ₩100,000

(2) 부문공통원가
보험료 ₩100,000, 복리후생비 ₩80,000, 전기료 ₩40,000

(3) 부문공통원가 배부기준

	제1제조부문	제2제조부문	동 력 부	수 선 부	공장사무부
점유면적	300㎡	100㎡	200㎡	250㎡	150㎡
종업원수	100명	50명	25명	35명	40명
전력사용량	60kw	40kw	100kw	20kw	30kw

[물음] 1. 제조간접원가를 각 부문에 배부하고 부문원가 배부표를 작성하라.
2. 제조간접원가의 배부와 관련된 분개를 하라.

해답

1. (1) 부문개별원가인 간접노무원가는 각 원가부문에 직접부과한다.
(2) 부문공통원가는 적정한 배부기준에 의해 각 원가부문에 배부한다.

① 보험료 : 점유면적

제1제조부문 ₩100,000× $\frac{300}{1,000}$ =₩30,000

제2제조부문 ₩100,000× $\frac{100}{1,000}$ =₩10,000

동 력 부 ₩100,000× $\frac{200}{1,000}$ =₩20,000

수 선 부 ₩100,000× $\frac{250}{1,000}$ =₩25,000

공장사무부 ₩100,000× $\frac{150}{1,000}$ =₩15,000

② 복리후생비 : 종업원수

제1제조부문 ₩80,000× $\frac{100}{250}$ =₩32,000

제2제조부문 ₩80,000× $\frac{50}{250}$ =₩16,000

동 력 부 ₩80,000× $\frac{25}{250}$ =₩8,000

수 선 부 ₩80,000× $\frac{35}{250}$ =₩11,200

공장사무부 ₩80,000× $\frac{40}{250}$ =₩12,800

③ 전기료 : 전력사용량

제1제조부문 ₩40,000× $\frac{60}{250}$ =₩9,600

제2제조부문 ₩40,000× $\frac{40}{250}$ =₩6,400

동 력 부 ₩40,000× $\frac{100}{250}$ =₩16,000

수 선 부 ₩40,000× $\frac{20}{250}$ =₩3,200

공장사무부 ₩40,000× $\frac{30}{250}$ =₩4,800

부문원가 배부표

원가요소	배부기준	금 액	제 조 부 문		보 조 부 문		
			제1부문	제2부문	동력부	수선부	공장사무부
부문개별원가 : 간접노무원가		₩1,400,000	₩400,000	₩600,00	₩200,000	₩100,000	₩100,000
부문공통원가 : 보 험 료 복리후생비 전 기 료	 점유면적 종업원수 전력사용량	 ₩100,000 80,000 40,000	 ₩30,000 32,000 9,600	 ₩10,000 16,000 6,400	 ₩20,000 8,000 16,000	 ₩25,000 11,200 3,200	 ₩15,000 12,800 4,800
소 계		₩220,000	₩71,600	₩32,400	₩44,000	₩39,400	₩32,600
부문원가 합계		₩1,620,000	₩471,600	₩632,400	₩244,000	₩139,400	₩132,600

2. ① (차) 제조간접원가 ₩1,620,000 (대) 간접노무원가 ₩1,400,000
보 험 료 100,000
복 리 후 생 비 80,000
전 기 료 40,000

② (차) 제 1제조부문 ₩400,000 (대) 제조간접원가 ₩1,400,000
제 2제조부문 600,000 (부문개별원가)
동 력 부 200,000
수 선 부 100,000
공장사무부 100,000

③	(차)	제 1제조부문	₩71,600	(대)	제조간접원가	₩220,000
		제 2제조부문	32,400		(부문공통원가)	
		동 력 부	44,000			
		수 선 부	39,400			
		공장사무부	32,600			

2. 보조부문원가의 제조부문별 배부

(1) 보조부문원가의 배부기준

제조부문은 보조부문의 용역을 제공받아 제품생산활동을 직접 수행하는 부문으로, 제품과의 관련성을 쉽게 찾을 수 있어 제조부문의 원가를 제품에 배부하는 데는 별로 어려움이 없다. 그러나 **보조부문**은 직접 제품생산활동을 수행하는 것이 아니라 제조부문의 제품생산을 도와주는 역할을 수행함으로써 간접적으로 제품생산에 기여하므로, 제품과의 직접적인 관련성을 쉽게 찾을 수 없어 보조부문의 원가를 제품에 배부하는 것은 쉽지 않다. 보조부문이 존재할 경우 제품원가계산이 복잡해지는 원인이 여기에 있다.

보조부문에 집계된 원가는 용역을 제공하는 타 제조부문에 배부하여야 한다. (2단계 배부에 해당) 보조부문의 원가배부시 염두에 두어야 할 사항은 그 배부기준과 배부방법을 어떻게 할 것인가이다. 왜냐하면 원가배부기준 및 방법의 적정성과 합리성은 제품의 정확한 원가계산과 특정 부문의 성과 평가에 상당한 영향을 미치기 때문이다.

보조부문원가의 배부기준은 제조부문이나 타 보조부문에 제공하는 용역의 성격을 감안하여 합리적으로 설정되어야 한다. 일반적인 배부기준은 다음 <표 5-4>와 같다.

<표 5-4> 보조부문원가의 배부기준

보조부문원가	보조부문원가의 (제조부문으로) 배부기준
동 력 부 문 비	(각 제조부문) 동력소비량 또는 기계의 마력수×운전시간
용 수 부 문 비	(각 제조부문) 용수소비량 등
수 선 부 문 비	(각 제조부문) 수선액 등
운 반 부 문 비	(각 제조부문) 운반물품의 중량 · 운반거리 · 운반횟수 등
검 사 부 문 비	(각 제조부문) 검사시간 등
시험연구비, 공장사무부문비	(각 제조부문) 직접작업시간수, 생산수량 등
재 료 부 문 비	(각 제조부문) 출고재료의 가액, 수량, 중량 등
노 무 부 문 비	(각 제조부문) 종업원수, 직접작업시간, 임금 등
재료관리부문비	(각 제조부문) 출고재료의 횟수, 중량

(2) 보조부문원가의 배부방법

보조부문원가의 배부방법에는 원가행태를 고려하느냐의 여부에 따라 단일배부율법과 이중배부율법이 있다.

① 단일배부율법

단일배부율법(single rate method)은 보조부문원가를 원가행태별로 구분하지 않고 단일배부기준에 의해 배부하는 방법이다.

② 이중배부율법

이중배부율법(dual rate method)은 보조부문원가를 원가행태별로 구분하여 변동원가와 고정원가 각각에 다른 배부기준을 적용하는 방법이다. 구체적으로 변동원가는 실제작업시간을 적용하고, 고정원가는 최대작업시간을 배부기준으로 적용한다. 이중배부율법은 단일배부율법에 비해 보다 정교한 원가배부방법으로 원가부문의 계획이나 통제 또는 성과평가에 유용한 정보를 제공한다.

예제 5-2

청풍회사는 두 개의 제조부문과 두 개의 보조부문이 있으며 보조부문은 수선부와 동력부가 있다. 수선부의 변동원가는 ₩200,000, 고정원가는 ₩300,000이며 동력부의 변동원가는 ₩150,000, 고정원가는 ₩250,000이다. 수선부와 동력부는 두 개의 제조부문에 용역을 제공하고 있으며 구체적인 자료는 다음과 같다.

	제조부문	
	제 1 부문	제 2 부문
동력사용량	600kwh	900kwh
실제수선시간	600시간	400시간
최대수선시간	1,650	1,350

[물음] 1. 단일배부율법에 의해 동력부의 원가를 제조부문에 배부하라.
2. 이중배부율법에 의해 수선부의 원가를 제조부문에 배부하라.

해답

1. 단일배부율법

	동력사용량	배부율	배부액
제 1 부문	600kwh	40%	₩160,000
제 2 부문	900	60	240,000
합　계	1,500kwh	100%	₩400,000

2. 이중배부율법

	변동원가			고정원가			합계
	실제수선시간	배부율	배부액	최대수선시간	배부율	배부액	
제1부문	600시간	60%	₩120,000	1,650시간	55%	₩165,000	₩285,000
제2부문	400	40	80,000	1,350	45	135,000	215,000
합 계	1,000시간	100%	₩200,000	3,000시간	100%	₩300,000	₩500,000

또한 **보조부문 상호간의 용역수수를 반영하는 정도**에 따라 직접배부법, 단계배부법, 상호배부법이 있다.

① 직접배부법

직접배부법(direct allocation method)이란 보조부문 상호간의 용역수수를 인정하지 않고 모든 보조부문원가를 용역제공 정도를 감안하여 제조부문에 직접 배부하는 방법이다. 이는 보조부문 상호간의 용역수수가 전혀 없거나 적은 경우에 적용할 수 있는 방법이다.

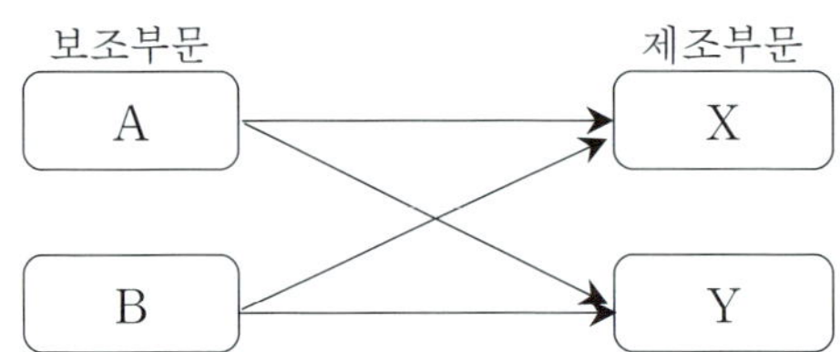

② 단계배부법

단계배부법(step−down allocation method)은 계제식배부법이라고도 하는데, 보조부문비 배부시 보조부문 상호간의 용역수수를 보조부문이 용역을 제공하는 제조부문이나 타 보조부문에 제공하는 용역의 양이 크고 작음을 감안하여 순차적으로 배부하는 방법이다.

이 방법은 부문간의 용역수수를 일부 인정하고 있으므로 직접배부법보다는 합리적이라 할 수 있으나 보조부문비의 배부순서를 결정하여야 하는 어려움이 있다.

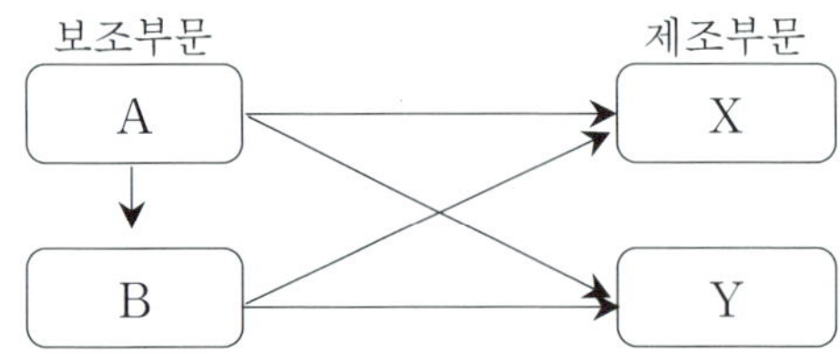

③ 상호배부법

상호배부법(reciprocal allocation method)이란 교차배부법 또는 이중배부법이라고도 하는데, 먼저 보조부문원가를 제조부문 뿐만 아니라 타 보조부문에 부문간의 용역수수를 감안하여 1차 배부(연립방정식 이용)하고, 다음으로는 각 보조부문에 배부된 금액을 용역제공정도를 감안하여 상호배부법으로 제조부문에 2차 배부하는 방법이다.

이 방법은 보조부문 상호간의 용역수수를 완전히 고려함으로써 단계배부법보다 정확한 원가배분을 할 수 있으며, 배부순서를 잘못 정할 위험도 적은 가장 합리적인 방법이다.

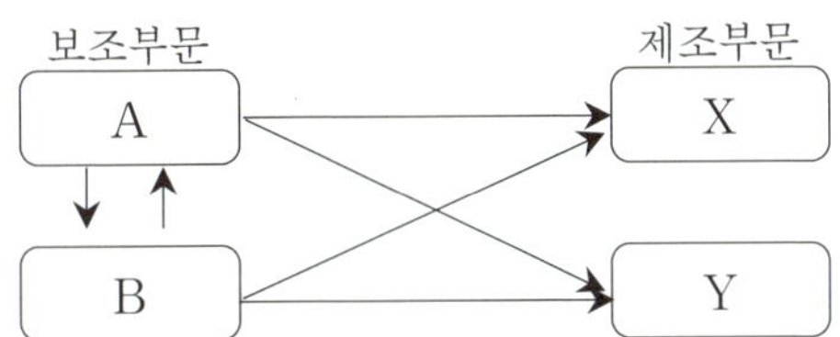

이상에서 설명한 보조부문원가의 원가행태 구분 여부와 보조부문 상호간 용역수수 반영 정도를 구분하여 보조부문원가의 배부방법을 요약하면 다음과 같다.

☞ 보조부문원가를 제조부문에 배분하는 3가지 방법(요점정리)

	직접배부법	단계배부법	상호배부법
의 의	보조부문원가를 다른 보조부문에는 배부하지 않고 제조부문에만 배부하는 방법	보조부문원가를 배부순서에 따라 순차적으로 다른 보조부문과 제조부문에 배부하는 방법	보조부문 상호간이 용역수수관계를 완전히 인식하여 보조부문원가를 다른 보조부문과 제조부분에 배부하는 방법
보조부문 상호간 용역수수관계 인식 여부	전혀 인식하지 않음	일부만 인식	전부 인식

	직접배부법	단계배부법	상호배부법
적용 상황	① 보조부문의 용역이 전부 제조부문에만 제공되는 경우 ② 보조부문 상호간의 용역수수비율이 현저히 적은 경우	보조부문의 용역이 다른 보조부문에 순차적으로 제공되는 경우	보조부문 상호간의 용역수수관계가 존재하는 경우
장 점	① 계산 용이 ② 배부순서 결정할 필요 없음	보조부문 상호간의 용역수수관계 일부 인식	① 보조부문원가의 정확한 배분 ② 배부순서를 결정할 필요가 없음
단 점	제품원가계산의 정확성이 떨어짐	① 배부순서를 합리적으로 결정하기 어려움 ② 배부순서를 잘못 결정하면 직접배부법보다 제품원가계산이 더 부정확해질 수 있음	많은 시간과 비용이 소요됨

예제 5-3

<예제 5-1>의 자료를 이용하여 다음 물음에 답하라.

두 개의 제조부문과 세 개의 보조부문에 집계된 제조간접원가와 부문간의 용역수수관계는 다음과 같다.

사용부문 / 제공부문	제조부문		보조부문			합계
	제1부문	제2부문	동력부	수선부	공장사무부	
동 력 부	40%	50%	–	10%	–	100%
수 선 부	40	30	20%	–	10%	100
공장사무부	40	40	10	10	–	100

[물음] 다음 배부방법을 사용하여 보조부문원가를 각 제조부문에 배부하고, 그 결과를 분개하라.

1. 직접배부법
2. 단계배부법
3. 상호배부법

해답

1. 직접배부법

	제조부문		보조부문			합계
	제1부문	제2부문	동력부	수선부	공장사무부	
부문원가 합계	₩471,600	₩632,400	₩244,000	₩139,400	₩132,600	₩1,620,000
보조부문원가 배부						
동 력 부	₩108,444[1)]	₩135,556	(₩244,000)	–	–	
수 선 부	79,657[2)]	59,743	–	(₩139,400)	–	
공장사무부	66,300[3)]	66,300	–	–	(₩132,600)	
합 계	₩726,001	₩893,999	₩ 0	₩ 0	₩ 0	₩1,620,000

1) ₩244,000× $\frac{0.4}{0.4+0.5}$ =₩108,444

2) ₩139,400× $\frac{0.4}{0.4+0.3}$ =₩79,657

3) ₩132,600× $\frac{0.4}{0.4+0.4}$ =₩66,300

<분개>

(차) 제1제조부문	₩254,401	(대) 동 력 부	₩244,000
제2제조부문	261,599	수 선 부	139,400
		공장사무부	132,600

2. 단계배부법

	제조부문		보조부문			합계
	제1부문	제2부문	공장사무부	수선부	동력부	
부문원가 합계	₩471,600	₩632,400	₩132,600	₩139,400	₩244,000	₩1,620,000
보조부문원가 배부						
동 력 부	97,600[1)]	122,000	–	24,400	(244,000)	
수 선 부	81,900[2)]	61,425	20,475	(₩163,800)	–	
공장사무부	76,538[3)]	76,537	(153,075)	–	–	
합 계	₩727,638	₩892,362	₩ 0	₩ 0	₩ 0	₩1,620,000

1) ₩244,000× $\frac{0.4}{0.4+0.5+0.1}$ =₩97,600

2) ₩163,800× $\frac{0.4}{0.4+0.3+0.1}$ =₩81,900

3) ₩153,075× $\frac{0.4}{0.4+0.4}$ =₩76,538

<분개>

(차) 제1제조부문	₩256,038	(대) 동 력 부	₩244,000
제2제조부문	259,962	수 선 부	139,400
		공장사무부	132,600

3. 상호배부법

동력부의 원가를 A, 수선부의 원가를 B, 공장사무부의 원가를 C라 하면 보조부문간에 다음 식이 성립한다.

A = ₩244,000 + 0.2B + 0.1C
B = ₩139,400 + 0.1A + 0.1C
C = ₩132,600 + 0.1B

위의 연립방정식을 풀면 A는 ₩295,920, B는 ₩184,093, C는 ₩151,009가 된다. A, B, C 보조부문원가를 제조부문에 배분하면 다음과 같다.

	제조부문		보조부문			합계
	제1부문	제2부문	동력부	수선부	공장사무부	
부문원가 합계	₩471,600	₩632,400	₩244,000	₩139,400	₩132,600	₩1,620,000
보조부문원가 배부						
동력부	₩118,368[1)]	₩147,960	(₩295,920)	₩29,592	–	
수선부	73,637[2)]	55,228	36,819	(184,093)	₩18,409	
공장사무부	60,404[3)]	60,403	15,101	15,101	(151,009)	
합계	₩724,009	₩895,991	₩ 0	₩ 0	₩ 0	₩1,620,000

1) $₩295,920 \times \frac{0.4}{0.4+0.5+0.1} = ₩118,368$

2) $₩184,093 \times \frac{0.4}{0.4+0.3+0.2+0.1} = ₩73,637$

3) $₩151,009 \times \frac{0.4}{0.4+0.4+0.1+0.1} = ₩60,404$

<분개>

(차)	제1제조부문	₩252,409	(대) 동력부	₩244,000
	제2제조부문	263,591	수선부	139,400
			공장사무부	132,600

연습문제

[문제 5-1] 부문별 원가계산의 목적을 논하라.

[문제 5-2] 부문별 원가계산의 기본절차를 설명하라.

[문제 5-3] 직접배부법, 단계배부법, 상호배부법을 비교 · 설명하라.

[문제 5-4] 부문원가의 1단계 배부

청원회사 공장부문들의 부문개별원가와 부문공통원가의 배부기준은 다음과 같다.

부문원가 미배부표

부문원가 \ 부문	제조부문		보조부문			합계
	제1부문	제2부문	공장사무부	동력부	수선부	
부문개별원가						
간접재료원가	₩10,000	₩8,500	₩4,500	₩7,200	₩3,800	₩34,000
간접노무원가	13,000	7,000	6,200	8,000	5,800	40,000
소 계	₩23,000	₩15,500	₩10,700	₩15,200	₩9,600	₩74,000
부문공통원가						
복리후생비						₩22,000
기계감가상각비						54,000
전기료						76,000
소 계						₩152,000
부문원가 합계						₩226,000

부문공통원가 배부기준

	제조부문		보조부문			합 계
	제1부문	제2부문	공장사무부	동력부	수선부	
종업원수	8명	7명	4명	2명	1명	22명
전력사용량	60kw	30kw	20kw	12kw	30kw	152kw
기계가액	₩10,000	₩8,000	₩6,000	1,000	₩2,000	₩27,000

[물음] 1. 부문공통원가의 배부기준을 결정하시오.
2. 제조간접원가의 부문원가 배부표를 작성하시오.

[문제 5 - 5] 보조부문원가의 배부방법

개별원가계산제도를 채택하고 있는 (주)통일공업사는 2개의 제조부문(P_1, P_2)과 2개의 보조부문(S_1, S_2)으로 구성되어 있다. 20×1년도 2월 중 부문별원가 및 조업자료와 제조지령서 #105의 자료는 다음과 같다.

1. 부문별 제조간접원가 배부표

	보조부문		제조부문		합 계
	S_1	S_2	P_1	P_2	
부문개별원가	₩50,000	₩60,000	₩160,000	₩200,000	₩470,000
부문공통원가	40,000	20,000	40,000	90,000	190,000
합 계	₩90,000	₩80,000	₩200,000	₩290,000	₩660,000

2. 용역제공비율

용역사무부문 / 용역제공부문	보조부문		제조부문	
	S_1	S_2	P_1	P_2
S_1	–	10%	40%	50%
S_2	20%	–	20	60

3. 제조지시서 #105(A제품 100개 생산)의 자료

	P_1	P_2	합 계
직접재료원가	₩45,000	₩22,000	₩67,000
직접노무원가	10,000	25,000	35,000
직접노동시간	20시간	45시간	65시간
기계작업시간	60	20	80

4. 제조부문의 직접노동시간과 기계작업시간

	P_1	P_2	합 계
직접노동시간	600시간	1,600시간	2,200시간
기계작업시간	1,300	400	1,700

[물음] 1. 직접배부법을 사용하여 보조부문원가를 제조부문에 배부하라.
2. 단계배부법을 사용하여 보조부문원가를 제조부문에 배부하라.(단, $S_1 \rightarrow S_2$의 순서로 배부할 것)
3. 상호배부법을 사용하여 보조부문원가를 제조부문에 배부하라.

4. 다음 2종류의 제조간접원가배부율을 계산하시오.
   ① 공장전체의 제조간접원가배부율(직접노동시간 기준)
   ② 제조부문별 제조간접원가배부율(P_1은 기계작업시간, P_2는 직접노동시간 기준)
5. 제조지시서 #105(A제품)의 개별원가계산서를 작성하시오.(직접배부법을 적용하고, [물음] 4의 제조부문별 제조간접원가배부율 기준을 사용할 것)

〔문제 5-6〕 **원가배분에 대한 설명이다. 올바른 것은?**

(3회 기업회계1급 2006, 한국세무사회)

① 제조간접원가가 전체 제조원가에서 차지하는 비중이 증가할수록 단순한 원가배부기준을 설정해야 보다 정확한 원가계산을 할 수 있다.
② 원가배분기준은 인과관계기준에 의해서만 설정해야 한다.
③ 주로 원가계산을 위하여 원가배분을 하지만 경제적 의사결정과 동기 부여 등을 위해서는 단일배분율을 사용하는 것이 바람직하다.
④ 공통원가의 배분방법 중에 증분공통원가 배분방법을 정당화시켜 주는 원가배분기준은 부담능력기준이다.

정답 ④

〔문제 5-7〕 **다음은 원가계산준칙의 내용이다. 일치하지 않는 규정은?**

(2회 기업회계1급 2006, 한국세무사회)

① 원가부문은 원가요소를 분류·집계하는 계산상의 구분으로서 제조부문과 보조부문으로 구분한다.
② 원가의 부문별 계산은 원가요소를 제조부문과 보조부문에 배부하고, 보조부문비는 직접배부법·단계배부법 또는 상호배부법 등을 적용하여 각 제조부문에 합리적으로 배부한다.
③ 비정상적으로 발생한 원가차이는 회계연도의 매출원가와 기말재고자산에 배분한다.
④ 제조간접비의 표준은 부문별 또는 작업단위별로 일정기간에 발생할 제조간접비의 예정액으로 산정한다.

정답 ③

〔문제 5-8〕 다음 중 부문비 계산대상은? (행자부 9급 2001)

① 매출원가 ② 재공품

③ 제조간접비 ④ 제품

정답 ③

〔문제 5-9〕 원가의 부문별계산절차 순서로 올바른 것은? (행자부 9급 세무직 2004)

㉠ 부문공통비 각 부문에 배부	㉡ 보조부문비 제조부문에 배부
㉢ 부문직접비 각 부문에 부과	㉣ 제조부문비 각 제품에 배부

① ㉠-㉡-㉢-㉣ ② ㉡-㉢-㉣-㉠

③ ㉢-㉠-㉡-㉣ ④ ㉣-㉡-㉢-㉠

정답 ③

〔문제 5-10〕 다음은 부문별 원가계산에 관한 설명이다. 가장 적합하지 않은 것은? (전산세무 1급 22회)

① 원가부문은 원가요소를 분류 · 집계하는 계산상의 구분으로서 제조부문과 보조부문으로 구분한다.

② 제조부문은 직접 제조작업을 수행하는 부문을 말하며 제조활동 등에 따라 세분할 수 있다.

③ 보조부문은 직접 생산활동을 수행하지 아니하고 제조부문을 지원 · 보조하는 부문으로서 그 수행하는 내용에 따라 세분할 수 있다

④ 부문별 원가계산이 완료되면, 부문별 원가를 매출원가계정에 대체한다.

정답 ④

〔문제 5-11〕 재고자산의 원가배분방법은 개별법, 평균법, 선입선출법, 후입선출법과 같은 방법을 사용한다. 다음 항목 중에서 재고자산평가방법의 영향을 받지 않는 것은 무엇인가? (8회 주택관리사보 2005)

① 법인세 비용 ② 상품구입대금 ③ 매출원가

④ 매출총이익 ⑤ 당기순이익

정답 ②

〔문제 5-12〕 다음 중 부문비배분법의 설명으로 틀린 것은? (29회 전산회계1급 2006)

① 단계배분법은 보조부문간의 용역제공을 일부만 고려하는 방법이다.

② 직접배분법은 보조부문 상호간에 주고받는 용역의 정도를 고려하지 않는다.

③ 상호배분법은 보조부문 상호간의 용역수수를 전부 고려하는 가장 정확한 원가배분방식이다.

④ 상호배분법은 직접배분법과 단계배분법의 절충적인 중간형태이다.

정답 ④

〔문제 5-13〕 보조부문비를 제조부문비에 배부할 때 보조부문 간의 용역수수관계를 완전하게 고려하는 방법으로 보조부문비를 제조부문비뿐만 아니라 보조부문 간에도 배부하는 방법은? (행자부 9급 2003)

① 직접배부법 ② 간접배부법

③ 상호배부법 ④ 계단식배분법

정답 ③

〔문제 5-14〕 보조부문원가를 직접배분법에 의해 제조부분에 배부할 경우 절단부분에 배부되는 보조부분원가의 합계는? (국가직 9급 2005.04)

	제조부문		보조부문	
	A(절단)	B(조립)	동력부문	수선부문
배분전원가	80,000	50,000	30,000	40,000
동력사용량	40	20	-	40
수선횟수	5	3	2	

① 32,000 ② 37,000

③ 40,000 ④ 45,000

정답 ④

〔문제 5-15〕 다음 자료에 의하여 A제조부문비 합계액을 계산하면 얼마인가?(보조부문비의 배부는 상호배부법에 의할 것) (행자부 9급 2002)

구분	제조부문	B제조부문	동력부문	수선부문
자기부문발생액	₩140,000	₩80,000	₩47,000	₩40,000
동력부문비 배부기준	40%	40%	-	20%
수선부문비 배부기준	50%	25%	25%	-

① ₩174,200 ② ₩178,800

③ ₩179,500 ④ ₩190,000

정답 ④

〔문제 5-16〕 부문별 개별원가계산을 채택하고 있는 대한조선의 다음 원가계산자료를 이용하여 화물선에 배부될 제조간접비를 구하시오. (세무사 2003)

(1) 제조간접비에 대한 부문비 내역

제조부문		보조부문		
제1공정	제2공정	수선부	동력부	생산관리부
₩3,800,000	₩3,200,000	₩1,100,000	₩900,000	₩2,000,000

(2) 보조부문비의 배부는 단계(계단식)배부법을 사용하며, 보조부문상호간의 배부순서는 생산관리, 동력, 수선부문의 순으로 하여 다음의 배부기준에 의한다.

	제1공정	제2공정	수선부	동력부
생산관리부	40%	40%	15%	5%
동력부	50	40	10	-
수선부	60	40		

(3)제품별 제조간접비 배부를 위한 공장별 작업시간집계표

	제1공정	제2공정
화물선	800시간	400시간
유조선	500	300
군함	700	300
	2,000시간	1,000시간

① ₩4,686,000　② ₩4,595,000　③ ₩4,400,000
④ ₩4,690,000　⑤ ₩4,658,000

정답 ③

〔문제 5-17〕 (주)서로는 자동차를 생산하고 있다. 회사는 승용차를 생산하는 부문과 승합차를 생산하는 부문을 이익중심점으로 운영하고, 그 밖에 이들 생산 부문을 지원하는 자재부와 시설관리부를 두고 있다. 자재부는 시설관리부를 위해 자재를 구입하여 주고, 시설관리부는 자재부의 시설을 관리한다. 갑과 을은 각각 승용차와 승합차 생산부문을 책임지고 있는데, 부문별 성과평가를 앞두고 신경이 매우 곤두서 있는 상태다. 아래의 원가자료를 부문간 배부기준으로 사용하여 직접배부법 또는 상호배부법에 의해 부문별 원가계산을 하려 한다. 아래의 원가자료를 제외하고 승용차와 승합차 생산부문간에 다른 모든 사항이 동일하다면 다음 중 타당한 것은? (CPA 2010)
(단, 지원부문인 자재부와 시설관리부의 배부대상원가는 각각 ₩100이다.)

<부문간 배부기준 자료>

사용부서 / 공급부서	자재 부문	시설관리 부문	승용차 부문	승합차 부문	합계
자재부문	-	₩5	₩45	₩50	₩100
시설관리부문	₩10	-	₩30	₩60	₩100

① 갑에게는 직접배부법, 을에게는 상호배부법이 유리하다.
② 갑에게는 상호배부법, 을에게는 직접배부법이 유리하다.
③ 갑, 을 모두 직접배부법이 유리하다.
④ 갑, 을 모두 상호배부법이 유리하다.
⑤ 갑, 을 모두 어떤 방법을 사용하든 유리하거나 불리하지 않다.

정답 ①

〔문제 5-18〕 대한회사는 제조부문(성형, 조립)과 보조부문(수선, 동력)을 이용하여 제품을 생산하고 있으며, 제조부문과 보조부문에 관련된 자료는 다음과 같다. (세무사 2008)

제공부문	제조부문		보조부문		합계
	성 형	조 립	수 선	동 력	
수 선	400시간	200시간	100시간	400시간	1,100시간
동 력	4,000kW	4,000kW	8,000kW	2,000kW	18,000kW

수선부문와 동력부문에 집계된 부문원가는 각각 ₩160,000, ₩80,000이다. 대한회사는 상호배분법을 사용하여 보조부문원가를 제조부문에 배분한다. 조립부문에 배분될 보조부문원가는 얼마인가?

① ₩80,000 ② ₩95,000 ③ ₩110,000
④ ₩125,000 ⑤ ₩145,000

정답 ②

〔문제 5-19〕 (주)한강은 두 개의 제조부문(P1, P2)과 두 개의 보조부문(S1, S2)으로 운영된다. 회사는 상호배부법을 이용하여 보조부문비를 제조부문에 배부하고 있으며, 각 보조부문의 용역제공비율은 다음과 같았다.

보조부문	제조부문		보조부문	
	P1	P2	S1	S2
S1	50%	30%	-	20%
S2	40%	40%	20%	-
부문비	?	?	X	?

두 개의 보조부문(S1, S2)으로부터 P1에 배부된 금액은 ₩50,000이고, P2에 배부된 금액은 ₩40,000이었다. 부문비 배부전 S1에 집계된 원가(X)는 얼마인가? (CPA 2008)

① ₩37,500 ② ₩38,200 ③ ₩47,200
④ ₩52,500 ⑤ ₩57,200

정답 ①

〔문제 5-20〕 다음 자료에 의하여 보조부문비를 단계배부법으로 배부할 경우 제1제조부문비의 합계는?(단, 수선부문비를 먼저 배부한다.) (9급 행정안전부 2008)

비목	배부기준	제조부문		보조부문	
		제1제조부문	제2제조부문	동력부문	수선부문
자기부문 발생액		₩100,000	₩80,000	₩40,000	₩20,000
보조부문비 배부					
동력부문비	kwh	5,000	4,000	–	1,000
수선부문비	시간	100	50	50	–

① ₩25,000 ② ₩105,500
③ ₩122,500 ④ ₩135,000

정답 ④

〔문제 5-21〕 강릉제조는 두 개의 서비스부문과 두 개의 제조부분으로 구성되어 있다. 다음은 각 부문에 대한 자료이다.

	서비스부문		제조부문	
	일반관리	청소	압축	연마
간접원가	80,000원	60,000원	75,000원	92,000원
종업원수	30명	60명	360명	180명
점유면적	18,000평	25,000평	60,000평	90,000평

강릉제조는 일반관리부문원가를 종업원수로 먼저 배부하고 그리고 청소부문원가를 점유면적으로 배부하는 단계별배부법을 사용한다. 서비스부문의 원가를 배부하고 난 후 압축부분의 총간접원가는 얼마인가?(감정평가사 2007)

① 152,333원 ② 168,550원
③ 150,200원 ④ 155,700원
⑤ 169,332원

정답 ③

〔문제 5-22〕 (주)행복자동차는 한 개의 보조부문(수선부문)과 두 개의 제조부문(조립부문과 도장부문)으로 구성되어 있다. 수선부문은 제조부문에 설비수선 용역을 제공하고 있는데, 각 제조부문에 대한 최대공급노동시간과 실제공급노동시간 그리고 수선부문발생원가는 다음과 같다.

	조립부문	도장부문	합 계
최대공급노동시간	500시간	700시간	1,200시간
실제공급노동시간	500시간	500시간	1,000시간

	수선부문
변동원가	₩40,000
고정원가	₩12,000
합계	₩52,000

보조부문(수선부문)의 원가를 공급노동시간을 기준으로 이중배부율법을 적용하여 제조부문에 배부한다고 할 때 조립부문에 배부될 원가는?(9급 국가직 2010)

① ₩5,000　② ₩20,000
③ ₩25,000　④ ₩27,000

해설 이중배부율법은 고정원가는 최대조업도를 기준으로 배부하고, 변동원가는 실제조업도를 기준으로 배부하는 방법이다.

1. 고정원가배부율=12,000/1,200시간=10
2. 변동원가배불율=40,000/1,000시간=40

	조립부문	도장부문
변동원가	20,000 (=40×500)	20,000 (=40×500)
고정원가	5,000 (=10×500)	7,000 (=10×700)
합계	25,000	27,000

정답 ③

CHAPTER 6

제조간접원가의 배부

제조간접원가의 배부는 특정 부문이나 작업, 제품에 추적이 곤란한 간접재료원가, 간접노무원가, 간접경비를 일정한 배부기준과 배부율에 의해 원가배부대상에 배부하는 것이다.

이 장에서는 제조간접원가의 배부기준과 배부율 및 제조간접원가의 예정배부와 배부차이에 대해 중점적으로 살펴보며, 활동기준원가계산의 제조간접원가 배부에 대해서도 살펴보도록 한다.

제1절 제조간접원가배부의 본질
제2절 제조간접원가의 제품별 배부
제3절 제조간접원가의 예정배부
제4절 활동기준원가계산과 제조간접원가

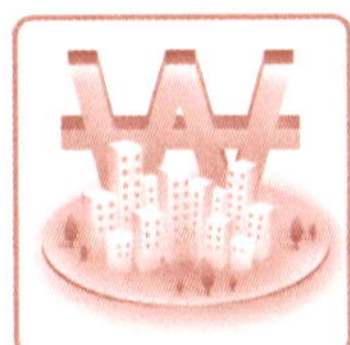

제1절 제조간접원가배부의 본질

제조간접원가계정은 제조간접원가에 속하는 것(간접재료원가, 간접노무원가, 간접경비)을 원가요소의 각 계정으로부터 집계하고, 이를 재공품계정에 배부하기 위하여 설정되는 통제계정이다. 이 제조간접원가계정은 개별원가계산을 하는 경우에 설정되며, 종합원가계산을 하는 경우에는 원칙적으로 사용하지 않는다.

재공품계정의 차변에는 직접재료원가·직접노무원가·직접경비·제조간접원가가 대체되고 대변에는 당기제품제조원가가 기입된다. 이 재공품계정의 잔액은 재공품의 현재액을 나타내는 것이기 때문에 대차대조표에 자산으로 계상된다.

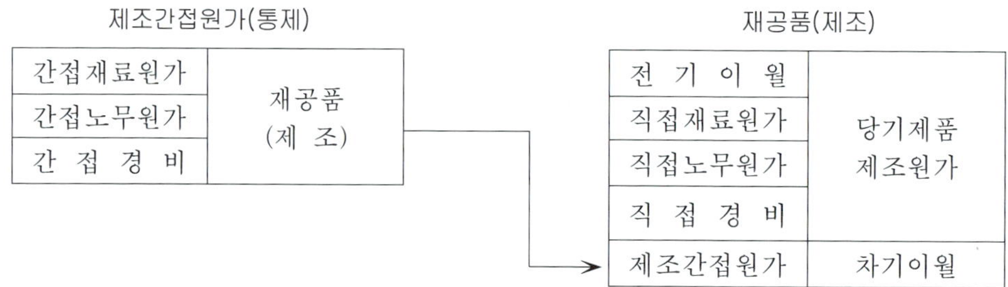

1. 제조간접원가배부의 의의

제품제조와 관련한 제조직접원가인 직접재료원가나 직접노무원가·직접경비 등은 제품원가 산출목적상 원가배부대상인 특정부문이나 제품에 직접 부과된다. 그러나 간접재료원가나 간접노무원가, 간접경비 등의 제조간접원가는 일정한 배부기준과 배부율에 의해 원가배부대상인 여러 부문이나 제품에 배부하여야 한다.

원가배부(cost allocation)란 원가를 원가배부대상에 할당하는 것으로 원가할당이라고도 한다. **원가배부대상**은 원가를 집계하여 측정하는 단위로 부문이나 사업부·제품·지역 등이며, 원가배부시에는 논리적 타당성과 합리성 및 공정성을 고려하여야 한다.

구체적인 원가배부의 기준으로는 인과관계기준, 수혜기준, 부담능력기준, 공정성과 공평성 기준이 있는바, 각 기준별 의미는 아래와 같다.

① 인과관계기준 : 가장 이상적인 원가배부기준이며, 원가발생을 유발한 원인(인과관계)에 입각하여 간접원가를 배부함을 의미한다. 제조직접원가는 원가배분

대상과의 인과관계를 쉽게 파악할 수 있으며, 제조간접원가에도 이 기준을 실무상 많이 사용한다.

② 수혜기준 : 원가발생으로 인하여 원가대상이 경제적 효익을 받은 경우, 제공받은 효익의 크기에 비례하여 간접원가를 배부함을 의미한다. 보통 공통원가나 보조원가를 배부할 때 적용할 수 있는 기준이다.

③ 부담능력기준 : 원가를 부담할 수 있는 능력에 비례하여 배부함을 의미한다. 보통 매출액을 기준으로 적용한다.

④ 공정성과 공평성기준 : 공정하고 공평하게 배부함을 의미한다. 논리적으로 타당하나 포괄적인 의미 때문에 달성해야 할 원가배부의 목표에 해당된다.

2. 제조간접원가의 배부목적

제조직접원가는 특정제품이나 작업별로 추적이 가능하나 수도광열비나 수선유지비, 감가상각비, 보험료 등의 제조간접원가를 특정제품이나 작업에 추적한다는 것은 곤란하다. 따라서 제조직접원가는 원가배부대상에 직접 배부가 가능하나 제조간접원가는 원가와 원가배부대상과의 부담능력이나 수혜정도를 고려하여 배부하여야 한다.

일반적인 제조간접원가의 배부목적은 다음과 같다.

첫째, 경영계획과 경제적 의사결정에의 유용한 정보제공이다. 경영자가 신제품의 가격결정이나 특별주문의 수락여부, 제품라인의 유지・폐지 결정, 부품의 자가제조나 외부구입 등을 결정할 때 유익한 정보를 제공하는 것이다.

둘째, 외부 재무보고를 위한 정보제공이다. 합리적이고 공정한 원가배부를 통해 매출원가와 재고자산을 정확히 계산할 수 있어 외부이해관계자에게 유용한 재무상태와 경영성과에 관한 정보를 제공한다.

셋째, 기업구성원들의 동기부여와 성과평가이다. 적정한 원가배부가 행해지면 원가발생에 책임이 있는 부문이나 부문경영자의 동기를 유발시키고, 부문의 성과평가에 유용한 정보를 제공한다.

제2절 제조간접원가의 제품별 배부

원가계산제도는 원가의 속성에 따라 다음과 같이 3종류로 나누어진다.

	실제원가계산	정상원가계산	표준원가계산
직접재료원가	실제발생원가	실제발생원가	표준원가
직접노무원가	실제발생원가	실제발생원가	표준원가
제조간접원가	실제발생원가	**예정배부원가**	표준원가

실제원가계산에서는 직접재료원가와 직접노무원가의 실제발생액을 제품에 부과하고 제조간접원가 실제배부액은 제조간접원가 실제배부율을 적용하여 구한다. 정상원가계산에서는 직접재료원가와 직접노무원가는 실제발생액을 기준으로 제품에 부과하고, 제조간접원가 예정배부액은 연초에 예산으로 설정된 제조간접원가 예정배부율을 적용하여 구한다. 표준원가계산에서는 모든 원가를 사전에 설정된 변동예산상의 표준원가를 적용하여 제품원가를 계산한다.

제조간접원가인 간접재료원가·간접노무원가·간접경비 등은 통제계정인 제조간접원가 계정에 집계된 후 부문이나, 제품 등 원가배부대상에 배부된다.

제조간접원가배부의 절차는 ① 제조간접원가와 원가배부대상간의 부담능력이나 수혜정도 등을 감안하여 제조간접원가배부기준을 선택한다. ② 제조간접원가총액을 제조간접원가배부기준으로 나누어 제조간접원가배부율을 구한다. ③ 두 번째 단계에서 구한 제조간접원가배부율에 제품별 배부기준을 곱하여 제품별 제조간접원가배부액을 구한다.

$$\text{제조간접원가배부율} = \frac{\text{제조간접원가총액}}{\text{제조간접원가배부기준(수 합계)}}$$

$$\text{제품별 제조간접원가배부액} = \text{제조간접원가배부율} \times \text{제품별 배부기준}$$

제조간접원가배부액을 산출함에 있어서는 두 가지의 중요변수가 있다. 즉 제조간접원가의 배부기준을 무엇으로 할 것이냐와 어떤 제조간접원가배부율을 구할 것인가이다. 왜냐하면 제조간접원가의 배부기준에 따라 제조간접원가배부율이 달라지며, 제조간접원가배부율에 따라 제조간접원가배부액이 영향을 받기 때문이다.

제조간접원가의 배부기준으로는 금액기준, 시간기준, 생산량기준 등이 있다. 제조간접원가배부율에는 배부율의 계산범위에 따라서는 공장전체 배부율과 부문별 배부율이, 계산시점에 따라서는 실제배부율과 예정배부율이 있다. 제조간접원가의 배부기준과 배부율은 다음 <표 6-1>과 같이 요약할 수 있다.

<표 6-1> 제조간접원가의 배부기준과 배부율

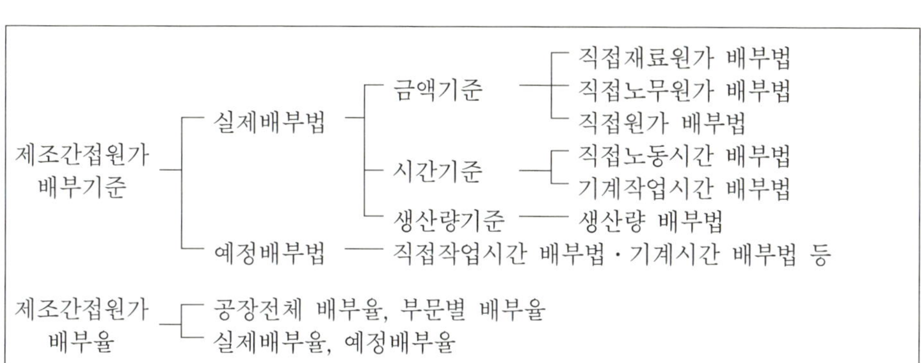

1. 제조간접원가의 배부기준

제조간접원가의 배부기준(앞 공식의 분모에 해당)에는 금액 · 시간 · 생산량 등이 있으며, 실무에서는 금액기준이나 시간기준이 많이 사용된다.

(1) 금액기준

금액기준은 제품제조에 투입된 직접재료원가나 직접노무원가 등을 배부기준으로 하는 방법이다.

① 직접재료원가 배부법

직접재료원가 배부법은 제조간접원가의 발생이 직접재료의 소비와 밀접히 관련되어 있거나 직접재료원가가 총제조원가에서 차지하는 비중이 큰 경우에 적용이 적합하다. 예를 들면 가구제조업 등에서 채택할 수 있는 기준이다.

일반적으로 직접재료의 소비에 비례하여 제조간접원가가 발생하는 경우는 드물고, 직접재료원가의 가격변동에 의해 제조간접원가가 영향을 받을 수 있다는 문제점은 있으나 계산이 간편하다는 장점이 있다.

② 직접노무원가 배부법

직접노무원가 배부법은 ㉠직접노무원가가 제조원가의 대부분을 차지하거나 ㉡임률이 거의 같은 경우 ㉢작업이 주로 노동에 의하는 노동집약적인 기업에서 제조간접원가를 배부할 때 적용이 적합하다.

이 방법은 계산이 간편하고 이해하기 쉽지만 최근 급증하고 있는 자본집약투자와 관련해 총제조원가에서 차지하는 노무원가의 비중이 감소하고 있어 배부기준으로서 한계점이 있다.

③ 직접원가 배부법(소가법, 주원가법)

직접원가 배부법은 제품제조에 소비된 직접원가 총액(직접재료원가+직접노무원가+직접경비)을 기준으로 제조간접원가를 배부하는 방법이며, 상기 ①, ② 배부법이 모두 연관될 경우에 적용이 적합하다.

(2) 시간기준

시간기준은 제품제조에 투입된 직접노동시간이나 기계시간을 제조간접원가의 배부기준으로 하는 방법이다. 이 시간기준은 감가상각비나 수리수선비, 복리후생비 등 대부분의 제조간접원가가 시간과 인과관계가 있으므로 비교적 합리적인 방법이다.

① 직접노동시간 배부법

직접노동시간 배부법은 제조간접원가에서 노동시간과 밀접한 관계가 있는 복리후생비나 교육훈련비 등 간접노무원가의 비중이 높은 노동집약적인 기업에서 적용이 적합하다.

이 방법은 노동시간과 인과관계가 적은 제조간접원가가 주류를 이루는 공장자동화기업이나 자본집약기업에는 적용이 곤란하다.

② 기계작업시간 배부법

기계작업시간 배부법은 기계의 운전시간을 기준으로 제조간접비를 배부하는 방법이다. 이 방법은 사용하는 기계의 수가 적거나, 많더라도 거의 동일한 기계일 때 적용할 수 있으며, 반면에 기계의 종류, 성능, 대소, 가격 등에 현저한 차이가 있을 때에는 불리한 방법이다.

이 방법은 제조간접원가중 기계작업시간과 관계가 깊은 감가상각비나 수리수선비 등 간접경비의 비중이 높은 자본집약적인 기업에서 적용이 가능하다. 오늘날 기술집약의 설비투자 증가로 제조간접원가의 비중이 급증함에 따라 합리적인 배부기준으로 이 방법이 널리 이용되고 있다.

(3) 생산량기준

생산량기준은 제품생산량을 제조간접원가의 배부기준으로 하는 **생산량 배부법**으로 일반적으로 기업의 생산제품과 제조간접원가와의 인과관계는 거의 없으므로 적용이 곤란하나, 단일제품이나 유사제품을 생산하면서 생산 및 가공공정이 유사한 대량생산기업에 적합한 배부기준이다.

예제 6-1

오창회사의 20×1년 4월 중 생산활동에 관한 실제발생 자료는 다음과 같다.

	공장전체	제조지시서 No.1
직접재료원가	₩400,000	₩100,000
직접노무원가	500,000	200,000
제조간접원가	900,000	?
직접노동시간	240시간	60시간
기계작업시간	400	100
생 산 량	10,000개	3,000개

[물음] 다음의 제조간접원가 배부기준을 사용하여 제조지시서 No.1에 배부되는 제조간접원가를 계산하라.

1. 직접재료원가
2. 직접노무원가
3. 직접노동시간
4. 기계작업시간
5. 생산량

해답

1. 제조간접원가 실제배부율 $= \dfrac{₩900,000}{₩400,000}$ = ₩2.25/직접재료원가

   제조간접원가 실제배부액 = ₩2.25×₩100,000 = ₩225,000

2. 제조간접원가 실제배부율 $= \dfrac{₩900,000}{₩500,000}$ = ₩1.8/직접노무원가

   제조간접원가 실제배부액 = ₩1.8×₩200,000 = ₩360,000

3. 제조간접원가 실제배부율 $= \dfrac{₩900,000}{240시간}$ = ₩3,750/직접노동시간

   제조간접원가 실제배부액 = ₩3,750×60시간 = ₩225,000

4. 제조간접원가 실제배부율 $= \dfrac{₩900,000}{400시간}$ = ₩2,250/기계작업시간

   제조간접원가 실제배부액 = ₩2,250×100시간 = ₩225,000

5. 제조간접원가 실제배부율 $= \dfrac{₩900,000}{10,000개}$ = ₩90/생산량

   제조간접원가 실제배부액 = ₩90×3,000개 = ₩270,000

2. 제조간접원가배부율

제조간접원가배부율은 제조간접원가총액을 배부기준으로 나누어 구할 수 있는데, 이 배부율은 배부기준과 더불어 제조간접원가배부액을 결정짓는 중요요인이다. 제조간접원가배부율은 배부기준에 따라 공장전체 배부율과 부문별 배부율 및 실제배부율과 예정배부율로 구분된다.

(1) 공장전체 배부율과 부문별 배부율

공장전체 (단일)배부율은 공장(즉, 모든 제조부문)에서 발생하는 모든 제조간접원가에 하나의 배부기준을 적용하는 방법이다. 따라서 이 배부율은 제조부문과 보조부문을 망라한 공장전체에 적용할 수 있어 부문별로 제조간접원가배부율을 산출할 필요가 없다.

$$\text{공장전체 배부율} = \frac{\text{공장전체 제조간접원가}}{\text{(단일)배부기준}}$$

공장전체 배부율은 적용하기 쉬운 장점이 있으나 배분대상인 제조간접원가의 구성이나 성격의 다양성을 무시하고 부문간의 용역수수 관계를 고려하지 않기 때문에 정확한 제품원가계산에는 한계가 있다.

부문별 배부율은 공장내 여러 제조관련부문의 존재를 인정하고, 보조부문 제조간접원가를 제조부문에 배부하거나 제조부문 제조간접원가를 제품별로 배부할 때 사용하는 배부율이다.

$$\text{부문별 배부율} = \frac{\text{부문별 제조간접원가}}{\text{부문별 배부기준}}$$

이 부문별 배부율은 부문별 배부요소로 성격이 다른 제조간접원가별로 다른 배부율을 적용할 수 있어 정확한 원가계산과 효과적인 원가관리에 기여하는 장점이 있다. 그러나 부문간 원가배부기준인 수혜나 부담능력이 명확하지 않을 경우에는 잘못 산정된 부문별 배부율로 인해 원가계산의 정확성이 저하될 수 있다.

제조간접원가에 대한 공장전체 배부과정과 부문별 배부과정을 비교하면 다음 <그림 6-1>과 같다.

<그림 6-1> 제조간접원가의 제품별 배부과정

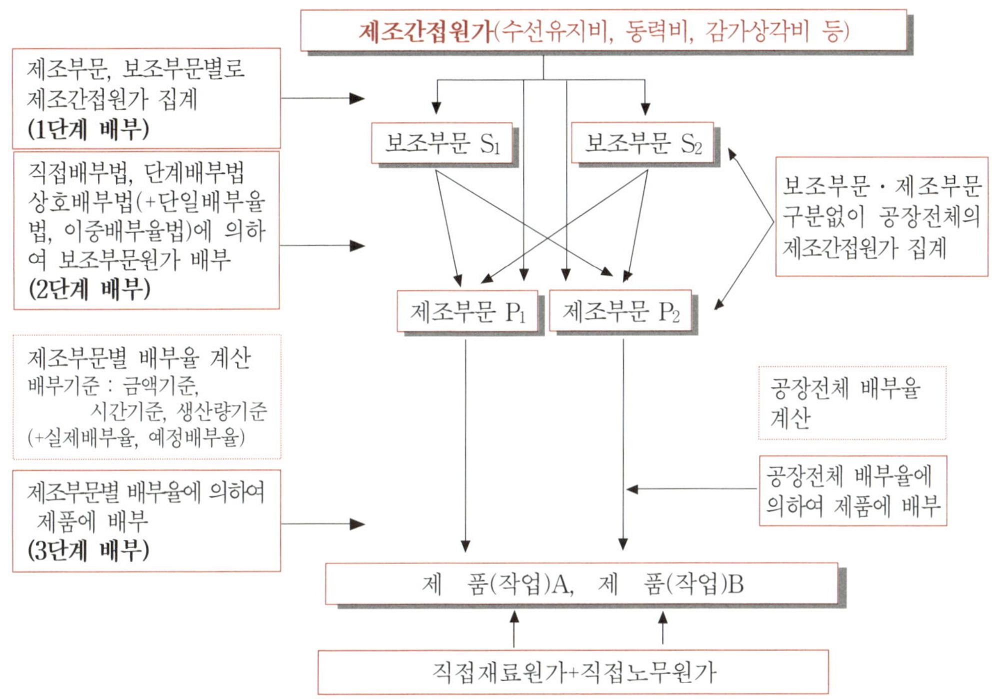

(2) 실제배부율과 예정배부율

① **실제배부율**은 일정기간의 실제제조간접원가 총액을 동기간의 실제배부기준으로 나눈 것이다. 실제배부기준으로는 앞에서 살펴 본 금액기준과 시간기준이 많이 사용된다.

$$\text{실제배부율} = \frac{\text{실제제조간접원가 총액}}{\text{실제배부기준}}$$

② **예정배부율**은 일정기간의 제조간접원가 예산액을 동기간의 예정배부기준으로 나누어 구한다. 예정배부기준으로는 시간기준이 많이 이용된다. 왜냐하면 제조간접원가 예산편성시 기준조업도로 작업시간이나 노동시간이 많이 이용되기 때문이다.

$$\text{예정배부율} = \frac{\text{제조간접원가 예산액}}{\text{예정배부기준}}$$

제조간접원가의 예정배부는 다음 절에서 구체적으로 살펴보도록 한다.

공장전체 배부율과 부문별배부율은 앞에서 살펴본 실제배부 및 예정배부와 결합하여 적용될 수 있다. 즉, 공장전체 배부율과 공장전체 예정배부율 그리고 부문별 실제배부율과 부문별 예정배부율로 구분된다. 이는 다음 <표 6-2>와 같다.

<표 6-2> 제조간접원가배부율

실제배부율	공장전체 실제배부율 부문별 실제배부율
예정배부율	공장전체 예정배부율 부문별 예정배부율

예제 6-2

한국회사는 두 개의 제조부문을 가지고 제품 A와 B를 생산 판매하고 있다. 20×1년의 제조부문별 예산제조간접원가는 다음과 같다.

	제조부문 1	제조부문 2
예산제조간접원가	₩1,000,000	₩3,000,000

제품 A와 B의 연간 생산량은 각각 300개, 400개이다. 제품 A와 B 1단위를 생산하는데 투입된 직접노동시간 및 기계시간은 각각 다음과 같다.

	제품 A	제품 B
제조부문 1의 직접노동시간	4시간	5시간
제조부문 2의 직접노동시간	6	5
합 계	10시간	10시간
제조부문 2의 기계시간	4시간	6시간

[물음] 직접노동시간을 기준으로 공장전체 예정배부율과 부문별 예정배부율을 계산하라.

해답

1. 공장전체 예정배부율 : $\frac{₩4,000,000}{7,000시간}$ = ₩571/직접노동시간

   7,000시간=제품A(300개×10시간)+제품B(400개×10시간)

2. 부문별 예정배부율

   제조부문 1 : ₩1,000,000÷3,200시간 = ₩312.5 / 직접노동시간

   제조부문 2 : ₩3,000,000÷3,800시간 = ₩789 / 직접노동시간

제3절 제조간접원가의 예정배부

1. 제조간접원가 예정배부의 의의 및 필요성

제조간접원가의 예정배부는 제조간접원가 실제배부의 문제점을 보완하고자 예정제조간접원가와 예정배부기준을 합리적으로 결정하여 예정배부율을 구하고 이를 근거로 각 부문별·제품별로 제조간접원가를 배부하는 방법이다. 제조간접원가의 실제배부는 제품 제조과정에서 실제로 소비된 제조간접원가를 실제배부기준을 이용하여 각 부문이나 제품에 배부하는 것이다.

따라서 실제배부는 다음 2가지 문제점을 갖고 있다.

① 제조간접원가 실제배부율은 실제 제조간접원가의 구성이나 실제배부기준인 조업도의 변동에 영향을 많이 받는다. 특히 고정제조간접원가의 비중이 증가함에 따라 실제배부율이 크게 변동하게 된다.

② 제조간접원가의 실제배부를 행하는 경우에는 원가정보의 집계가 완료되는 원가계산기말이나 월말까지 원가계산을 늦추게 됨으로써 경영자 등 정보이용자에게 적시성있는 원가회계정보를 제공하지 못하게 된다.

제조간접원가 예정배부의 필요성은 다음과 같다.

① 부문이나 제품에 배부하는 제조간접원가의 배부율이 기간이나 계절적인 변동 또는 조업도의 변동 등에 영향을 받지 않고 매기 일정하게 유지됨으로써 정확한 원가계산에 기여하게 된다.

② 제조간접원가를 신속히 배부함으로써 의사결정에 유용한 적시성있는 원가정보를 제공한다. 예를 들면 원가계산기간 중 완성된 제품이 있는 경우 실제배부의 경우에는 제품원가의 산출이 곤란하나 예정배부시에는 이것이 가능한 것이다.

③ 제조간접원가를 예정배부함으로써 실제발생원가와의 차이를 분석함으로써 제조간접원가에 대한 관리 및 통제가 가능해진다. 특히 최근 제조원가에서 차지하는 제조간접원가의 비중이 증가하면서 원가관리측면에서 예정배부의 중요성이 강조되고 있다.

2. 제조간접원가의 예정배부

제조간접원가의 예정배부는 제2절에서 살펴본 바와 같이 일정기간의 제조간접원가 예산액을 동기간의 예정총배부기준으로 나누어 예정배부율을 구하고, 예정배부율에 제품별(제조지시서별) 실제배부기준을 곱하여 제조간접원가 예정배부액을 산출한다.

따라서 제조간접원가 예정배부시 예정배부율의 산정이 매우 중요하고, 이는 제조간접원가예산액과 예정배부기준을 어떻게 설정하느냐에 따라 좌우됨을 알 수 있다.

제조간접원가 예산액은 조업도에 따라 다른 원가행태를 보이는 고정제조간접원가 예산액과 변동제조간접원가 예산액으로 나누어 원가함수 형태로 추정하여야 한다.

> 제조간접원가 예산액 = 고정제조간접원가 예산액
> + [변동제조간접원가 예정배부율 × 예정배부기준]

예정배부기준은 예정조업도로 기준조업도라고도 하며 제조간접원가의 예산편성시 기준이 되는 조업도이다. 조업도는 제조간접원가의 발생과 높은 인과관계를 갖고 있고 그 추정이 용이하여야 하므로 일반적으로 직접노동시간이나 기계작업시간 등이 많이 이용된다.

예정조업도는 경영자의 기대조업수준을 반영하는 것으로 이에는 이론적 조업도, 실제적 조업도, 평균조업도, 실제기대조업도가 있다.

이론적 조업도(theoretical capacity)는 최고의 능률로 작업을 하는 경우 달성 가능한 최대조업도이며, **실제적 조업도**(practical capacity)는 회피불능작업시간을 제외한 달성 가능한 최대조업도이다. 또한 **평균조업도**(normal capacity)는 장기간에 걸친 경기변동이나 계절적인 변동을 감안한 평준화된 조업도이다. **실제기대조업도**(expected actual capacity)는 예산년도의 예상판매량을 기초로 예상된 예산조업도로 가장 많이 이용되는 조업도이다.

예정배부기준이 확정되면 제조간접원가 예산액을 예정배부기준으로 나누어 제조간접원가 예정배부율을 구한다.

$$\text{제조간접원가 예정배부율} = \frac{\text{제조간접원가 예산액}}{\text{예정배부기준}}$$

제품별(제조지시서별) 제조간접원가 예정배부액은 제조간접원가 예정배부율에 제조지시서별 실제배부기준을 곱하여 구한다.

제품별(제조지시서별) 제조간접원가 예정배부액 = 제조간접원가 예정배부율 × 제품별(제조지시서별) 실제배부기준

예제 6-3

[물음] <예제 6-2>의 자료를 기초로 한국회사의 제조부문 1은 직접노동시간을 기준으로, 제조부문 2는 기계작업시간을 기준으로 부문별 제조간접원가 예정배부율을 계산한다고 가정하고, 각 제품에 배부되는 제조간접원가를 계산하라.

해답

1. 직접노동시간(300개×4시간)+(400개×5시간)=3,200시간

   제조부문 1의 제조간접원가 예정배부율 : $\frac{₩1,000,000}{3,200시간}$ = ₩312.5

   기계작업시간(300개×4시간)+(400개×6시간)=3,600시간

   제조부문 2의 제조간접원가 예정배부율 : $\frac{₩3,000,000}{3,600시간}$ = ₩833

2. 제조간접원가의 제품별 예정배부액

   제품 A : 300개×[(4시간×₩312.5)+(4시간×₩833)]=₩1,374,600

   제품 B : 400개×[(5시간×₩312.5)+(6시간×₩833)]=₩2,624,400

3. 제조간접원가 배부차이와 회계처리

예정배부율을 사용하여 제조간접원가통제 계정에서 재공품 계정으로 배부되는 제조간접원가 예정배부액은 통상 실제로 발생한 제조간접원가액(제조간접원가 실제발생액)과 일치하지 않고 차이가 발생한다. 이 같은 **제조간접원가 배부차이**는 원가계산말이나 결산시점에서 차이의 원인을 파악하여 실제발생액으로 조정을 하여야 한다. 왜냐하면 외부보고에 이용되는 재무제표는 실제로 발생한 원가를 기초로 작성되기 때문이다.

예정배부액이 실제발생액보다 부족한 경우에는 과소배부로 불리한 제조간접원가 배부차이가 발생하며, 예정배부액이 실제발생액을 초과한 경우에는 과대배부로

유리한 제조간접원가 배부차이가 발생한다(<표 6-3> 참조).

<표 6-3> 제조간접원가 배부차이

· 과소배부의 경우

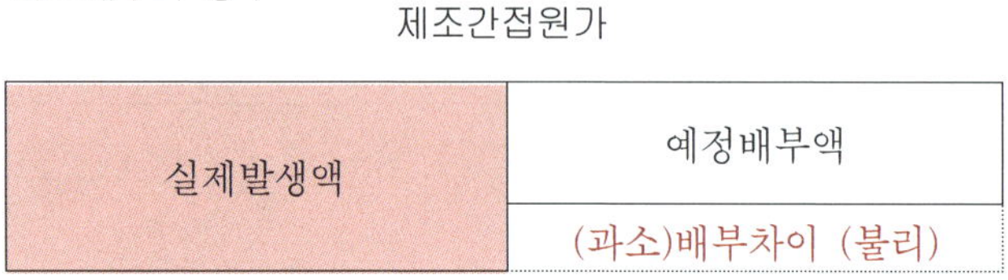

제조간접원가

실제발생액	예정배부액
	(과소)배부차이 (불리)

· 과대배부의 경우

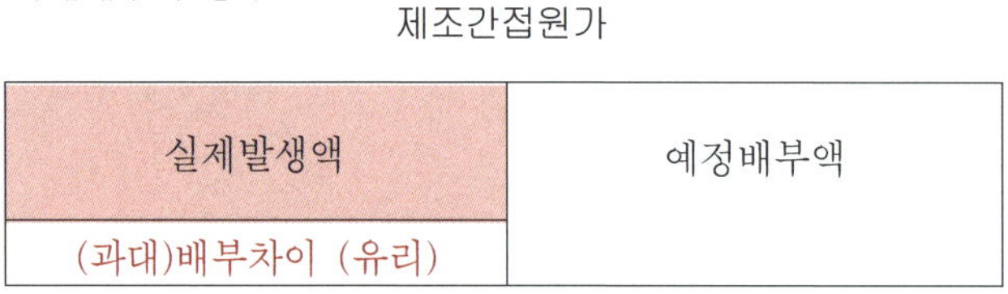

제조간접원가

실제발생액	예정배부액
(과대)배부차이 (유리)	

제조간접원가 배부차이의 회계처리는 다음 <표 6−4>와 같다. 제조간접원가 배부차이의 발생원인이 정상적인 경우에는 원가성이 있으므로 매출원가가감법이나 비례배분법으로 조정하며, 비정상적인 경우에는 원가성이 없으므로 영업외손익법으로 조정한다.

<표 6−4> 제조간접원가 배부차이의 회계처리

배부차이의 원인	조정방법	제조간접원가	
		과소배부	과대배부
정상적인 경우	매출원가가감법 (소액 경우)	매출원가에 가산	매출원가에서 차감
	비례배분법 (거액 경우)	기말재공품, 제품, 매출원가에 가산	기말재공품, 제품, 매출원가에서 차감
비정상적인 경우	영업외손익법 (이상적 발생)	영업외비용	영업외수익

(1) 매출원가가감법

매출원가가감법은 제조간접원가 배부차이를 당기 판매제품의 매출원가에서 조정하는 방법으로 배부차이액이 소액이거나 기말재공품 및 제품이 소액인 경우에 유용한 방법이다.

과소배부의 경우에는 불리한 배부차이이므로 매출원가에 가산하며, 과대배부의 경우에는 유리한 배부차이로 매출원가에서 차감한다. 이를 분개하면 다음과 같다.

① 과소배부시

(차) 매출원가	×××	(대) 제조간접원가	×××

② 과대배부시

(차) 제조간접원가	×××	(대) 매출원가	×××

(2) 비례배분법

비례배분법은 제조간접원가 배부차이를 기말재공품과 기말제품 및 매출원가에서 조정하는 방법으로 배부차이액이 비교적 거액이거나 기말재고자산금액이 매출원가에 비해 중요한 경우 원가차이의 정확한 배부를 기할 때 유용한 방법이다.

비례배분방법에는 총원가 비례배분법과 제조간접원가 비례배분법이 있다.

총원가 비례배분법은 제조간접원가 배부차이를 기말재공품·기말제품 및 매출원가의 총원가에서 각 원가가 차지하는 상대적인 비율에 따라 배분하는 방법으로, 직접재료원가나 직접노무원가도 배부차이의 배분에 고려된다는 단점이 있다.

제조간접원가 비례배분법은 제조간접원가 배부차이를 기말재공품·기말제품·매출원가 각각에 포함된 제조간접원가 예정배부액의 비율에 따라 배분하는 방법으로 총원가 비례배분법보다 비교적 정확하고 합리적이다.

비례배분법에 의한 제조간접원가 배부차이의 회계처리는 다음과 같다.

① 과소배부시

(차) 재 공 품	×××	(대) 제조간접원가	×××
제 품	×××		
매출원가	×××		

② 과대배부시

(차) 제조간접원가	×××	(대) 재 공 품	×××
		제 품	×××
		매출원가	×××

(3) 영업외손익법

영업외손익법은 제조간접원가 배부차이의 원인이 비정상적인 경우 영업외손익에서 조정하는 방법으로, 제조간접원가 과소배부액은 영업외비용으로 과대배부액은 영업외수익으로 회계처리한다. 이를 분개하면 다음과 같다.

① 과소배부시

(차) 영업외비용	×××	(대) 제조간접원가	×××

② 과대배부시

(차) 제조간접원가	×××	(대) 영업외수익	×××

예제 6-4

흥덕회사의 20×1년말 현재 재공품 및 제품의 기말잔액은 각각 ₩500,000, ₩700,000이고 매출원가는 ₩1,300,000이다. 그리고 이에 포함된 제조간접원가 예정배부액(₩1,200,000)의 내용은 다음과 같다.

재 공 품	₩300,000
제 품	300,000
매출원가	600,000

한편 20×1년에 실제로 발생한 제조간접원가는 ₩1,000,000이었다.

[물음] 1. 제조간접원가 배부차이를 계산하라.
2. 이 배부차이를 매출원가가감법과 비례배분법을 사용하여 제조간접원가 계정을 마감하는 분개를 하라.
3. 제조간접원가 배부차이가 비정상적인 원인에서 비롯되었다고 가정하여 제조간접원가 계정을 마감하는 분개를 하라.

해답

1. 제조간접원가 실제발생액	₩1,000,000
제조간접원가 예정배부액	1,200,000
배부차이(과대배부)	₩200,000

2. ① 매출원가가감법

(차) 제조간접원가	₩200,000	(대) 매출원가	₩200,000

② 비례배분법

ㄱ. 총원가 비례배분법

계 정	총원가	배분비율	배분액
재 공 품	₩500,000	20%	₩40,000
제 품	700,000	28	56,000
매출원가	1,300,000	52	104,000
	₩2,500,000	100%	₩200,000

(차) 제조간접원가	₩200,000	(대)	재 공 품	₩40,000
			제 품	56,000
			매출원가	104,000

ㄴ. 제조간접원가 비례배분법

계 정	제조간접원가 예정배부액	배분비율	배분액
재 공 품	₩300,000	25%	₩50,000
제 품	300,000	25	50,000
매출원가	600,000	50	100,000
	₩1,200,000	100%	₩200,000

(차) 제조간접원가	₩200,000	(대)	재 공 품	₩50,000
			제 품	₩50,000
			매출원가	₩100,000

③ 영업외손익법

(차) 제조간접원가	₩200,000	(대)	영업외수익	₩200,000

제4절 활동기준원가계산과 제조간접원가

1. 활동기준원가계산의 의의

전통원가계산에서 제조간접원가 배부상의 문제점으로는 제조활동이 복잡해지고 다양화된 결과, 제조간접원가의 구조에 큰 변화가 생겼음에도 불구하고 전통적인 원가계산의 경우 제조간접원가를 조업도(생산량)와 관련된 배부기준으로만 배부한 결과, 제조간접원가의 각 항목별 특성을 무시한 배부가 이루어지고, 이로 말미암아 원가왜곡현상이 발생한다. 또한, 전통적인 원가계산의 경우 정확한 제품원가계산이 이루어지지 않음으로 인해 가격결정, 제품별 수익성분석의 왜곡, 그릇된 의사결정의 가능성이 높아진다. 이 문제점을 개선하기 위해 새로 나온 것이 활동기준원가계산이다.

활동기준원가계산(activity-based costing : ABC)이란 새로운 제조기술의 도입 및 설비투자로 인하여 급격히 증가하고 있는 제조간접원가를 제품에 정확히 배부하고 효율적으로 관리하기 위하여 전통원가계산에서 사용해 오던 단순한 수량(조업도) 중심의 배부기준(직접노동시간, 기계시간, 생산량 등) 대신, 원가의 발생을 유발하는 원가동인(cost driver)인 활동을 중심으로 규명하여 활동(activities)기준으로 제조간접원가를 배부하려는 새로운 원가계산시스템을 말한다.

이러한 활동기준원가계산은 개별원가계산을 적용하는 기업뿐만 아니라, 종합원가계산을 적용하는 기업에서도 이용될 수 있으며 의료업 등 서비스업체에서도 이용될 수 있다. 특히 **활동기준원가계산이 적합한 기업**으로는 ① 원가요소 중 제조간접원가의 비중이 높은 기업 ② 다품종소량생산업체와 같이 제품의 종류가 많은 기업 ③ 제품별로 조업도, 규격, 생산롯트, 제조과정의 복잡성이 상이한 기업 ④ 전통적 방법으로 배부된 제조간접원가가 부정확하게 배부되었다고 판단되는 기업 (제품별 원가배부가 왜곡된 경우가 많은 기업) 등이다.

2. 제조간접원가의 배부 비교

활동기준원가계산에 관련된 설명은 이 책 「제14장 활동기준원가계산」에서 예제와 함께 자세히 되어 있는 바, <그림 6-2>와 <표 6-5>를 이용하여 전통적 원가계산과 비교하면 이해하기 쉽다.

<그림 6-2> 전통적 원가계산과 활동기준원가계산의 원가흐름

◈ 전통적 원가계산

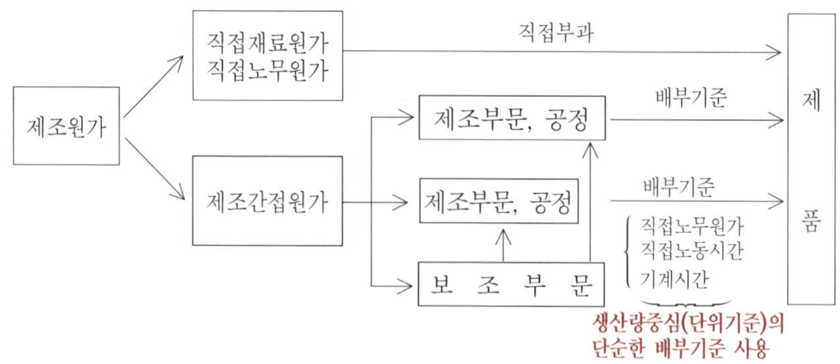

◈ 활동기준원가계산

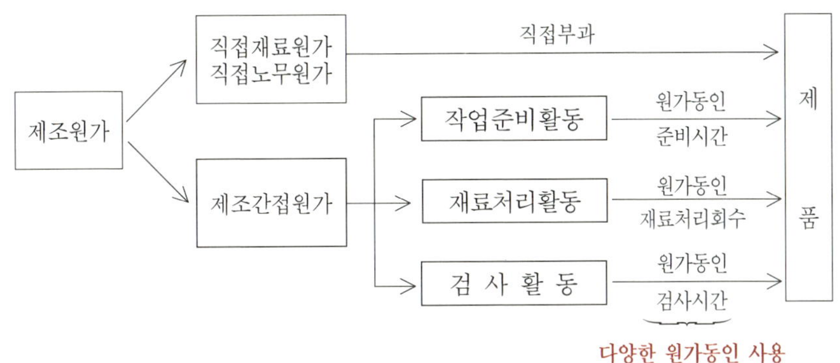

<표 6-5> 전통적 원가계산과 활동기준원가계산의 비교

구 분	전통적 원가계산	활동기준원가계산
기본가정	제조간접원가는 생산량에 비례하여 발생	제조간접원가속에는 생산량 뿐만 아니라 다른 원가동인에 비례하여 발생하는 원가계정 과목이 많다.
원가대상	공장, 부문, 제품 또는 서비스	활동, 제품 또는 서비스
원가구분	원가요소나 원가행태별	활동유형별
제조간접원가 배부기준	조업도 관련요인	활동별 원가동인
원가집합	공장 혹은 부문의 원가중심점	활동 혹은 활동중심점
장 점	계산 간단	① 정확한 원가계산 ② 원가관리, 원가계획 및 통제면에서 적합
단 점	① 제품원가계산이 부정확함 ② 원가관리면에서 비효율성이 있음	계산이 번거로움

연습문제

[문제 6-1] 제조간접원가의 의의와 배부목적을 논하라.

[문제 6-2] 제조간접원가 예정배부의 필요성을 논하라.

[문제 6-3] 제조간접원가 배부차이의 회계처리를 설명하라.

[문제 6-4] 제조간접원가의 배부 (미국 CMA 수정)

(주)부산은 2개의 제조부문과 2개의 보조부문으로 원가계산조직이 이루어지고 있다. 20×1년도 각 부문별 제조간접원가와 조업도는 다음과 같이 발생하였다.

1. 제조부문

	절단부	연마부	합 계
① 제조간접원가	₩160,000	₩240,000	₩400,000
② 조업도			
- 직접노동시간	600시간	400시간	1,000시간
- 기계작업시간	800	1,200	2,000

2. 보조부문

	S_1	S_2	합 계
① 제조간접원가	₩120,000	₩80,000	₩200,000
- 변동제조간접원가	100,000	20,000	
- 고정제조간접원가	20,000	60,000	
② 조업도			
- 예산조업도	1,000kwh	120시간	
- 실제조업도	800	100	

3. 보조부문의 용역제공 자료

	제조부문		합 계
	절단부	연마부	
① S_1			
- 최대조업도	600kwh	400kwh	1,000kwh
- 실제조업도	400	400	800
② S_2			
- 실제조업도	80시간	20시간	100시간

4. ① 보조부문원가는 직접배부법을 적용하여 제조부문에 배분한다.
   ② 부문별 제조간접원가배부율 계산시, S1보조부문원가는 이중배분율법, S2보조부문원가는 단일배분율법을 사용하여 제조부문에 배분한다.
   ③ 절단부는 기계작업시간, 연마부는 직접노동시간을 기준으로 부문별 제조간접원가배부율을 계산한다.

[물음] 1. 공장전체의 제조간접원가배부율을 계산하시오.(직접노동시간을 사용할 것)
2. 부문별 제조간접원가배부율을 계산하시오.
3. 상기 2가지 방법 중 합리적인 방법은 어느 것인가?

[문제 6-5] 제조간접원가의 예정배부

광주회사는 제조간접원가를 제1부문에서는 직접노동시간을 제2부문에서는 기계작업시간을 기준으로 예정배부하고 있다. 20×1년의 생산 및 원가자료는 다음과 같다.

	예 산		실 제	
	제1부문	제2부문	제1부문	제2부문
직접노동시간	10,000시간	12,000시간	9,000시간	13,000시간
기계작업시간	15,000	18,000	16,000	17,000
제조간접원가	₩300,000	₩360,000	₩320,000	₩340,000

제조지시서 #101에 대한 실제자료는 다음과 같다.

	제1부문	제2부문
직접노동시간	4,000시간	3,000시간
기계작업시간	3,000	7,000
제조간접원가	₩60,000	₩80,000
직접노무원가	100,000	120,000

[물음] 1. 각 부문별 제조간접원가 예정배부율을 계산하라.
2. 제조지시서 #101에 배부되는 제조간접원가 예정배부액을 계산하라.
3. 제조간접원가 배부차이를 계산하고, 배부차이를 매출원가에서 조정하는 분개를 하라.

[문제 6-6] 제조간접원가 배부차이의 회계처리

청주회사는 제조간접원가 예정배부율을 이용하여 제조간접원가를 예정배부하고 있다. 20×1년의 생산 및 원가관련 자료는 다음과 같다.

	예 산	실 제
기계작업시간	40,000시간	45,000시간
직접노동시간	20,000	18,000
제조간접원가	₩2,400,000	₩2,500,000
재공품재고	—	1,200,000
제품재고	—	1,800,000
매출원가	—	7,000,000

[물음] 1. 기계작업시간과 직접노동시간을 기준으로 제조간접원가 예정배부율을 계산하라.
2. 기계작업시간과 직접노동시간을 배부기준으로 하여 제조간접원가 배부차이를 계산하라.
3. 기계작업시간을 기준으로 한 제조간접원가가 배부차이를 매출원가가감법으로 회계처리하여 제조간접원가계정을 마감하는 분개를 하라.
4. 직접노동시간을 기준으로 한 제조간접원가 배부차이를 총원가 비례배분법으로 회계처리하여 제조간접원가 계정을 마감하는 분개를 하라.

〔문제 6-7〕 원가배부의 목적에 관한 설명 중 틀린 것은? (전산세무회계 1급 11회)

① 자원배분 및 투자의사결정에 유용한 자료제공에 있다.
② 책임원가계산제도의 형성에 따른 조직구성원에 대한 동기부여에는 관련이 없다.
③ 내부 및 외부이해관계자에게 원가에 관한 적정한 보고를 하는데 있다.
④ 원가의 타당성을 판단하는데 중요한 역할을 한다.

정답 ②

〔문제 6-8〕 다음중 개별원가계산에서 제조간접비의 배부차이에 대한 회계처리방법이 아닌 것은? (전산세무 1급 23회)

① 매출원가조정　② 영업외손익처리
③ 비례배분　④ 판매관리비처리

정답 ④

〔문제 6-9〕 **제조간접비의 예정배부에 관한 내용으로 옳지 않은 것은?**

(행자부 9급 2003)

① 제조간접비 예정배부액과 실제배부액의 차액은 재공품계정에 대체한다.

② 제품의 제조원가는 예정배부액으로 계산한다.

③ 예정배부액은 실제배부기준에 예정배부율을 곱하여 계산한다.

④ 제조간접비를 예정배부하여도 재무제표에는 실제원가로 보고한다.

정답 ①

〔문제 6-10〕 **정상개별원가계산시 제조간접비를 예정배부할 경우 예정배부계산식으로 옳은 것은?**

(전산세무회계 2급 10회)

① 배부기준의 실제발생액x예정배부율

② 배부기준의 실제발생액x실제배부율

③ 배부기준의 예정발생액x예정배부율

④ 배부기준의 예정발생액x실제배부율

정답 ①

〔문제 6-11〕 **다음 원가계산 및 원가배분과 관련된 설명으로 적합하지 않은 것은?**

(3회 기업회계1급 2006, 한국세무사회)

① 종합원가계산에서 선입선출법을 이용하는 경우 기말재공품의 완성도를 실제보다 높게 적용하면 완성품 환산량과 완성품원가는 과대평가된다.

② 종합원가계산의 경우, 기초재공품이 없을 때 선입선출법과 평균법에 의한 완성품환산량은 동일하다.

③ 보조부문원가를 단계배분법(step-down method)으로 배분할 경우, 배분순서에 따라 배분결과는 달라진다.

④ 기말재공품원가가 기초재공품원가에 비하여 증가하였다면 당기발생 제조원가는 당기제품제조원가보다 크다.

정답 ①

〔문제 6-12〕 **개별원가계산제도에서 제조간접비를 예정배부하는 경우에 그 배부차액을 처리하는 다음의 방법 중 차기의 손익에 직접적으로 영향을 미칠 수 있는 것은?**

(전산세무 1급 21회)

① 영업외손익에 계상하는 방법

② 충당금계정에 계상하는 방법

③ 특별손익에 계상하는 방법

④ 매출원가, 제품, 재공품에 안분하는 방법

정답 ④

〔문제 6-13〕 A사는 제조간접원가를 예정배부하는 개별원가계산을 사용하며, 배부차이는 모두 매출원가에서 조정하는 방식을 이용한다. 당기 중에 발생한 원가는 직접재료원가 300,000원, 직접노무원가 400,000원, 제조간접원가 250,000원이다. 한편 당기 중에 완성품으로 대체된 금액은 1,000,000원이며, 미완성 상태인 작업(기말재공품)이 존재한다. 제조간접원가 배부액이 직접노무원가의 50%이고, 기초재공품원가가 120,000원일경우, 기말재공품에 배부된 제조간접원가가 5,000원이라면 기말재공품원가 중 직접재료원가는 얼마인가? (감정평가사 2006)

① ₩5,000 ② ₩15,000 ③ ₩20,000
④ ₩40,000 ⑤ ₩70,000

해설 기말재공품원가 = 직접재료원가 + 직접노무원가 + 제조간접원가
₩20,000 = 직접재료원가 + (₩5,000/0.50) + ₩5,000
직접재료원가 = ₩5,000

정답 ①

〔문제 6-14〕 당월 중에 완성된 제품의 제조간접비 예정배부액은 ₩30,000이었으나 월말에 밝혀진 제조간접비 실제발생액은 ₩32,000이다. 과소배부액에 대한 회계처리로 옳은 분개는? (행자부 9급 2001)

① (차) 제조간접비배부차이 2,000 (대) 제 조 간 접 비
② (차) 제 조 간 접 비 2,000 (대) 제조간접비배부차이
③ (차) 재 공 품 2,000 (대) 제 조 간 접 비
④ (차) 제 조 간 접 비 2,000 (대) 재 공 품

정답 ①

〔문제 6-15〕 한일세무법인은 계약건별로 추적이 가능한 원가는 직접비로 파악하고, 간접비에 대해서는 복수의 간접비집합으로 분류한 다음 각각의 간접비배부율을 적용하여 원가계산을 한다. 다음 자료를 토대로 한일해운의 세무조정계약건에 대한 원가를 산출하시오. (세무사 2002)

(1) 직접노무비 : 한일해운의 계약건과 관련하여 책임세무사 200시간, 담당세무사 400시간이 투입되었으며, 관련 자료는 다음과 같다.

구 분	인 원 수	연간총투입시간(조업도)	연간급여
책임세무사	10명	1,600시간×10명=16,000시간	₩800,000,000
담당세무사	40	1,600시간×40명= 64,000	1,600,000,000
계		80,000시간	₩2,400,000,000

(2) 한일해운의 세무조정계약건에서 발생된 직접노무비 이외의 직접비 : ₩2,600,000

(3) 간접비는 연간 총 ₩496,000,000이며, 관련 자료는 다음과 같다

가. 일반관리비(세무사 총투입시간에 비례하여 배분)	₩240,000,000
나. 보험료(세무사 직접노무비에 비례하여 배분)	96,000,000
다. 비서실운영비(책임세무사 투입시간에 비례하여 배분)	160,000,000
계	₩496,000,000

① ₩22,600,000
② ₩27,750,000
③ ₩26,300,000
④ ₩35,300,000
⑤ ₩27,200,000

정답 ⑤

〔문제 6-16〕 (주)용인은 정상원가계산을 적용하고 있으며 2006년의 원가자료는 다음과 같다.

· 제조간접비 예산	350,000원
· 정상조업도(직접노동시간)	10,000시간
· 제조간접비 실제발생액	360,000원
· 실제직접노동시간	10,500시간

2006년의 제조간접비 배부차이는? (3회 기업회계1급 2006, 한국세무사회)

① 7,500원 과소배부
② 7,500원 과다배부
③ 2,500원 과소배부
④ 2,500원 과다배부

정답 ②

〔문제 6-17〕 한 연구결과에 의하면, 기계위주의 제조환경에서 외부구입부품이나 재료비가 큰 비중을 차지하고 있는 전자업계에서는 품목별 제조간접원가의 배부율이 직접노무비의 500%에까지 이른다는 사실을 보여주고 있다. 이는 제조활동에 기계관련자원의 소비가 큰 비중을 차지하는 대신 직접노무비가 상대적으로 작게 발생하기 때문이다. 이와 같이 기계위주의 제조환경에서 직접노무비나 직접노동시간을 배부기준으로 사용할 경우 공장의 관리자에게 초래될 수 있는 상황으로 적절하지 않은 것은? (세무사 2003)

① 직접노무비가 많이 소요되는 작업이나 부품의 생산을 회피하고 외부의 공급업자들에게 지나치게 의존하려는 경향을 발견할 수 있다.

② 제조원가에서 큰 비중을 차지하는 재료비나 경비에 대해 적절한 관리활동을 하는 것보다는 오히려 직접노동시간을 통제하는 데 더 많은 관심을 가지게 된다.

③ 제조현장의 작업을 가급적이면 간접노무로 분류하지 않고 직접노무로 분류함으로써 과도한 제조간접비부담을 줄이려고 할 것이다.

④ 종업원의 증가를 억제한다는 기업의 목표가 설정된 경우에는 제품설계단계에서 부터 직접노동시간의 감소를 유도하여 궁극적으로는 감량경영과 자동화를 증진시키는데 기여할 수 있다.

⑤ 직접노무비를 파악하고 집계하는 데 소요되는 관리비용이 과도하게 소요된다면 직접노무비를 제품에 직접 추적시키는 것보다는 제조간접비계정에 포함시켜 제품별로 배부하는 것이 원가효익의 관점에서 적절하다.

정답 ③

〔문제 6-18〕 (주)한라는 2007년초에 설립되었으며 정상원가계산(normal costing)을 적용하고 있다. 제조간접비는 직접노무시간을 기준으로 예정배부한다. 회사는 제조간접비 배부차이를 기말재고자산 및 매출원가에 포함된 제조간접비 예정배부액에 비례하여 안분한다. 당기에 기말재공품, 기말제품 및 매출원가에는 1 : 3 : 4의 비율로 제조간접비가 각각 예정배부되었고, 기말재공품에 차감하여 조정된 배부차이는 ₩2,500이었다. 당기의 실제 제조간접비는 ₩180,000이고, 실제 직접노무시간은 총 1,250시간이었다면, 제조간접비 예정배부율은 직접노무시간당 얼마인가? (CPA 2008)

① ₩144 ② ₩160 ③ ₩168
④ ₩170 ⑤ ₩178

정답 ②

〔문제 6-19〕 (주)호남은 두 종류의 제품(X와 Z)을 생산하고 있다. 이 회사의 원가담당자는 간접비 중 엔지니어링변경원가에 관심을 가지고 있다. 1회 엔지니어링 변경에 소요되는 원가는 ₩600이다. 제품별 생산량, 엔지니어링 변경횟수, 기계시간은 다음과 같다.

항목	X제품	Z제품
생산량	1,000단위	1,000단위
엔지니어링 변경횟수	14회	6회
생산량 단위당 기계시간	1시간	2시간

엔지니어링변경원가를 엔지니어링 변경횟수가 아닌 기계시간을 기준으로 배부한다면, X제품에 과대배부 혹은 과소배부 되는 금액은 얼마인가? (CPA 2009)

① ₩15,000 과소배부 ② ₩14,400 과대배부
③ ₩12,200 과소배부 ④ ₩ 7,200 과대배부
⑤ ₩ 4,400 과소배부

정답 ⑤

〔문제 6-20〕 (주)한국은 개별원가계산을 적용하고 있으며 직접작업시간을 기준으로 제조간접원가를 예정배부한다. 20×9년 제조간접원가 예정배부율은 직접작업시간당 ₩65이다. 20×9년 실제 발생한 제조간접원가는 ₩1,500,000이었고, 제조간접원가가 ₩200,000 과소배부된 것으로 나타났다. 20×9년의 실제조업도는 예정(예산)조업도의 80%였다. 20×9년의 제조간접원가 예산금액은 얼마인가? (감정평가사 2009)

① ₩1,250,000
② ₩1,300,000
③ ₩1,460,000
④ ₩1,520,000
⑤ ₩1,625,000

정답 ⑤

〔문제 6-21〕 (주)대한은 사업 첫 해에 정상개별원가계산을 사용하며, 제조간접비는 직접노무시간기준으로 배부한다. 제조간접비 배부차이 조정전 매출원가에 포함된 제조간접비 배부액은 ₩1,400,000이다. 다음의 자료를 사용하여 제조간접비 배부차이를 매출원가에서 전액 조정한다면, 정상개별원가계산의 영업이익과 실제개별원가계산의 영업이익의 차이는 얼마인가? (세무사 2009)

예상총제조간접비	₩2,500,000	예상총직접노무시간	500,000시간
실제총제조간접비	₩1,800,000	실제총직접노무시간	300,000시간

① 정상개별원가계산이 영업이익이 ₩20,000 만큼 더 적다.
② 정상개별원가계산이 영업이익이 ₩50,000 만큼 더 적다.
③ 정상개별원가계산이 영업이익이 ₩100,000 만큼 더 많다.
④ 정상개별원가계산이 영업이익이 ₩300,000 만큼 더 많다.
⑤ 영업이익에 차이가 없다.

정답 ①

〔문제 6-22〕 다음은 정상원가계산을 사용하는 (주)대한의 2009년 1년 동안이 제조간접비 계정으로 배부차이를 조정하기 직전 기록이다.

제조간접비

90,000	70,000

다음 물음에 대한 답을 올바르게 나열한 것은?

(A) 2009년의 제조간접비 실제발생액은 얼마인가?

(B) 2009년의 제조간접비 배부액은 얼마인가?

(C) 회사는 제조간접비 배부차이를 매출원가에서 조정하고 있다. 배부차이를 조정하기 위해 필요한 분개는? (세무사 2009)

	(A)	(B)	(C)			
①	₩70,000	₩90,000	(차)매출원가	20,000	(대)제조간접비	20,000
②	₩70,000	₩90,000	(차)제조간접비	20,000	(대)매출원가	20,000
③	₩90,000	₩70,000	(차)제조간접비	20,000	(대)매출원가	20,000
④	₩90,000	₩70,000	(차)매출원가	20,000	(대)재공품	20,000
⑤	₩90,000	₩70,000	(차)매출원가	20,000	(대)제조간접비	20,000

정답 ⑤

CHAPTER 7

개별원가계산

개별원가계산은 원가계산의 최종 단계인 제품별 원가계산이다. 각 개별작업별로 원가를 인식한 후 제품별 원가를 계산하는 방법으로, 이종 제품을 소량으로 주문생산하는 업종에 적합하다.

이 장에서는 개별원가계산을 단순개별원가계산, 부문별개별원가계산, 정상개별원가계산으로 구분하여 살펴보고, 불합격품인 공손품과 작업폐물의 회계처리도 학습하도록 한다.

제1절 개별원가계산의 본질
제2절 개별원가계산의 원가흐름과 절차
제3절 공손 및 작업폐물의 회계처리

제1절 개별원가계산의 본질

1. 개별원가계산의 의의

개별원가계산(job order costing)은 성능·규격·품질 등이 서로 다른 여러 종류의 제품을 각 개별작업별로 원가를 집계한 후 개별 제품별로 원가계산을 하는 방법이다. 따라서 개별원가계산은 동일제품을 대량으로 생산하는 대량생산보다는 주문에 의해 개별제품을 소량씩 개별적으로 생산하는 업종에 적합한 제품원가계산방식이다. 예를 들면 조선업이나 기계공업·항공기제조업·건설업·전자산업 등에 적합하며, 서비스업(예, 회계법인·법무법인·컨설팅업체·병원 등)에도 적용가능하다.

개별원가계산은 본질적으로 원가부담자별 계산이므로 원가요소를 직접원가와 간접원가로 나누어 제조직접원가는 특정 제품의 원가에 부과하고 모든 제품에 공통적으로 소비된 제조간접원가는 일정한 배부기준에 의하여 여러 제품의 원가로 배부한다.

따라서 개별원가계산에서는 제조간접원가의 제품(작업)별 배부가 매우 중요하며, 원가계산시 완성원가는 당기제품제조원가이고 미완성원가는 기말재공품원가이므로 기말재공품의 평가는 별도로 하지 않아도 된다.

2. 개별원가계산의 특징과 계산과정

개별원가계산은 종합원가계산에 비해 다음과 같은 **특징**이 있다.

첫째, 개별원가계산은 특정제조지시서(specific production order)를 발행하여 제품의 원가를 개별적으로 파악하나, 종합원가계산에서는 계속제조지시서(process production order)를 발행하여 일정기간의 총원가를 생산수량으로 나누어 제품원가를 구한다.

둘째, 개별원가계산에서는 제조원가요소를 직접원가와 간접원가로 나누어 제품원가를 파악하나, 종합원가계산에서는 모든 원가요소가 간접원가의 성질을 갖고 있어 원가를 안분계산하여야 한다.

셋째, 개별원가계산에서는 원가가 제조지시서별로 집계되므로 기말재공품의 평가가 그다지 문제되지 않으나, 종합원가계산에서는 인위적으로 기말재공품을 평가하여 제품원가를 확정짓게 된다.

개별원가계산의 **계산과정**을 정리하면 아래와 같다.

① 제조원가를 개별 작업별로 구분하여 작업원가표에 집계
  ㉠ 작업이란 투입되는 원재료와 노동력을 구분할 수 있는 단위를 의미함
  ㉡ 원가집계방법
    · 직접재료원가, 직접노무원가 : 개별 작업에 직접 추적하여 집계
    · 제조간접원가 : 합리적인 배부기준을 선택하여 제조간접원가배부율을 계산하고 이를 이용하여 각 작업에 배부
  ㉢ 당기제품제조원가 = 완성된 작업에 집계된 원가
     (매출원가 계산항목으로 손익계산서 구성항목)
    기말재공품원가 = 미완성된 작업에 집계된 원가
     (기말재공품으로 대차대조표 구성항목)

② 직접재료원가, 직접노무원가는 개별 작업에 직접 추적할 수 있으므로, 개별원가계산의 핵심은 제조간접원가의 배부에 있으며, 다음과 같은 계산과정을 거친다.

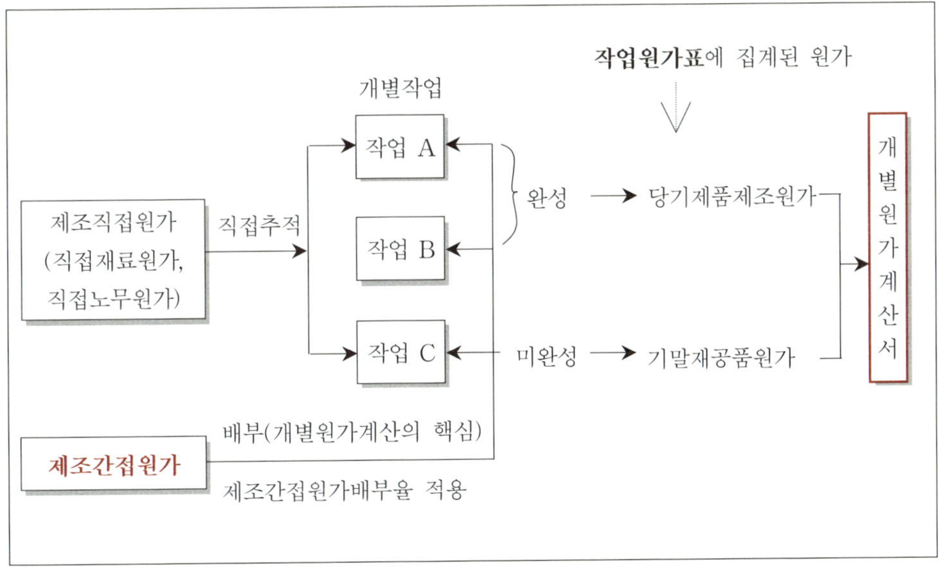

제2절 개별원가계산의 원가흐름과 절차

개별원가계산은 특정제조지시서에 의해 개시되며, 특정제조지시서에 근거한 개별원가계산표(job－cost sheet)를 작성함으로써 완료하게 된다.

특정제조지시서는 품질이나 규격 등이 다른 개별제품의 제조나 특정작업의 수행을 제조부서에 명령하는 서식으로 다음 <표 7－1>과 같다. 그리고 <표 7-2>의 개별원가계산표는 개별제품제조에 투입된 제 원가를 집계한 서식으로, 총계정원장상의 재공품계정이나 보조원장인 원가원장의 원가명세를 나타낸다.

<표 7－1> 제조지시서

제 조 지 시 서 　　　　　　　　　　제　호

년 월 일 발행

주 문 자 ＿＿＿＿＿　　　　　　　　납품장소 ＿＿＿＿＿
주문서번호 ＿＿＿＿＿　　　　　　납품기일 ＿＿＿＿＿
주문 일자 ＿＿＿＿＿　　　　　　　인도방법 ＿＿＿＿＿

품 명	규 격	수 량	착 수 일	완료일	비 고

귀하　　　　　　　　　　발행자 ＿＿＿＿＿ 인

<표 7－2> 개별원가계산표

원 가 계 산 표

주 문 자 ＿＿＿＿＿　　　　　　제조지시서 No. ＿＿＿＿＿
제 품 명 ＿＿＿＿＿　　　　　　제 조 착 수 일 ＿＿＿＿＿
규격명세서 No. ＿＿＿＿＿　　　제 조 완 료 일 ＿＿＿＿＿
제 조 수 량 ＿＿＿＿＿　　　　　제품인도예정일 ＿＿＿＿＿

직접재료원가			직접노무원가			제조간접원가		
일자	적 요	금액	일자	적 요	금액	일자	적 요	금액
	(재료출고 청구서번호)			(작업시간표 번호)			(제조간접원가예정 배부율에 의거)	
합계			합계			합계		

구 분	실 제	예 산	차 이	비 고
직 접 재 료 원 가 직 접 노 무 원 가 제 조 간 접 원 가				
제 조 원 가				
제 조 수 량				
단 위 당 원 가				

일반적인 개별원가계산의 원가흐름과 절차는 다음 <그림 7-1>과 같다.

<그림 7-1> 개별원가계산의 원가흐름과 절차

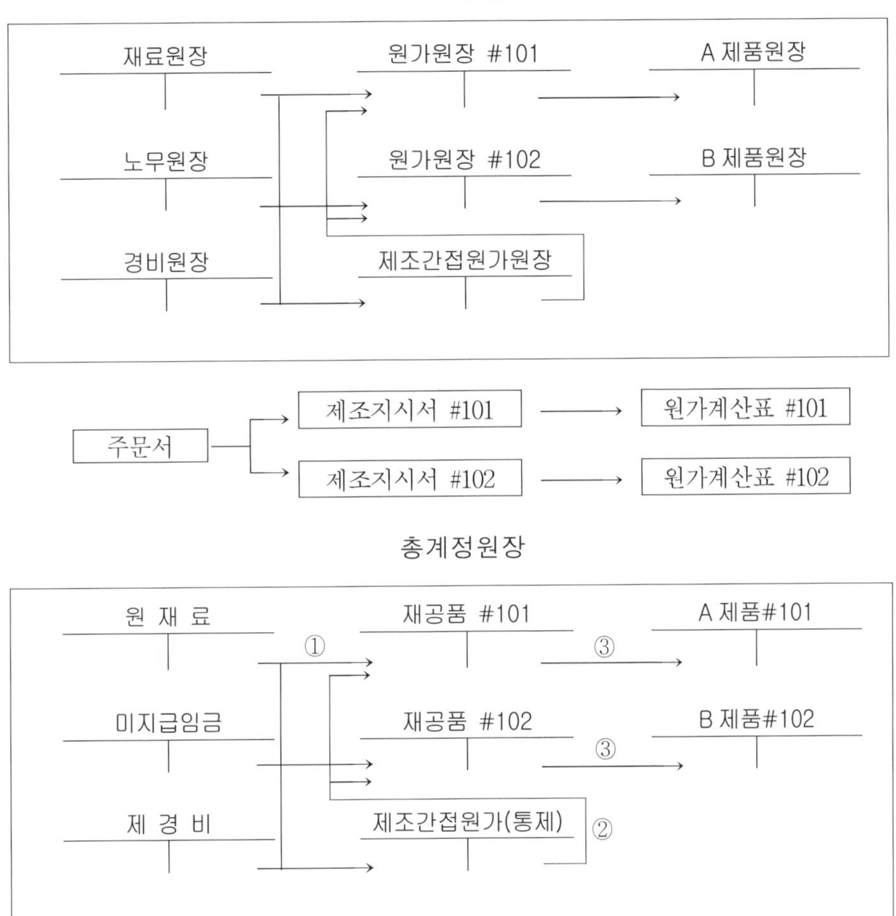

개별원가계산은 원가계산방식에 따라 단순개별원가계산과 부문별 개별원가계산으로 구분된다.

1. 단순개별원가계산

단순개별원가계산은 부문별 원가계산을 하지 않고 요소별 원가계산에서 바로 제품별 원가계산을 행하는 방법이다. 원가계산의 정확성 측면에서는 부문별 원가계산을 행하는 것이 바람직하나 기업규모가 영세하거나 부문별 원가계산의 경제성이 낮은 경우 채택할 수 있는 방법이다.

단순개별원가계산의 원가흐름을 분개하면 다음과 같다.

① 요소별원가계산을 통해 직접원가는 제조지시서별 재공품계정에 집계한다.

(차)	재공품 #101	×××	(대)	직접재료원가	×××
	재공품 #102	×××		직접노무원가	×××
				직접경비	×××

간접원가는 제조간접원가(통제) 계정에 대체한다.

(차)	제조간접원가(통제)	×××	(대)	간접재료원가	×××
				간접노무원가	×××
				간접경비	×××

② 제조간접원가를 적정한 배부기준에 따라 제조지시서별 재공품 계정에 배부한다.

(차)	재공품 #101	×××	(대)	제조간접원가(통제)	×××
	재공품 #102	×××			

③ 당기제품제조원가를 계산한다. 제조지시서별로 완성된 제품의 원가를 제품 계정으로 대체한다.

(차)	A제품	×××	(대)	재공품 #101	×××
	B제품	×××		재공품 #102	×××

단순개별원가계산의 원가흐름은 앞에서 살펴 본 <그림 7－1>과 같다.

예제 7－1

(단순 개별원가계산) 청주회사는 개별원가계산을 채택하고 있다. 4월 1일 현재 미완성된 작업 #101의 발생원가는 ₩40,000이었다. 이 회사는 4월중에 작업 #102를 착수하였으며 작업 #101이 완료되었다. 4월중에 작업별로 집계된 제조직접원가는 다음과 같다.

	#101	#102	합 계
직접재료원가	₩0	₩20,000	₩20,000
직접노무원가	10,000	15,000	25,000
합 계	₩10,000	₩35,000	₩45,000

4월 1일 현재 원재료 재고액은 ₩4,000이며, 4월 중 원재료 매입액은 ₩30,000이다. 4월중 발생한 제조간접원가(₩39,000)는 다음과 같다.

간접재료원가	₩10,000	간접노무원가	₩5,000
감가상각비	₩10,000	보험료	₩6,000
전기료	₩8,000		

제조간접원가는 직접노무원가를 기준으로 각 작업(#101, #102)에 배부하고 있다. 한편 4월초에 제품재고는 없었다.

[물음] 1. 4월중에 발생한 거래를 분개하고 T-계정에 전기하라.
2. 개별원가계산표를 작성하라.

해답

1. 분개

①	(차)	원재료	₩30,000	(대)	매입채무	₩30,000
②	(차)	재공품 #102	₩20,000	(대)	원재료	₩30,000
		제조간접원가	10,000			
③	(차)	재공품 #101	₩10,000	(대)	미지급임금	₩30,000
		재공품 #102	15,000			
		제조간접원가	5,000			
④	(차)	제조간접원가	₩24,000	(대)	감가상각비	₩10,000
					보험료	6,000
					전기료	8,000
⑤	(차)	재공품 #101	₩15,600	(대)	제조간접원가	₩39,000
		재공품 #102	23,400			

(주) 제조간접원가의 (실제)배부율 : $\frac{₩39,000}{₩25,000} \times 100 = 156\%$

작업 #101의 제조간접원가 ₩10,000×156%=₩15,600

작업 #102의 제조간접원가 ₩15,000×156%=₩23,400

⑥	(차)	제품 #101	₩65,600	(대)	재공품 #101	₩65,600

원재료

기초	4,000	②	30,000
①	30,000		

미지급임금

		③	30,000

제조간접원가

②	10,000	⑤	39,000
③	5,000		
④	24,000		

재공품 #101

기초	40,000	⑥	65,600
③	10,000		
⑤	15,600		

재공품 #102

②	20,000	기말	58,400
③	15,000		
⑤	23,400		

제 품

⑥	65,600		

매입채무	
	① 30,000

감가상각비	
	④ 10,000

보험료	
	④ 6,000

전기료	
	④ 8,000

2.

개별원가계산표

	작업 #101	작업 #102	합 계
기초재공품	₩40,000	₩0	₩40,000
직접재료원가	0	20,000	20,000
직접노무원가	10,000	15,000	25,000
제조간접원가(배부액)	15,600	23,400	39,000
합 계	₩65,600	₩58,400	₩124,000

2. 부문별 개별원가계산

부문별 개별원가계산은 요소별 원가계산에서 부문별 원가계산을 거친 후 제품별 원가계산을 하는 방법이다. 이는 원가계산의 정확성과 효율적인 원가관리로 대부분의 기업에서 선호하는 방법이다.

부문별 원가계산의 원가흐름과 절차는 기본적으로 단순개별원가계산과는 차이가 없으나 제조간접원가를 부문별로 집계하여 계산한다는 점에서 차이가 있다.

부문별원가계산의 원가흐름을 분개하면 다음과 같다.

① 요소별 원가계산을 통해 직접원가는 제조지시서별 재공품계정에 집계한다.

(차) 재공품 #101	×××	(대)	직접재료원가	×××
재공품 #102	×××		직접노무원가	×××
			직접경비	×××

간접원가는 제조간접원가(통제) 계정에 대체한다.

(차) 제조간접원가(통제)	×××	(대)	간접재료원가	×××
			간접노무원가	×××
			간접경비	×××

② 제조간접원가를 부문개별원가와 부문공통원가로 분류하여 부문개별원가는 각 제조부문과 보조부문에 직접부과하고 부문공통원가는 합리적인 배부기준에 의해 각 부문에 배부한다.(1단계 배부)

(차)	제1제조부문	×××	(대) 제조간접원가(통제)	×××
	제2제조부문	×××		
	보조부문	×××		

③ 각 보조부문에 집계된 제조간접원가를 다시 각 제조부문에 배부한다.(2단계 배부)

(차)	제1제조부문	×××	(대) 보조부문	×××
	제2제조부문	×××		

④ 제조부문에 집계된 제조간접원가를 적정한 배부기준에 의해 제조지시서별 재공품계정에 배부한다.(3단계 배부)

(차)	재공품 #101	×××	(대) 제1제조부문	×××
	재공품 #102	×××	제2제조부문	×××

⑤ 당기제품제조원가를 계산한다. 제조지시서별로 완성된 제품의 원가를 제품계정으로 대체한다.

(차)	A 제품	×××	(대) 재공품 #101	×××
	B 제품	×××	재공품 #102	×××

부문별 개별원가계산의 원가흐름과 절차는 다음 <그림 7-2>와 같다.

<그림 7-2> 부문별 개별원가계산의 원가흐름

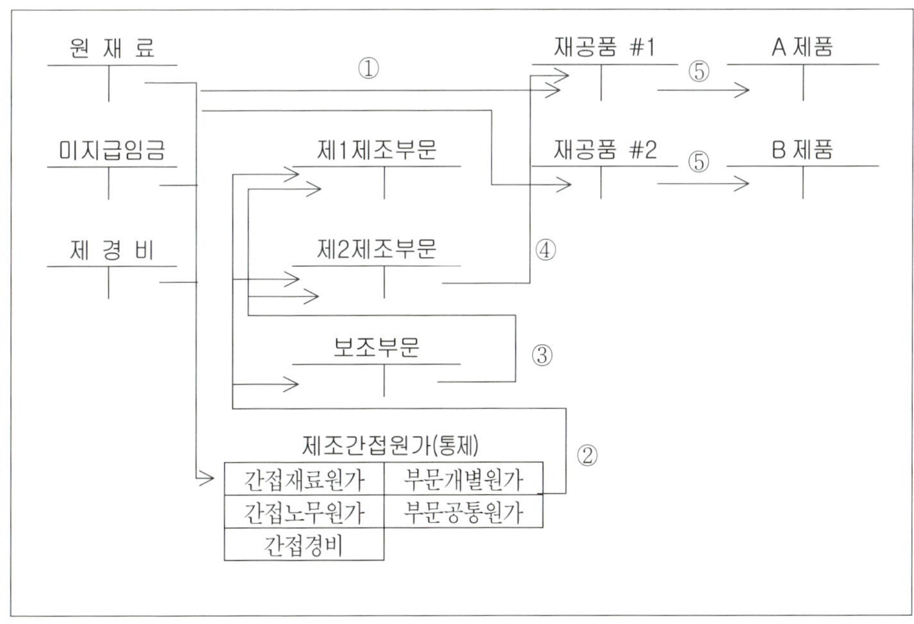

예제 7-2

<예제 7-1>의 자료를 이용하라. (부문별 개별원가계산)
청주회사의 공장은 두 개의 제조부문과 두개의 보조부문으로 구성되어 있으며 제조간접원가는 부문별로 집계하여 배부하고 있다. 4월중의 제조간접원가는 다음과 같으며 직접노동시간을 기준으로 작업하여 제조지시서별로 배부한다.

(1) 부문개별원가

	제1제조부문	제2제조부문	동력부	수선부	합 계
간접재료원가	₩4,000	₩4,000	₩1,000	₩1,000	₩10,000
간접노무원가	2,000	1,500	1,000	500	5,000

(2) 부문공통원가
감가상각비 ₩10,000, 보험료 ₩6,000, 전기료 ₩8,000

(3) 부문공통원가 배부기준 : (**1단계 배부기준**)

	제1제조부문	제2제조부문	동력부	수선부
기 계 가 액	₩200,000	₩200,000	–	–
점 유 면 적	100㎡	140㎡	40㎡	20㎡
전력사용량	30kw	40kw	10kw	–

(4) 보조부문원가는 직접배부법에 의해 제조부문에 배부한다. : (**2단계 배부기준**)

	제1제조부문	제2제조부문
동 력 부	40%	60%
수 선 부	50	50

(5) 4월중 각 제조부문의 직접노동시간은 다음과 같다. : (**3단계 배부기준**)

	#101	#102	합 계
제1제조부문	100시간	140시간	240시간
제2제조부문	125	200	325

[물음] 1. 부문원가 배부표를 작성하라.
2. 4월중에 발생한 거래를 분개하고, T-계정에 전기하라.
3. 개별원가계산표를 작성하라.

해답

1.

부문원가 배부표

원가요소	배부기준	금액	제조부문		보조부문	
			제1부문	제2부문	동력부	수선부
부문개별원가						
간접재료원가		₩10,000	₩4,000	₩4,000	₩1,000	₩1,000
간접노무원가		5,000	2,000	1,500	1,000	500
소 계		₩15,000	₩6,000	₩5,500	₩2,000	₩1,500
부문공통원가						
감가상각비	기계가액	₩10,000	₩5,000	₩5,000	–	–
보험료	점유면적	6,000	2,000	2,800	₩800	₩400
전기료	전력사용량	8,000	3,000	4,000	1,000	–
소 계		₩24,000	₩10,000	₩11,800	₩1,800	₩400
부문원가 합계		₩39,000	₩16,000	₩17,300	₩3,800	₩1,900
동력부			₩1,520	₩2,280		
수선부			950	950		
제조부문원가 합계		₩39,000	₩18,470	₩20,530		

2. 분개

①	(차)	원재료	₩30,000	(대)	매입채무	₩30,000
②	(차)	재공품 #102	₩20,000	(대)	원재료	₩30,000
		제조간접원가	10,000			
③	(차)	재공품 #101	₩10,000	(대)	미지급임금	₩30,000
		재공품 #102	15,000			
		제조간접원가	5,000			
④	(차)	제조간접원가	₩24,000	(대)	감가상각비	₩10,000
					보험료	6,000
					전기료	8,000
⑤	(차)	제 1제조부문	₩6,000	(대)	제조간접원가	₩15,000
		제 2제조부문	5,500		(부문개별원가)	
		동력부	2,000			
		수선부	1,500			
⑥	(차)	제 1제조부문	₩10,000	(대)	제조간접원가	₩24,000
		제 2제조부문	11,800		(부문공통원가)	
		동력부	1,800			
		수선부	400			

⑦	(차) 제 1제조부문	₩2,470	(대) 동력부	₩3,800
	제 2제조부문	3,230	수선부	1,900
⑧	(차) 재공품 #101	₩7,696	(대) 제 1제조부문	₩18,470
	재공품 #102	10,774		
⑨	(차) 재공품 #101	₩7,896	(대) 제 2제조부문	₩20,530
	재공품 #102	12,634		
⑩	(차) 제품 #101	₩65,592	(대) 재공품 #101	₩65,592

(주) 제조간접원가의 배부

제1제조부문의 제조간접원가 배부율 $\frac{₩18,470}{240\text{시간}}$ = ₩76.96 / 직접노동시간

제2제조부문의 제조간접원가 배부율 $\frac{₩20,530}{325\text{시간}}$ = ₩63.17 / 직접노동시간

제1제조부문의 제조간접원가 배부
작업 #101 : 100시간×₩76.96 = ₩7,696
작업 #102 : 140시간×₩76.96 = ₩10,774

제2제조부문의 제조간접원가 배부
작업 #101 : 125시간×₩63.17 = ₩7,896
작업 #102 : 200시간×₩63.17 = ₩12,634

원재료

차변		대변	
기초	4,000	②	30,000
①	30,000		

미지급임금

차변		대변	
		③	30,000

제조간접원가

차변		대변	
②	10,000	⑤	15,000
③	5,000	⑥	24,000
④	24,000		

제1제조부문

차변		대변	
⑤	6,000	⑧	18,470
⑥	10,000		
⑦	2,470		

제2제조부문

차변		대변	
⑤	5,500	⑨	20,530
⑥	11,800		
⑦	3,230		

재공품 #101

차변		대변	
기초	40,000	⑩	65,592
③	10,000		
⑧	7,696		
⑨	7,896		

재공품 #102

차변		대변	
②	20,000	기말	58,408
③	15,000		
⑧	10,774		
⑨	12,634		

제품

차변		대변	
⑩	65,592 (#101)		

매입채무

차변		대변	
		①	30,000

동력부

차변		대변	
⑤	2,000	⑦	3,800
⑥	1,800		

수선부

차변		대변	
⑤	1,500	⑦	1,900
⑥	400		

감가상각비

차변		대변	
		④	6,000

보험료	
	④ 6,000

전기료	
	④ 8,000

3.

개별원가계산표

	작업 #101(완성)	작업 #102(미완성)	합 계
기초재공품	₩40,000	₩0	₩40,000
직접재료원가	0	20,000	20,000
직접노무원가	10,000	15,000	25,000
제조간접원가(배부액)			
제1제조부문	7,696	10,774	18,470
제2제조부문	7,896	12,634	20,530
합 계	₩65,592 (완성제품)	₩58,408 (월말재공품)	₩124,000

3. 정상개별원가계산

정상개별원가계산(normal job－order costing)은 각 개별작업에 직접재료원가, 직접노무원가는 실제원가로 부과하고 제조간접원가는 예정배부율에 의해 예정배부하는 원가계산방식이다. 이는 실제원가계산을 채택했을 때에 비해 다음과 같은 장점을 갖는다.

① 제조간접원가에 대한 예정배부로 실제제조간접원가가 확정될 때까지 원가계산을 미루지 않고 작업종료후 신속하게 원가계산을 행할 수 있게 해 주므로 적시성있는 원가정보를 제공한다.

② 최근 제조간접원가가 제조원가에서 차지하고 있는 비중이 점차 증가하고 있어 제조간접원가의 효율적인 관리가 강조되고 있다. 정상개별원가계산하에서 제조간접원가계정의 대변에는 예정제조간접원가가 기입되고 차변에는 실제발생 제조간접원가가 기입되어 제조간접원가배부차이를 인식할 수 있으며 배부차이의 금액이나 발생원인, 발생에 대한 책임 등을 명확히 함으로써 합리적인 원가관리가 가능해진다.

③ 제조간접원가 예정배부율은 연도별로 결정되어 매월 변동하지 않으므로 제품원가계산시 월별 조업도의 변동이나 실제 발생되는 제조간접원가의 변동으로 인한 영향을 사전에 제거할 수 있다.

제6장에서 설명한 바와 같이 제조간접원가 배부차이는 매출원가가감법·비례배분법·영업외손익법 등에 의해 회계처리되는 바, 배부차이 처리방법을 요약하면 다

음과 같다.

㉠ **무배분법**

⇨ 특징 : 기말재공품, 기말제품의 제조간접원가가 계속 예정배부액으로 계상됨.

ⓐ 매출원가 가감법 : 배부차이를 전액 매출원가에서 조정.

· 과소배부는 매출원가에서 가산, 과대배부는 매출원가에서 차감.

ⓑ 영업외손익법 : 배부차이의 원가성이 인정되지 않을 경우에 적용.

· 과소배부는 영업외비용으로 처리, 과대배부는 영업외수익으로 처리.

ⓒ 이연법 : 장기적으로는 배부차이는 소멸한다는 관점에서 배부차이를 이연시킴.

㉡ **비례배분법**[1] : 배부차이를 재고자산(재공품, 제품)과 매출원가에서 조정.

⇨ 특징 : 기말재공품, 기말제품의 제조간접원가가 실제발생액으로 조정되므로, 처음부터 실제원가계산을 적용했을 때와 유사한 결과가 나옴.

ⓐ 총원가 비례배분법 : 기말재공품, 기말제품, 매출원가의 총액에 비례하여 배분.

ⓑ 제조간접원가 비례배분법 : 기말재공품, 기말제품, 매출원가에 포함된 배부제조간접원가에 비례하여 배분.

예제 7－3

<**예제 7－1**>의 자료를 이용하라.

청주회사에서 예산제조간접원가는 실제직접노무원가를 기초로 제조간접원가 예정배부율을 계산하여 제조간접원가를 작업별로 배부하고 있다. 예산제조간접원가는 ₩450,000이고, 실제직접노무원가는 ₩300,000이다.

[물음] 1. 제조간접원가예정배부율을 계산하고 작업별 제조간접원가 배부액을 계산하라.
2. 정상개별원가계산표를 작성하라.
3. 제조간접원가 배부차이를 계산하고 배부차이를 총원가비례배분법에 의해 회계처리하는 분개를 하라.

---

1) 기초재고가 있을 경우, 비례배분법을 적용할 때 주의사항 :
기초재고액에 포함된 제조간접비는 전기에 배부차이가 조정되어 이미 실제발생액으로 조정되었기 때문에 기말재공품, 기말제품, 매출원가에 포함되어 있는 기초재고액을 차감한 당기의 원가만을 기준으로 당기의 배부차이를 조정하여야 함

해답

1.

① (공장전체)제조간접원가 예정배부율

$$\frac{\text{예산제조간접원가 ₩450,000}}{\text{실제직접노무원가 ₩300,000}} = 150\%$$

②

	# 101	# 102
직접노무원가	₩10,000	₩15,000
예정배부율	150%	150%
제조간접원가 예정배부액	₩15,000	₩22,500

2. 정상개별원가계산표

	# 101	# 102	합 계
기초재공품	₩40,000	₩0	₩40,000
직접재료원가	0	20,000	20,000
직접노무원가	10,000	15,000	25,000
제조간접원가(배부액)	15,000	22,500	37,500
합 계	₩65,000	₩57,500	₩122,500

3. ① 제조간접원가 배부차이

제조간접원가

차변	금액	대변	금액
간접재료원가	10,000	재공품(예정배부)	37,500
간접노무원가	5,000	**제조간접원가 배부차이**	**1,500**
제 좌	24,000		
	39,000		39,000

② 총원가비례배분법

계정	총원가	배분비율	배분액
재공품(#102)	₩57,500	46.94%	₩704
제 품(#101)	65,000	53.06	796
	₩122,500	100%	₩1,500

③ 분개

(차)		(대)	
재공품	₩704	제조간접원가 (배부차이)	₩1,500
제 품	796		

제3절 공손 및 작업폐물의 회계처리

1. 공손의 회계처리

1.1 공손원가의 계산

공손품(spoilage)이란 제품의 생산과정에서 원재료의 불량, 설비의 불량, 작업자의 부주의 등으로 인해 표준규격이나 품질에 미달하는 불합격품이다.

공손원가를 계산함에 있어서는 공손품의 보수가능여부를 판단하여 다음과 같은 3가지 방식으로 공손원가를 인식하여야 한다.

① 공손이 보수에 의하여 회복될 경우에는 보수작업에 소요되는 보수원가를 공손원가로 인식하여야 한다.

② 공손의 정도가 심하여 보수로서 회복되지 않고 그 전부를 다시 생산할 경우에는 기발생된 공손품제조원가에서 공손품평가액[2]을 차감한 가액을 공손원가로 인식한다.

③ 공손이 보수로서 완전 회복되지 않고 그 일부를 다시 생산할 경우에는 추가적으로 발생하는 제조원가에서 공손품평가액을 차감한 가액으로 공손원가를 인식한다.(「원가계산준칙」 제25조 공손비의 계산)

「원가계산준칙」 제25조에 규정된 공손원가의 계산흐름은 다음 <그림 7-3>과 같다.

2) 공손품평가액은 추정매각가격에서 판매비와 관리비 및 정상이윤을 공제한 순실현가치로 평가한다. 추정매각가격은 최근의 거래가격 또는 권위있는 물가조사기관의 물가조사표에 의한 시가를 적용하고, 판매비와 관리비 및 정상이윤은 유사제품의 최근 평균매출원가율을 적용하도록 하고 있다.(「원가계산준칙」 제24조 부산물의 평가규정을 준용함)

<그림 7-3> 공손원가의 계산흐름

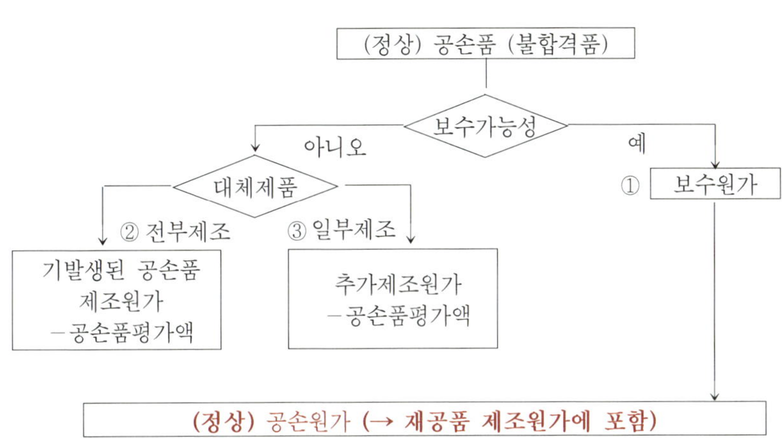

공손원가의 계산을 분개하면 다음과 같다.

① 공손이 보수로 회복되는 경우

(차) 공손원가	×××	(대) 제원가요소	×××

② 전부 대체품을 생산할 경우

(차) 공손원가	×××	(대) 재공품	×××
공손품	×××	공손원가	×××

③ 일부 대체품을 생산할 경우

(차) 공손원가	×××	(대) 제원가요소	×××
공손품	×××	공손원가	×××

1.2 공손원가의 회계처리

공손원가를 회계처리할 때에는 공손의 정상성을 고려하여야 한다. 공손은 능률적인 작업여건하에서 허용할 수 있는 범위에 속하는 정상성이 있는 정상공손(normal spoilage)과 허용범위를 벗어난 비정상공손(abnormal spoilage)이 있다.

정상공손은 허용된 공손이므로 제조원가에 포함시키는데 제조지시서별로 추적이 가능한 경우에는 해당 제조지시서에 포함시키고 추적이 불가능한 경우에는 제조간접원가로 처리한다. **비정상공손**은 허용되지 않은 공손이므로 영업외비용으로 처리한다.

정상공손과 비정상공손의 회계처리를 분개하면 다음과 같다.

① 정상공손원가의 경우

(차)	재공품(혹은 제조지시서)	×××	(대)	공손원가(=공손품)	×××
	또는 제조간접원가	×××			

② 비정상공손원가의 경우

(차)	영업외비용(공손원가)	×××	(대)	제원가요소	×××

예제 7-4

청주회사에서는 당기에 50개의 제품을 생산하는데 ₩500,000의 제조원가가 발생하였다.(제조단가 ₩10,000) 이중 공손품 5개가 발생하였는데 추정판매단가는 ₩6,000이라고 한다. 완성품의 단위당 판매가격은 ₩13,000이다. 공손원가의 계산과 관련해 다음과 같은 대안을 고려중이다.

(대안 ①) 보수가 가능하여 ₩5,000의 보수작업비가 소요된다.

(대안 ②) 공손품은 매각하기로 하고, 전부 대체제품을 생산하는 경우 ₩60,000의 원가가 소요된다.

(대안 ③) 공손품은 매각하기로 하고, 일부(3개) 대체제품을 생산하는 경우 ₩40,000의 원가가 소요된다.

[물음] 1. 각 대안의 공손원가를 계산하라.

2. 각 대안의 공손원가가 정상적인 경우 제품단위당 원가를 계산하고 회계처리를 분개하라.

3. 각 대안의 공손원가가 비정상적인 경우 제품단위당 원가를 계산하고 회계처리를 분개하라.

해답

1. 각 대안별 공손원가의 계산

(대안 ①) ₩5,000(공손원가)

(대안 ②) ₩50,000(기발생제조원가) − ₩30,000(공손품 평가액) = ₩20,000(공손원가)

(대안 ③) ₩40,000(추가제조원가) − ₩30,000(공손품 평가액) = ₩10,000(공손원가)

2. (1) 제품단위당 원가의 계산

(대안 ①) (₩500,000 + ₩5,000) ÷ 50개 = ₩10,100

(대안 ②) (정상제품의 원가 ₩450,000 + 5개 대체제품의 원가 ₩60,000 + 공손원가 ₩20,000) ÷ 50개 = ₩10,600

(대안 ③) (제조원가 ₩500,000 + 공손원가 ₩10,000) ÷ 48개 = ₩10,625

(2) 각 대안별 분개 : (정상) 공손원가 (→ 재공품 제조원가에 포함)

(대안 ①)

(차)	공손원가	₩5,000	(대)	제원가요소	₩5,000
	재공품	5,000		공손원가	5,000

(대안 ②)

(차)	공손원가	₩50,000	(대)	재공품	₩50,000

(차)	공손품	₩30,000	(대)	공손원가	₩30,000
	재공품	20,000		공손원가	20,000
	재공품	60,000		제원가요소	60,000

(대안 ③)

(차)	공손원가	₩40,000	(대)	제원가요소	₩40,000
	공손품	30,000		공손원가	30,000
	재공품	10,000		공손원가	10,000

3. (1) 제품단위당 원가의 계산

(대안 ①) ₩500,000÷50개＝₩10,000

(대안 ②) (정상제품의 원가 ₩450,000＋대체제품의 원가 ₩60,000)÷50개
＝₩10,200

(대안 ③) ₩500,000÷50개＝₩10,000

(2) 각 대안별 분개 : **비정상공손원가** (→영업외비용으로 처리)

(대안 ①)

(차)	영업외비용(공손원가)	₩5,000	(대)	제원가요소	₩5,000

(대안 ②)

(차)	영업외비용(공손원가)	₩20,000	(대)	재공품	₩50,000
	공손품	30,000		제원가요소	60,000
	재공품	60,000			

(대안 ③)

(차)	영업외비용(공손원가)	₩10,000	(대)	제원가요소	₩40,000
	공손품	30,000			

2. 작업폐물의 회계처리

작업폐물(scrap)이란 제품의 생산과정에서 발생하는 폐물로 처분가치나 대체적 이용가치가 거의 없는 원재료의 찌꺼기나 부스러기이다. 예를 들면 가구제조업의 나무토막이나 톱밥, 금속가공업의 철편 등이다.

작업폐물은 추가로 보수작업을 할 수 없고 통제가 불가능하다는 점에서 공손품과 차이가 있으며 경제적 가치가 전혀 없는 감손과도 차이가 있다.

작업폐물의 평가는 부산물에 준하여 행하는데 작업폐물의 추정매각가격에서 판매비와 관리비 및 정상이윤을 공제한 순실현가치를 평가액으로 하고 이를 발생부문의 제조원가에서 차감하거나 필요에 따라 당해 제품의 제조원가에서 차감할 수 있다(「원가계산준칙」 제24조 4항).

작업폐물의 회계처리를 분개하면 다음과 같다.

(1) 작업폐물을 발생부문이나 당해 제품의 제조원가에서 차감하는 경우

(차)	작업폐물	×××	(대)	제조부문 (또는 재공품)	×××

(2) 작업폐물을 매각하는 경우

(차)	현금예금	×××	(대)	작업폐물	×××

예제 7-5

청주회사의 제조지시서 #101의 생산과정에서 철편이 발생하였으며 그 평가액은 ₩100,000이다.

[물음] 1. 작업폐물의 발생을 기장하라.
2. 작업폐물은 ₩100,000에 매각하였다. 이를 분개하라.

해답

1.	(차)	작업폐물	₩100,000	(대)	재공품 #101	₩100,000
2.	(차)	현금예금	₩100,000	(대)	작업폐물	₩100,000

연습문제

[문제 7-1] 개별원가계산의 의의와 특징을 설명하라.

[문제 7-2] 정상개별원가계산의 장점을 실제원가계산과 비교하여 설명하라.

[문제 7-3] 개별원가계산의 원가흐름

송파회사는 개별원가계산시스템을 채택하고 있다. 20×1년 3월중 작업 #301의 생산활동자료는 다음과 같으며 3월중 모든 작업을 완료하였다.

(1) 원재료의 외상매입액은 ₩200,000이다.

(2) 원재료 투입액은 ₩180,000로 모두 직접재료이다.

(3) 노무원가 발생액은 ₩500,000으로 그중 간접노무원가는 ₩150,000이다.

(4) 기타 제조간접원가는 ₩250,000이다.

(5) 제조간접원가는 직접노무원가의 120%로 배부된다.

(6) 재고자산계정의 자료는 다음과 같다.

	기초재고액
원재료	₩20,000
재공품	50,000

[물음] 1. 3월중의 거래를 분개하라.

2. T-계정을 이용하여 다음을 계산하라.

(1) 원재료기말재고액

(2) 당기제품제조원가

(3) 제조간접원가 배부차이

[문제 7-4] 단순개별원가계산

경기회사는 개별원가계산시스템을 채택하고 있다. 20×2년 3월 1일 재고자산계정의 기초잔액은 다음과 같다.

	기초잔액
원 재 료	₩100,000
재 공 품	
#201	20,000
#202	30,000

이 회사는 3월중 작업 #201, #202를 모두 완료하였다.

3월중 생산활동에 관한 거래는 다음과 같다.

(1) 원재료의 현금매입액은 ₩500,000이다.

(2) 원재료 총투입액은 ₩200,000인데 #201에 ₩80,000 #202에 ₩90,000이 투입되었다.

(3) 노무원가의 총발생액은 ₩300,000인데 #201에 ₩120,000, #202에 ₩130,000이 발생하였고, 직접노동시간은 #201은 2,000시간, #202는 3,000시간이다.

(4) 기타 제조간접원가는 ₩100,000이다.

(5) 제조간접원가는 직접노동시간당 ₩30으로 배부된다.

(6) 제조간접원가 배부차이는 매출원가계정에서 조정한다.

(7) 당기의 매출액은 ₩700,000이다.

[물음] 1. 3월중의 거래를 분개하고, T-계정에 전기하라.
2. 개별원가계산표를 작성하라.

[문제 7-5] 부문별 개별원가계산

강동회사는 개별원가계산시스템을 채택하고 있다. 이 회사는 두 개의 제조부문과 두 개의 보조부문으로 구성되어 있으며, 제조간접원가는 부문별로 집계하여 배부하고 있다. 4월 1일 현재 미완성된 작업 #301의 원가는 ₩10,000이었다. 4월중에 작업 #301이 완성되었고, 작업 #302는 제조에 착수하였다. 생산활동 관련자료는 다음과 같다.

(1) 4월중의 원재료 투입액은 다음과 같다.

	작업 #301	작업 #302
A재료	₩100,000	₩200,000
B재료	200,000	120,000

(2) 4월중 발생한 직접노무원가는 다음과 같다.

	작업 #301		작업 #302	
제1제조부문	140시간	(@₩700)	160시간	(@₩700)
제2제조부문	150시간	(@₩800)	170시간	(@₩800)
	290시간		330시간	

(3) 4월중 발생한 제조간접원가는 다음과 같다.

① 부문개별원가

	제1제조부문	제2제조부문	동력부	공장사무부	합 계
간접재료원가	₩50,000	₩45,000	₩20,000	₩30,000	₩145,000
간접노무원가	60,000	40,000	10,000	10,000	120,000
기타 경비	10,000	20,000	10,000	5,000	45,000

② 부문공통원가

감가상각비 ₩50,000, 공장보험료 ₩80,000, 복리후생비 ₩20,000

(4) 부문공통원가의 배부기준은 다음과 같다.

	제1제조부문	제2제조부문	동력부	공장사무부
기계가액	₩200,000	₩300,000	–	–
점유면적	1,500㎡	2,000㎡	200㎡	300㎡
종업원수	80명	90명	10명	20명

(5) 보조부문원가는 다음 비율에 따라 직접배부법으로 제조부문에 배부한다.

	제1제조부문	제2제조부문
동 력 부	30%	70%
공장사무부	40	60

(6) 제조간접원가는 직접노동시간을 기준으로 각 작업에 배부한다.

(7) 작업 #301의 완성량은 1,000개이다.

[물음] 1. 부문원가 배부표를 작성하라.

2. 부문별 제조간접원가배부율을 계산하고, 작업별 제조간접원가배부액을 계산하라.

3. 개별원가계산표를 작성하고 작업 #301의 제품단위당 제조원가를 계산하라.

[문제 7-6] 정상개별원가계산

삼성회사는 정상개별원가계산시스템을 채택하고 있다. 부문별 제조간접원가 예정배부율은 제1부문은 직접노동시간을, 제2부문은 기계작업시간을 기준으로 계산하고 작업별로 배부하고 있다. 20×2년의 예산 및 실제자료는 다음과 같다.

	예 산	실 제
제조간접원가		
제1부문	₩200,000	₩220,000
제2부문	300,000	280,000
직접노동시간		
제1부문	4,000시간	3,800시간
제2부문	4,000	3,600
기계작업시간		
제1부문	7,000시간	6,500시간
제2부문	7,500	7,200

4월중에 작업별로 집계된 원가자료는 다음과 같다.

	#401		#402	
직접재료원가	₩50,000		₩65,000	
직접노무원가				
제1부문	500시간	(@₩50)	400시간	(@₩55)
제2부문	450	(@₩45)	400	(@₩40)
기계작업시간				
제1부문	500시간		600시간	
제2부문	600		500	
생 산 량	1,000개		1,100개	

[물음] 1. 제조간접원가의 부문별 예정배부율을 계산하라. 단, 제1부문은 직접노동시간을, 제2부문은 기계작업시간을 기준으로 한다.

2. 작업별 제조간접원가 예정배부액을 계산하여 정상개별원가계산표를 작성하고, 각 작업별 제품단위당 제조원가를 계산하라.

3. 직접노동시간을 기준으로 계산된 2003년도 공장전체 예정배부율과 배부액을 계산하고 제조간접원가 배부차이를 계산하라. 또한 배부차이를 매출원가 가감법으로 회계처리하는 분개를 하라.

〔문제 7-7〕 제조간접비 배부(정상원가계산) 문제(중 일부만) (CPA 2차 2006)

(주)한강은 경쟁적인 시장에서 한 종류의 선박을 제조하여 판매하고 있다. 원가는 재료비와 제조간접비(Overhead: OH) 두 가지로 구성된다. OH는 선박제조에 쓰이는 기계설비 및 인력과 관련된 원가가 대부분으로 모두 고정비라고 가정하자. (주)한강은 기계설비의 사용시간, 즉 기계시간에 근거하여 OH를 배부한다. 선박 한대당 예상 및 실제 소요기계시간은 2시간이라고 하자. (주)한강은 연초에 파악한 예

상기대조업도(주문 및 생산량)를 바탕으로 산정한 예정배부율을 이용하여 제품에 OH를 배부하고 있다. 작년 20×1년에 대한 요약자료는 아래와 같다.

	2005년
제조간접비예상액	56,000원
예상기대조업도	800대
실행가능총기계시간	2,000시간
실제조업도	700대
실제제조간접비발생액	56,000원

(주)한강은 올 20×2년에도 생산용량 및 OH예상액이 전년도와 동일할 것으로 보고 있다. 그러나 20×2년의 예상기대조업도는 연초에 700대로 파악되었다. 이하 모든 물음에서는 언급되지 않은 기타 비용들은 무시하시오.
(주의 : 계산과정이 필요한 응답에 대해서는 그 계산내용을 명료하게 보여야 하며, 소수점 2자리까지 계산하시오.)

〔물음〕 1. 한 고객이 20×1년에 선박 5대를 주문하였다고 하자. 이 5대의 선박에 배부된 OH를 구하시오.

〔물음〕 2. 선박 한대당 재료비는 20원이라고 상정하자. 20×2년 중에 (주)한강의 마케팅담당자 중 한명인 홍길동은 기존 고객인 (주)일호, (주)이호 그리고 (주)삼호와 20×2년도 주문에 대해 협의했다. 시장경쟁의 증가로 인해 (주)한강은 상당한 가격인하 압력을 받고 있는 상황이고, 충분한 유휴생산능력을 갖고 있다. 세 고객은 각기 20×1년처럼 1대씩의 선박을 주문하려 한다. (주)일호와는 협상이 잘 되어 20×1년도와 마찬가지로 대당 103원의 가격을 제의 받았으나 (주)이호는 대당 101원을 그리고, (주)삼호는 대당 99원의 가격을 홍길동에게 제시했다. (주)한강에서 고객과의 주문체결 권한은 마케팅담당자에게 있다. 마케팅담당자는 자신이 체결한 주문건들로부터 발생한 매출총이익(손실)금액에 의해 평가받는데, 특히 그 금액의 10%를 보너스로 받는다고 상정하자. 3개의 제안 각각에 대해
1) (주)한강의 입장에서 유리 또는 불리의 여부를 밝히고,
2) 홍길동이 주문을 체결할 것인지의 여부를 밝히시오.

〔문제 7-8〕 개별원가계산제도의 설명으로 적절치 않은 것은? (지도사 2001)

① 직 · 간접비를 구별할 필요가 없다.
② 원가집계단위는 개별제품이다.
③ 기말재공품원가는 자동적으로 계산된다.
④ 다품종 소량 주문생산방식에 적용된다.
⑤ 제조지시서(명세서)별로 원가를 산정하는 방법이다.

정답 ①

〔문제 7-9〕 다음 중 개별원가계산의 특징으로 볼 수 없는 것은? (전산회계 1급 20회)

① 작업원가표를 사용한다.
② 모든 제조원가를 공정별로 직접 추적한다.
③ 제조간접비는 주로 배부율을 계산하여 사용한다.
④ 실제원가나 예정원가를 사용할 수 있다.

정답 ②

〔문제 7-10〕 다음 중 개별원가계산제도를 적용하기에 가장 적합한 업종은?

(전산회계 1급 21회)

① 항공기제조업
② 정유산업
③ 제지업
④ 의류업

정답 ①

〔문제 7-11〕 개별원가의 장점이 아닌 것은? (전산세무 1급 21회)

① 제품별 정확한 원가계산이 가능하다.
② 제품별 손익분석과 계산이 용이하다.
③ 각 작업별로 원가를 계산하므로 비용과 시간이 절약된다.
④ 개별원가별로 원가계산을 하므로 개별제품별 효율성을 높일 수 있다.

정답 ③

〔문제 7-12〕 다음은 개별원가계산제도와 비교한 종합원가계산제도의 설명이다. 틀린 것은?

(지도사 2003)

① 작업 또는 제품별로 손익비교가 어렵다.
② 재공품, 제품재고액평가는 단위당 원가에 완성품환산량을 곱하여 계산한다.

③ 책임회계 및 통제가 용이하다.
④ 작업기록이 복잡하여 오류가 발생할 가능성이 높고 회계기록 비용이 많이 든다.
⑤ 일정기간 동안의 총원가를 작업수량으로 나누어 단위당 원가를 계산한다.

정답 ④

〔문제 7-13〕 가람에어(주)의 작업내용이다. 항공기 제작과 관련하여 9월 중에 발생한 원가 자료와 생산량은 다음과 같다. B항공기의 제품 단위당 원가는 얼마인가?

(2회 기업회계1급 2006, 한국세무사회)

	A항공기	B항공기	C항공기	합 계
직접재료비	30,000원	30,000원	40,000원	100,000원
직접노무비	60,000원	40,000원	100,000원	200,000원
제품생산량	5대	4대	8대	17대

◆ 9월 중에 제조간접비 발생액은 160,000원이다. 회사는 직접노무비를 기준으로 제조간접비를 배부한다.

① 20,000원 ② 23,500원 ③ 25,000원 ④ 25,500원

정답 ④

〔문제 7-14〕 다음 자료에 의하여 작업 #1의 제조원가를 계산하면 얼마인가? 단, 제조간접비 실제발생액은 직접노무비 실제발생액을 기준으로 제품에 배부한다.

(행자부 9급 2004)

	직접재료비	직접노무비	제조간접비
작업 #1	₩4,000	₩8,000	?
작업 #1	2,000	6,000	?
계	₩6,000	₩14,000	₩8,400

① ₩16,800 ② ₩15,800
③ ₩15,600 ④ ₩20,400

정답 ①

〔문제 7-15〕 부문별 개별원가계산을 채택하고 있는 대한조선의 다음 원가계산자료를 이용하여 화물선에 배부될 제조간접비를 구하시오. (세무사 2003)

(1) 제조간접비에 대한 부문비 내역

구 분	제조부문		보조부문		
	제1공장	제2공장	수선부	동력부	생산관리부
금 액	₩3,800,000	₩3,200,000	₩1,100,000	₩900,000	₩2,000,000

(2) 보조부문비의 배부는 단계(계단식)배부법을 사용하며, 보조부문상호간의 배부순서는 생산관리, 동력, 수선부문의 순으로 하여 다음의 배부기준에 의한다.

구 분	제1공장	제2공장	수선부	동력부
생산관리부	40%	40%	15%	5%
동 력 부	50%	40%	10%	-
수 선 부	60%	40%	-	

(3) 제품별 제조간접비 배부를 위한 공장별 작업시간 집계표

구 분	화물선	유조선	군 함	합 계
제1공장	800시간	500시간	700시간	2,000시간
제2공장	400시간	300시간	300시간	1,000시간

① ₩4,686,000 ② ₩4,595,000 ③ ₩4,400,000
④ ₩4,690,000 ⑤ ₩4,658,000

정답 ③

〔문제 7-16〕 JP회사는 정상원가시스템하에서 개별원가계산을 사용한다. 20×1년 4월 동안 이 회사의 재공품 계정의 내역은 다음과 같다.

기초잔액 : ₩4,000, 직접재료비 : ₩24,000, 직접노무비 : ₩16,000
제조간접비 : ₩12,800, 제품계정으로의 대체액 : ₩48,000

JP회사는 제조간접비를 제품에 배부할 때 예정제조간접비율을 사용하며 당기의 제조간접비 예정배부율은 직접노무비의 80%이다. 당기에 새로 시작한 작업 #5를 완성하는 데 예정된 직접노무비는 ₩3,000이지만 당기에 투입된 실제 직접노무비는 ₩2,000이다. 작업 #5에 지금까지 투입된 직접재료비는 얼마인가? (세무사 2002)

① ₩3,300 ② ₩5,200 ③ ₩8,000
④ ₩8,800 ⑤ ₩16,000

정답 ②

[문제 7-17] 우진회사는 개별원가계산제도를 채택하고 있다. 제품A의 제조와 관련한 다음의 자료를 토대로 당기에 발생한 제품A의 직접재료원가를 구하면 얼마인가? (세무사 2005년)

- 당기총제조원가 : ₩6,000,000
- 당기제품제조원가 : ₩4,900,000
- 제조간접원가는 직접노무원가의 60%가 배부되었는데 이는 당기총제조원가의 25%에 해당한다.

① ₩4,125,000 ② ₩2,000,000 ③ ₩4,500,000
④ ₩3,600,000 ⑤ ₩900,000

정답 ②

[문제 7-18] (주)대한유통의 상품에 관련된 다음 자료를 활용할 때 대차대조표상 기말재고와 손익계산서상 매출원가로 계상될 금액은 각각 얼마인가? (세무사 2006)

기초재고	₩78,000
당기매입액	150,000
취득원가로 파악한 기말재고액	43,500
수량감소를 조정한 후 순실현가능가액	39,000
정상감모손실	2,000
비정상감모손실	1,000
재고자산평가손실	1,500

	기말재고	매출원가
①	₩39,000	₩185,500
②	40,000	188,000
③	39,000	188,000
④	40,000	185,000
⑤	39,000	184,500

정답 ③

〔문제 7-19〕 다음 중 개별원가계산과 종합원가계산의 차이점에 대한 기술로서 틀린 것은? (지도사 2009)

① 개별원가계산에서는 재공품을 별도로 평가할 필요는 없으나 종합원가계산에서는 반드시 기말재공품을 평가하여야 한다.

② 주문생산의 경우에는 개별원가계산이 적합하고 대량생산의 경우에는 종합원가계산이 합리적이다.
③ 개별원가계산에서는 제조지시서별로 원가계산표를 작성하여 원가를 계산하나 종합원가계산에서는 원가요소를 원가계산기간을 기준으로 하여 집계한다.
④ 개별원가계산에서는 공손품과 작업폐물 등이 발생하나 종합원가계산제도하에서는 공손품이나 감손이 발생할 수 있으나 작업폐물은 발생하지 않는다.
⑤ 개별원가계산은 개별제품별 원가 집계에 따른 많은 비용과 노력이 요구되고, 종합원가계산은 제품원가의 상대적인 부정확성을 가진다.

정답 ④

〔문제 7-20〕 대한회사는 개별원가계산시스템을 채택하고 있다. 제조간접원가의 예정배부율은 직접노무원가의 150%이다. 제조간접원가의 배부차이는 매월말 매출원가계정에서 조정한다. 추가정보는 다음과 같다.

(1) 작업 #701만이 2007년 2월말에 작업이 진행중이며 원가는 다음과 같다.

직접재료원가	₩8,000
직접노무원가	4,000
제조간접원가배부액	6,000
	₩18,000

(2) 작업 #702, #703, #704, #705는 2007년 3월중에 작업이 시작된 것이다.
(3) 2007년 3월중에 작업에 투입된 직접재료원가는 ₩52,000이다.
(4) 2007년 3월중에 발생한 직접노무원가는 ₩40,000이다.
(5) 2007년 3월중 제조간접원가의 실제 발생액은 ₩64,000이다.
(6) 2007년 3월말 현재 진행중인 작업은 #705뿐이며 이 작업과 관련된 직접재료원가는 ₩5,600, 직접노무원가는 ₩3,600이다.

대한회사가 2007년 3월중에 생산한 제품의 당기제품제조원가는 얼마인가?

(세무사 2007)

① ₩155,400　② ₩156,000　③ ₩155,200
④ ₩159,400　⑤ ₩170,000

정답 ①

〔문제 7-21〕 (주)개성은 정상개별원가계산을 채택하고 있다. 2007년 1월 재공품 기초금액은 ₩20,000이다. 1월 중 직접재료원가 ₩80,000, 직접노무원가 ₩60,000, 제조간접원가 ₩57,000이 실제 발생하였다. 제조간접원가는 직접노무원가의 90%를 배부하고 있다. 동 기간 동안 완성품 계정으로 대체된 금액(당기제품제조원가)

은 ₩204,000이다. 1월 말 현재 유일한 재공품인 #101에 제조간접원가가 ₩2,700 배부되었다면 #101의 직접재료원가는 얼마인가? (주택관리사(보) 2008)

① ₩3,000　② ₩4,000　③ ₩4,100
④ ₩4,300　⑤ ₩7,300

정답 ④

〔문제 7-22〕 (주)태양은 주문에 의한 제품생산을 하고 있는 조선업체이다. 2010년 중에 자동차운반선(갑)과 LNG운반선(을)을 완성하여 주문자에게 인도하였고, 2010년 말 미완성된 컨테이너선(병)이 있다. 갑, 을, 병 이외의 제품주문은 없었다고 가정한다. 다음은 2010년의 실제 원가자료이다.

	갑	을	병	합계
기초재공품	₩300	₩400	₩100	₩800
직접재료원가	₩150	₩200	₩160	₩510
직접노무원가	₩60	₩80	₩40	₩180
직접노무시간	200시간	500시간	300시간	1,000시간

2010년에 발생한 총제조간접원가는 ₩1,000이다. (주)태양은 제조간접원가를 직접노무시간에 따라 배부한다고 할 때, (주)태양의 2010년 기말재공품원가는? (9급 지방직 2010)

① ₩300　② ₩600
③ ₩800　④ ₩1,000

정답 ②

[문제 7-23] 다음 원가계산 자료에서 제조지시서 #1과 #2는 완성되었으나 제조지시서 #3은 미완성이다. 재공품 계정의 월말 재고액은? (단, 제조간접비는 직접재료비에 근거하여 배부한다.) (9급 행정안전부 2008)

비목	지시서 #1	지시서 #2	지시서 #3	합계
직접재료비	2,000	2,000	1,000	5,000
직접노무비	5,000	6,000	2,500	13,500
제조간접비	(　　)	(　　)	(　　)	9,000

① ₩1,800　② ₩5,300
③ ₩10,600　④ ₩11,600

정답 ②

CHAPTER 8

종합원가계산

종합원가계산은 원가계산의 최종 단계인 제품별 원가계산으로, 하나 이상의 제조공정을 거쳐 발생된 제품원가를 인식하여 계산하는 방법이며 동종제품을 연속적으로 대량생산하는 업종에 적합한 원가계산방식이다. 특히, 이 업종의 경우 원가계산기간과 생산종료시점의 불일치로 기말재공품이 존재하므로, 배분대상 제조원가를 완성품과 기말재공품에 적절히 부담시키는 것이 중요하다. 따라서 〈종합원가계산 5단계〉 순서를 반드시 숙지하여야 한다.

이 장에서는 선입선출법과 평균법에 의한 원가배분과 공정별원가계산을 원가계산 범위에 따라 전원가요소 공정별 원가계산과 가공원가 공정별 원가계산으로 나누어 살펴보도록 한다. 또한 [보론]에서는 공식법에 의한 기말재공품 평가를 살펴본다.

제1절 종합원가계산의 기초
제2절 원가흐름의 가정과 원가배분
제3절 공정별 원가계산
[보론] 기말재공품의 평가(공식법)

제1절 종합원가계산의 기초

1. 종합원가계산의 특징과 분류

종합원가계산(process costing)은 동종의 표준화된 제품을 하나 이상의 제조공정을 통하여 연속적으로 대량 생산하는 시장생산형태의 기업에서 적용하는 방법이다.

종합원가계산은 개별원가계산에 비해 다음과 같은 특징을 갖고 있다.

① 종합원가계산에서는 원가계산기간 중 투입된 총제조원가를 총생산량으로 나누어 단위당 제품원가를 계산하는데 비해, 개별원가계산에서는 개별제품이나 개별작업별로 원가를 인식하여 제품별 혹은 작업별 원가를 계산하게 된다.

② 종합원가계산에서는 생산공정의 연속성으로 인해 생산종료시점과 원가계산기간이 일치하지 않게 된다. 따라서 원가계산기간에 완성된 완성품과 미완성인 기말재공품이 존재하게 되므로 배분대상 제조원가(기초재공품원가+당기제조원가)를 완성품과 기말재공품에 적절히 부담시켜야 한다.

③ 기말재공품의 부담액을 결정짓는 기말재공품의 평가는 완성품의 부담액인 당기제품제조원가(완성품원가라고 부름)를 결정하는데 매우 중요하다. 반면에 개별원가계산에서는 제품생산이나 작업이 종료된 시점에서 제품별로 원가를 파악할 수 있는 것이다.

종합원가계산의 특징을 개별원가계산과 비교하여 살펴보면 다음 <표 8-1>과 같다.

<표 8-1> 개별원가계산과 종합원가계산

구 분	개별원가계산	종합원가계산
적용생산형태	주문(개별)생산, 다품종, 정량 생산방식제품	시장(대량)생산, 동종제품, 연속공정 생산방식
원가계산기간	중요하지 않음	중요함(월차, 분기, 반기, 년간)
제조지시서	특정제조지시서	계속제조지시서
원가계산표	개별원가계산표	제조원가보고서
원가구분	제조직접원가 : 제품별로 부과 제조간접원가 : 일정한 배부기준에 따라 배부	제조직접원가 · 제조간접원가를 **직접재료원가 · 가공원가로 구분**
단위당 제품원가	개별제조원가를 완성된 제품수량으로 나누어 구함	원가계산기간의 제조원가를 완성된 제품수량으로 나누어 구함
기말재공품의 평가	미완성품의 원가계산표로 자동계산	**기말재공품 완성품환산량**×평균단가
원가흐름가정	필요없음	필요함(**선입선출법, 평균법**)
해당업종	건설, 조선, 용역서비스업 등	시멘트, 식품가공, 정유화학 등

한편 두 원가계산방식의 장·단점을 비교하여 정리하면 아래와 같다.

구분	개별원가계산	종합원가계산
장점	① 보다 정확한 원가계산 가능 ② 제품별로 손익분석 및 계산이 용이하다. ③ 작업원가표에 의해 효율성을 통제할 수 있고 미래작업을 평가할 수 있다.	① 보다 경제적이며 덜 복잡하다. ② 책임회계 및 통제에 용이하다.
단점	① 상세한 기록이 필요하다. ② 오류가 발생한 가능성이 있다.	① 원가가 비교적 부정확하다. ② 손익 비교가 어렵다. ③ 작업내용에 관계없이 공정착수비를 평균화 한다.

종합원가계산은 제품의 종류, 공정의 수, 공정별 계산대상에 따라 다음과 같이 분류할 수 있다.

① 제품의 종류에 따른 분류

A. 단일제품

㉠ 단순 종합원가계산(=단일공정 종합원가계산) - 채탄, 석유채취, 제철, 철근절단업

㉡ 공정별 종합원가계산 :

㉮ 전원가요소 공정별 종합원가계산 - 전기기구, 화학, 펄프, 시멘트, 제당업 등

㉯ 가공원가 공정별 종합원가계산 - 전선, 방적, 제분업 등

B. 복수제품

㉠ 조별 원가계산 - 자동차, 주물, 제약, 통조림, 식료품, 완구제조업

㉡ 등급별 원가계산 - 전선, 제지, 유리, 주물, 양조업 등

㉢ 연산품 원가계산 - 낙농, 정유, 제련, 정육업 등

② 공정의 수에 따른 분류

㉠ 단일공정(단순) 종합원가계산 - 공정의 수가 하나인 경우

㉡ 공정별 종합원가계산 - 공정의 수가 두 개 이상인 경우

③ 공정별 계산의 대상에 따른 분류

㉠ 전원가요소 공정별 종합원가계산 - 모든 제조원가를 공정별 계산의 대상으로 함

㉡ 가공원가 공정별 종합원가계산 - 가공원가만을 공정별 계산의 대상으로 함

2. 종합원가계산의 5단계 순서

종합원가계산은 주로 공정별로 원가계산을 하는바, 일반적인 절차는 다음 <그림 8-1>과 같다.

<그림 8-1> 종합원가계산 절차도 : 공정별 원가계산(공정별로 제조원가보고서 작성)

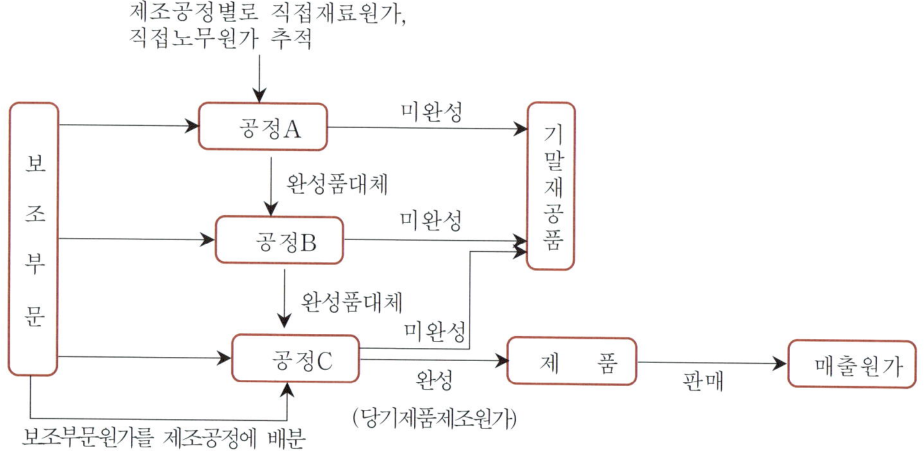

종합원가계산은 구체적으로 다음과 같이 **5단계 순서**를 거쳐 계산하게 된다.

<1단계> 각 공정 물량의 흐름을 파악한다.

제조공정상의 물량은 총투입량과 총산출량으로 나눌 수 있다. **총투입량**은 기초재공품량과 당기투입량을 합한 수량이며 **총산출량**은 완성품량과 기말재공품량의 합계로 총투입량과 총산출량은 항상 일치한다. 이를 T-계정으로 나타내면 다음과 같다.

재 공 품

기초재공품량	×××	완 성 품 량	×××
당기투입량	×××	기말재공품량	×××
합 계	×××	합 계	×××

이는 원가계산기간 동안에 인식해야 할 물량을 파악하는데 유용하며 특히 완성품환산량을 산출함에 있어 기초자료를 제공한다.

<2단계> 원가요소별 완성품환산량을 계산한다.

완성품환산량(equivalent units)이란 제공품수량이 완성품수량과 비교시 완성품 몇 개분에 상당한가를 나타내는 수량이다. 즉 재공품의 완성품환산량은 재공품량에 완성도를 곱한 것으로 재공품량을 완성품량과 동일한 단위로 환산시키는 것이다. 이 완성품환산량은 <3단계>에서 파악할 배분대상 제조원가를 <4단계> 및 <5단계>에서 완성품원가와 기말재공품원가에 배분할 때 계산식에 고려된다.

완성품환산량 = 재공품 수량 × 완성도(진척도)

참고로 수량과 환산량의 관계를 계정과 관련하여 등식화하면 아래와 같다.

	(차변)		(대변)
1단계	기초재공품량+당기투입량	=	완성품량+기말재공품량(+공손·감손량)
2단계	기초재공품환산량+당기투입량	≠	완성품량+기말재공품환산량(+공손·감손환산량)

또한 만일 원재료가 생산개시시점에서 일시에 투입되고 이후에는 가공만 이루어진다면, 완성품환산량 계산시 직접재료원가의 완성도는 100%로, 가공원가의 완성도는 100%미만으로 간주하여 원가요소별 완성품환산량을 계산하여야 한다.

그리고 **원가흐름의 가정을 평균법으로 하느냐 또는 선입선출법으로 하느냐에 따라 기말재공품 평가시 고려되는 완성품환산량의 계산이 달라진다.** 즉 완성품환산량은 평균법의 경우에는 완성품량에 기말재공품환산량을 가산하여 산출하고, 선입선출법의 경우에는 완성품량에 기초재공품추가환산량 및 기말재공품환산량을 가산하여 산출한다.

<3단계> 배분대상 제조원가를 파악한다.

배분대상 제조원가는 원가흐름의 가정에 따라 달라진다. **평균법의 경우**에는 기초재공품원가에 당기제조(투입)원가를 가산한 금액이 되며, **선입선출법의 경우**에는 기초재공품원가가 그대로 완성품원가로 이전되므로 당기제조(투입)원가만이 배분대상이 된다.

<4단계> 원가요소별 완성품환산량의 단위당 원가를 계산한다.

원가요소가 직접재료원가와 가공원가로 구성되고 각기 완성도가 다른 경우에는 완성품 환산량에 차이가 있으므로 <3단계>의 요소별 배분대상 제조원가를 <2단계>의 요소별 완성품총환산량으로 나누어 원가요소별 완성품환산량 단위당 원가를 계산하여야 한다.

<5단계> 배분대상 제조원가를 완성품과 기말재공품[1]에 배분한다.

<4단계>의 원가요소별 완성품환산량 단위당 원가에 <2단계>의 원가요소별 완성품환산량을 곱하여 완성품원가와 기말재공품원가를 산출한다.

평균법의 경우에는 당기에 기초재공품이 추가로 가공되든 또는 당기투입량이 완성되든 구분하지 않고 완성품원가와 기말재공품원가를 계산한다. 반면에 **선입선출법의 경우**에는 완성품원가는 기초재공품원가(전기분)와 당기제조완성분(기초재공품의 당기추가원가+당기제조원가)으로 구성되며, 기말재공품원가는 당기제조원가로만 구성된다.

☞ 종합원가계산의 절차 요약

1단계 : 각 공정의 물량흐름 파악

↓

2단계 : 원가요소별 완성품환산량 계산

↓

3단계 : 원가요소별 원가배분대상액 파악

↓

4단계 : 원가요소별 완성품환산량 단위당 원가 계산 = 3단계 ÷ 2단계

↓

5단계 : 완성품원가와 기말재공품원가에 배분 계산 = 4단계 × 2단계

※ 2단계~5단계 : 평균법이나 선입선출법을 적용

---

1) 기말재공품평가의 중요성

기말재공품이 있는 경우에는 기초재공품원가와 당기제조비용을 가산한 총제조비용 중 얼마만큼이 제품으로 완성되었고 또 얼마만큼이 기말재공품원가로 남아 있는가를 산정해 내야 한다. 이 경우에는 당연히 재공품의 평가문제가 수반된다. 이것을 기말재공품의 평가라고 부른다. 이 기말재공품평가를 어떻게 하느냐에 따라 완성품원가가 다르게 계산되기 때문에 종합원가계산에 있어서 기말재공품의 평가는 매우 중요하다. 이 기말재공품의 평가방법에는 선입선출법과 평균법이 있다.

종합원가계산의 5단계 절차를 평균법과 선입선출법으로 나누어 살펴보면 다음 <표 8-2>와 같다.

<표 8-2> 종합원가계산의 5단계 절차

단계별	평균법	선입선출법
1. 물량흐름 파악	기초재공품+당기투입량=완성품수량+기말재공품수량 * 선입선출법 : 기초재공품완성분과 당기투입완성분으로 나눔	
2. 완성품환산량 계산 (원가투입 형태별)2)	당기까지의 작업분 (총완성품환산량)	당기중의 작업분 (당기완성품환산량)
3. 배부대상원가 파악 (원가투입 형태별)	총원가 (기초재공품원가+당기제조원가)	당기제조원가만 인정
4. 완성품환산량의 단위당 원가 계산 (원가투입 형태별)	3단계의 총원가 ÷ 2단계의 완성품환산량	3단계의 당기제조원가 ÷ 2단계의 완성품환산량
5. 완성품원가와 기말재공품원가 계산	4단계 × 2단계	4단계 × 2단계 (단, 완성품원가에 기초재공품원가를 추가 가산함)

제조원가보고서의 작성양식을 이용하여 종합원가계산의 단계별 절차를 요약해 보면 다음 <표 8−3>과 같다.

---

2) 제조원가보고서를 작성할 때, 원가는 원가투입 형태별로 다음과 같이 구분함.
1. 제조과정에서 여러 종류의 재료가 투입되는 경우
① 여러 종류의 재료가 동일한 시점에서 투입되는 경우: 구분할 필요 없음
② 여러 종류의 재료가 각각 다른 시점에서 투입되는 경우: 구분해야 함
2. 직접노무원가와 제조간접원가 구분
투입형태가 동일하므로 가공원가로 묶어 제조원가보고서를 작성하면 되나, 투입형태가 다른 경우에는 직접노무원가와 제조간접원가로 구분해야 함

<표 8-3> 제조원가보고서

제조원가보고서

	선입선출법				평 균 법			
	Ⅰ.물량흐름	Ⅱ. 완성품환산량			Ⅰ.물량흐름	Ⅱ. 완성품환산량		
	물량	전공정원 가	직접재료원가	가공원가	물량	전공정원 가	직접재료원가	가공원가
기초재공품	×××				×××			
당기투입량	×××				×××			
합 계	×××				×××			
완 성 품 량					×××	×××	×××	×××
-기초재공품완성분	×××		×××	×××		–	–	–
-당기투입완성분	×××	×××	×××	×××		–	–	–
기말재공품	×××	×××	×××	×××	×××	×××	×××	×××
합 계	×××	×××	×××	×××	×××	×××	×××	×××
기초재공품원가	₩×××	–	–	–	₩×××	₩×××	₩×××	₩×××
당기제조원가	×××	₩×××	₩×××	₩×××	×××	×××	×××	×××
Ⅲ. 배분대상원가	₩×××				₩×××	₩×××	₩×××	₩×××
÷완성품환산량		÷×××	÷×××	÷×××		÷×××	÷×××	÷×××
Ⅳ. 완성품환산량 단위당 원가		@₩××	@₩××	@₩××		@₩××	@₩××	@₩××

Ⅴ. 원가의 배분 (선입선출법)

1. 완성품원가	
-기초재공품원가(전기분)	₩×××
-기초재공품 당기추가원가(당기추가환산량×@₩)	×××
-당기제조완성품원가(당기제조완성품량×@₩)	×××
합 계	₩×××
2. 기말재공품원가(기말재공품완성품환산량×@₩)	
전공정원가	₩×××
직접재료원가	×××
가공원가	×××
합 계	₩×××

Ⅴ. 원가의 배분 (평균법)

1. 완성품원가	
(완성품량×@₩)	₩×××
2. 기말재공품원가	
(기말재공품완성품환산량×@₩)	
전공정원가	₩×××
직접재료원가	×××
가공원가	×××
합 계	₩×××

제2절 원가흐름의 가정과 원가배분

원가흐름이란 제품생산에 투입된 총원가가 어떻게 완성품원가와 기말재공품원가를 구성할 것인가를 의미한다. 여기서 제품생산에 투입된 총원가는 기초재공품원가와 당기제조원가의 합계액이므로 원가흐름은 다음의 등식으로 나타낼 수 있다.

(차변)기초재공품원가 + 당기제조원가 = 완성품원가 + 기말재공품원가(대변)

개별원가계산의 경우 특정 작업별로 완성품원가와 기말재공품원가를 파악하는 것이 가능하므로 제품생산에 투입된 총원가를 완성품과 기말재공품에 배분할 필요가 없다.

그러나 종합원가계산의 경우에는 생산시스템의 특성상 완성품이나 기말재공품의 원가를 개별원가계산과 같이 특정 작업별로 인식하는 것은 불가능하므로 특정 원가계산기간의 제조원가를 공정별 완성여부에 따라 배분하여야 한다. 원가배분시 기말재공품의 평가를 어떻게 하느냐에 따라 완성품평가가 달라지므로, 종합원가계산에서 기말재공품의 평가방법은 대단히 중요하다.

기말재공품의 평가방법 즉, **원가흐름의 가정**에는 선입선출법 · 평균법이 있는데 이 방법들은 완성품환산량의 계산과 배분대상 제조원가의 파악에 영향을 미쳐 궁극적으로 완성품원가와 기말재공품원가를 서로 다르게 계산한다.

1. 선입선출법

선입선출법(first－in first－out method)은 기초재공품 수량이 먼저 완성되고 당기착수량 중 일부가 완성, 일부가 기말재공품이 된다고 가정하기 때문에(실제 물량흐름에 보다 충실한 원가흐름가정임), 기초재공품원가를 우선적으로 완성품원가에 배분한 후에 당기제조원가를 완성품원가와 기말재공품원가로 배분하는 방법이다. 따라서 선입선출법하의 완성품원가는 기초재공품원가와 당기제조원가로 구성되지만 기말재공품원가는 당기제조원가만으로 구성된다.

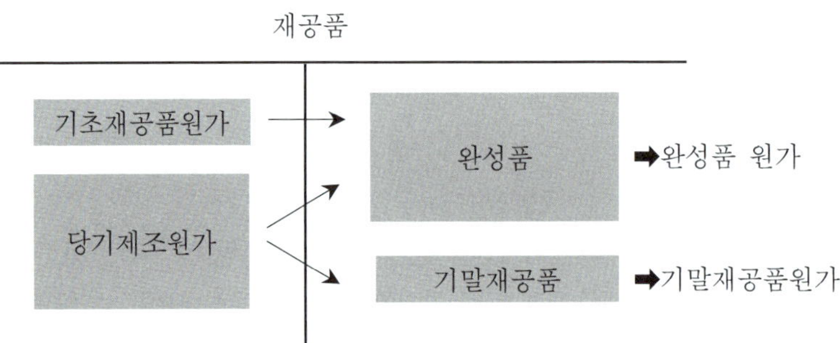

완성품환산량 계산시에는 투입량이 전기분인지 당기분인지를 구분하여 기초재공품환산량과 기말재공품환산량을 구하여 당기완성품량과 동일 단위로 통일하여야 한다.

선입선출법은 평균법에 비해 계산과정이 복잡한 점은 있으나 원가의 흐름과 물량의 흐름을 일치시킬 수 있고 기초재공품원가와 당기제조원가를 구분하여 배분함으로써 전기와 당기의 원가성과를 구분하여 파악하는데 유용하다.

선입선출법에 의한 물량 및 원가흐름을 재공품 계정으로 요약하면 다음 <표 8-4>와 같다.

<표 8-4> 선입선출법에 의한 물량 및 원가흐름

재 공 품

<table>
<tr><th>물 량</th><th>원 가</th><th colspan="2">물 량</th><th colspan="2">원 가</th></tr>
<tr><td rowspan="2">∨기초재공품량</td><td>기초재공품원가</td><td rowspan="3">완성품량</td><td rowspan="2">기초재공품 완 성 분</td><td rowspan="3">완성품원가</td><td>기초재공품 원가(전기분)</td></tr>
<tr><td rowspan="3">당기제조원가</td><td>기초재공품 당기추가원가</td></tr>
<tr><td rowspan="2">당기투입량</td><td>당기투입 완 성 분</td><td>당기제조 완성품원가</td></tr>
<tr><td colspan="2">∨기말재공품량</td><td colspan="2">기말재공품원가</td></tr>
</table>

– 환산량 계산시 제외됨 (기초재공품 원가(전기분))

순수당기발생 수량에 대해서만 환산량을 계산함 (기초재공품 당기추가원가 ~ 기말재공품원가)

예제 8-1 완성품환산량의 계산 : 선입선출법

대한회사는 단일공정에서 제품을 생산하고 있다. 20×1년 5월중 생산관련자료는 다음과 같으며 선입선출법을 사용하고 있다.

	물량흐름
기초재공품	2,000개
당기투입량	8,000
기말재공품	3,000

[물음] 다음 각 경우의 완성품 환산량을 계산하라.

1. 재료와 가공원가는 공정의 진행에 따라 균등하게 투입되고 발생한다. 기초재공품의 완성도는 60%이고, 기말재공품의 완성도는 80%이다.
2. 재료는 공정의 개시시점에서 모두 투입되며, 가공원가는 공정의 진행에 따라 균등하게 발생한다. 기초재공품의 완성도는 40%이고, 기말재공품의 완성도는 50%이다.
3. 재료는 공정의 50% 시점에서 전량 투입되고, 가공원가는 공정의 진행정도에 따라 균등하게 발생한다. 기초재공품의 완성도는 30%이고, 기말재공품의 완성도는 70%이다.
4. 재료는 공정의 90%시점에서 전량투입되고, 가공원가는 공정의 진행정도에 따라 균등하게 발생한다. 기초재공품의 완성도는 30%이고, 기말재공품의 완성도는 70%이다.

해답

1.

	Ⅰ.물량흐름	Ⅱ. 완성품환산량	
		직접재료원가	가공원가
기초재공품(60%)	2,000개		
당기투입량	8,000		
합 계	10,000개		
완성품량			
기초재공품(추가)완성분	2,000개	800개	800개
당기투입완성분	5,000	5,000	5,000
기말재공품(80%)	3,000	2,400	2,400
합 계	10,000개	8,200개	8,200개

2.

	Ⅰ.물량흐름	Ⅱ. 완성품환산량	
		직접재료원가	가공원가
기초재공품(40%)	2,000개		
당기투입량	8,000		
합 계	10,000개		
완성품량			
기초재공품(추가)완성분	2,000개	–	1,200개
당기투입완성분	5,000	5,000개	5,000
기말재공품(50%)	3,000	3,000	1,500
합 계	10,000개	8,000개	7,700개

3.

	Ⅰ.물량흐름	Ⅱ. 완성품환산량	
		직접재료원가	가공원가
기초재공품(30%)	2,000개		
당기투입량	8,000		
합 계	10,000개		
완성품량			
기초재공품(추가)완성분	2,000개	2,000개	1,400개
당기투입완성분	5,000	5,000	5,000
기말재공품(70%)	3,000	3,000	2,100
합 계	10,000개	10,000개	8,500개

4.

	Ⅰ.물량흐름	Ⅱ. 완성품환산량	
		직접재료원가	가공원가
기초재공품(30%)	2,000개		
당기투입량	8,000		
합 계	10,000개		
완성품량			
기초재공품(추가)완성분	2,000개	2,000개	1,400개
당기투입완성분	5,000	5,000	5,000
기말재공품(70%)	3,000	0*	2,100
합 계	10,000개	7,000개	8,500개

* 재료가 공정의 90%시점에서 투입되므로, 기말재공품은 당월에 통과한 것이 아님.

2. 평균법

평균법(weighted average method)은 전기에 이미 착수된 기초재공품의 기완성도는 무시하고 기초·당기의 모든 수량이 당기에 착수되고 완성품·기말재공품에 평균적으로 완성된 것으로 가정하기 때문에, 당기에 투입된 총제조원가 중 기초재공품원가와 당기제조원가를 구분하지 않고 가중평균하여 완성품원가와 기말재공품원가를 계산하는 방법이다. 따라서 완성품환산량을 계산할 때에는 투입량이 전기분이든 당기분이든 구분하지 않으며, 또한 완성품원가와 기말재공품원가는 평균적으로 기초재공품원가와 당기제조원가를 구성한다.(아래 그림 참조)

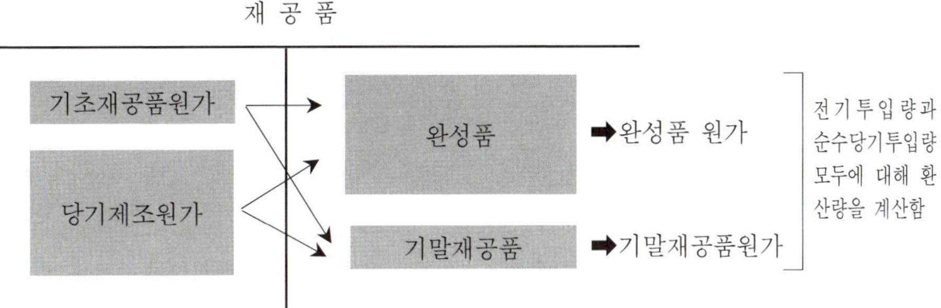

평균법은 계산과정이 간단하여 실무에서 널리 적용되고 있으나, 특정 원가계산기간의 원가성과를 적절히 반영하지 못할 뿐만 아니라 원가계산기간별로 기초재공품원가와 당기제조원가 각각의 단위당 원가가 원가요소의 가격변동이나 생산성 등의 차이로 인해 일치하지 않을 수 있다는 한계가 있다.

평균법에 의한 물량 및 원가흐름을 재공품 계정으로 요약하면 다음 <표 8-5>와 같다.

<표 8-5> 평균법에 의한 물량 및 원가흐름

재 공 품

물 량	원 가	물 량	원 가
∨기초재공품량 + 당기투입량	기초재공품원가 + 당기제조원가	완성품량 (모두 당기투입되어 완성되는 것으로 가정)	완성품원가
		∨기말재공품량	기말재공품원가

예제 8-2 완성품환산량의 계산 : 평균법

[물음] 대한회사가 평균법으로 제조원가를 파악한다고 가정하고, <예제 8-1>의 자료를 기초로 각 물음에 답하라.

해답

1.

	I.물량흐름	II. 완성품환산량	
		직접재료원가	가공원가
기초재공품(60%)	2,000개		
당기투입량	8,000		
합 계	10,000개		
완성품량	7,000개	7,000개	7,000개
기말재공품(80%)	3,000	2,400개	2,400개
합 계	10,000개	9,400개	9,400개

2.

	I.물량흐름	II. 완성품환산량	
		직접재료원가	가공원가
기초재공품(40%)	2,000개		
당기투입량	8,000		
합 계	10,000개		
완성품량	7,000개	7,000개	7,000개
기말재공품(50%)	3,000	3,000개	1,500개
합 계	10,000개	10,000개	8,500개

3.

	I.물량흐름	II. 완성품환산량	
		직접재료원가	가공원가
기초재공품(30%)	2,000개		
당기투입량	8,000		
합 계	10,000개		
완성품량	7,000개	7,000개	7,000개
기말재공품(70%)	3,000	3,000개	2,100개
합 계	10,000개	10,000개	9,100개

4.

	I.물량흐름	II. 완성품환산량	
		직접재료원가	가공원가
기초재공품(30%)	2,000개		
당기투입량	8,000		
합 계	10,000개		
완성품량	7,000개	7,000개	7,000개
기말재공품(70%)	3,000	0*	2,100개
합 계	10,000개	7,000개	9,100개

* 재료가 공정의 90%시점에서 투입되므로 기말재공품은 당월에 통과한 것이 아님.

제3절 공정별 원가계산

대부분의 제조기업들은 두 개 이상의 공정을 통해 제품을 생산하고 있다. 이 공정별 원가를 계산할 경우 다음 2가지 점을 기억해 두어야 한다.

① 기업이 둘 이상의 연속된 제조공정을 통하여 제품을 생산하는 경우, 앞 공정의 완성품은 중간제품의 형태로 다음 공정으로 대체되므로 앞 공정의 완성품원가는 다음 공정의 제조원가를 구성하게 된다.

② 그러나 다음 공정에서 투입되는 원가와는 성격이 다르기 때문에 독립된 원가항목으로 처리(전공정대체원가)하여 다음 공정의 원가계산을 하여야 한다.

▣ 여러 개의 제조공정이 있는 경우의 원가의 흐름

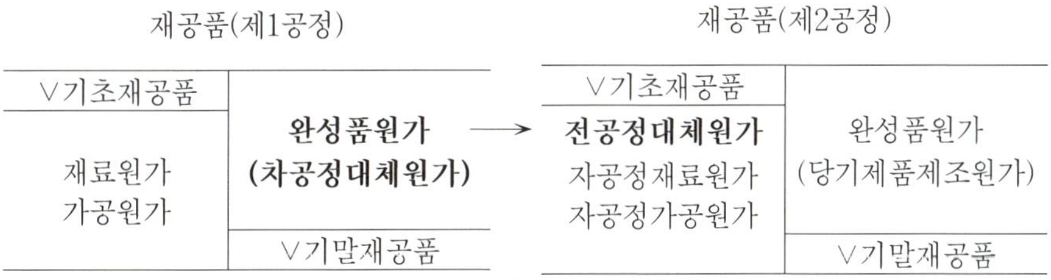

재공품(제1공정)

차변	대변
∨기초재공품	**완성품원가** **(차공정대체원가)** →
재료원가 가공원가	∨기말재공품

재공품(제2공정)

차변	대변
∨기초재공품	완성품원가 (당기제품제조원가)
전공정대체원가 자공정재료원가 자공정가공원가	∨기말재공품

공정별 원가계산[3]은 모든 제조원가를 공정별로 원가계산을 하는 전원가요소 공정별 원가계산과 제조원가 중 직접재료원가를 제외한 가공원가만을 공정별로 계산하는 가공원가 공정별 원가계산으로 구분할 수 있다.

1. 전원가요소 공정별 원가계산

전원가요소 공정별 원가계산은 여러 공정을 거쳐 계속해서 재료가 투입되는 경우 각 공정별로 전체 원가를 집계하여 제품원가를 계산하는 원가계산방식으로, 재

---

3) 공정별원가의 계산절차
① 공정개별원가(특정의 공정에서 단독으로 발생한 비용)와 공정공통원가(둘 이상의 공정에서 발생한 이용)로 구분한다.
② 공정개별원가의 해당 공정에의 부과와 공정공통원가의 배부기준에 따른 각 공정으로 배부가 있다.
③ 배부된 각 공정원가에 기초재공품원가를 가산하고 기말재공품원가·부산물원가 등을 공제하여 완성품원가를 계산한다.
④ 보조부문원가는 부문별원가계산(제5장)의 경우와 마찬가지로 각 공정에 배부한다.

료원가와 가공원가를 구분하지 않고, 동일한 전원가요소로 계산한다.

이 경우 전공정의 완성품원가는 차공정의 전공정원가(transferred-in costs)가 되며, 전공정원가(직접재료원가와 가공원가로 구성됨)는 차공정의 착수시점에서 모두 투입되는 (자공정) 직접재료원가와 동일하다고 전제하여(100% 완성도 간주) 처리한다.

2. 가공원가 공정별 원가계산

가공원가 공정별 원가계산은 주요재료가 공정의 착수시점에서 모두 투입되고 이후 공정에서는 가공원가만 투입하여 제품원가를 계산하는 원가계산방식이다.

이 경우 직접재료원가는 단일 공정의 단순종합원가계산을 적용하는 것과 같으며, 다만 기말재공품평가시에는 다음 사항을 유의하여야 한다.

① 직접재료원가의 완성품량은 최종공정의 완성품량을 적용한다.
② 직접재료원가의 기초재공품량은 개별공정의 기초재공품량의 합계이다.
③ 직접재료원가의 기말재공품량은 개별공정의 기말재공품량의 합계이다.
④ 직접재료가 공정의 착수시점에서 모두 투입되므로 직접재료량에 대한 기말재공품의 완성도는 항상 100%이다.

선입선출법에 의한 공정별 원가계산의 물량 및 원가흐름을 재공품계정으로 요약하면 다음 <표 8-6>과 같다.

<표 8-6> 공정별 원가계산의 물량 및 원가흐름 : **선입선출법**

재 공 품

<제1공정>

<table>
<tr><th>물 량</th><th>원 가</th><th colspan="2">물 량</th><th colspan="2">원 가</th></tr>
<tr><td rowspan="2">∨기초재공품량</td><td>기초재공품원가</td><td rowspan="3">완성품량</td><td rowspan="2">기초재공품 완성분</td><td rowspan="3">완성품원가</td><td>기초재공품 원가(전기분)</td></tr>
<tr><td rowspan="3">당기제조원가</td><td>기초재공품 당기추가원가</td></tr>
<tr><td rowspan="2">당기투입량</td><td>당기투입 완성분</td><td>당기제조 완성품원가</td></tr>
<tr><td colspan="2">∨기말재공품량</td><td colspan="2">기말재공품원가</td></tr>
</table>

재 공 품

<제2공정>

<table>
<tr><th>물 량</th><th colspan="2">원 가</th><th colspan="2">물 량</th><th colspan="2">원 가</th></tr>
<tr><td rowspan="2">∨기초재공품량</td><td colspan="2">기초재공품원가</td><td rowspan="3">완
성
품
량</td><td rowspan="2">기초재공품
완 성 분</td><td rowspan="3">완
성
품
원
가</td><td>기초재공품
원가(전기분)</td></tr>
<tr><td rowspan="4">당
기
제
조
원
가</td><td>전 공 정
원 가</td><td>기초재공품
당기추가원가</td></tr>
<tr><td rowspan="3">당기투입량</td><td rowspan="3">당기제조
원 가</td><td>당기투입
완 성 분</td><td>당 기 제 조
완성품원가</td></tr>
<tr><td colspan="2" rowspan="2">∨기말재공품량</td><td rowspan="2">기 말
재공품
원 가</td><td>전공정원가</td></tr>
<tr><td>자공정원가</td></tr>
</table>

그리고 평균법에 의한 공정별 원가계산의 물량 및 원가흐름을 재공품계정으로 요약하면 다음 <표 8-7>과 같다.

<표 8-7> 공정별 원가계산의 물량 및 원가흐름 : 평균법

재 공 품

<제1공정>

<table>
<tr><th>물 량</th><th>원 가</th><th>물 량</th><th>원 가</th></tr>
<tr><td rowspan="2">∨기초재공품량
+
당기투입량</td><td rowspan="2">기초재공품원가
+
당기제조원가</td><td>완성품량</td><td>완성품원가</td></tr>
<tr><td>∨기말재공품량</td><td>기말재공품원가</td></tr>
</table>

재 공 품

<제2공정>

<table>
<tr><th>물 량</th><th>원 가</th><th>물 량</th><th colspan="2">원 가</th></tr>
<tr><td rowspan="3">∨기초재공품량
+
당기투입량</td><td rowspan="3">기초재공품원가
+
당기제조원가
전공정원가
+
자공정원가</td><td>완성품량</td><td colspan="2">완성품원가</td></tr>
<tr><td rowspan="2">∨기말재공품량</td><td rowspan="2">기 말
재공품
원 가</td><td>전공정원가</td></tr>
<tr><td>자공정원가</td></tr>
</table>

예제 8-3

대한회사는 두 개의 연속된 공정을 통해서 제품을 생산하고 있다. 원재료 A는 제1공정의 초기에 전량 투입되고, 다른 원재료 B는 제2공정의 51% 시점에서 전량 투입된다. 가공원가는 두 공정 전체를 통하여 균등하게 발생한다. 제1공정의 완성품은 즉시 제2공정으로 대체되며 제2공정의 완성품은 제품계정으로 대체된다.
20×1년 5월의 생산 및 원가관련자료는 다음과 같다.

(1) 생산관련자료	제1공정	제2공정
기초재공품	2,000개(40%)	3,000개(50%)
당기투입량	4,000	5,000
완 성 품 량	5,000	6,000
기말재공품	1,000(80%)	2,000(60%)

(2) 원가관련자료	제1공정	제2공정
기초재공품원가		
전공정원가	–	₩120,000
직접재료원가	₩60,000	–
가공원가	40,000	30,000
당기제조원가		
직접재료원가	₩800,000	₩600,000
가공원가	200,000	200,000

[물음 1] 1. 선입선출법과 평균법을 이용하여 제1공정의 완성품원가와 기말재공품원가를 계산하라.
2. 제1공정 완성품의 제2공정 대체에 따른 분개를 하라.

해답

1. 완성품원가와 기말재공품원가의 계산

① 선입선출법

제조원가보고서(제1공정)

	Ⅰ.물량흐름	Ⅱ. 완성품환산량	
		직접재료원가	가공원가
기초재공품(40%)	2,000개		
당기투입량	4,000		
합　　계	6,000개		
완성품량(차공정대체량)			
기초재공품완성분	2,000개	–	1,200개
당기투입완성분	3,000	3,000개	3,000
기말재공품(80%)	1,000	1,000	800
합　　계	6,000개	4,000개	5,000개
기초재공품원가	₩100,000	–	–
당기제조원가	1,000,000	₩800,000	₩200,000

III. 배분대상원가	₩1,100,000		
÷완성품환산량		÷4,000개	÷5,000개
IV. 완성품환산량 단위당 원가		₩200	₩40

V. 원가의 배분

1. 완성품원가(차공정대체원가)

기초재공품원가(전기)	₩100,000	
기초재공품 당기추가원가	48,000	(1,200개×₩40)
당기제조완성품원가	720,000	(3,000개×₩240)
합 계	₩868,000	

2. 기말재공품원가

직접재료원가	₩200,000	(1,000개×₩200)
가공원가	32,000	(800개×₩40)
합 계	₩232,000	

② **평균법**

제조원가보고서(제1공정)

	I.물량흐름	II. 완성품환산량	
		직접재료원가	가공원가
기초재공품(40%)	2,000개		
당기투입량	4,000		
합 계	6,000개		
완성품량(차공정대체량)	5,000개	5,000개	5,000개
기말재공품(80%)	1,000	1,000	800개
합 계	6,000개	6,000개	5,800개
기초재공품원가	₩100,000	₩60,000	₩40,000
당기제조원가	1,000,000	800,000	200,000
III. 배분대상원가	₩1,100,000	₩860,000	₩240,000
÷완성품환산량		÷6,000개	÷5,800개
IV. 완성품환산량 단위당 원가		₩143.34	₩41.38

V. 원가의 배분

1. 완성품원가(차공정대체원가)	₩923,600	(5000개×₩184.72)
2. 기말재공품원가	₩176,400	(1,000개×₩143.34+800개×₩41.38)

2. 분개

① 선입선출법

(차) 재공품(제2공정)	₩868,000	(대) 재공품(제1공정)	₩868,000

② 평균법

(차) 재공품(제2공정)	₩923,600	(대) 재공품(제1공정)	₩923,600

[물음 2] 1. 선입선출법과 평균법을 이용하여 제2공정의 완성품원가와 기말재공품원가를 계산하라.
2. 제2공정 완성품의 제품계정으로의 대체를 분개하라.

해답

1. 완성품원가와 기말재공품원가의 계산

① **선입선출법**

제조원가보고서(제2공정)

		II. 완성품환산량		
	I.물량흐름	전공정원가	직접재료원가	가공원가
기초재공품(50%)	3,000개			
당기투입량	5,000			
합 계	8,000개			
완 성 품 량				
기초재공품완성분	3,000개	–	3,000개	1,500개
당기투입완성분	3,000	3,000개	3,000	3,000
기말재공품(60%)	2,000	2,000	2,000	1,200
합 계	8,000개	5,000개	8,000개	5,700개
기초재공품원가	₩150,000	–	–	–
당기제조원가	1,668,000	₩868,000	₩600,000	₩200,000
III. 배분대상원가	₩1,818,000			
÷ 완성품환산량		÷5,000개	÷8,000개	÷5,700개
IV. 완성품환산량 단위당 원가		₩173.6	₩75	₩35.1

V. 원가의 배분

1. 완성품원가

기초재공품원가(전기)	₩150,000	
기초재공품 당기추가원가	277,600	(3,000개×₩75)+(1,500개×₩35.1)
당기제조완성품원가	851,100	(3,000개×₩283.7)
합 계	₩1,278,700	

2. 기말재공품원가

전공정원가	₩347,200	(2,000개×₩173.6)
직접재료원가	150,000	(2,000개×₩75)
가공원가	42,100	(1,200개×₩35.1)
합 계	₩539,300	

② **평균법**

제조원가보고서(제2공정)

	I.물량흐름	II. 완성품환산량		
		전공정원가	직접재료 원가	가공원가
기초재공품(50%)	3,000개			
당기투입량	5,000			
합　계	8,000개			
완성품량	6000	6000개	6000개	6000개
기말재공품(60%)	2,000	2,000	2,000	1,200
합　계	8,000개	8,000개	8,000개	7,200개
기초재공품원가	₩150,000	₩120,000	–	₩30,000
당기제조원가	1,723,600	923,600	₩600,000	200,000
III. 배분대상원가	₩1,873,600	₩1,043,600	₩600,000	₩230,000
÷ 완성품환산량		÷8,000개	÷8,000개	÷7,200개
IV. 완성품환산량 단위당 원가		₩130.45	₩75	₩31.94

V. 원가의 배분

1. 완성품원가	₩1,424,340	(6,000개×₩237.39)
2. 기말재공품원가		
전공정원가	₩260,900	(2,000개×₩130.45)
직접재료원가	150,000	(2,000개×₩75)
가공원가	38,360	(1,200개×₩31.94)
합　계	₩449,260	

2. 분개

① 선입선출법

(차) 제　품　₩1,278,700　(대) 재공품(제2공정)　₩1,278,700

② 평균법

(차) 제　품　₩1,424,340　(대) 재공품(제2공정)　₩1,424,340

보론 기말재공품의 평가(공식법)

본 장 제1절 2에서 종합원가계산은 5단계의 순서를 거쳐 계산됨을 설명하였다.

그러나 이는 공식법으로도 쉽게 계산할 수 있다. 즉, 선입선출법·평균법의 공식에 의해 기말재공품원가만 먼저 구한 후, 완성품원가는 [(기초재공품원가+당기제조원가)−기말재공품원가]로 쉽게 계산할 수 있다.

5단계법과 비교시 공식법은 다음과 같은 기본 틀로 구성된다.

$$\textbf{기말재공품원가(5단계)} = \text{배분대상원가(3단계)} \times \frac{\text{기말재공품 완성품환산량(2단계)}}{\text{완성품환산량 합계(2단계)}}$$

(아래 공식에서 배분대상원가는 재료원가와 가공원가로 구분하여 계산)

① 선입선출법 :

$$\text{기말재공품원가} = \text{당기제조원가} \times \frac{\text{기말재공품 완성품환산량}}{\text{완성품량} - \text{기초재공품 완성품환산량} + \text{기말재공품 완성품환산량}}$$

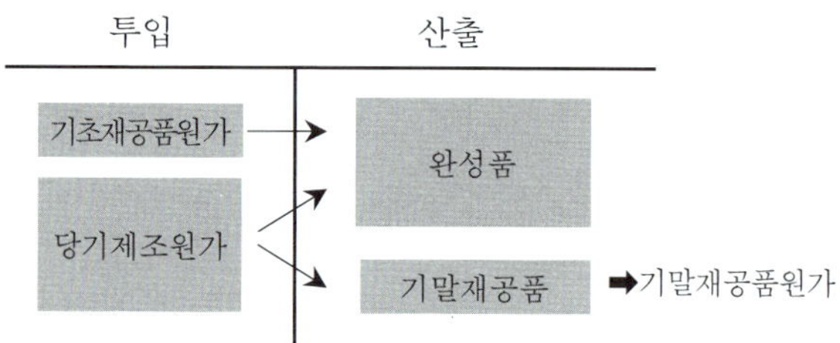

② 평균법 :

$$\text{기말재공품원가} = (\text{기초재공품원가} + \text{당기제조원가}) \times \frac{\text{기말재공품 완성품환산량}}{\text{완성품량} + \text{기말재공품 완성품환산량}}$$

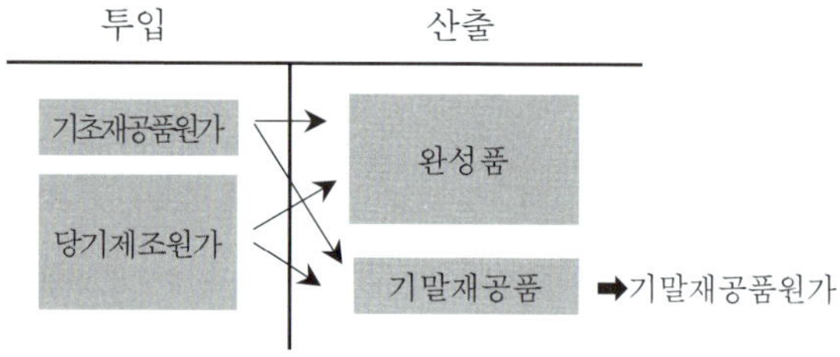

☞ 공손품이 있는 경우

1) 공손품원가를 완성품과 기말재공품에 공동배분(부담)하는 경우:

위 공식 모두와 동일함

2) 공손품원가를 완성품에만 배분(부담)하는 경우:

위 공식 ①, ②의 분모에 공손품 완성품환산량을 가산함.

연습문제

[문제 8-1] 종합원가계산의 특징을 개별원가계산과 비교 · 설명하라.

[문제 8-2] 종합원가계산절차를 요약하여 설명하라.

[문제 8-3] 종합원가계산의 원가흐름가정인 선입선출법과 평균법을 비교 · 설명하라.

[문제 8-4] 완성품환산량의 계산

청풍회사는 단일공정에서 제품을 생산하고 있다. 20×1년 5월중 생산관련자료는 다음과 같다.

	물량흐름
기초재공품	1,000개
당기투입량	9,000
기말재공품	2,000

[물음] 1. 재료는 공정의 개시시점에서 50%가 투입되고, 나머지는 공정말에 투입된다. 가공원가는 공정의 진행정도에 따라 균등하게 발생한다. 기초재공품의 완성도는 30%이고, 기말재공품의 완성도는 60%이다.

① 선입선출법을 사용하여 완성품환산량을 계산하라.

② 평균법을 사용하여 완성품환산량을 계산하라.

2. 재료는 공정의 개시시점에서 50%가 투입되고, 나머지 재료와 가공원가는 공정의 진행정도에 따라 균등하게 투입되고 발생한다. 기초재공품의 완성도는 60%이고, 기말재공품의 완성도는 70%이다.

① 선입선출법을 사용하여 완성품환산량을 계산하라.

② 평균법을 사용하여 완성품환산량을 계산하라.

[문제 8-5] 완성품환산량 단위당 원가의 계산

경북회사는 단일공정으로 제품을 생산하고 있다. 20×1년 5월의 생산관련자료는 다음과 같다.

	물량흐름	직접재료원가 A	직접재료원가 B	가공원가
기초재공품	3,000개	₩40,000	₩75,000	₩82,200
당기투입량	10,000	200,000	325,000	217,800
기말재공품	4,000			

재료 A는 공정의 개시시점에 전량 투입되고 재료 B는 공정의 55%시점에서 전량 투입된다. 가공원가는 공정의 잔행정도에 따라 균등하게 발생한다. 기초재공품의 완성도는 50%이고, 기말재공품의 완성도는 60%이다.

[물음] 선입선출법을 이용하여 완성품환산량 단위당 원가를 계산하라.

[문제 8-6] 제조원가보고서 작성

경기회사는 단일공정으로 제품을 생산하고 있다. 재료는 공정의 개시시점에 모두 투입되고, 가공원가는 공정의 진행정도에 따라 균등하게 발생한다. 20×1년 5월의 생산관련자료는 다음과 같다.

	물량흐름	직접재료원가	가공원가
기초재공품(40%)	4,000개	₩50,000	₩40,000
당기투입량	16,000	150,000	155,800
기말재공품(60%)	5,000		

[물음] 1. 선입선출법을 이용하여 5월의 제조원가보고서를 작성하라.
2. 평균법을 이용하여 5월의 제조원가보고서를 작성하라.

[문제 8-7] 공정별 원가계산

충청회사는 두개의 연속된 공정을 통하여 제품을 생산하고 있다. 재료는 공정의 개시시점에서 모두 투입되며, 가공원가는 공정의 진행에 따라 균등하게 발생한다. 충청회사는 종합원가계산시스템을 채택하고 있으며 선입선출법을 이용하고 있다. 20×1년 5월 중 생산 및 원가관련자료는 다음과 같다.

(1) 생산관련자료	제1공정		제2공정	
기초재공품	1,000개	(20%)	2,000개	(40%)
당기투입량	9,000		8,000	
완성품량	8,000		6,000	
기말재공품	2,000	(40%)	4,000	(30%)

(2) 원가관련자료	제1공정	제2공정
기초재공품원가		
전공정원가	–	₩10,000
직접재료원가	₩20,000	20,000
가공원가	30,000	40,000
당기제조원가		
직접재료원가	90,000	80,000
가공원가	103,200	128,000

[물음] 1. 5월중의 제1공정 제조원가보고서를 작성하라.
2. 5월중의 제2공정 제조원가보고서를 작성하라.

[문제 8－8] 가공원가 공정별 원가계산

송파회사는 가공원가 공정별 종합원가계산시스템을 채택하고 있다. 재료는 공정의 개시시점에서 모두 투입하며 이후에는 2개의 공정을 거쳐 제품을 생산하고 있다. 가공원가는 공정의 진행에 따라 균등하게 발생한다. 이 회사는 물량의 흐름과 동일하게 원가를 집계 · 배분하고 있다(선입선출법). 20×1년 5월중의 생산 및 원가관련자료는 다음과 같다.

(1) 생산관련자료	제1공정		제2공정	
기초재공품	1,000개	(30%)	3,000개	(40%)
당기투입량	9,000		7,000	
완성품량	7,000		8,000	
기말재공품	3,000	(40%)	2,000	(20%)

(2) 원가관련자료		제1공정	제2공정
기초재공품원가 :			
직접재료원가	₩120,000		
가공원가		₩200,000	₩240,000
당기제조원가 :			
직접재료원가	₩450,000		
가공원가		316,000	396,000

[물음] 1. 5월중의 직접재료원가에 대한 제조원가보고서를 작성하라.
2. 5월중의 제1공정에 대한 제조원가보고서를 작성하라.
3. 5월중의 제2공정에 대한 제조원가보고서를 작성하라.

〔문제 8－9〕 다음은 종합원가계산에 대한 설명이다. 틀린 것은? (전산회계 1급 25회)

① 조선업 같은 주문생산에 유리하다.
② 원가를 재료비와 가공비로 구분하여 계산한다.
③ 원가계산을 하기 위해 완성품 환산량의 개념이 필요하다.
④ 연속하여 반복적으로 생산하는 제품형태에 적합하다.

정답 ①

〔문제 8-10〕 **다음은 종합원가계산에 대한 설명이다. 가장 옳지 않은 것은?**

(전산세무 1급 22회)

① 종합원가계산은 동일 종류의 제품을 연속하여 반복적으로 생산하는 생산형태에 적용한다.

② 종합원가계산에 있어서 완성품원가와 기말재공품원가는 완성품 환산량에 의하여 선입선출법 · 후입선출법 또는 총평균법 등 기타 합리적인 방법을 적용하여 계산한다.

③ 기말재공품의 완성품 환산량은 재료의 투입정도 또는 가공정도 등을 고려하여 직접재료비와 가공비로 구분하여 산정할 수 있다.

④ 평균법을 적용하는 경우, 완성품 단위당 원가는 당기총제조비용에 기초재공품원가를 가산한 후 그 합계액을 완성품과 기말재공품의 합계수량으로 나누어 계산한다.

정답 ④

〔문제 8-11〕 **다음 중 종합원가계산방법들에 대한 설명으로 틀린 것은?**

(전산세무 2급 24회)

① 조별 종합원가계산 - 동종의 제품을 여러 단계의 제조공정에서 생산하는 경우

② 단일 종합원가계산 - 얼음제조업 등 하나의 제품을 하나의 공정에서 제조하는 경우

③ 연산품 종합원가계산 - 동일한 재료를 투입하여 동일한 공정에서 이종제품을 생산하는 경우

④ 등급품 종합원가계산 - 동일한 재료를 투입하여 동일한 공정에서 동종제품을 생산하는 경우

정답 ①

〔문제 8-12〕 **개별원가계산과 종합원가계산에 대한 설명으로 가장 적합하지 않은 것은?**

(3회 기업회계1급 2006, 한국세무사회)

① 개별원가계산은 이질적인 제품을 주문생산하는 경우에 적합하고, 종합원가계산은 동질적인 제품을 연속적으로 대량생산하는 경우에 적합하다.

② 개별원가계산은 제조간접비배부가 핵심이며, 종합원가계산은 완성품 환산량계산이 핵심이다.

③ 개별원가계산은 제품별 수익성분석이 가능하나 종합원가계산은 불가능하다.

④ 개별원가계산은 비용이 적게 소요되고, 종합원가계산은 많이 소요된다.

정답 ④

〔문제 8-13〕 종합원가계산이 적합한 업종은? (지도사 2002)

① 시멘트 제조업
② 가구제조업
③ 조선업
④ 설비제조업
⑤ 특별주문인쇄업

정답 ①

〔문제 8-14〕 종합원가계산과 개별원가계산을 비교한 것이다. 옳지 않은 것은? (전산세무1급 25회)

① 개별원가계산은 원가를 직접비와 간접비로 분류하고 제조간접비의 정확한 배부가 원가계산에서 가장 중요한 반면, 종합원가계산은 공정별로 재료비, 가공비를 집계하여 제품과 재공품에 원가배분한다.
② 개별원가계산은 여러 단계의 제조공정을 거쳐 생산하는 기업에서 사용하는 원가계산방법이며, 종합원가계산은 개별 작업지시서에 따라 제품을 제조하는 경우에 사용한다.
③ 법률상담, 회계 및 세무상담 등에서는 개별원가계산을, 섬유업, 제분업, 철강업 등에서는 종합원가계산을 적용한다.
④ 개별원가계산은 제품별로 손익분석 및 계산이 용이한 반면, 종합원가계산은 보다 경제적이다.

정답 ②

〔문제 8-15〕 평균법을 이용하여 종합원가계산을 수행하는 회사에서 기말재공품의 완성도를 실제보다 높게 평가할 경우 미치는 영향으로 적합한 것은? (3회 기업회계1급 2006, 한국세무사회)

① 완성품원가는 과소평가되고 기말재공품원가는 과대평가된다.
② 완성품원가는 과대평가되고 기말재공품원가는 과소평가된다.
③ 완성품원가와 기말재공품원가 모두 과대평가된다.
④ 완성품원가와 기말재공품원가 모두 과소평가된다.

정답 ①

〔문제 8-16〕 다음 중 종합원가계산이 적합하지 않은 업종은? (전산회계 1급 23회)

① 건축용 자재인 시멘트를 대량생산하는 시멘트업
② 사무용품인 A4 종이를 생산하는 제지업
③ 고객의 주문에 의하여 건물을 신축하는 건설업
④ 인스턴트 라면을 생산하는 식품업

정답 ③

〔문제 8-17〕 **소금제조업, 얼음제조업과 같이 단일공정을 통해서 대량의 동질적인 제품을 생산하는 방식에 적합한 원가계산 방법은?** (행자부 9급 2004)

① 등급별원가계산 ② 공정별종합원가계산
③ 단일종합원가계산 ④ 개별원가계산

정답 ③

〔문제 8-18〕 **다음은 종합원가계산에서 원가를 기말재공품과 완성품에 배부하기 위한 절차이다. 올바른 순서는?** (28회 전산회계1급 2006)

ⓐ 완성품환산량 단위당 원가의 계산	ⓑ 완성품과 기말재공품의 원가계산
ⓒ 물량흐름의 파악	ⓓ 배부될 원가의 요약
ⓔ 완성품환산량의 계산	

① ⓔ-ⓐ-ⓒ-ⓓ-ⓑ ② ⓒ-ⓔ-ⓓ-ⓐ-ⓑ
③ ⓓ-ⓔ-ⓐ-ⓒ-ⓑ ④ ⓓ-ⓒ-ⓔ-ⓐ-ⓑ

정답 ②

〔문제 8-19〕 **가중평균법(weighted average method)을 적용한 공정별 원가계산에 대한 설명으로 가장 부적절한 것은?** (CPA 2001)

① 가중평균법은 마치 기초재공품을 모두 당기에 착수, 완성한 듯이 가정한다.
② 적시재고관리(Just-In-Time:JIT)를 적용하고 원가요소의 기간별 가격차이가 크지 않다면 선입선출법과의 차이가 없다.
③ 가중평균법은 착수 및 원가발생 시점에 관계없이, 당기완성량의 평균적 원가를 계산한다.
④ 선입선출법에 비해 가중평균법은 당기의 성과를 이전의 기간과 독립적으로 평가할 수 있는 보다 적절한 기회를 제공한다.
⑤ 흐름생산의 경우, 선입선출법이 가중평균법에 비해 실제 물량흐름(physical flow)에 보다 충실한 원가흐름 가정이라 볼 수 있다.

정답 ④

〔문제 8-20〕 **다음중 기말재공품 평가시 사용되는 평균법과 선입선출법에 대한 설명으로 옳지 않은 것은?** (CPA 2005)

① 선입선출법을 이용하여 종합원가계산을 수행하는 회사가 기말재공품의 완성도를 실제보다 과대평가할 경우 완성품환산량과 완성품원가는 과대평가된다.
② 기초재공품이 존재하지 않을 경우에는 평균법과 선입선출법에 의한 완성품환산량이 같지만, 기초재공품이 존재할 경우에는 평균법에 의한 완성품 환산량이 선입선출법에 의한 완성품환산량보다 크다.

③ 선입선출법은 평균법에 비해 실제 물량흐름에 충실한 원가흐름의 가정이며, 당기의 성과를 이전의 기간과 독립적으로 평가할 수 있어 계획과 통제목적에 유용한 방법이다.

④ 정산적인 공손수량은 평균법을 적용하나 선입선출법을 적용하나 동일하며, 정상적인 공손원가는 완성품과 기말재공품원가에 가산되나 비정상적인 공손원가는 영업외비용으로 처리한다.

⑤ 공손품에 대한 가공원가의 완성도를 검사시점으로 하며, 선입선출법을 사용할 경우 공손품은 모두 당기에 착수된 물량에서 발생한 것으로 가정한다.

정답 ①

〔문제 8-21〕 다음은 원가계산 및 원가배분과 관련된 문장들이다. (CPA 2003)

a. 종합원가계산의 경우, 기초재공품이 없을 때 선입선출법에 의한 제품제조원가나 평균법에 의한 제품제조원가는 동일하다.
b. 종합원가계산의 경우, 기초재공품과 기말재공품의 완성도(진척도)가 다같이 50%일 때 선입선출법에 의한 제품제조원가나 평균법에 의한 제품제조원가는 동일하다.
c. 기말재공품원가가 기초재공품원가에 비해 증가하였다면 당기발생제조원가가 당기제품제조원가보다 더 크다.
d. 보조부문 원가를 계제식 방법(step-down method)으로 배분할 경우, 어떤 부문을 먼저 배분하는가에 상관없이 배분결과는 동일하다.

위의 문장들 중 올바르거나 타당한 문장들만을 모은 것은?

① a, b ② a, c ③ a, b, c
④ a, c, d ⑤ b, d

정답 ②

〔문제 8-22〕 다음 중 가중평균법에 의한 종합원가계산에서 완성품환산량 단위당원가는 어느 원가를 사용하는가? (세무사 2005)

① 당기투입원가
② 당기투입원가 + 기초재공품원가
③ 당기투입원가 + 기말재공품원가
④ 당기투입원가 - 기초재공품원가
⑤ 당기투입원가 - 기말재공품원가

정답 ②

〔문제 8-23〕 (주)한국은 종합원가계산제도를 채택하고 있으며, 원재료는 공정의 초기에 전량 투입되며, 가공원가는 공정 전반에 걸쳐서 진척도에 따라 균등하게 발생한다. 재료원가의 경우 평균법에 의한 완성품환산량은 78,000단위이고, 선입선출법에 의한 완성품환산량은 66,000단위이다. 또한 가공원가의 경우 평균법에 의한 완성품환산량은 52,000단위이다. 기초재공품의 진척도는 몇 %인가? (CPA 2005)

① 10% ② 20% ③ 30%
④ 50% ⑤ 70%

정답 ②

〔문제 8-24〕 (주)울산화학은 공정별 원가계산방법을 사용하고 있으며 완성품환산량의 계산에 가중평균법을 사용하고 있다. (주)울산화학은 4월 중 125,000단위의 제품을 판매하였다. 회사는 오직 하나의 가공부서를 보유하고 있다.
생산활동과 관련된 추가정보가 다음과 같다.

4월 1일 재고	
재 공 품	없음
완 제 품	37,500단위
4월 30일 재고	
재 공 품 (가공비에 대한 진척도 75%)	8,000단위
완 제 품	30,000

(주)울산화학의 4월 중 가공비에 대한 완성품환산량은 얼마인가? (세무사 2004)

① 126,500단위 ② 125,500단위 ③ 123,500단위
④ 117,500단위 ⑤ 117,000단위

정답 ③

〔문제 8-25〕 종합원가계산을 이용하는 회사의 가공비 완성품환산량을 계산하면?
(국가직 9급 회계학 2006년 4월)

기초재공품 1,000개 (30%)	당기 착수량 9,000개
당기 완성품 7,000개	기말재공품 4,000개(30%)
재료는 기초에 전량 투입되고, 선입선출법으로 평가한다.	

① 10,000개 ② 4,000개
③ 7,900개 ④ 6,500개

정답 ③

〔문제 8-26〕 종합원가계산제도를 채택하는 한교회사의 다음 자료에 의하여 당기제품제조원가를 계산하면 얼마인가? 재공품의 평가는 선입선출법에 의하며 재료는 공정초기에 투입된다. (국가직 9급 회계학 2006년 4월)

1) 기초재공품	: 직접재료비 ₩10,000	가공비 ₩50,000	100개(50%)
2) 당기제조비용	: 직접재료비 ₩200,000	가공비 ₩300,000	
3) 기말재공품	: 100개(50%)		
4) 당기완성품	: 200개		

① ₩375,000 ② ₩380,000
③ ₩385,000 ④ ₩400,000

정답 ③

〔문제 8-27〕 서울회사는 단일제품을 생산하고 있으며, 선입선출법에 의한 종합원가계산을 채택하고 있다. 제품의 제조과정에서 두 가지 재료가 투입되는데 재료 A는 공정의 25% 시점에서, 재료 B는 75% 시점에서 각각 투입되며 가공비는 전공정을 통해 평균적으로 균일하게 발생한다. 20X5년 4월의 생산활동과 관련된 자료는 다음과 같다. (세무사 2003)

(1) 월초재공품 수량은 2,500단위, 완성도 40%, 원가는 ₩700,000이다.
(2) 월말재공품 수량은 2,000단위이며, 이 중 1,000단위는 완성도가 10%, 나머지 1,000단위는 80%이다.
(3) 당월 착수량은 3,500단위이고, 완성량은 4,000단위이다.
(4) 20X5년 4월중에 발생한 원가는 다음과 같다.

재료 A의 원가	₩500,000
재료 B의 원가	600,000
가 공 비	1,170,000

위 자료를 이용하여 당월 완성품 원가를 구하시오.

① ₩2,270,000 ② ₩2,380,000 ③ ₩2,970,000
④ ₩1,870,000 ⑤ ₩1,680,000

정답 ②

〔문제 8-28〕 다음 자료를 이용하여 가공비의 완성품환산량 단위당 원가를 계산하면?

(행자부 9급 2000)

· 월초재공품 수량 15,000개(완성도 20%)	· 월초재공품 원가 ₩50,000
· 당월착수량 45,000개	· 당월완성품 원가 50,000개
· 월말재공품 수량 10,000개(완성도 40%)	· 당월직접재료비 ₩225,000
· 당월가공비 ₩357,000	
· 재공품의 평가는 선입선출법에 의하고, 재료는 제조착수시 전부 투입되었다.	

① @₩5　② @₩6
③ @₩7　④ @₩8

정답 ③

〔문제 8-29〕 태양회사는 선입선출법 종합원가계산을 사용한다. 제2공정의 관련 자료는 다음과 같다.

	물량단위	가공비완성도
기초재공품수량	500단위	40%
전공정대체량	5,400	
당기완성품수량	?	
기말재공품수량	200	80%

제2공정에서 직접재료가 가공비완성도의 30%에서 투입된다면, 직접재료비와 가공비의 당기작업량의 완성품환산량은 각각 얼마인가? (세무사 1차 2005년 42회)

	직접재료비	가공비		직접재료비	가공비
①	5,700단위	5,560단위	②	5,900단위	5,660단위
③	5,900단위	5,700단위	④	5,400단위	5,700단위
⑤	5,400단위	5,660단위			

정답 ⑤

〔문제 8-30〕 대한회사는 평균법에 의한 종합원가계산을 채택하고 있다. 기초재공품이 75,000단위이고 당기착수량이 225,000단위이다. 기말재공품이 50,000단위인데 직접재료는 전량 투입되었고, 가공비완성도는 70%이다. 기초재공품에 포함된 가공비가 ₩14,000이고 당기발생 가공비가 ₩100,000이면 기말재공품에 얼마의 가공비가 배부되어야 하는가? (세무사 2008)

① ₩20,000　② ₩10,000　③ ₩18,000
④ ₩8,000　⑤ ₩14,000

정답 ⑤

〔문제 8-31〕 대한회사는 선입선출법에 의한 종합원가계산을 채택하고 있다. 제품제조를 위하여 원재료 A와 원재료 B가 사용되는데 원재료 A는 공정초기에 전부 투입되고 원재료 B는 공정의 50% 시점에 전부 투입된다. 그리고 가공원가는 공정 전체를 통하여 균등하게 발생한다. 대한회사의 당기 제품제조활동과 관련한 다음의 자료를 토대로 당기에 완성된 제품의 원가와 기말재공품의 원가를 구하면 각각 얼마인가? (세무사 2008)

- 기초재공품의 수량은 5,000개이며 가공비완성도는 60%이다.
- 당기 완성품의 수량은 80,000개이다.
- 기말재공품의 수량은 10,000개이며 가공비완성도는 30%이다.
- 기초재공품의 원가와 당기에 발생한 원가의 현황은 다음과 같다.

구 분	원재료 A	원재료 B	가공원가	합 계
기초재공품원가	₩850,000	₩900,000	₩400,000	₩2,150,000
당기발생원가	₩3,400,000	₩4,500,000	₩1,600,000	₩9,500,000

	완성품원가	기말재공품원가
①	₩11,025,000	₩625,000
②	₩11,150,000	₩500,000
③	₩11,190,000	₩460,000
④	₩9,600,000	₩2,050,000
⑤	₩10,200,000	₩1,450,000

정답 ③

〔문제 8-32〕 (주)한국은 2010년 10월 1일 현재 완성도가 60%인 월초재공품 8,000개를 보유하고 있다. 직접재료원가는 공정 초기에 투입되고, 가공원가는 전 공정을 통해 균등하게 투입된다. 10월 중에 34,000개가 생산에 착수되었고, 36,000개가 완성되었다. 10월 말 현재 월말재공품은 완성도가 80%인 6,000개이다. 10월의 완성품 환산량 단위당 원가를 계산할 때 가중평균법에 의한 완성품환산량이 선입선출법에 의한 완성품환산량보다 더 많은 갯수는? (9급 지방직 2010)

	직접재료원가	가공원가		직접재료원가	가공원가
①	0개	3,200개	②	0개	4,800개
③	8,000개	3,200개	④	8,000개	4,800개

정답 ④

해설

- 기말재공품원가 계산시 완성품환산량 계산
  ㉠ 평균법 : (완성량 + 기말재공품완성품환산량)
  ㉡ 선입선출법 : (완성량 + 기말재공품완성품환산량) - 기초재공품완성품환산량
  즉 평균법은 선입선출법보다 기초재공품완성품환산량만큼 많이 계산된다.
- 직접재료원가는 공정초에 투입되었으므로 완성도는 100%이다. 따라서 월초재공품수량 8,000개만큼 많이 계상된다.
- 가공원가는 항상 공정진행에 따라 균등하게 투입되므로, 월초재공품수량 8,000개 × 완성도 60% = 4,800개 만큼 많이 계상된다.

〔문제 8-33〕 다음 종합원가계산 자료에 의하여 재료비와 가공비의 완성품환산량(당월작업분)을 각각 구하면? (단, 재공품 평가는 선입선출법에 의한다.) (9급 국가직 2008)

당월 착수 수량	70,000개	당월 완성량	60,000개
월초 재공품 수량	10,000개 (완성도 : 재료비 80%, 가공비 40%)		
월말 재공품 수량	20,000개 (완성도 : 재료비 50%, 가공비 20%)		

	재료비	가공비
①	50,000개	56,000개
②	58,000개	54,000개
③	62,000개	60,000개
④	78,000개	68,000개

정답 ③

〔문제 8-34〕 (주)경상반도체의 제1공정의 기초재공품은 5,000개, 재료비와 가공비의 완성도는 각각 100%와 30%이다. 제1공정의 생산착수량은 50,000개이며, 당기에 40,000개가 완성되었다. 기말재공품의 재료비와 가공비 완성도는 각각 100%와 50%이다. 선입선출법과 평균법에 의한 가공비의 당기완성품환산량은? (9급 행정안전부 2009)

	선입선출법	평균법
①	47,500개	46,000개
②	45,000개	43,500개
③	43,500개	45,000개
④	46,000개	47,500개

정답 ④

〔문제 8-35〕 다음 자료를 이용하여 완성품 환산량 단위당 원가를 계산하면? (단, 월초 재공품은 없으며 모든 원가요소는 완성도에 비례하여 발생한다.) (9급 지방직 2009)

• 월말재공품 : 80개	• 월말재공품완성도 : 50%
• 완성품 : 500개	• 당월총제조원가 : ₩675,000

① ₩1,450
② ₩1,350
③ ₩1,250
④ ₩1,290

정답 ③

〔문제 8-36〕 (주)한국은 종합원가계산시스템을 채택하고 있으며, 최초 공정은 A공정이며, 최종 공정은 B공정이다. 평균법을 적용한 20×1년 4월의 완성품환산량 단위당 원가는 다음과 같다.

직접재료원가	₩100/개	가공원가	₩200/개
전공정(A공정)원가	₩500/개		

B공정에서 재료는 공정 50% 시점에서 일괄 투입되며, 가공원가는 B공정 전체에 걸쳐 균등하게 발생한다. 4월말 B공정의 재공품은 1,000개이며, 가공원가의 완성도는 40%이다. 이때 B공정의 기말재공품원가는? (감정평가사 2008)

① ₩480,000
② ₩580,000
③ ₩680,000
④ ₩780,000
⑤ ₩880,000

정답 ②

〔문제 8-37〕 종합원가계산을 적용하고 있는 (주)한국의 당기 원가자료는 다음과 같다.

구 분	물 량	직접재료원가		가공원가	
		금액	완성도	금액	완성도
기초재공품	100개	₩5,000	100%	₩8,200	40%
당기생산착수	900개	₩46,000	–	₩70,000	–
기말재공품	200개	?	100%	?	60%
당기완성품	800개	?		?	

원가흐름 가정이 평균법이라면 당기완성품 제조원가는 얼마인가? (감정평가사 2009)

① ₩103,200
② ₩103,360
③ ₩105,400
④ ₩108,800
⑤ ₩110,200

정답 ④

CHAPTER 9

공손 및 감손의 회계처리

공손은 품질이나 규격이 미달인 불합격품이며, 감손은 생산과정에서 원재료가 증발이나 가스화 등으로 없어지거나 경제적 가치를 상실한 폐물이다. 이 장에서는 공손원가의 인식과 배부와 감손원가의 회계처리를 학습하도록 한다. 공손은 정상공손과 비정상공손으로 구분되는데, 공손을 구분하기 위해서는 합격품량 계산을 반드시 숙지하여야 한다. 일반적으로 감손은 그 발생시점이나 장소가 불분명하므로 평균적으로 발생하는 것으로 가정하여 회계처리한다.

제1절 공손의 의의 및 분류
제2절 공손량의 구분
제3절 공손원가의 계산과 회계처리
제4절 감손원가의 계산과 회계처리

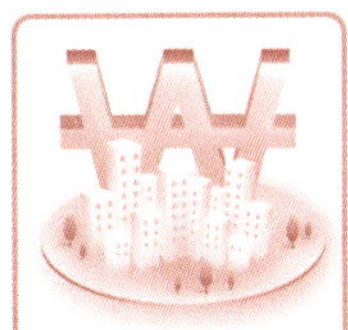
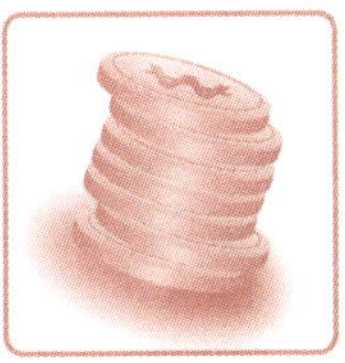

제1절 공손의 의의 및 분류

종합원가계산에서는 생산공정에의 총투입량(기초재공품량+당기투입량)과 총산출량(완성품량+기말재공품량)이 항상 일치한다는 것을 전제로 완성품환산량을 계산하고 총제조원가를 완성품과 기말재공품에 배분한다.

그러나 실제로 업종에 따라 차이는 있지만 화학공업이나 식료품제조업, 통신부품제조업 등 모든 업종에서 산출량이 투입량보다 적은 것이 일반적이다. 이와 같은 차이의 주된 원인은 제조공정에서 발생하는 공손이나 감손, 작업폐물[1]때문이다.

공손(spoilage)은 품질이나 규격이 정상품에 미치지 못하는 불합격품(공손품 또는 파손품이라 부름)을 말하며, 제품 제조과정에서 불량원재료의 투입이나 작업자의 부주의, 기타 기계공구의 결함 등으로 인해 발생한다.

공손은 능률적인 생산공정이나 생산방법 하에서 발생될 것이 기대되는가의 여부에 따라 정상공손과 비정상공손으로 나누어진다.

(1) 정상공손

① 능률적인 생산조건하에서도 발생하는 공손(기업이 특정생산방법을 선택한 결과로 인하여 발생)이며, 단기적으로 통제할 수 없는 공손이다.

② 정상품을 생산하기 위하여 어쩔 수 없이 발생되는 계획된 공손이기 때문에, 이 정상공손원가는 정상품(완성품과 검사받은 기말재공품)원가에 가산되어야 한다.

(2) 비정상공손

① 능률적인 생산조건하에서는 발생하지 않아야 하는 공손이며 제조활동을 효율적으로 수행하면 방지할 수 있으므로, 단기적으로 통제가능한 공손이다.

② 정상품의 제조와 관련 없이 발생하는 공손이기 때문에, 이 비정상공손원가는 정상품원가에 가산되지 않고 발생기간의 손실(영업외비용)로 처리하여야 한다.

---

1) ① 공손 : 어떤 이유에서든 공정의 작업을 완전히 수행하지 못함으로써 나타나는 손실이다.
② 감손 : 제조과정에서 증발·분산·가스화 등의 원인에 의하여 공정에 투입된 주요 원재료의 수량이 감소하여 나타나는 손실로, 거의 잔존가치가 전혀 존재하지 않는다.
③ 작업폐물 : ㉠원재료로부터 발생하는 찌꺼기(톱밥, 왕겨)나 조각(나무토막, 철편)으로서 판매가치가 부산물보다 더 작음 ㉡ 폐기과정에서 판매가치보다 더 많은 추가비용이 발생하여 손실이 발생할 수도 있다.
④ 부산물 : 연산품의 제조과정에서 부수적으로 생산되는 제품으로 판매가치가 상대적으로 작다.

공손	**정상공손**(원가성 인정) : 제조원가에 가산
	비정상공손(원가성 불인정) : 영업외비용 처리

이 공손(품)은 생산공정의 진행중에 발생하지만 인식할 수 있는 시점은 공손검사시점이므로 보통 **품질검사**의 시점에서 공손이 발생할 것으로 가정한다.

제2절 공손량의 구분

공손을 평가하여 회계처리하기 위해서는, 물량흐름을 파악하여 공손량이 얼마이며 이 중 정상공손량과 비정상공손량이 어느 정도인가를 계산하여야 한다. 왜냐하면 성격이 다른 공손을 구분함으로써 원가배분의 오류를 방지할 수 있기 때문이다. 물량흐름을 T-계정으로 나타내면 다음과 같다.

재공품

기초재공품량	×××	완성품량	×××
당기투입량	×××	**공손량(정상, 비정상)**	×××
		기말재공품량	×××
합 계	×××	합 계	×××

공손량을 정상공손량과 비정상공손량으로 구분하려면 공손검사를 마친 합격품량을 기준(검사시점 통과기준)으로 하여야 합리적이다. 공손검사를 마친 합격품량을 정상공손량의 산출기준으로 삼는 것은, 만약 단순히 투입량이나 검사시점까지의 수량을 기준으로 정상공손량을 계산한다면 정상공손량이 합격품뿐만 아니라 비정상공손량에 의해서도 영향을 받기 때문이다.

공손검사를 마친 합격품량은 기초재공품 및 기말재공품의 완성도와 공손품의 완성도(검사시점)에 따라 달라진다.

㉠ **기초재공품의 완성도가 검사시의 완성도보다 낮은 경우 (<표 9-1> (1) 경우)** : 기초재공품이 검사를 통과하지 못하였으므로 기초재공품과 당기투입량을 합한 총투입량에서 공손량을 차감하여 합격품량을 구한다.

㉡ **㉠의 반대의 경우 (<표 9-1> (4) 경우)** : 기초재공품이 검사를 통과하였으므로 당기투입량에서 공손량만을 차감하여 합격품량을 구한다.

㉢ **기말재공품의 완성도가 검사시의 완성도보다 낮은 경우 (<표 9-1> (2) 경우)** : 기말재공품이 검사를 통과하지 못하였으므로 공손량과 마찬가지로 당기투입량에서 기말재공품량을 차감하여 합격품량을 구한다.

㉣ **㉢의 반대의 경우 (<표 9-1> (3) 경우)** : 기말재공품이 검사를 통과하였으므로 총투입량에서 공손량만을 차감하여 합격품량을 구한다.

상술한 내용처럼 기초재공품과 기말재공품이 공존하므로, 여러 경우를 결합하여 <표 9-1>과 같이 합격품량을 구할 수 있다.

<표 9-1> 합격품량의 계산

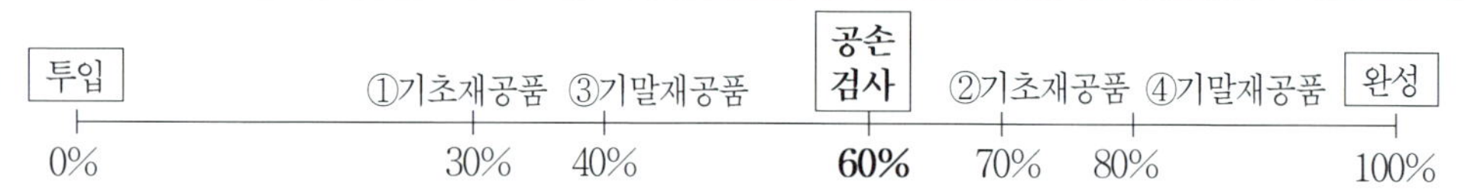

(1) 기초재공품과 기말재공품의 완성도가 검사시점보다 낮은 경우(①, ③)
합격품량=(기초재공품량+당기투입량)−(기말재공품량+공손량)

(2) 기초재공품의 완성도는 검사시점보다 높지만, 기말재공품량의 완성도는 낮은 경우(②, ③)
합격품량=당기투입량−(기말재공품량+공손량)

(3) 기초재공품의 완성도가 검사시점보다 낮지만, 기말재공품의 완성도는 높은 경우(①, ④)
합격품량=(기초재공품량+당기투입량)−공손량

(4) 기초재공품과 기말재공품의 완성도가 검사시점보다 높은 경우(②, ④)
합격품량=당기투입량−공손량

공손검사를 마친 합격품량을 구한 후에는 합격품량에 공손허용한도인 정상공손(허용)율을 곱하여 정상공손량을 구하고, 총공손량에서 정상공손량을 차감하여 비정상공손량을 구하게 된다.

정상공손량 = 합격품량 × 정상공손허용율
비정상공손량 = 총공손량 − 정상공손량

예제 9-1

대한회사의 정상공손의 허용한도는 합격품의 2%이다. 공손검사는 공정이 60% 진행되었을 때 실시한다. 20×1년 5월 중의 생산관련자료는 다음과 같다.

기초재공품량	2,000개
당기투입량	4,000개
완 성 품 량	4,800개
공 손 량	200개
기말재공품량	1,000개

[물음] 다음 각 경우의 정상공손량과 비정상공손량을 구하라.

1. 기초재공품의 완성도가 30%, 기말재공품의 완성도가 40%인 경우(표9-2 (1)조건)
2. 기초재공품의 완성도가 70%, 기말재공품의 완성도가 40%인 경우(표9-2 (2)조건)
3. 기초재공품의 완성도가 30%, 기말재공품의 완성도가 80%인 경우(표9-2 (3)조건)
4. 기초재공품의 완성도가 70%, 기말재공품의 완성도가 80%인 경우(표9-2 (4)조건)

해답

1. 합격품량=(2,000개+4,000개)-(1,000개+200개)=4,800개
   정상공손량=4,800개×2%=96개
   비정상공손량=200개-96개=104개
2. 합격품량=4,000개-(1,000개+200개)=2,800개
   정상공손량=2,800개×2%=56개
   비정상공손량=200개-56개=144개
3. 합격품량=(2,000개+4,000개)-200개=5,800개
   정상공손량=5,800개×2%=116개
   비정상공손량=200개-116개=84개
4. 합격품량=4,000개-200개=3,800개
   정상공손량=3,800개×2%=76개
   비정상공손량=200개-76개=124개

제3절 공손원가의 계산과 회계처리

정상공손원가는 정상품원가에 가산되므로 총공손수량 중 정상공손수량의 결정은 재고자산평가액에 중요한 영향을 미치게 된다. 따라서 대부분의 기업에서는 정확한 제품원가계산과 원가통제를 위하여 정상공손으로 일반적으로 인정할 수 있는 허용한도(정상공손허용률)를 사전에 정하고 있으며, 이 허용한도 내에서 발생하는 공손을 정상공손, 허용한도를 초과하여 발생하는 공손을 비정상공손으로 본다.

공손이 있는 원가계산을 할 경우 먼저 원가배분을 하기 전단계에서 정상공손수량과 비정상공손수량을 <표 9-2> 합격품량의 계산식으로 산출하여야 한다. 그 후 원가흐름가정(평균법, 선입선출법)에 따라 원가배분을 하게 된다.

1. 공손무인식법과 공손인식법

1.1 공손무인식법 (공손발생을 무시하는 방법)

공손무인식법은 공손이 발생하지 않았던 것으로 간주하여 공손원가를 별도로 계산하지 않는 방법이다. 이 방법을 적용할 경우 공손의 완성품환산량을 계산할 필요가 없게 된다. 따라서 공손을 인식하는 방법에 비하여 완성품환산량이 감소(공손의 완성품환산량만큼)되고 완성품환산량당 단위원가는 커진다.

이 방법에 의하면 원가계산결과가 부정확해지는 다음과 같은 문제점이 발생된다.

① 정상공손원가와 비정상공손원가는 모두 제품원가에 포함되며

② 정상공손만 발생하였다고 하더라도 검사를 받지 않은 기말재공품에도 정상공손원가가 배분되게 된다.

1.2 공손인식법(공손을 별도로 분리계산하는 방법)

공손인식법은 공손원가를 별도로 계산하여 정상공손원가는 정상품원가에 가산하고 비정상공손원가는 기간비용으로 처리하는 방법이다. 이 방법을 적용할 경우 <그림 9-1>과 같은 절차로 공손원가를 계산해야 하며, 별도로 공손품(정상공손, 비정상공손 구분계산 후)의 완성품환산량도 계산하여야 한다.

따라서 이 방법은 ① 공손원가를 정확하게 계산한다는 제품원가계산목적과 ② 공손품의 성질을 규명하고 정상공손원가와 비정상공손원가를 구별함으로써 공손

의 발생에 대하여 경영자의 주의를 환기시킨다는 경영관리목적에 적합한 계산방법이다.

<그림 9-1> 공손원가의 배부

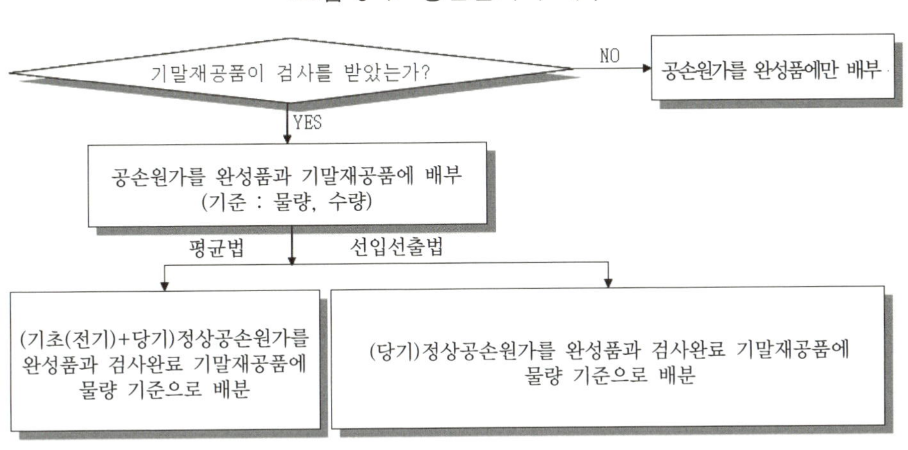

*선입선출법에서는 원가흐름의 가정상 기초재공품의 정상공손원가가 완성품원가에 포함됨

2. 공손품의 처분가치가 없는 경우와 있는 경우

2.1 공손품의 처분가치가 없는 경우

공손품의 처분가치가 없는 경우에는 공손품이 그대로 폐기되므로 공손원가의 성격에 따라 정상공손원가는 완성품과 기말재공품원가에 재배분하고, 비정상공손원가는 기간비용으로 처리하여야 한다.

(1) 정상공손원가 배분 계산

1) 정상공손은 제품생산시 허용되는 범위내의 공손이므로, 정상공손의 완성품환산량에 완성품환산량 단위당 원가를 곱하여 정상공손원가를 구한다.

정상공손원가=정상공손의 완성품환산량×완성품환산량 단위당 원가

2) 정상공손원가를 완성품과 기말재공품에 재배분하기 위해서는 우선, 기말재공품의 완성도와 공손검사시점을 고려하여야 한다. 기말재공품의 완성도가 공손검사시점보다 낮은 경우에는 정상공손원가를 완성품에만 배분하여야 하나, 기말재공품의 완성도가 공손검사시점보다 높은 경우에는 완성품과 기말재공품에 공동 배분하여야 한다.

① 공손의 검사시점 > 기말재공품의 완성도
⇒ 정상공손원가를 완성품에만 부담(배분)

② 공손의 검사시점 < 기말재공품의 완성도
⇒ 정상공손원가를 완성품과 기말재공품에 공동 배분

3) 정상공손원가를 완성품과 기말재공품에 공동 배분하는 경우(위의 ② 경우)에 원가흐름의 가정인 평균법과 선입선출법을 적용하여 처리한다.

A. **평균법의 경우** : 기초재공품의 완성도를 고려할 필요 없이 정상공손원가를 완성품과 기말재공품에 공동 배분한다.**(아래 ②-㉠ 평균법 공식)**

B. **선입선출법의 경우** : 기초재공품원가가 완성품원가를 구성하므로 기초재공품의 완성도를 다시 고려하여야 하므로, 기초재공품완성도가 검사시점보다 낮을 때에는 평균법(②-㉠ 공식)과 같이 정상공손원가를 완성품에만 배부하나, 기초재공품의 완성도가 검사시점보다 높을 때에는 기초재공품의 완성분은 당기의 정상공손과는 관련이 없으므로 제외하여야 한다.**(아래 ②-㉡ 선입선출법 공식)**

②-㉠ 평균법

– 완성품에 배분할 정상공손원가

$$\text{정상공손원가} \times \frac{\text{완성품량}}{\text{완성품량} + \text{기말재공품량}} = \text{완성품에 배분할 정상공손원가}$$

– 기말재공품에 배분할 정상공손원가

$$\text{정상공손원가} \times \frac{\text{기말재공품량}}{\text{완성품량} + \text{기말재공품량}} = \text{기말재공품에 배분할 정상공손원가}$$

②-㉡ 선입선출법(공손검사시점 < 기초재공품의 완성도)

– 완성품에 배분할 정상공손원가

$$\text{정상공손원가} \times \frac{\text{완성량} - \text{기초재공품량}}{\text{완성품량} - \textbf{기초재공품량} + \text{기말재공품량}} = \text{완성품에 배분할 정상공손원가}$$

– 기말재공품에 배분할 정상공손원가

$$\text{정상공손원가} \times \frac{\text{기말재공품량}}{\text{완성품량} - \textbf{기초재공품량} + \text{기말재공품량}} = \text{기말재공품에 배분할 정상공손원가}$$

(2) 비정상공손원가의 배분 계산

비정상공손은 공손의 허용한도를 초과한 공손으로 주로 비능률적인 작업이나 경영자가 통제불가능한 천재지변 등에 의해 발생한다.

비정상공손원가는 비정상공손량(총공손량에서 정상공손량을 차감)의 완성품환산량에 완성품환산량 단위당 원가를 곱하여 구한 후, 제조원가에 배분하지 않고 그 발생원인에 따라 손실(영업외비용)로 처리하여 손익계산서 구성항목이 된다.

예제 9-2

[물음] 대한회사는 단일공정(제1공정)에서 제품을 생산하고 있다. 기타 생산 및 원가관련 자료는 <예제 8-3> 및 <예제 9-1>과 동일하다. 공손품의 처분가치가 없다고 가정하고 주어진 재공품의 완성도하에서 완성품원가 및 기말재공품원가와 비정상공손원가를 선입선출법에 의해 계산하라.

해답

1. **기초재공품의 완성도가 30%, 기말재공품의 완성도가 40%인 경우** (정상공손원가는 완성품원가에만 배분함) <표 9-1 (1) 조건>

제조원가보고서 **(선입선출법)**

	I.물량흐름	II. 완성품환산량	
		직접재료원가	가공원가
기초재공품(30%)	2,000개		
당기투입량	4,000		
합　　계	6,000개		
완성품량			
기초재공품완성분	2,000개	–	1,400개
당기투입완성분	2,800	2,800개	2,800
정상공손량	96	96	57.6
비정상공손량	104	104	62.4
기말재공품(40%)	1,000	1,000	400
합　　계	6,000개	4,000개	4,720개
기초재공품원가	₩100,000	–	–
당기제조원가	1,000,000	₩800,000	₩200,000
III. 배분대상원가	₩1,100,000		
÷완성품환산량		÷4,000개	÷4,720개
IV. 완성품환산량 단위당원가		₩200	₩42.37

V. 원가의 배분

1. 완성품원가		
기초재공품원가(전기)	₩100,000	
기초재공품 당기추가원가	59,318	(1,400개×₩42.37)
당기투입완성품원가	678,636	(2,800개×₩242.37)
정상공손원가	21,640	(96개×₩200+57.6개×₩42.37)
합 계	₩859,594	
2. 기말재공품원가	₩216,948	(1,000개×₩200+400개×₩42.37)
3. **비정상공손원가**	₩23,458	(104개×₩200+62.4개×₩42.37)

2. **기초재공품의 완성도가 70%, 기말재공품의 완성도가 40%인 경우** (정상공손원가는 완성품원가에만 배분함) <표 9-1 (2) 조건>

제조원가보고서 (선입선출법)

	I.물량흐름	II. 완성품환산량	
		직접재료원가	가공원가
기초재공품(70%)	2,000개		
당기투입량	4,000		
합 계	6,000개		
완성품량			
기초재공품완성분	2,000개	–	600개
당기투입완성분	2,800	2,800개	2,800
정상공손량	56	56	33.6
비정상공손량	144	144	86.4
기말재공품(40%)	1,000	1,000	400
합 계	6,000개	4,000개	3,920개
기초재공품원가	₩100,000	–	–
당기제조원가	1,000,000	₩800,000	₩200,000
III. 배분대상원가	₩1,100,000		
÷완성품환산량		÷4,000개	÷3,920개
IV. 완성품환산량 단위당 원가		₩200	₩51

V. 원가의 배분

1. 완성품원가		
기초재공품원가(전기)	₩100,000	
기초재공품 당기추가원가	30,600	(600개×₩51)
당기투입완성품원가	702,800	(2,800개×₩251)
정상공손원가	12,914	(56개×₩200+33.6개×₩51)
합 계	₩846,314	
2. 기말재공품원가	₩220,400	(1,000개×₩200+400개×₩51)
3. 비정상공손원가	₩33,286	(144개×₩200+86.4개×₩51)

3. **기초재공품의 완성도가 30%, 기말재공품의 완성도가 80%인 경우** (정상공손원가는 완성품원가와 기말재공품원가에 배분함) <표 9-1 (3) 조건>

제조원가보고서 **(선입선출법)**

	I.물량흐름	II. 완성품환산량	
		직접재료원가	가공원가
기초재공품(30%)	2,000개		
당기투입량	4,000		
합 계	6,000개		
완성품량			
기초재공품완성분	2,000개	–	1,400개
당기투입완성분	2,800	2,800개	2,800
정상공손량	116	116	69.6
비정상공손량	84	84	50.4
기말재공품(80%)	1,000	1,000	800
합 계	6,000개	4,000개	5,120개
기초재공품원가	₩100,000	–	–
당기제조원가	1,000,000	₩800,000	₩200,000
III. 배분대상원가	₩1,100,000		
÷완성품환산량		÷4,000개	÷5,120개
IV. 완성품환산량 단위당원가		₩200	₩39.06

V. 원가의 배분

1. 완성품원가		
기초재공품원가(전기)	₩100,000	
기초재공품 당기추가원가	54,684	(1,400개×₩39.06)
당기투입완성품원가	669,368	(2,800개×₩239.06)
정상공손원가1)	21,450	
합 계	₩845,502	
2. 기말재공품원가	₩231,248	(1,000개×₩200+800개×₩39.06)
정상공손원가2)	4,468	
합 계	₩235,716	
3. 비정상공손원가	₩18,782	(84개×₩200+50.4개×₩39.06)

※ 정상공손원가 ₩25,918 (116개×₩200+69.6개×₩39.06)

정상공손원가의 배분

1) ₩25,918× $\frac{4,800개^{*}}{5,800개^{**}}$ =₩21,450

2) ₩25,918× $\frac{1,000개}{5,800개}$ =₩4,468

* 4,800개=기초재공품 2,000개+당기완성품 2,800개

** 5,800개=당기완성품 4,800개+기말재공품 1,000개

4. **기초재공품의 완성도가 70%, 기말재공품의 완성도가 80%인 경우** (정상공손원가는 완성품원가와 기말재공품원가에 배분함) <표 9-1 (4) 조건>

제조원가보고서 **(선입선출법)**

	I.물량흐름		II. 완성품환산량	
			직접재료원가	가공원가
기초재공품(70%)	2,000개			
당기투입량	4,000			
합 계	6,000개			
완성품량				
기초재공품완성분	2,000개		–	600개
당기투입완성분	2,800		2,800개	2,800
정상공손량	76		76	45.6
비정상공손량	124		124	74.4
기말재공품(80%)	1,000		1,000	800
합 계	6,000개		4,000개	4,320개
기초재공품원가	₩100,000		–	–
당기제조원가	1,000,000		₩800,000	₩200,000
III. 배분대상원가	₩1,100,000			
÷완성품환산량			÷4,000개	÷4,320개
IV. 완성품환산량 단위당 원가			₩200	₩46.3
V. 원가의 배분				
1. 완성품원가				
기초재공품원가(전기)	₩100,000			
기초재공품 당기추가원가	27,780	(600개×₩46.3)		
당기투입완성품원가	689,640	(2,800개×₩246.3)		
정상공손원가[1]	12,755			
합 계	₩830,175			
2. 기말재공품원가	₩237,040	(1,000개×₩200+800개×₩46.3)		
정상공손원가[2]	4,556			
합 계	₩241,596			
3. 비정상공손원가	₩28,229	(124개×₩200+74.4개×₩46.3)		

※ 정상공손원가 ₩17,311 (76개×₩200+45.6개×₩46.3)

정상공손원가의 배분

1) $₩17,311 \times \frac{4,800개 - 2,000개}{(4,800개 - 2,000개) + 1,000개} = ₩12,755$

2) $₩17,311 \times \frac{1,000개}{(4,800개 - 2,000개) + 1,000개} = ₩4,556$

2.2 공손품의 처분가치가 있는 경우

공손품의 처분가치가 있어 판매가 가능한 경우에는 판매가격에서 판매를 위한 추가비용을 차감한 순실현가치를 공손원가에서 사전에 차감하여 '순공손원가'를 구한 후, 이 금액을 공손품의 처분가치가 없는 경우와 동일한 배분방법에 따라 완성품과 기말재공품에 배분한다.

예제 9-3

<예제 9-2>의 4에서 주어진 자료는 동일하나, 공손품이 @₩10(200개)에 판매될 수 있다고 가정하고 다음 [물음]에 답하라.

[물음] 1. 완성품과 기말재공품원가 및 비정상공손원가를 구하라.
2. ①공손품의 처분가치 ②비정상공손원가에 대한 회계처리를 분개하라.

해답

1. 완성품원가, 기말재공품원가, 비정상공손원가의 계산 (1~4단계는 <예제 9-2>와 동일하며, 5단계 이후만 달라짐)

Ⅴ. 원가의 배분

1. 완성품원가		
기초재공품원가(전기)	₩100,000	
당기추가원가	27,780	(600개×₩46.3)
당기투입완성품원가	689,640	(2,800개×₩246.3)
정상공손원가[1)]	12,195	
합 계	₩829,615	
2. 기말재공품원가	₩237,040	(1,000개×₩200+800개×₩46.3)
정상공손원가[2)]	4,356	
합 계	₩241,396	
3. 비정상공손원가[3)]	₩26,989	
4. 공 손 품	₩2,000	

※ 정상순공손원가 ₩17,311－76개×₩10＝₩16,551

정상공손원가의 배분

1) $₩16,551\times\dfrac{4,800개-2,000개}{(4,800개-2,000개)+1,000개}=₩12,195$

2) $₩16,551\times\dfrac{1,000개}{(4,800개-2,000개)+1,000개}=₩4,356$

※ 비정상순공손원가

3) ₩28,229－124개×₩10＝₩26,989

2. 분개

① (차) 공손품 ₩2,000 (대) 재공품 ₩2,000

(공손품의 처분금액은 재공품계정에서 차감함 : 즉 투입원가가 제조과정에만 들어간 것으로 봄)

② (차) 비정상공손품 ₩26,989 (대) 재공품 ₩26,989
(영업외비용 항목)

제4절 감손원가의 계산과 회계처리

감손(waste)이란 제조공정에 투입된 액체나 기체와 같은 원재료가 생산과정에서 증발, 분진, 가스화 등으로 없어지거나 경제적 가치를 상실한 폐물을 의미한다.

감손은 그 발생시점이나 장소가 명확하지 않아 ① 생산공정 중 평균적으로 발생하거나, ② 생산공정의 진행정도에 따라 비례적으로 발생하는 것으로 2가지로 가정한다. 만약 특정시점에서 감손의 발생을 인식할 수 있다면 공손(spoilage)과 같이 처리한다.

1.1 감손이 평균적으로 발생하는 경우 (감손의 평균률법)

감손이 생산공정중 평균적으로 발생하는 경우에는 감손량을 구분할 방도가 없기 때문에 감손량이 주어진 것으로 가정하며, 감손의 가공원가 완성품환산량 계산시에는 감손시점을 파악하기 어려우므로 감손량에 보통 50%의 평균률을 적용한다. 그리고 감손원가는 완성품과 기말재공품원가에 배분하고, 배분기준으로는 완성도와 관련이 있는 요소별 완성품환산량의 비율을 이용하여야 한다.

1.2 감손이 누증적(비례적)으로 발생하는 경우 (감손의 수율법)

감손이 생산공정에 누증적(비례적)으로 발생하는 경우에는 다음 식과 같이 먼저 예상감손율과 완성도를 고려하여 수율을 파악한 후, 다음으로 감손량을 계산하여야 한다.

실제감손율 = 완성도 × 예상감손율
수 율 = 1 − 실제감손율

수율(yield ratio)이란 원재료의 투입량에 대한 산출량의 비율로 감손된 상태의 산출량을 수율로 나누면 감손전 투입량이 계산되는바, 이 감손전 투입량과 산출량의 차이가 감손량인 것이다.

감손의 가공원가 완성품환산량을 계산할 때에는 완성품 감손량과 재공품 감손량의 완성도에 보통 50%를 곱한다. 그리고 감손원가의 배분은 완성품의 감손원가는 완성품원가에, 기말재공품의 감손원가는 기말재공품원가에 배분하면 되므로 별도의 배분과정이 필요없다.

감손이 평균적으로 발생하는 감손의 평균률법을 적용하는 경우의 예를 들면 다음 [예제 9-4]와 같다.

예제 9-4

청원회사는 원료를 공정의 착수시점에서 전량투입하고 가공원가는 공정의 진행정도에 따라 균등하게 발생한다. 감손은 공정의 진행정도에 따라 평균적(50%)으로 발생하며 모두 정상적인 것이다. 20×1년 5월중의 생산 및 원가관련자료는 다음과 같다.

	물량흐름	직접재료원가	가공원가
기초재공품(30%)	4,000kg	₩40,000	₩60,000
당기투입량	6,000	240,000	340,000
완 성 품 량	6,000		
정상감손량	400		
기말재공품(50%)	3,600		

[물음] 1. 선입선출법을 사용하여 완성품원가와 기말재공품원가를 계산하라.
2. 평균법을 사용하여 완성품원가와 기말재공품원가를 계산하라.

해답

1. 선입선출법

제조원가보고서

	I.물량흐름	II. 완성품환산량	
		직접재료원가	가공원가
기초재공품(30%)	4,000kg		
당기투입량	6,000		
합 계	10,000kg		
완성품량			
기초재공품완성분	4,000kg	–	2,800kg
당기투입완성분	2,000	2,000kg	2,000
정상감손량(50%)	400	400	200
기말재공품(50%)	3,600	3,600	1,800
합 계	10,000kg	6,000kg	6,800kg
기초재공품원가	₩100,000	–	–
당기제조원가	580,000	₩240,000	₩340,000
III. 배분대상원가	₩680,000		
÷완성품환산량		÷6,000kg	÷6,800kg
IV. 완성품환산량 단위당원가		₩40	₩50

V. 원가의 배분

1. 완성품원가

기초재공품원가(전기)	₩100,000	
기초재공품 당기추가원가	140,000	(2,800kg×₩50)
당기투입완성품원가	180,000	(2,000kg×₩90)
정상감손원가[1]	12,987	
합 계	₩432,987	

2. 기말재공품원가

기말재공품원가	₩234,000	(3,600kg×₩40+1,800kg×₩50)
정상감손원가[2]	13,013	
합 계	₩247,013	

※ 정상감손원가의 계산　직접재료원가 ₩16,000(400kg×₩40)
　　　　　　　　　　　　가공원가　　₩10,000(200kg×₩50)

정상감손원가의 배분

1) 완성품 배분

$$₩16,000\times\frac{2,000kg}{5,600kg}=₩5,714$$

$$₩10,000\times\frac{4,800kg}{6,600kg}=₩7,273$$

합 계 ₩12,987

2) 기말재공품 배분

$$₩16,000\times\frac{3,600kg}{5,600kg}=₩10,286$$

$$₩10,000\times\frac{1,800kg}{6,600kg}=₩2,727$$

합 계 ₩13,013

2. 평균법

제조원가보고서

	I.물량흐름	II. 완성품환산량	
		직접재료원가	가공원가
기초재공품(30%)	4,000kg		
당기투입량	6,000		
합 계	10,000kg		
완성품량	6,000kg	6,000kg	6,000kg
정상감손량(50%)	400	400	200
기말재공품(50%)	3,600	3,600	1,800
합 계	10,000kg	10,000kg	8,000kg
기초재공품원가	₩100,000	₩40,000	₩60,000
당기제조원가	580,000	240,000	340,000
III. 배분대상원가	₩680,000	₩280,000	₩400,000
÷완성품환산량		÷10,000kg	÷8,000kg
IV. 완성품환산량 단위당 원가		₩28	₩50

V. 원가의 배분

1. 완성품원가	₩468,000	(6,000kg×₩78)
정상감손원가[1)]	14,692	
합 계	₩482,692	
2. 기말재공품원가	₩190,800	(3,600kg×₩28+1,800kg×₩50)
정상감손원가[2)]	6,508	
합 계	₩197,308	

※ 정상감손원가의 계산　직접재료원가 ₩11,200(400kg×₩28)
가공원가 ₩10,000(200kg×₩50)

정상감손원가의 배분

1) 완성품 배분

$$₩11,200 \times \frac{6,000kg}{9,600kg} = ₩7,000$$

$$₩10,000 \times \frac{6,000kg}{7,800kg} = ₩7,692$$

합 계 ₩14,692

2) 기말재공품 배분

$$₩11,200 \times \frac{3,600kg}{9,600kg} = ₩4,200$$

$$₩10,000 \times \frac{1,800kg}{7,800kg} = ₩2,308$$

합 계 ₩6,508

연습문제

[문제 9 – 1] 공손과 감손의 차이를 설명하라.

[문제 9 – 2] 정상공손과 비정상공손을 비교 · 설명하라.

[문제 9 – 3] 공손품의 처분가치가 없는 경우의 회계처리를 설명하라.

[문제 9 – 4] 공손수량의 구분

서울회사는 종합원가계산시스템을 채택하고 있다. 재료는 공정의 개시시점에서 모두 투입하며, 가공원가는 공정의 진행에 따라 균등하게 발생한다. 20×1년 5월중의 생산관련자료는 다음과 같다.

	물량흐름
기초재공품(50%)	10,000개
당기투입량	90,000
완 성 품 량	75,000
공 손 량	5,000
기말재공품(80%)	20,000

[물음] 1. 공손 검사시점이 각각 40%, 70%, 90%이라 가정하여 합격품량을 계산하라. 또한 기초재공품의 완성도가 80%, 기말재공품의 완성도가 50%, 공손검사시점이 70%라 가정하고 합격품량을 계산하라.

2. 정상공손율이 2%라고 가정하고, 「물음」 1의 계산결과를 이용하여 정상공손수량과 비정상공손수량을 구분하여 계산하라.

[문제 9 – 5] 공손품의 처분가치가 없는 경우(Ⅰ)

강남회사는 종합원가계산시스템을 도입하고 있다. 재료는 공정의 개시시점에서 전량 투입되며, 가공원가는 공정의 진행에 따라 균등하게 발생한다. 공손검사는 공정의 70%시점에서 실시하며 합격품량의 5%는 정상공손이다. 20×1년 5월중의 생산관련자료는 다음과 같다.

	물량흐름	직접재료원가	가공원가
기초재공품(30%)	2,000개	₩10,000	₩12,000
당기투입량	10,000	60,000	84,000
완 성 품 량	8,000		
공　　손	1,000		
기말재공품(80%)	3,000		

[물음] 1. 선입선출법을 이용하여 완성품원가와 기말재공품원가, 비정상공손원가를 계산하라.
2. 공손검사를 공정의 90%시점에서 실시한다고 가정하여 평균법으로 완성품원가와 기말재공품원가, 비정상공손원가를 계산하라.

[문제 9-6] 공손품의 처분가치가 없는 경우(Ⅱ)

관악회사는 종합원가계산시스템을 도입하고 있다. 재료는 공정의 개시시점에서 전량 투입되며, 가공원가는 공정의 진행에 따라 균등하게 발생한다. 공손검사는 공정의 50% 시점에서 실시하며 합격품량의 10%는 정상공손이다. 20×1년 5월중의 생산관련 자료는 다음과 같다.

	물량흐름	직접재료원가	가공원가
기초재공품(60%)	2,000개	₩20,000	₩24,000
당기투입량	8,000	80,000	111,000
완 성 품 량	6,000		
공　　손	2,000		
기말재공품(80%)	2,000		

[물음] 1. 선입선출법을 이용하여 완성품원가와 기말재공품원가, 비정상공손원가를 계산하라.
2. 기말재공품의 완성도가 40%라 가정하고 평균법을 이용하여 완성품원가와 기말재공품원가, 비정상공손원가를 계산하라.

[문제 9-7] 공손검사를 1회 이상 실시하고, 공손품의 처분가치가 있는 경우

종로회사는 종합원가계산제도를 도입하고 있다. 재료는 공정의 개시시점에서 전량 투입되며, 가공원가는 공정의 진행에 따라 균등하게 발생한다. 첫 번째 공손검사는 공정의 40% 시점에서 실시하며, 검사를 통과한 합격품량의 5%를 정상공손으로 간주한다. 두 번째 검사는 공정의 90%시점에서 실시하며 검사를 통과한 합격품량의 2%를 정상공손으로 간주한다. 1차 공손품의 처분가치는 단위당 ₩40이고, 2차 공손품의 처분가치는 ₩6이다. 20×1년 5월중의 생산관련자료는 다음과 같다.

	물량흐름	직접재료원가	가공원가
기초재공품(30%)	1,000개	₩20,000	₩40,000
당기투입량	9,000	270,000	304,500
완성품량	7,000		
공 손(1차)	600		
공 손(2차)	400		
기말재공품(70%)	2,000		

[물음] 1. 선입선출법을 이용하여 완성품원가와 기말재공품원가, 비정상공손원가를 계산하라.

2. 평균법을 이용하여 완성품원가와 기말재공품원가, 비정상공손원가를 계산하라.

[문제 9-8] 두 개의 제조공정이 있고, 재료투입시점이 다른 경우

한국회사는 두 개의 연속된 공정을 통하여 제품을 생산하고 있다. A재료는 제1공정의 개시시점에서 전량투입되며, B재료는 제2공정의 개시시점에서 50%를 투입하고 나머지는 공정말에 투입된다. 가공원가는 공정의 진행에 따라 균등하게 발생한다. 제1공정과 제2공정의 공손품검사는 공정의 60%에서 실시하며, 검사를 통과한 합격품량의 5%를 정상공손으로 간주한다. 20×1년 5월 중 생산 및 원가관련자료는 다음과 같다.

(1) 생산관련자료

	제1공정	제2공정
기초재공품	1,000개 (40%)	2,000개 (50%)
당기투입량	11,000	9,000
완성품량	9,000	8,000
공 손	1,000	1,000
기말재공품	2,000 (50%)	2,000 (80%)

(2) 원가관련자료

	제1공정	제2공정
기초재공품원가		
전공정원가	–	₩10,000
직접재료원가	₩30,000	30,000
가공원가	50,000	40,000
당기제조원가		
직접재료원가	110,000	85,000
가공원가	204,000	184,000

[물음] 1. 선입선출법에 의하여 제1공정의 완성품원가와 기말재공품원가, 비정상공손원가를 계산하라.
2. 선입선출법에 의하여 제2공정의 완성품원가와 기말재공품원가, 비정상공손원가를 계산하라.

[문제 9-9] 감손이 생산공정중 평균적으로 발생하는 경우

광진회사는 종합원가계산시스템을 도입하고 있다. 재료는 공정의 개시시점에서 전량 투입되며, 가공원가는 공정의 진행정도에 따라 균등하게 발생한다. 한편 감손은 생산공정중 평균적으로 발생하며 모두 정상적이다. 20×1년 5월중의 생산관련자료는 다음과 같다.

	물량흐름	직접재료원가	가공원가
기초재공품(40%)	1,200kg	₩12,000	₩24,000
당기투입량	8,000	80,000	162,000
완성품량	7,000		
감　　손	200		
기말재공품(60%)	2,000		

[물음] 평균법을 이용하여 당기완성품원가와 기말재공품원가를 계산하라.

[문제 9-10] 기말재공품의 완성도가 다른 경우(KICPA 1990)

(주)세한은 단일제품을 대량으로 생산하며 선입선출법에 의한 단순종합원가계산제도를 채택하고 있다. 제조과정에서 두 가지의 재료가 투입되는데 재료 A는 가공원가완성도 25% 시점에서 투입되고 재료 B는 가공원가완성도 75% 시점에서 공정에 투입된다. 가공원가는 공정전체에 걸쳐 균등하게 발생한다. 제품검사는 재료 B를 투입하기 직전에 실시하며 검사를 통과한 합격품에만 재료 B를 투입한다. 정상공손은 검사를 통과한 합격품량의 2%이다. 20×1년 5월의 생산활동과 관련된 사항은 다음과 같다.

1. 수 량 자 료

월초재공품	2,500단위 (가공원가완성도는 40%)
월말재공품	1,900 (가공원가완성도 : 900단위는 10%, 1,000단위는 80%)
당월투입량	3,520
완성품량	4,000

2. 원 가 자 료

기초재공품원가	₩677,000
당월제조원가 :	
재료원가 A	₩524,000
재료원가 B	₩415,000
가공원가	₩1,194,000

[물음] 선입선출법에 의하여 다음 물음에 답하시오.
1. 완성품원가
2. 기말재공품원가
3. 비정상공손원가

[문제 9-11] 평균법에 의한 공손원가의 배분 (세무사, 2002)

우리회사는 생산품을 가중평균법을 사용하여 종합원가계산을 하고 있다. 직접재료는 생산공정 초에 전량 투입되고 가공원가는 공정전반에 걸쳐 균등하게 발생한다. 품질검사는 생산공정이 50% 진행되었을 때 이루어지며, 당기중 품질검사에 합격한 수량의 10%에 해당하는 공손수량을 정상공손으로 간주한다. 20×1년 3월중의 생산활동에 대한 자료는 다음과 같다.

<수량자료>

	물량단위	완성도
기초재공품	50개	40%
당기착수	190개	
당기완성	150개	
기말재공품	50개	60%

<원가자료>

	직접재료원가	가공원가
기초재공품원가	₩100	₩6,000
당기제조원가	9,500	18,000

[물음] 1. 종합원가계산을 위한 완성품환산량을 일목요연하게 보이시오.
2. 완성품환산량 단위당원가를 계산하시오.
3. 완성품 제조원가(cost of goods manufactured)를 밝히시오.

〔문제 9-12〕 **보조부문원가 배분후 종합원가계산 문제** (CPA 2차 2005)

강원회사는 유일한 보조무문인 전력부문과 두 단계의 연속적인 제조부문 A와 제조부문 B로 구성되어 있다. 강원회사는 선입선출법을 사용하여 종합원가계산을 하고 있다. 강원회사의 제조부문 A에서는 공정 초기에 원재료가 전량 투입되며 가공원가는 전 공정에 걸쳐 균등하게 발생한다. 제조부문 A의 20×1년 6월중 생산 자료는 다음과 같다.

	물 량
기초재공품(완성도: 60%)	1,000 단위
당기착수량	23,580 단위
당기완성량	20,000 단위
기말재공품(완성도: 25%)	4,000 단위

검사는 공정의 50%시점에서 이루어지며, 검사시점을 통과한 합격품의 2%를 정상공손으로 간주한다. 20×1년 6월중 제조부문 A의 원가 자료는 다음과 같다.

	직접재료원가	가공원가
기초재공품원가	₩3,100	₩4,800
당기발생원가 (보조부문원가 배부전)	70,740	144,830

전력부문의 생산설비용량은 각 제조부문의 예상 전력수요를 감안하여 결정된다. 매 기간마다 예상되는 회사전체의 전력수요는 각 제조부문의 예상 기계가동시간에 의해 추정된다. 전력부문의 예산원가는 각 제조부문에 배부된다.

전력부문의 20×1년 6월 변동예산은 다음과 같다.

고정원가 : ₩50,000 변동원가 : 기계시간당 ₩0.25

강원회사의 20×1년 6월 정상조업도는 200,000 기계시간이며, 이 중 제조부문 A에서는 75,000 기계시간을 사용할 것으로 예상하였다. 당월 제조부문 A에서는 단위당 3시간의 기계시간이 사용되었다.

〔물음〕 1. 20×1년 6월 제조부문 A에 배부된 전력부문 원가의 금액을 구하라.

〔물음〕 2. 20×1년 6월 제조부문 A의 당기완성품원가는 얼마인가? (단, 가공원가의 완성품환산량 단위당 원가는 소수점 셋째자리에서 반올림하라.)

〔문제 9-13〕 **다음의 공손에 대한 설명 중 잘못된 것은?** **(전산세무회계 2급 10회)**

① 공손품은 품질이나 규격에서 일정기준에 미달하는 불량품을 말한다.

② 공손에는 정상공손과 비정상공손이 있다.

③ 정상공손원가는 완성품 또는 재공품에 배분한다.
④ 생산과정에서 부수적으로 발생하는 작업폐물을 말한다.

정답 ④

〔문제 9-14〕 공손의 발생이 비정상적으로 발생된 경우 어느 곳에 배부하는 것이 가장 타당한가? (28회 전산회계1급 2006)

① 제조원가
② 판매관리비
③ 영업외비용
④ 특별손실

정답 ③

〔문제 9-15〕 종합원가계산제도하에서 정상공손원가를 제조원가에 재배분시 배부기준은? (전산회계 1급 11회)

① 기말 완성된 제품의 수
② 기말 재공품의 수
③ 검사시점을 통과한 합격품의 완성품 환산량
④ 검사시점을 통과한 합격품의 물량

정답 ④

〔문제 9-16〕 정상공손원가를 처리하는 다음의 방법 중 완성품 제조원가를 상대적으로 가장 크게 만드는 방법은? (전산세무 1급 20회)

① 정상공손원가를 완성품에만 부담시키는 방법
② 정상공손원가를 재공품에만 부담시키는 방법
③ 정상공손원가를 영업외비용으로 처리하는 방법
④ 정상공손원가를 완성품과 재공품에 안분하여 부담시키는 방법

정답 ①

〔문제 9-17〕 공손원가를 처리하는 방법 중 다른 조건이 일정하다고 가정하면 당기순이익이 가장 크게 계산되는 경우는? (전산세무회계 1급 15회)

① 공손원가를 영업외비용으로 처리하는 경우
② 공손원가를 완성품에 모두 부담시키는 경우
③ 공손원가를 기말재공품에 모두 부담시키는 경우
④ 공손원가를 완성품과 기말재공품에 나눠 부담시키는 경우

정답 ③

〔문제 9-18〕 조립공정은 (주)남산제작소의 두 가지 공정 중 첫 번째 공정이다. 공손품은 조립공정의 완료시점에서 확인되며 정상공손품의 원가는 공손품이 확인된 기간에 완성되어 다음 공정으로 대체되는 완성품원가에 가산되고 비정상공손은 발생한 기간에 비용화한다. 정상공손품 비율은 조립공정을 성공적으로 완성한 합격품의 5%로 추정된다. 다음은 1월의 조립공정에서 발생한 가공비와 관련된 정보이다.

	단위	가공비
기초재공품(50%완성)	2,000	₩10,000
당월 중 착수량	8,000	₩75,500
공 손 품	500	
당월 완성 및 차공정 대체	7,000	

기말재공품의 가공비에 대한 완성도는 80%이다. (주)남산제작소가 가중평균법을 적용한다고 가정한다면 두 번째 공정으로 대체된 완성품의 가공비는 얼마인가? (세무사 2002)

① ₩63,000 ② ₩64,125 ③ ₩66,150
④ ₩67,500 ⑤ ₩71,250

정답 ③

〔문제 9-19〕 Phantom사는 두 개의 공정을 거쳐 제품을 생산하는데 제1공정에서는 공정 전체에 걸쳐 고르게 30%의 감손이 발생하였다. 재료는 공정초기에 전부 투입된다. 다음 1공정에 관한 원가 자료를 이용하여 1공정 기말재공품의 완성도를 계산하라. (2회 기업회계1급 2006, 한국세무사회)

· 기초재공품	340개(완성도 50%)	150,000원
· 기말재공품	474개(완성도 ?%)	
· 2공정 대체	1,400개	
· 당기투입비용		
- 재 료 비	2,200개	330,000원
- 직접노무비		240,000원
- 제조간접비		420,000원

① 50% ② 60%
③ 70% ④ 80%

정답 ③

〔문제 9-20〕 (주)에이스는 자전거를 주문생산하고 있다. 20×2년에 3,200대의 자전거(제조지령서 #100)를 완성하였는데, 제품단위당 원가는 다음과 같았다.

(3회 기업회계1급 2006, 한국세무사회)

직 접 재 료 비	3,000원
직 접 노 무 비	2,400원
제조간접비배부액	3,300원

#100의 최종검사과정에서 100개의 불량품과 200개의 공손품이 발견되었다. 불량품은 320,000원의 재작업원가를 투입하여 재작업하였고, 공손품은 모두 620,000원에 매각되었다. 최종완성품의 단위원가는?

① 9,180원　② 8,606원
③ 8,700원　④ 9,380원

정답 ①

〔문제 9-21〕 한일공업의 생산활동과 관련된 다음의 원가자료를 활용하여 비정상공손비를 계산하면 얼마인가? 단, 기초재공품은 없으며, 원재료는 공정초에 전부 투입되며, 가공원가는 공정전반에 걸쳐 균등하게 발생된다고 가정한다. 40% 가공단계에서 검사가 이루어지며, 검사를 통과한 양품(정상품) 중 2%만이 정상공손이고, 정상공손 외의 공손은 비정상공손이다. 공손품은 보수작업에 의해 정상으로 회복되지 않기 때문에 개당 ₩100에 매각하였다. 계산과정에서 원단위 미만은 반올림하시오. (세무사 2006)

(1) 당기생산개시수량	2,000개
(2) 당기발생원가:	
직접재료원가	₩ 500,000
가공원가	1,500,000
(3) 당기완성품수량	1,500개
(4) 기말재공품수량*	400개
(5) 공손품수량	100개

* 기말재공품의 가공원가 진척도는 50%이다.

① ₩29,536　② ₩27,468　③ ₩34,569
④ ₩30,679　⑤ ₩21,379

정답 ④

〔문제 9-22〕 창원(주)은 종합원가계산제도에 의해 제품원가를 계산하는데 월말재공품의 평가는 선입선출법에 의해 행하고 있다. 이 회사의 6월 중 생산 및 원가자료는 다음과 같다.

	물량단위	가공원가 완성도	직접재료원가	가공원가
월초재공품	1,500개	50%	₩6,800	₩7,200
당월투입량	7,300개		₩36,500	₩62,000
완성품수량	6,600개			
월말재공품	?	90%		

원재료는 공정의 초기에 모두 투입되며 가공원가는 전 공정을 통해 균등하게 발생된다. 공정의 80% 시점에서 검사를 실시하며 그 이후의 공정에서는 공손이 발생하지 않는다. 당월에는 검사를 받은 합격품의 10%가 공손으로 판명되었으나 모두 정상적인 것으로 간주된다. 당월의 정상공손원가에 포함된 직접재료원가는 얼마인가? (감정평가사 2005)

① ₩3,000 ② ₩4,000 ③ ₩5,000
④ ₩6,000 ⑤ ₩7,000

정답 ②

〔문제 9-23〕 공손(spoilage)과 관련된 다음의 설명 중에서 옳지 않은 것은? (CPA 2007)

① 공손은 정상공손이나 비정상공손으로 분류된다.
② 공정별원가계산(process costing)에서 정상공손원가는 관련된 양품(정상제품)의 원가에 가산된다.
③ 개별원가계산(job order costing)에서 비정상공손원가는 재고가능원가로 간주되지 않으며, 그 공손이 발견된 기간의 비용으로 처리된다.
④ 제조공정과정에서 불량률 0을 달성하려는 기업들은 모든 공손을 비정상공손으로 간주하려 한다.
⑤ 공정별원가계산(process costing)에서 공손단위를 산출단위에 포함시킬 경우 단위당 원가가 더 커진다.

정답 ⑤

〔문제 9-24〕 (주)미래는 컴퓨터칩을 생산하고 있다. 직접재료는 생산공정의 초기에 투입되며, 가공원가는 공정의 전반에 걸쳐 균등하게 발생한다. 생산공정에서 공손품이 발생하는데 이러한 공손품은 제품을 검사하는 시점에서 파악된다. 정상적인 공손품은 품질검사시점을 통과한 합격품의 10%의 비율로 발생한다. 5월의 생산자료를 보면, 월초재공품(완성도 30%) 10,000개, 당월 생산착수량

75,000개, 당월 생산착수완성품 52,000개, 월말재공품(완성도 80%) 15,000개, 공손품 8,000개이다. 품질검사가 생산공정의 20% 시점에서 실시되는 경우 정상공손품 수량은 얼마인가? 만약 생산공정의 50% 시점에서 품질검사가 실시된다면, 정상공손품 수량은 얼마인가? (CPA 2006)

	20% 검사시점	50% 검사시점
①	7,500개	8,500개
②	7,500개	7,700개
③	5,200개	7,700개
④	6,200개	7,700개
⑤	6,700개	7,700개

정답 ⑤

※ 다음 자료를 이용하여 2개의 문제에 답하시오. (CPA 2008)

(주)한국공업은 두 개의 공정을 거쳐서 제품을 생산한다. 회사의 재공품 평가방법은 선입선출법(FIFO)이고, 공정별 종합원가계산을 적용하여 제품원가를 계산한다. 다음은 두 번째 공정의 생산 및 원가자료이다. 두 번째 공정의 원재료는 50% 시점에서 모두 투입되고, 가공비는 전 공정을 통해 균등하게 발생한다. 공정의 80% 시점에서 품질검사를 실시하며, 정상공손 허용수준은 합격품의 5%이다. 공손품은 모두 폐기되며, 정상공손비는 합격품원가에 가산되고, 비정상공손비는 기간비용으로 처리된다.

구 분	물량단위	전공정대체원가	직접재료비	가공비
기초재공품	1,000(60%)	₩172,000	₩450,000	₩320,000
당기투입	5,000	625,000	1,470,000	924,000
완성품	4,000			
기말재공품	1,500(40%)			

* 괄호 안의 숫자는 가공비 완성도를 의미함.

〔문제 9-25〕 두 번째 공정의 비정상공손비는 얼마인가?

① ₩128,200　② ₩142,600　③ ₩174,500
④ ₩192,300　⑤ ₩213,900

정답 ⑤

〔문제 9-26〕 완성품의 단위당 원가는 얼마인가?

① ₩812.4 ② ₩822.75 ③ ₩848.7
④ ₩858.4 ⑤ ₩860.25

정답 ④

※ 다음 자료를 이용하여 서로 독립된 문제 2개에 답하시오. (CPA 2009)
(주)유정은 하나의 공정에서 단일 종류의 제품을 생산하며, 종합원가계산(process costing)을 적용하여 제품원가를 계산한다. 원재료는 공정의 초기단계에 100% 투입된다. 당기의 생산 및 원가자료는 다음과 같다.

구분	물량단위	가공비 완성도	직접재료비	가공비
기초재공품	600	1/3	₩5,000	₩60,950
	400	1/2		
당기착수(투입)	9,000	-	135,000	281,700
기말재공품	200	40%	?	?
	300	70%		

〔문제 9-27〕 재공품 평가방법은 선입선출법이고 당기 중에 공손이나 감손은 발생하지 않았다고 가정한다. 기말재공품원가는 얼마인가?

① ₩16,200 ② ₩14,760 ③ ₩10,800
④ ₩ 9,840 ⑤ ₩ 5,400

정답 ①

〔문제 9-28〕 재공품 평가방법은 평균법이고 공정의 종료단계에서 품질검사를 실시하였다. 그 결과 완성품 수량의 2%가 공손품인 것으로 판명되었다. 공손품원가는 얼마인가?

① ₩9,520 ② ₩9,310 ③ ₩8,550
④ ₩7,250 ⑤ ₩6,820

정답 ②

〔문제 9-29〕 대한회사는 당기중 검사를 통과한 정상품(양품)의 10%를 정상공손으로 간주하며, 모든 공손은 완성시점에 발견된다. 재료는 공정초에 모두 투입되고 가공원가는 전 공정에 걸쳐 균등하게 발생하며, 기말재공품의 평가는 평균법에 의한다. 2007년 3월 대한회사의 생산 활동에 대한 자료는 다음과 같다.

- 기초재공품 : 1,000단위(가공원가 완성도 80%), 재료원가 ₩540,000, 가공원가 ₩880,000
- 당기투입 : 9,000단위, 재료원가 ₩5,000,000, 가공원가 ₩9,460,000
- 당기완성품(정상품) : 7,000단위
- 기말재공품 : 1,500단위(가공원가 완성도 60%)

대한회사의 2007년 3월의 완성품원가는 얼마인가? (세무사 2007)

① ₩11,200,000 ② ₩12,273,200 ③ ₩12,735,800
④ ₩12,825,000 ⑤ ₩13,134,400

정답 ③

〔문제 9-30〕 (주)프로코는 설탕을 만드는 회사로 가공원가는 공정 전반에 걸쳐 발생한다. 3월 초 기초재공품(가공원가 완성도 60%) 100봉지에 포함된 가공원가는 ₩500이다. 생산공정의 중간시점에서 품질검사를 실시한 결과 공손품이 100봉지 발생하여 모두 비정상공손(가공원가 완성도 50%)으로 간주하였다. 그리고 3월 중 완성품은 250봉지이며, 기말재공품(가공원가 완성도 80%)도 250봉지 존재한다. 선입선출법과 가중평균법으로 기말재공품에 배부된 가공원가를 각각 산정한 금액이 동일하다면 3월 중 투입한 총가공원가는 얼마인가? (CPA 2010)
(단, 소수점 이하 자릿수는 절사한다.)

① ₩1,121 ② ₩2,548 ③ ₩3,666
④ ₩4,367 ⑤ ₩5,984

정답 ③

〔문제 9-31〕 (주)서울은 종합원가계산제도를 사용하고 있다. 원재료는 공정초 전량 투입되며, 가공비는 공정전반에 균등하게 투입된다.

기초재공품 수량	100 (완성도 80%)
당기투입량	1,000
완성품수량	800
공손수량	50
기말재공품 수량	250 (완성도 70%)

당기에 검사에 합격한 합격품의 2%를 정상공손으로 한다. 단, 검사는 75% 시점에서 이루어질 때, 정상공손품 수량은 얼마인가? (9급 서울시 2008)

① 2
② 14
③ 10
④ 20
⑤ 36

정답 ②

CHAPTER 10

조별 및 작업별 원가계산

조별원가계산은 종류가 다른 제품을 연속적으로 생산하는 기업에 적용가능한 종합원가계산으로, 이 장에서는 단순 조별원가계산과 전원가요소 공정별 조별원가계산 및 가공원가 공정별 조별원가계산을 학습하도록 한다. 또한 제품묶음별 생산(batch production)방식에 적합한 작업별 원가계산도 살펴보도록 한다.

제1절 조별원가계산
제2절 작업별 원가계산

제1절 조별원가계산

1. 조별원가계산의 의의 및 분류

조별원가계산(class costing)이란 종류가 다른 제품을 연속적으로 생산하는 기업에서 제품종류별로 조를 설정하여 각 조별로 원가를 계산하는 방법으로써 종합원가계산에 해당된다. 이 방법은 자동차제조업, 식품제조업, 타이어제조업, 제지업, 제약업, 공작기계제조업, 통조림제조업, 직물업 등에 적용가능하다.

이는 제품종류별로 원가를 직접원가와 간접원가로 나누어 인식한다는 점에서는 개별원가계산과 유사하고 일정기간 동안의 제품원가를 인식하는 면에서는 종합원가계산과 유사하므로 혼합원가계산(hybrid costing)의 하나이다. 따라서 제품을 조별로 생산을 지시하는 조별제조지시서가 발행된다.

조별원가계산은 공정별 계산 여부에 따라 다음 <표 10-1>과 같이 단순 조별원가계산과 공정별 조별원가계산으로 구분되고, 공정별 조별원가계산은 원가의 범위에 따라 전원가요소 공정별 조별원가계산과, 가공원가 공정별 조별원가계산으로 구분된다.

<표 10-1> 조별원가계산의 분류

조별원가계산	단순 조별원가계산	
	공정별 조별원가계산	전원가요소 공정별 조별원가계산
		가공원가 공정별 조별원가계산

2. 단순 조별원가계산

단순 조별원가계산은 작업이 단순하여 공정이 하나이거나 공정을 구분할 필요가 없는 생산형태에 적용가능하다. 이 경우 모든 원가요소를 조직접원가와 조간접원가로 나누어 조직접원가는 조에 직접부과하고, 조간접원가는 적절한 배부기준에 따라 조에 배부한다.

단순 조별원가계산의 원가흐름은 다음 <그림 10-1>과 같다.

<그림 10-1> 단순 조별원가계산의 원가흐름

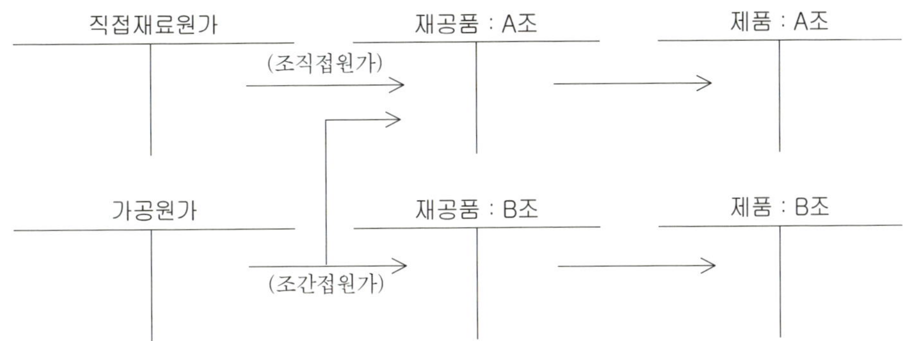

예제 10-1

경상회사는 A, B 두 종류의 제품을 생산하고 있고, 조별로 원가계산을 하고 있다. 두 제품에 대한 원재료는 모두 공정의 개시시점에 전량 투입되며, 가공원가는 전공정에 걸쳐 균등하게 발생한다. 20×1년 5월중의 생산 및 원가관련자료는 다음과 같다.

(1) 생산관련자료

	A제품	B제품
기초재공품	200개(30%)	300개(40%)
당기투입량	500	500
완 성 품 량	400	600
기말재공품	300 (40%)	200 (30%)

(2) 원가관련자료

	A제품	B제품
기초재공품원가		
직접재료원가	₩60,000	₩80,000
가공원가	40,000	60,000
당기제조원가		
직접재료원가	₩600,000	₩500,000
직접노무원가	200,000	300,000

조간접원가인 제조간접원가 ₩600,000은 A, B제품에 3 : 2의 비율로 배부한다.

[물음] 선입선출법을 이용하여 A제품의 완성품원가와 기말재공품원가를 계산하라.

해답

1. 조간접원가의 배부

제품	배부율	조간접원가의 배부액
A	60%	₩360,000
B	40	240,000
합계	100%	₩600,000

2. 조별원가계산

제조원가보고서(A제품) **(선입선출법)**

	I.물량흐름	II. 완성품환산량 직접재료원가	II. 완성품환산량 가공원가
기초재공품(30%)	200개		
당기투입량	500		
합　계	700개		
완성품			
기초재공품완성분	200개	–	140개
당기투입완성분	200	200개	200
기말재공품(40%)	300	300	120
합　계	700개	500개	460개
기초재공품원가	₩100,000		
당기제조원가	1,160,000	₩600,000	₩560,000*
III. 배분대상원가	₩1,260,000		
÷완성품환산량		÷500개	÷460개
IV. 완성품환산량 단위당원가		₩1,200	₩1,217.4

V. 원가의 배분

1. 완성품원가

기초재공품원가	₩100,000	
기초재공품 당기추가원가	170,436	(140개×₩1,217.4)
당기투입완성품원가	483,480	(200개×₩2,417.4)
합　계	₩753,916	

2. 기말재공품원가　₩506,084 (300개×₩1,200+120개×₩1,217.4)

* 당기투입직접노무원가 ₩200,000+조간접원가배부액 ₩360,000=₩560,000

3. 공정별 조별원가계산

(1) 전원가요소 공정별 조별원가계산

전원가요소 공정별 조별원가계산은 직접재료원가를 포함한 모든 제조원가를 조별 공정별로 계산하는 방법으로, 조직접원가는 조별 공정별로 부과하고 조간접원가는 부문별원가계산에 의해 조별 공정별로 배부한다. 이 방법은 주요 재료원가가 각 조별 공정에 투입되는 경우와 부문별원가계산을 정확히 행할 필요성이 있을 때에 적용가능한 방법이다.

전원가요소 공정별 조별원가계산의 원가흐름은 다음 <그림 10-2>와 같다.

<그림 10-2> 전원가요소 공정별 조별원가계산의 원가흐름

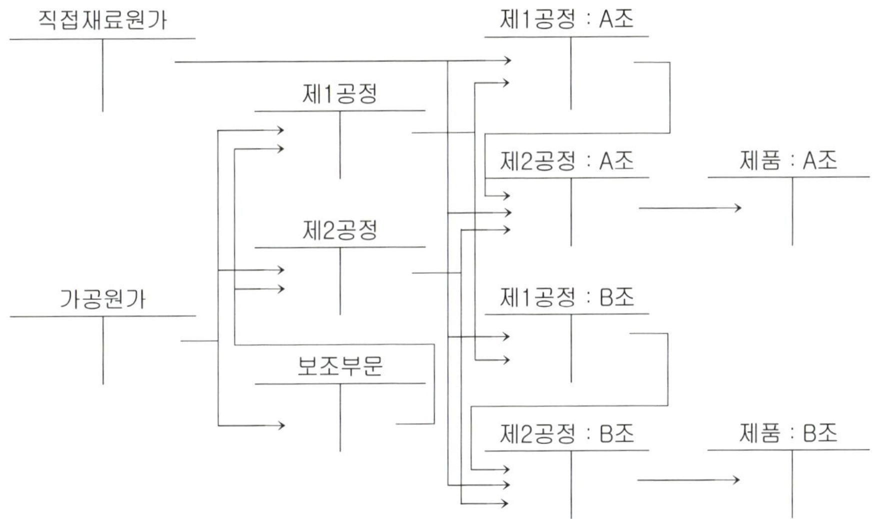

예제 10-2

청원회사는 A, B 두 종류의 제품을 조별로 생산하고 있는데, 직접재료는 제1공정의 개시 시점에서 일부 투입되고 나머지는 제2공정의 51% 시점에서 투입된다. 가공원가는 전공정에 걸쳐 균등하게 발생한다. 20×1년 5월중의 생산 및 원가관련자료는 다음과 같다.

(1) 생산관련자료

	A제품		B제품	
	제1공정	제2공정	제1공정	제2공정
기초재공품	400개(30%)	200개(50%)	300개(40%)	200개(50%)
당기투입량	300	500	700	800
완 성 품 량	500	400	800	700
기말재공품	200 (40%)	300 (40%)	200 (30%)	300 (40%)
직접노동시간	1,050시간	1,000시간	1,000시간	1,350시간

(2) 원가관련자료

①

	A제품		B제품	
	제1공정	제2공정	제1공정	제2공정
기초재공품원가				
전공정원가	–	₩4,000	–	₩5,000
직접재료원가	₩60,000	–	₩80,000	–
가공원가	20,000	20,000	40,000	20,000
당기제조원가				
직접재료원가	340,000	260,000	240,000	260,000

② 가공원가

	제조부문		보조부문	
	제1공정	제2공정	동력부	수선부
부문개별원가	₩100,000	₩80,000	₩40,000	₩20,000

부문공통원가(건물감가상각비) : ₩200,000

③ 부문공통원가 및 보조부문원가의 배부기준

	제1공정	제2공정	동력부	수선부
점유면적	100㎡	200㎡	60㎡	40㎡
전력사용량	400kw	300kw		
종업원수	150명	250명		

④ 제1공정과 제2공정의 가공원가는 직접노동시간을 기준으로 조별로 배부한다.

[물음] 선입선출법을 이용하여 완성품원가와 기말재공품원가를 계산하라.

1. 조간접원가 배부표를 작성하라.
2. A제품에 대한 전원가요소 공정별 조별 원가계산을 행하라.

해답

1. 조간접원가 배부표

	제1공정	제2공정	동력부	수선부
부문개별원가	₩100,000	₩80,000	₩40,000	₩20,000
부문공통원가	50,000	100,000	30,000	20,000
합　　계	₩150,000	₩180,000	₩70,000	₩40,000
동 력 부	₩40,000	₩30,000		
수 선 부	15,000	25,000		
부문원가 합계	₩205,000	₩235,000		
A제품 가공원가	₩105,000	₩100,000		
B제품 가공원가	100,000	135,000		

2. 선입선출법

A제품 제조원가보고서(제1공정)

	I. 물량흐름	II. 완성품환산량	
		직접재료원가	가공원가
기초재공품(30%)	400개		
당기투입량	300		
합　　계	700개		
완성품량			
기초재공품완성분	400개	–	280개
당기투입완성분	100	100개	100
기말재공품(40%)	200	200	80
합　　계	700개	300개	460개
기초재공품원가	₩80,000	–	–
당기제조원가	445,000	₩340,000	₩105,000
III. 배분대상원가	₩525,000		
÷완성품환산량		÷300개	÷460개
IV. 완성품환산량 단위당 원가		₩1,133	₩228.3

V. 원가의 배분

1. 완성품원가		
기초재공품원가	₩80,000	
기초재공품 당기추가원가	63,924	(280개×₩228.3)
당기투입완성품원가	136,130	(100개×₩1,361.3)
합　　계	₩280,054	
2. 기말재공품원가	₩244,946	(200개×₩1,133+80개×₩228.3)

A제품 제조원가보고서(제2공정)

	I.물량흐름	II. 완성품환산량		
		전공정원가	직접재료원가	가공원가
기초재공품(50%)	200개			
당기투입량	500			
합　　계	700개			
완성품량				
기초재공품완성분	200개	–	200개	100개
당기투입완성분	200	200개	200	200
기말재공품(40%)	300	300	–	120
합　　계	700개	500개	400개	420개
기초재공품원가	₩24,000			
당기제조원가	640,054	₩280,054	₩260,000	₩100,000
III. 배분대상원가	₩664,054			
÷완성품환산량		÷500개	÷400개	÷420개
IV. 완성품환산량 단위당원가		₩560.108	₩650	₩238.095
V. 원가의 배분				
1. 완성품원가				
기초재공품원가	₩24,000			
기초재공품 당기추가원가	153,810	(200개×₩650+100개×₩238.095)		
당기투입완성품원가	289,641	(200개×₩1448.203)		
합　　계	₩467,451			
2. 기말재공품원가				
전공정원가	₩168,032	(300개×₩560.108)		
가공원가	28,571	(120개×₩238.095)		
합　　계	₩196,603			

(2) 가공원가 공정별 조별원가계산

가공원가 공정별 조별원가계산은 직접재료원가를 제외한 가공원가만을 공정별로 계산하고 조별로 제품원가를 계산하는 방법으로, 직접재료원가는 각 조에 직접 부과하고 가공원가의 경우에는 우선 가공원가를 부문별원가계산에 의해 각 공정에 집계한 후, 이를 적절한 배부기준에 의해 조별 공정별로 배부하여 제품원가를 계산한다. 예로써 전선공업, 석유정제업 등에 적용가능한 원가계산방식이다.

가공원가 공정별 조별원가계산의 원가흐름은 다음 <그림 10-3>과 같다.

<그림 10-3> 가공원가 공정별 조별원가계산의 원가흐름

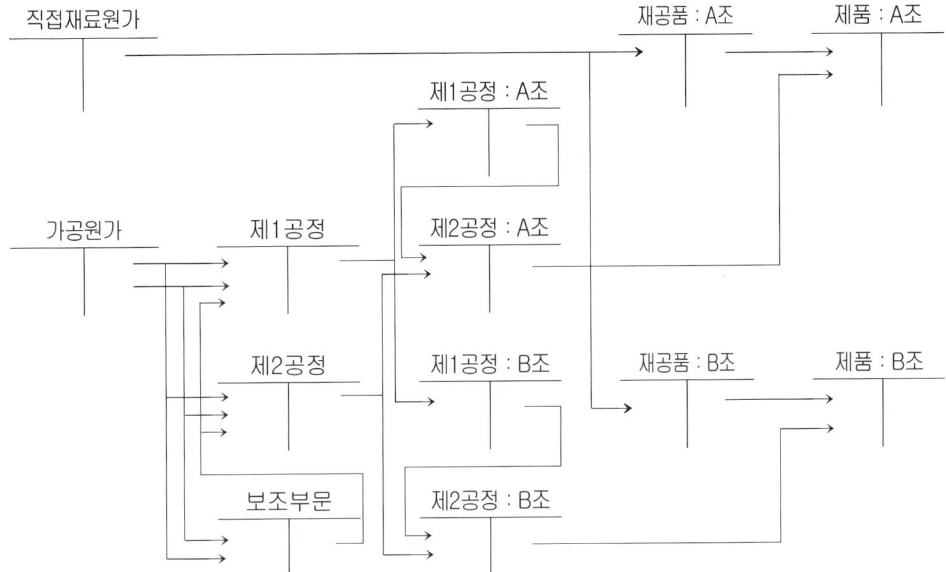

예제 10-3

청원회사는 A, B 두 종류의 제품을 조별로 생산하고 있는데 직접재료는 제1공정의 개시시점에서 전량 투입되고, 가공원가는 전공정에 걸쳐 균등하게 발생한다. 20×1년 5월중의 생산 및 원가관련자료는 다음과 같다.

(1) 생산관련자료는 **<예제 10-2>**와 동일하다.

(2) 원가관련자료

①

	A제품		B제품	
	제1공정	제2공정	제1공정	제2공정
기초재공품원가				
전공정원가	–	₩4,000	–	₩5,000
가공원가	₩20,000	20,000	₩40,000	20,000

	A제품	B제품
직접재료원가 :		
기초재공품원가	₩60,000	₩80,000
당기제조원가	600,000	500,000

②, ③, ④의 자료는 **<예제 10-2>**와 동일하다.

[물음] 선입선출법을 이용하여 B제품의 완성품과 기말재공품원가를 계산하라.

해답

(1) **직접재료원가**

제조원가보고서(B제품) **(선입선출법)**

	I.물량흐름	II. 완성품환산량 직접재료원가
기초재공품	500개	
당기투입량	700	
합　　계	1,200개	
완성품량		
기초재공품완성분	500개	–
당기투입완성분	200	200개
기말재공품	500	500
합　　계	1,200개	700개
기초재공품원가	₩80,000	–
당기제조원가	500,000	₩500,000
III. 배분대상원가	₩580,000	
÷완성품환산량		÷700개
IV. 완성품환산량 단위당 원가		₩714.3
V. 원가의 배분		
1. 완성품원가		
기초재공품원가	₩80,000	
당기투입완성품원가	142,860 (200개×₩714.3)	
합　　계	₩222,860	
2. 기말재공품원가	₩357,140 (500개×₩714.3)	

(2) **가공원가(제1공정)**

제조원가보고서(B제품) **(선입선출법)**

	I.물량흐름	II. 완성품환산량 가공원가
기초재공품량(40%)	300개	
당기투입량	700	
합　　계	1,000개	
완성품량		
기초재공품완성분	300개	180개
당기투입완성분	500	500
기말재공품량(30%)	200	60
합　　계	1,000개	740개
기초재공품원가	₩40,000	–
당기제조원가	100,000	₩100,000

III. 배분대상원가	₩140,000		
÷완성품환산량			÷740
IV. 완성품환산량 단위당 원가			₩135
V. 원가의 배분			
1. 완성품원가			
기초재공품원가	₩40,000		
기초재공품 당기추가원가	24,300	(180개×₩135)	
당기투입완성품원가	67,500	(500개×₩135)	
합 계	₩131,800		
2. 기말재공품원가	₩8,200	(60개×₩135)	

(3) **가공원가(제2공정)**

제조원가보고서(B제품) **(선입선출법)**

	I.물량흐름	II. 완성품환산량	
		전공정가공원가	가공원가
기초재공품량(50%)	200개		
전공정대체량	800		
합 계	1,000개		
완성품량			
기초재공품완성분	200개	–	100개
당기투입완성분	500	500개	500
기말재공품량(40%)	300	300	120
합 계	1,000개	800개	720개
기초재공품원가	₩25,000	–	–
당기제조원가	266,800	₩131,800	₩135,000
III. 배분대상원가	₩291,800		
÷완성품환산량		÷800	÷720
IV. 완성품환산량 단위당 원가		₩164.75	₩187.5

V. 원가의 배분		
1. 완성품원가		
기초재공품원가	₩25,000	
기초재공품 당기추가원가	18,750	(100개×₩187.5)
당기투입완성품원가	176,125	(500개×₩352.25)
합 계	₩219,875	
2. 기말재공품원가		
전공정원가	₩49,425	(300개×₩164.75)
가공원가	22,500	(120개×₩187.5)
합 계	₩71,925	

제2절 작업별 원가계산

1. 작업별 원가계산의 의의

작업별 원가계산(operation costing)은 제품묶음별 생산(batch production)형태에 적합한 혼합원가계산이다. 작업별 원가계산의 제조과정은 작업공정별로 구분되며 제품은 제품묶음별로 구분된다.

작업(operation)이란 제품생산시 반복적으로 행해지는 표준화된 방법이나 기술로써, 예를 들어 가구제조업의 절단작업, 조립작업, 도장작업, 마무리작업 등 작업공정을 의미한다. 그리고 제품묶음(batch)이란 제품 종류나 규격, 성능 등에 따라 구분되며 원가계산과 관련하여 개별적인 특성과 공통적인 특성을 갖는다.

개별적인 특성이란 생산에 투입되는 원재료가 제품묶음별로 상이하다는 것으로, 직접재료원가는 개별원가계산과 마찬가지로 제품묶음별 제조지시서별로 집계된다. 공통적인 특성은 작업공정과정에서 유사한 작업을 수행하는 것으로, 가공원가의 경우에는 종합원가계산과 같이 작업공정별로 집계하고 배부하게 된다.

2. 작업별 원가계산의 물량 및 원가흐름

작업별 원가계산은 제품묶음별 작업별 원가계산으로 그 물량 및 원가흐름은 다음 <그림 10-4>와 같다.

<그림 10-4> 작업별 원가계산의 물량 및 원가흐름

1. 물량흐름

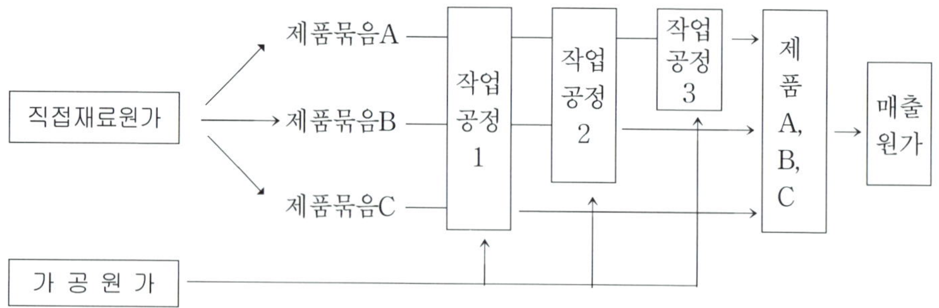

2. 원가흐름

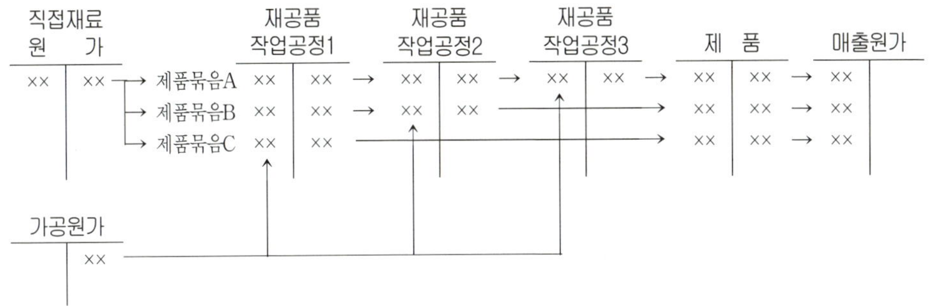

작업별 원가계산시 회계처리는 제품묶음별로 구분하여 행하고, 재공품계정을 작업공정별로 설정하여야 한다. 위의 작업별 원가계산을 행하기 위한 분개는 다음과 같다.

① 직접재료의 소비

(차)	재공품(작업공정1)	×××	(대)	직접재료원가	×××
	재공품(작업공정1)	×××		직접재료원가	×××
	재공품(작업공정1)	×××		직접재료원가	×××

② 가공원가의 배부

(차)	재공품(작업공정1)	×××	(대)	가공원가	×××
	재공품(작업공정2)	×××			
	재공품(작업공정3)	×××			

③ 재공품 및 제품에의 대체

(차)	재공품(작업공정2)	×××	(대)	재공품(작업공정1)	×××
	제 품 (C)	×××			
(차)	재공품(작업공정3)	×××	(대)	재공품(작업공정2)	×××
	제 품 (B)	×××			
(차)	제 품 (A)	×××	(대)	재공품(작업공정3)	×××

예제 10-4

청주회사는 세 종류의 가구를 묶음별로 생산하고 있다. A제품은 절단, 조립, 마무리 작업을 거쳐야 하며, B제품은 절단과 조립작업을, C제품은 절단작업만을 수행한다. 20×1년 5월중의 생산 및 원가관련자료는 다음과 같다. 5월중 기초와 기말재공품은 없다.

(1)

	생산량	직접재료원가
A제품	100개	₩800,000
B제품	60	500,000
C제품	40	300,000

(2) 가공원가 :

	절단작업	조립작업	마무리작업
직접노무원가	₩200,000	₩100,000	₩100,000
제조간접원가	100,000	60,000	20,000

[물음] 1. 각 작업공정별 단위당 가공원가를 계산하라.
2. 각 제품별 총제조원가와 단위당 원가를 계산하라.
3. 원가계산을 위한 분개를 하고 T-계정에 전기하라.

해답

1. 각 작업공정별 가공원가의 계산

① 작업공정별 생산량의 파악

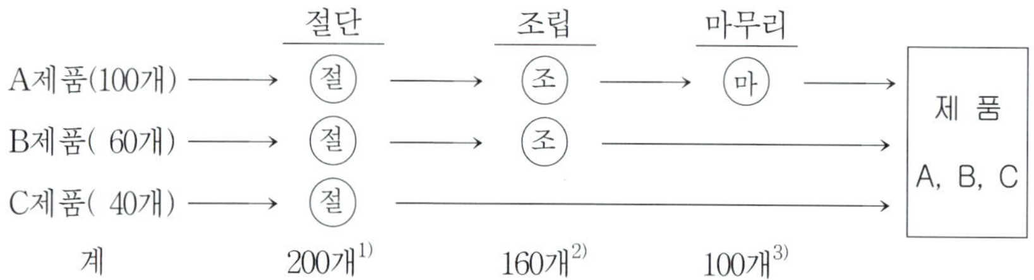

1) 100개+60개+40개
2) 100개+60개
3) 100개

② 작업공정별 단위당 가공원가

	절 단	조 립	마무리	합 계
직접노무원가	₩200,000	₩100,000	₩100,000	₩400,000
제조간접원가	100,000	60,000	20,000	180,000
총가공원가	₩300,000	₩160,000	₩120,000	₩580,000
생 산 량	200개	160개	100개	
단위당 가공원가	@₩1,500	@₩1,000	@₩1,200	

2. 각 제품별 총제조원가와 단위당 원가

	A제품	B제품	C제품	합계
직접재료원가	₩800,000	₩500,000	₩300,000	₩1,600,000
작업공정별 가공원가				
절 단(@₩1,500)	150,000	90,000	60,000	300,000
조 립(@₩1,000)	100,000	60,000	–	160,000
마무리(@₩1,200)	120,000	–	–	120,000
총제조원가	₩1,170,000	₩650,000	₩360,000	₩2,180,000
생 산 량	100개	60개	40개	
단위당 원가	@₩11,700	@₩10,833	@₩9,000	

3. 분개와 전기

①	(차)	재공품(절단)	₩1,600,000	(대)	직접재료원가	₩800,000
					직접재료원가	500,000
					직접재료원가	300,000
②	(차)	재공품(절단)	₩300,000	(대)	가공원가	₩580,000
		재공품(조립)	160,000			
		재공품(마무리)	120,000			
③	(차)	재공품(조립)	₩1,540,000	(대)	재공품(절단)	₩1,900,000
		C제품	360,000			
④	(차)	재공품(마무리)	₩1,050,000	(대)	재공품(조립)	₩1,700,000
		B제품	650,000			
⑤	(차)	A제품	₩1,170,000	(대)	재공품(마무리)	₩1,170,000

직접재료원가

차변	대변
	① 800,000
	① 500,000
	① 300,000

가공원가

차변	대변
	② 580,000

재공품(절단)

차변	대변
① 1,600,000	③ 1,900,000
② 300,000	

재공품(조립)

차변	대변
② 160,000	④ 1,700,000
③ 1,540,000	

재공품(마무리)

차변	대변
② 120,000	⑤ 1,170,000
④ 1,050,000	

A제품

차변	대변
⑤ 1,170,000	

B제품

차변	대변
④ 650,000	

C제품

차변	대변
③ 360,000	

연습문제

〔문제 10－1〕 조별원가계산의 의의와 특성을 설명하라.

〔문제 10－2〕 작업별 원가계산의 유용성을 논하라.

〔문제 10－3〕 단순조별원가계산

성남회사는 A B 두 종류의 제품을 생산하고 있고 조별원가계산시스템을 채택하고 있다. 직접재료는 공정의 개시시점에서 전량 투입되며, 가공원가는 전공정에 걸쳐 균등하게 발생한다. 20×1년 5월중의 생산 및 원가관련자료는 다음과 같다.

(1) 생산관련자료

	A제품		B제품	
기초재공품	200개	(40%)	100개	(20%)
당기투입량	1,000		1,400	
완 성 품 량	800		1,000	
기말재공품	400	(50%)	500	(60%)

(2) 원가관련자료

	A제품	B제품
기초재공품원가		
직접재료원가	₩100,000	₩80,000
가 공 원 가	300,000	220,000
당기제조원가		
직접재료원가	500,000	370,000
직접노무원가	398,000	490,000

5월중에 발생한 조간접원가 ₩400,000은 A, B 제품에 5 : 5의 비율로 배부한다.

[물음] 1. 선입선출법을 이용하여 A제품의 완성품원가와 기말재공품원가를 계산하라.
2. 평균법을 이용하여 B제품의 완성품원가와 기말재공품원가를 계산하라.

〔문제 10-4〕 전원가요소 공정별 조별원가계산

고려회사는 A, B 두 종류의 제품을 두 개의 제조공정과 두 개의 보조부문을 통해 생산하고 있다. 재료는 제1공정과 제2공정의 개시시점에서 전량 투입되며, 가공원가는 두 공정의 진행정도에 따라 균등하게 발생한다. 20×1년 5월중의 생산 및 원가관련자료는 다음과 같다.

(1) 생산자료

	A제품		B제품	
	제1공정	제2공정	제1공정	제2공정
기초재공품	200개(20%)	400개(60%)	300개(20%)	100개(50%)
당기투입량	800	600	1,200	1,300
완성품량	600	800	1,300	1,000
기말재공품	400 (60%)	200 (40%)	200(50%)	400(60%)

(2) 원가자료

	A제품		B제품	
	제1공정	제2공정	제1공정	제2공정
기초재공품원가				
전공정원가	-	₩4,000	-	₩15,000
직접재료원가	₩100,000	80,000	₩200,000	100,000
가공원가	208,500	120,000	292,500	225,000
당기제조원가				
직접재료원가	500,000	400,000	400,000	250,000
직접노무원가	200,000	240,000	200,000	300,000
직접노동시간	500시간	400시간	500시간	600시간

(3)

① 부문개별원가 및 부문간의 용역수수 관계

	제조부문		보조부문	
	제1공정	제2공정	동력부	수선부
제조간접원가	₩200,000	₩300,000	₩50,000	₩90,000
동력부	40%	40%	-	20%
수선부	50%	40%	10%	-

② 보조부문원가는 직접배부법에 의해 제조부문에 배부한다.

③ 각 공정별 제조간접원가는 직접노동시간을 기준으로 각 제품에 배부한다.

[물음] 평균법을 이용하여 A제품과 B제품의 완성품원가와 기말재공품원가를 계산하라.

〔문제 10－5〕 가공원가 공정별 조별원가계산

청풍회사는 가공원가 공정별 조별원가계산시스템을 채택하여 A, B 두 제품을 생산하고 있다. 재료는 공정의 개시시점에서 전량 투입되며 이후에는 2개의 공정을 거쳐 제품이 생산되고 있다. 가공원가는 공정의 진행에 따라 균등하게 발생한다. 20×1년 5월중의 생산 및 원가관련자료는 다음과 같다.

(1) 생산관련자료

	A제품		B제품	
	제1공정	제2공정	제1공정	제2공정
기초재공품	100개(30%)	300개(50%)	200개(20%)	400개(40%)
당기투입량	900	700	1,000	800
완성품량	700	600	800	700
기말재공품	300 (50%)	400 (60%)	400 (40%)	500 (80%)

(2) 원가관련자료

	A제품		B제품		
	제1공정	제2공정	제1공정	제2공정	합계
기초재공품원가:					
전공정원가	–	₩60,000	–	₩80,000	
직접재료원가					₩400,000[1]
가공원가	₩200,000	300,000	₩240,000	₩320,000	
당기제조원가:					
직접재료원가					₩600,000[2]
가공원가	₩328,000	₩414,000	₩404,800	₩517,000	

1) A제품 ₩250,000, B제품 ₩150,000임

2) A제품 ₩360,000, B제품 ₩240,000임

[물음] 선입선출법을 이용하여 A제품과 B제품의 완성품원가와 기말재공품원가를 계산하라.

〔문제 10－6〕 작업별 원가계산

충청회사는 두 종류의 제품을 묶음별로 생산하고 있다. 재료는 작업공정 1의 개시시점에서 투입된다. A제품은 세 개의 작업공정을 모두 거쳐야 하나, B제품은 작업공정 1과 작업공정 3만을 거쳐 생산된다. 직접재료원가는 각 제품별로 추적하며, 가공원가는 각 작업공정을 통과하는 제품수량을 기준으로 각 제품에 배부한다. 그리고 기초 및 기말재공품은 없으며, 모든 제품은 완성품으로 대체된다.

(1) 생산 및 재료원가

	생산량	직접재료원가
A제품	300개	₩600,000
B제품	200	400,000

(2) 가공원가

	작업공정 1	작업공정 2	작업공정 3	합 계
직접노무원가	₩200,000	₩100,000	₩100,000	₩400,000
제조간접원가	300,000	110,000	200,000	610,000

[물음] 1. 각 작업공정별 단위당 가공원가를 계산하라.
2. 각 제품별 총제조원가와 단위당 원가를 계산하라.
3. 각 제품별 원가계산을 위한 분개를 하라.

〔문제 10-7〕 대한자동차는 배치(batch) 제조공정에 의하여 옵션품목이 장착되지 않은 기본형과 기본형에 옵션품목이 장착된 고급형 및 고객의 특별주문에 의해 고급형에 특수컬러를 도색한 주문형의 3가지 유형의 승용차를 생산하고 있으며 작업별 원가계산을 하고 있다. 다음 원가계산자료를 활용하여 주문형의 1대당 제조원가를 계산하면 얼마인가? (세무사 2006)

(1) 재 료 비

유형	생산된 단위	재료비 총액		
		기본형	옵션품목장착	특수컬러도장
기본형	100대	₩408,000,000	–	–
고급형	80		₩96,000,000	–
주문형	20			₩8,000,000

(2) 가 공 비

유형	생산된 단위	가공비 총액		
		기본형	옵션품목장착	특수컬러도장
기본형	100대	₩840,000,000	–	–
고급형	80		₩72,000,000	–
주문형	20			₩4,000,000

① ₩8,640,000 ② ₩8,940,000 ③ ₩8,620,000
④ ₩8,540,000 ⑤ ₩8,520,000

정답 ⑤

〔문제 10-8〕 서울공업사는 세 가지 형태의 제품 A · B · C를 생산하고 있다. 이들 제품은 두 가지의 가공작업 甲 · 乙을 거쳐 최종제품으로 완성되는데, C제품은 반제품 형태로 판매되기 때문에 乙작업이 불필요하다. 가공작업 甲 · 乙의 원가는 각 제품의 수량에 비례하여 균등하게 발생한다.

(1) 당월 중의 생산량 및 재료원가

구분	생산량	직접재료비
제품 A	9,000개	₩2,070,000
제품 B	4,000	₩1,320,000
제품 C	6,000	₩1,740,000

(2) 당월 중의 가공비 발생액

	작업 甲	작업 乙
직접노무비	₩500,000	₩1,000,000
제조간접비	70,000	300,000

기초 및 기말의 재공품은 없다고 가정할 때, 당월 중 B제품의 단위당 제조원가는 얼마로 계산되는가? (원 미만은 반올림 할 것) (CPA 2001)

① ₩400 ② ₩414 ③ ₩428
④ ₩460 ⑤ ₩474

해설 작업별 원가계산

		작업 갑	작업 을
A	9,000개	········	········
B	4,000개	········	········
C	6,000개	········	
		19,000개	13,000개

- 재료비 환산량 단위당 원가 = 1,320,000/4,000개 = @330
- 가공비 환산량 단위당 원가
  작업 갑 = (500,000+70,000) / (9,000+4,000+6,000) = @30
  작업 을 = (1,000,000+300,000) / (9,000+4,000) = @100
- B제품의 단위당 제조원가 = @330 + @30 + @100 = @460

정답 ④

CHAPTER 11

등급별 원가계산과 연산품 원가계산

등급품은 동일공정에서 생산된 동종제품이지만 규격이나 품질, 중량, 순도 등이 다른 제품이고, 연산품은 주산물과 부산물을 명확히 구분할 수 없는 제품이며, 부산물은 주산물에 비해 그 중요도가 낮은 제품이다.

이 장에서는 등급별 원가계산의 유형과 연산품 원가계산의 결합원가 배분을 중점적으로 학습하도록 한다. 그리고 부산물의 평가·인식 시점에 따른 부산물의 회계처리도 살펴보도록 한다.

제1절 등급별 원가계산
제2절 연산품 원가계산
제3절 부산물회계

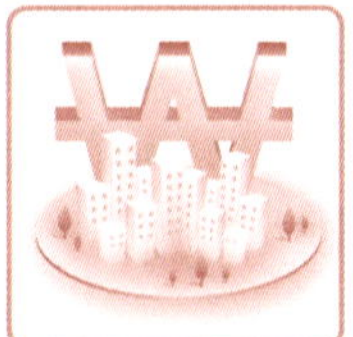
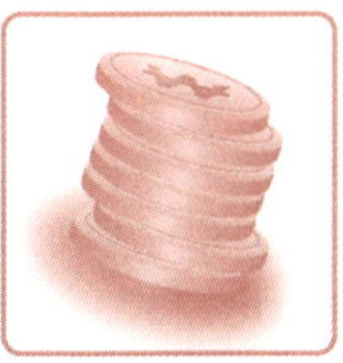

제1절 등급별 원가계산

1. 등급별 원가계산의 의의

등급별 원가계산은 동일한 원재료를 투입하여 동일공정에서 생산된 동종제품이지만 그 규격이나 두께·면적·중량·순도·품질 등이 다른 등급품[1)](class products)의 제품원가를 계산하는 방법이다. 제품생산 특성상 등급품을 많이 생산하는 제분업(품질이 다른 밀가루). 화학공업(순도가 다른 화학약품), 제화업(모양,크기 등이 다른 구두), 양조업(순도가 다른 같은 종류의 술), 제강업·목재업·제지업 등에 적합한 원가계산방식이다.

등급품 전체원가를 등급품별로 배분함에 있어서는 각 등급품의 상대적 원가부담정도를 나타내는 가중치인 등가계수(equivalent coefficients)를 이용하여야 한다. 등가계수로는 중량·크기·두께·면적 등의 물량단위나 표준재료원가나 표준노무원가 등의 원가단위가 주로 사용된다. 등가계수의 설정에 따라 등급별원가계산의 정확성이 좌우되므로, 등가계수는 각 등급품과 원가발생액과의 인과관계를 고려하여 합리적으로 설정되어야 한다.

등가계수를 하나만 설정하느냐 또는 원가요소별로 설정하느냐에 따라 단일배분법과 요소별배분법으로 구분한다.

① 단일배분법 : 전원가요소에 대해 총괄적으로 하나의 등가계수를 적용하는 방법이다.

② 요소별배분법 : 원가요소별로 상이한 등가계수를 적용하는 방법으로, 원가요소는 직접재료원가와 가공원가로 구분한다.

또한 등급별 원가계산시 등가계수의 적용대상에 따라 완성품원가 배분법과 당기제조원가 배분법으로 구분한다.

---

1) 연산품과 등급품의 차이 - 연산품과 등급품은 동일한 재료를 사용하여 동일한 공정을 거쳐 생산되는 결합제품이지만 개별제품 상호간에 주산물과 부산물로는 구분할 수 없다. 그러나 다음과 같은 점에서 차이가 있다.

① 연산품에서 생산되는 개별제품은 주로 유사제품이나, 등급품에서 생산되는 개별제품은 동종제품이다.

② 연산품은 인위적으로 제품구성을 조정하기가 곤란하나, 등급품은 생산계획에 따라 조정이 가능하다.

③ 등급품의 원가는 조별종합원가계산을 적용해서 결합원가배분을 통하여 정확히 계산할 수 있다. 그러나 연산품의 원가는 어떠한 배부기준을 이용하더라도 정확히 계산할 수 없다.

2. 등급별 원가계산의 유형

등급별 원가계산은 완성품원가를 대상으로 등가계수를 적용하는 완성품원가 배분법과 당기제조원가를 대상으로 등가계수를 적용하는 당기제조원가 배분법으로 구분할 수 있다.

(1) 완성품원가 배분법

완성품원가 배분법은 등급품 전체의 완성품원가를 구한 후 각 등급품별 생산량에 등가계수를 곱한 적수의 비율을 이용하여 완성품원가를 각 등급품에 배분하는 방법으로, 분리점까지 등급품을 개별적으로 식별할 수 없는 경우에 적용된다.

「원가계산준칙」 제22조 제2항에서는 "등급품별 단위당 원가는 각 등급품에 대하여 합리적인 배부기준을 정하고 당해 기간의 완성품총원가를 동 배부기준에 따라 안분하여 계산한다"고 규정함으로써, 완성품원가 배분법을 이용하도록 하고 있다.

예제 11-1

(주)경기제화는 제1공정에서 실내화 등급품 A, B를 생산하고 있으며, 공정의 완료시점에서 등급품 A, B의 수량을 식별할 수 있다. 5월중의 등급품 생산량은 A제품 2,000개, B제품 3,000개 이었다.

제1공정의 완성품원가(₩868,000)는 다음과 같다.

직접재료원가	₩660,000
가공원가	₩208,000

각 제품 1단위의 원가요소별 등가계수는 다음과 같다.

	A제품	B제품
직접재료원가	1.2	0.8
가 공 원 가	0.9	1.4

[물음] 선입선출법에 의한 완성품원가(₩868,000)를 요소별 배분법을 사용하여 등급품 A, B로 배분하고, 각 등급품의 단위당 원가를 계산하라.

해답

① 당기완성품에 포함된 직접재료원가의 배분

등급품	생산량	등가계수	적수	배분율	배분액
A	2,000개	1.2	2,400	0.5	₩330,000
B	3,000	0.8	2,400	0.5	330,000
	5,000개		4,800	1.0	₩660,000

② 당기완성품에 포함된 가공원가의 배분

등급품	생산량	등가계수	적수	배분율	배분액
A	2,000개	0.9	1,800	0.3	₩62,400
B	3,000	1.4	4,200	0.7	145,600
	5,000개		6,000	1.0	₩208,000

③ 각 등급품의 단위당 원가

등급품	생산량	직접재료원가	가공원가	등급원가	단위당 원가
A	2,000개	₩330,000	₩62,400	₩392,400	₩196.2
B	3,000	330,000	145,600	475,600	158.5
	5,000개	₩660,000	₩208,000	₩868,000	

(2) 당기제조원가 배분법

당기제조원가 배분법은 당기제조원가를 대상으로 등가계수를 적용하여 등급품별로 당기제조원가를 안분하여 원가계산을 하는 방법으로, 조별원가계산과 유사하므로 재공품을 등급품별로 파악할 수 있을 때에 적용가능하다. 이 방법의 계산 과정은 다음과 같다.

① 기말재공품의 평가방법(선입선출법, 평균법)을 선택한다.
② 각 등급품별 완성품환산량을 계산한다.
③ 각 등급품별 완성품환산량에 등가계수를 곱한 적수의 비율을 이용하여 당기투입원가를 각 등급품별로 배분한다. 이 때 단일배분법 또는 요소별배분법을 이용한다.
④ 각 등급품의 배분대상원가를 완성품원가와 기말재공품원가로 안분한다.
⑤ 각 등급품의 완성품원가를 완성품량으로 나누어 단위당원가를 계산한다.

예제 11-2

(주)현대양조는 단일공정에서 등급품 (양주) A, B를 생산하고 있다. 원재료는 공정의 착수시점에 모두 투입되고, 가공원가는 전공정에 걸쳐 균등하게 발생한다. 20×1년 5월 중의 생산 및 원가관련자료는 다음과 같다.

(1) 생산관련자료

	A제품	B제품
기초재공품	300개(40%)	200개(30%)
당기투입량	600	500
완성품량	700	600
기말재공품	200 (50%)	100 (60%)
등가계수 :		
직접재료원가	1.0	1.2
가공원가	1.0	1.0

(2) 기초재공품원가

	A제품	B제품
직접재료원가	₩60,000	₩40,000
가공원가	40,000	20,000

(3) 당기제조원가는 직접재료원가 ₩1,000,000, 가공원가는 ₩600,000이다.

[물음] 1. 선입선출법에 의해 당기제조원가를 요소별 배분법을 사용하여 A, B제품에 배분하라.
2. A, B제품의 완성품원가와 기말재공품원가를 계산하라.

해답

1. 당기제조원가의 배분 (선입선출법)

(1) 완성품환산량의 계산

① A제품

	I.물량흐름	II. 완성품환산량	
		직접재료원가	가공원가
기초재공품(40%)	300개		
당기투입량	600		
합 계	900개		
완 성 품 량			
기초재공품완성분	300개	–	180개
당기투입완성분	400	400개	400
기말재공품량(50%)	200	200	100
합 계	900개	600개	680개

② B제품

	Ⅰ.물량흐름	Ⅱ. 완성품환산량	
		직접재료원가	가공원가
기초재공품(30%)	200개		
당기투입량	500		
합　　계	700개		
완 성 품 량			
기초재공품완성분	200개	–	140개
당기투입완성분	400	400개	400
기말재공품량(60%)	100	100	60
합　　계	700개	500개	600개

(2) 직접재료원가의 배분

등급품	완성품환산량	등가계수	적　수	배분율	배분액
A	600개	1.0	600	0.5	₩500,000
B	500	1.2	600	0.5	500,000
			1,200	1.0	₩1,000,000

(3) 가공원가의 배분

등급품	완성품환산량	등가계수	적　수	배분율	배분액
A	680개	1.0	680	0.53125	₩318,750
B	600	1.0	600	0.46875	281,250
			1,280	1.0	₩600,000

2. 제품별 원가계산

① A제품

		직접재료원가	가공원가
기초재공품원가	₩100,000	–	–
당기제조원가	818,750	₩500,000	₩318,750
Ⅲ. 배분대상원가	₩918,750		
÷완성품환산량		÷600개	÷680개
Ⅳ. 완성품환산량 단위당 원가		₩833.33	₩468.75

Ⅴ. 원가의 배분

1. 완성품원가		
기초재공품원가	₩100,000	
기초재공품 당기추가원가	84,375	(180개×₩468.75)
당기투입완성품원가	520,832	(400개×₩1,302.08)
합　　계	₩705,207	
2. 기말재공품원가	₩213,543	(200개×₩833.33+100개×₩468.75)

② B제품

		직접재료원가	가공원가
기초재공품원가	₩60,000	–	–
당기제조원가	781,250	₩500,000	₩281,250
III. 배분대상원가	₩841,250		
÷완성품환산량		÷500개	÷600개
IV. 완성품환산량 단위당원가		₩1,000	₩468.75
V. 원가의 배분			
1. 완성품원가			
기초재공품원가	₩60,000		
기초재공품 당기추가원가	65,625	(140개×₩468.75)	
당기투입완성품원가	587,500	(400개×₩1,468.75)	
합 계	₩713,125		
2. 기말재공품원가	₩128,125	(100개×₩1,000+60개×₩468.75)	

제2절 연산품 원가계산

1. 연산품 원가계산의 의의

연산품 원가계산(결합원가계산이라고도 부름)은 동일 공정에서 생산되는 두 종류이상의 서로 다른 제품-연산품(joint products)의 원가를 계산하는 방법이며, 주산물과 부산물을 명확히 구분하기 곤란한 경우에 적용한다. 이 연산품원가계산은 정유업(휘발유, 등유, 경유), 정육업(뼈, 가죽, 고기), 낙농업, 제련업, 제당업 등 주로 자원을 가공하여 제품을 생산하는 업종에 적합한 원가계산방식이다.

동일공정에 동일 원재료가 투입된 후 연산품의 발생을 식별할 수 있는 시점(공정)을 **분리점**(spilt-off point)이라 하는데, 분리점 이전의 공정에서 발생한 원가를 **결합원가**(joint costs)라 하고 분리점 이후의 공정에서 발생하는 원가를 **분리원가**(separable costs)(또는 개별원가, 추가가공원가)라 부른다.

이 경우 **결합원가**는 여러 제품의 생산에 공통적으로 발생되었기 때문에 공통원가이므로 합리적인 배분기준에 의해 배분하여야 하나, 분리원가는 각 제품의 판매나 추가가공과 관련하여 발생하므로 별도의 배분과정이 필요하지 않다. 따라서 연산품원가는 다음 <그림 11-1>과 같이 결합원가의 배부액과 분리원가를 합산한 금액이 됨을 알 수 있다.

<그림 11－1> 결합원가와 분리원가

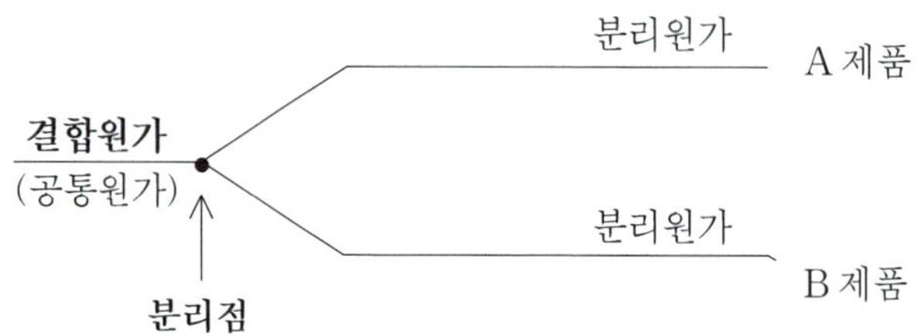

2. 결합원가의 배분

결합원가의 배분목적[2]은 일반적인 원가배분목적과 유사하며. 기업들은 여러가지 이유[3]로 연산품을 생산한다.

결합원가는 제품별로 추적이 불가능한 공통원가이므로 인위적인 배분대상이 되는데, 결합원가의 배분시에는 무엇을 기준으로 배부하는가에 따라 연산품원가계산이 영향을 받게 된다. 제품별로 결합원가를 배분하는 기준으로는 크게 물량기준과 시장(판매)가치기준으로 나눌 수 있는데, 전자에는 물량기준법이 있고 후자에는 상대적 판매가치법, 순실현가치법, 균등매출총이익률법이 있다.

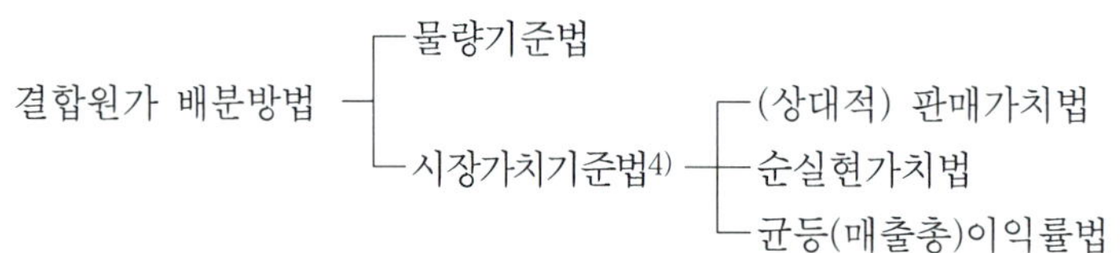

2) 결합원가 배분목적(결합원가를 배분해야 하는 상황)
① 외부보고용 재무제표작성과 세무보고를 위한 재고자산평가와 매출원가의 산정
② 경영자에 대한 보상을 위한 재고자산 평가와 이익의 결정
③ 원가에 일정한 이익을 가산하여 가격결정을 하는 방식(원가보상계획)을 적용할 때 가격결정의 기초로 활용
④ 연산품, 부산물에 대한 보험청구액이 원가정보에 근거되었을 때 보험액 산정

3) 기업들이 연산품을 생산하는 이유:
① 주로 제조기술 특성상 부득이한 경우
② 생산시설이나 설비의 활용도를 높여 수익성을 제고하려는 경우
③ 과거에는 작업폐물로 폐기되었던 원재료가 새로운 가공기술이나 시장개척으로 인해 제품화가 가능해진 경우 등.

4) ①시장가치법 (판매가치법과 순실현가치법)의 적용순서
㉠ 분리점에서의 판매가격을 알 수 있으면(또는 판매가능하면) 분리점에서의 판매가치법을 우선 적용할 것

(1) 물량기준법

물량기준법은 분리점에서 각 제품의 수량·중량·부피·면적 등과 같은 물리적 측정단위(physical quantities)를 기준으로 결합원가를 배분하는 방법으로, 각 제품이 물리적으로 수혜받고 있는 정도에 따라 원가를 배분하자는 것이다.

그러나 일반적으로 물리적 측정단위는 경제적가치를 정확히 반영하지 못하는 경우가 많다. 예를 들면 금이나 동과 같이 제품중량에 비례해 결합원가를 배분하였으나 오히려 중량이 적게 나가는 제품의 판매가치가 더 클 수 있는 것이다.

그러므로 물량기준법은 개별제품의 물량단위와 판매가격 사이에 밀접한 관계가 있는 경우이거나, 원가보상계약과 같이 원가를 기준으로 가격을 설정하는 경우에 적용가능하다.

예제 11-3

상당회사는 제품 A, B를 생산하고 있다. 5월중에 직접재료원가와 가공원가는 총 ₩400,000이었다. 모든 제품은 분리점에서 판매되며, 생산 및 판매활동에 관한 자료는 다음과 같다.

제 품	생산량	단위당 판매가격
A	300개	₩800
B	200	1,200
합계	500개	

[물음] 물량기준법에 의하여 결합원가를 배분하고, 각 제품의 단위당 제조원가를 계산하라.

해답

제 품	생산량	배분율	결합원가 배분액	단위당 제조원가
A	300개	60%	₩240,000	@₩800
B	200	40	160,000	800
합계	500개	100%	₩400,000	

㉡ 분리점에서의 판매가격을 알 수 없는 경우에만 순실현가치법을 적용할 것
㉢ 이유: 순실현가치법은 분리점에서의 판매가치법의 보충적인 방법이기 때문임

② 순실현가치가 음(-)인 연산품은 원가부담능력이 없으므로, 결합원가를 배분하지 않음

③ 두 방법 모두 결합원가만이 이익을 창출하고 추가원가는 이익창출에 공헌하지 못한다고 가정하는 방법

(2) 판매가치법

(상대적) 판매가치법은 분리점에서 개별제품이 갖는 제품간 상대적인 판매가치(relative sales value)를 기준으로 결합원가를 배분하는 방법으로, 각 제품의 수익창출능력(또는 원가부담능력)에 따라 원가를 배분하자는 기본사고를 갖고 있다.

이 방법은 판매가치를 기초로 결합원가를 배분하여 제품원가를 산출하므로 논리적인 모순이 있어 가격결정을 위한 원가계산에는 부적절하다. 그리고 제품의 판매가치를 정확히 측정할 수 있거나, 분리점에서 모든 제품이 판매가능한 경우에만 적용할 수 있다.

예제 11-4

<예제 11-3>의 자료를 이용하여 다음 물음에 답하라.

[물음] (상대적) 판매가치법에 의하여 결합원가를 배분하고, 각 제품의 단위당 제조원가를 계산하라.

해답

제 품	생산량	상 대 적 판매가치	배분율	결합원가 배 분 액	단 위 당 제조원가
A	300개	₩240,000	50%	₩200,000	@₩667
B	200	240,000	50	200,000	1,000
합계	500개	₩480,000		₩400,000	

(3) 순실현가치법

순실현가치법은 분리점에서 각 제품의 순실현가치(net realizable value)를 기준으로 결합원가를 배분하는 방법으로, 상대적 판매가치법과 같이 각 제품의 원가부담 능력에 따라 원가를 배분하자는 것이 기본사고이다. 이 개념은 상대적 판매가치법의 일종으로 분리점에서의 판매가치를 알고 있으면 판매가치법을 이용하고, 모르는 경우에 순실현가치법을 사용한다. 따라서 판매가 추가가공후에 이루어지므로 분리점에서는 대부분 판매가치를 알 수 없기 때문에, 최종판매가치에서 분리원가를 차감한 순실현가치로 상대적 판매가치를 추정하여 결합원가를 배분한다.

순실현가치란 제품의 최종판매가치에서 분리원가인 추가가공원가와 판매비를 차감한 금액을 말한다.

(분리점에서의) 순실현가치 = 최종판매가치 − 분리원가(추가가공원가+판매비)

이는 분리점에서 즉시 판매하지 못하고 추가로 가공을 거쳐 판매가 가능한 제품에 대해 적용가능한 방법이다. 한편 결합원가만이 수익창출에 공헌하고 분리점 이후의 분리원가는 수익창출에 공헌하지 못한다고 가정하므로, 논리적인 모순[5]이 있으며 가격결정을 위한 원가계산에는 순실현가치법이 다소 부적합하다.

예제 11-5

<예제 11-3>의 자료 중 제품 A는 분리점에서 판매되나 제품 B는 추가가공을 거친 후 C라는 제품으로 전환되어 판매된다. 제품 B의 분리원가는 ₩100,000이며 제품C의 판매단가는 ₩2,000이다.

[물음] 순실현가치법에 의하여 결합원가를 배분하고, 각 제품의 단위당 제조원가를 계산하라.

해답

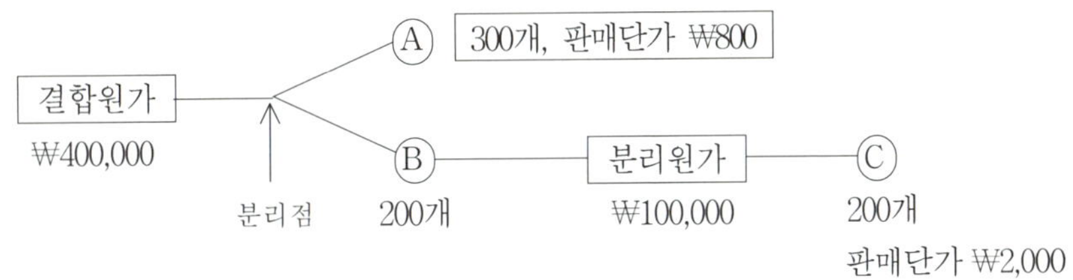

제 품	최종판매 가 치	분리원가	순실현가치	배분율	결합원가 배 분 액
A	₩240,000	–	₩240,000	44.4%	₩177,600
C	400,000	₩100,000	300,000	55.6	222,400
합계	₩640,000	₩100,000	₩540,000	100%	₩400,000

제 품	생산량	결합원가 배 분 액	분리원가	총 제 조 원 가	단 위 당 제조원가
A	300개	₩177,600	–	₩177,600	@₩592
C	200	222,400	₩100,000	322,400	1,612
합계	500개	₩400,000	₩100,000	₩500,000	

* A제품 매출총이익률=26%, C제품 매출총이익률=19.4%로 제품별로 상이한 매출총이익률이 산출된다.

5) 순실현가치법의 문제점 - 분리점 이후에 추가가공을 하는 경우에 순실현가치법(상대적가치법)을 사용하여 결합원가를 배분하면, 분리점에 있어서 각 제품이 동일한 매출총이익률(26%)을 나타내게 된다.
그러나 이 방법에 의하여 분리원가가 이익창출에 아무런 공헌을 하지 못하고 단순히 원가만을 회수하는 역할을 한다는 모순이 발생한다.

(4) 균등(매출총)이익률법

순실현가치법의 경우에는 결합원가만이 수익창출에 공헌하고 분리원가는 공헌하지 못한다고 가정하기 때문에, 제품별로 상이한 매출총이익률을 산출하는 문제점을 안고 있다. 이를 극복하기 위하여 고안된 결합원가와 분리원가가 모두 수익창출에 공헌한다고 가정하는 **균등(매출총)이익률법**은 개별제품의 최종판매시점에서 최종판매가치에 대하여 동일한 매출총이익률을 나타낼 수 있도록 결합원가를 배분하는 방법이다.

균등(매출총)이익률법(uniform percentage contribution method)은 다음과 같은 **단계**를 거쳐 결합원가를 배분한다.

① 회사전체의 매출총이익률을 계산한다. 이는 회사전체의 매출총이익(총판매가치－총결합원가－총분리원가)을 총판매가치로 나누어 구한다.

② 개별제품의 매출총이익을 계산한다. 이는 개별제품의 판매가치에 회사전체의 매출총이익률을 곱하여 구한다.

③ 개별제품의 판매가치에서 개별제품의 매출총이익과 분리원가를 차감하여 개별제품의 결합원가 배분액을 계산한다.

예제 11－6

<예제 11－5>의 자료를 이용하라.

[물음] 균등매출총이익률법에 의하여 결합원가를 배분하고, 각 제품단위당 제조원가를 계산하라.

해답

① 회사전체의 매출총이익률

[(₩240,000＋₩400,000)－₩400,000－₩100,000]÷₩640,000×100%
＝21.875%

② 결합원가 배분 및 제품단위당 제조원가

제 품	생산량	최종판매 가 치	매출총이익	분리원가	결합원가 배 분 액	총제조 원 가	단 위 당 제조원가
A	300개	₩240,000	₩52,500*	－	₩187,500	₩187,500	@₩625
C	200	400,000	87,500**	₩100,000	212,500	312,500	1,562.5
합계	500개	₩640,000	₩140,000	₩100,000	₩400,000	₩500,000	

* ₩240,000×21.875%＝₩52,500　　** ₩400,000×21.875%＝₩87,500

(5) 복수의 분리점이 있는 경우의 결합원가 배분

두 개 이상의 분리점이 있는 경우의 결합원가 배분은 다음 <그림 11-2>와 같이 한 개의 분리점이 있는 경우에 비해 기본원리는 동일하나 계산과정이 다소 복잡해진다.

<그림 11-2> 결합원가의 배분

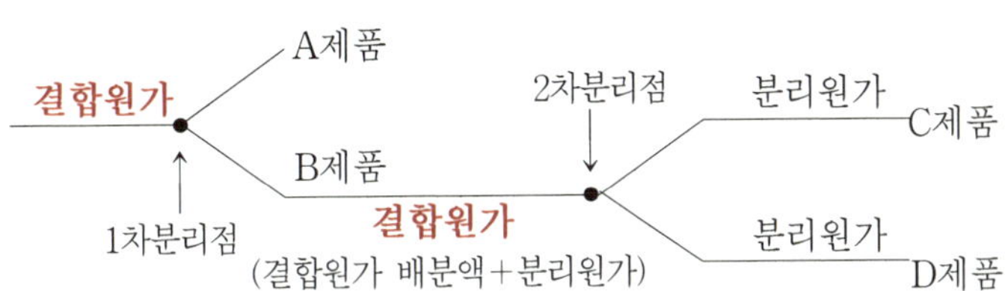

① 물량기준법을 이용하는 경우: 물량의 흐름과 원가의 흐름이 일치하도록 결합원가를 순차적으로 배분한다.

㉠ 1차 분리점에서 물량을 기준으로 결합원가를 배분하고,

㉡ 2차 분리점에서는 결합원가 배분액과 분리원가의 합계액인 결합원가를 물량을 기준으로 배분한다.

② 순실현가치법을 이용하는 경우: 역순으로 최종판매가치에서 분리원가를 차감한 순실현가치 및 결합원가 배분율을 구하여 결합원가를 배분하게 된다. 구체적인 배분절차는 다음과 같다.

㉠ 제품의 물량흐름과 결합원가, 분리원가의 발생시점을 나타내는 물량흐름도를 작성한다.

㉡ 제품의 최종판매가치에서 분리원가를 차감하여 최종분리점의 순실현가치를 계산하고, 그 상대적 비중인 제품별 결합원가 배분율을 구한다. 이 과정을 1차 분리점에 도달할 때까지 반복한다. (재고의 물리적 흐름과 반대 방향으로 계산)

㉢ 결합원가에 제품별 결합원가 배분율을 곱하여 제품별 결합원가 배분액을 구한다. 제품별 결합원가 배분액과 분리원가를 합하여 다음 분리점의 제품별 총제조원가를 구한다. 이 과정을 최종분리점까지 반복한다. (재고의 물리적 흐름과 같은 방향으로 계산)

예제 11-7

<예제 11-5>의 자료 중 제품 A는 1차 분리점에서 판매되나, 제품 B는 2차분리점에서 추가가공을 거쳐 제품 C와 제품 D로 전환되어 판매된다. 제품 C와 제품 D의 생산 및 원가자료는 다음과 같다.

제 품	생산량	분리원가	단위당 판매가격
C	100개	₩100,000	₩3,000
D	100	120,000	4,000
합계	200개	₩220,000	

[물음] 1. 물량기준법에 의하여 각 제품의 단위당 제조원가를 계산하라.
2. 순실현가치법에 의하여 결합원가를 배분하고 각 제품의 단위당 제조원가를 계산하라.

해답

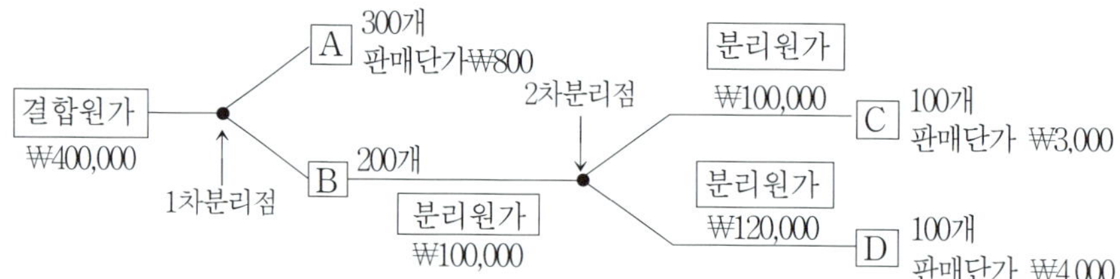

1. 물량기준법

제품	생산량	1차결합원가 배 분 액	분리원가	총제조원가	단 위 당 제조원가
A	300개	₩240,000	–	₩240,000	@₩800
B	200	160,000	–	160,000	800
합계	500개	₩400,000		₩400,000	

제품	생산량	2차결합원가 배 분 액	분리원가	총제조원가	단 위 당 제조원가
C	100개	₩130,000	₩100,000	₩230,000	@₩2,300
D	100	130,000	120,000	250,000	2,500
합계	200개	₩260,000*		₩480,000	

* B제품의 1차 결합원가 배분액+분리원가 : ₩160,000+₩100,000=₩260,000

2. 순실현가치법

(1) 결합원가 배분율

① 2차 분리점 :

제품	최종판매가치	분리원가	순실현가치	배분율
C	₩300,000	₩100,000	₩200,000	41.67%
D	400,000	120,000	280,000	58.33
합계	₩700,000		₩480,000	100%

② 1차 분리점 :

제품	판매가치	분리원가	순실현가치	배분율
A	₩240,000	–	₩240,000	38.71%
B	480,000	₩100,000	380,000	61.29
합계	₩720,000		₩620,000	100%

(2) 결합원가의 배분과 단위당 제조원가

① 1차 분리점 :

제품	결합원가 배분액	분리원가	총제조원가	단위당 제조원가
A	₩154,840	–	₩154,840	@₩516.13
B	245,160	₩100,000	345,160	추가가공
합계	₩400,000		₩500,000	

② 2차 분리점 :

제품	결합원가 배분액	분리원가	총제조원가	단위당 제조원가
C	₩143,828	₩100,000	₩243,828	@₩2,438.28
D	201,332	120,000	321,332	3,213.32
합계	₩345,160		₩565,160	

3. 추가가공 여부 의사결정

연산품과 관련해서는 분리점에서 즉시 판매할 것인가 아니면 추가로 가공을 하여 판매할 것인가에 대한 의사결정을 고려하게 된다. 이 경우 결합원가나 결합원가 배분액은 이미 발생한 과거원가로 의사결정목적과 관련이 없으므로 의사결정시 배제하여야 한다.

따라서 판매－추가가공 여부에 대한 의사결정에서는 분리점에서의 판매가치와 추가가공을 거친 최종판매가치와의 차액이익의 비교("관련원가분석"기법이라 부름)를 통해 의사결정을 행하여야 한다. 이를 요약하면 다음 <표 11－1>과 같다.

<표 11－1> 판매－추가가공 의사결정의 차액분석

분리점 판매(p_1)	추가가공후 판매(p_2)	차 이(p_2 － p_1)
판매가치	판매가치	(증분)차액수익
－	추가가공원가	(증분)차액원가
판매이익	추가가공후 판매이익	(증분)차액이익*

* 증분이익 ≥ 0 : 추가가공한다. 증분이익 < 0 : 추가가공하지 않는다.

예제 11－8

<예제 11－5> 의 자료를 이용하라.

[물음] 순실현가치법에 의하여 결합원가를 배분할 경우 B제품의 추가가공 여부를 결정하라.

해답

	총수익	추가가공원가	증분이익
추가가공후의 판매(p_2)	₩400,000	₩100,000	₩300,000
분리점에서의 판매(p_1)	240,000	－	240,000
차 이	₩160,000	₩100,000	₩60,000

따라서 B제품을 추가가공하여 C제품으로 판매하는 것이 ₩60,000만큼 증분이익이 생기므로 유리하다.

제3절 부산물회계

1. 부산물의 의의와 특성

연산품은 상대적 판매가치나 수량에 따라 주산물과 부산물로 구분할 수 있다. **부산물**(by－products)은 제품의 상대적인 판매가치나 수량에서 주산물(main products)에 비해 그 중요도가 낮은 제품으로, 판매가치가 거의 없는 작업폐물(scrap)과 구분된다. 부산물의 예로는 비누공장의 글리세린, 주조공장의 밀찌꺼기, 코크스공장의 타르 등이다. 부산품은 다음과 같은 특성을 갖고 있다.

① 분리점에서 주산물과 구분되며 추가 가공될 수 있다.
② 부산물은 주산물을 생산하는 과정에서 나오는 부수적 산물이다.
③ 제조공정이나 제품수요 등의 변화로 주산물로 바뀔 수도 있다.
④ 판매가치나 판매량의 중요성이 주산물에 비해 상대적으로 낮으나, 작업폐기물에 비해서는 크다.

2. 부산물의 인식과 회계처리

부산물과 작업폐기물은 연산품의 제조과정에서 부수적으로 발생되며, 판매가치가 연산품에 비하여 상대적으로 낮기 때문에 연산품과 동일하게 회계처리할 수 없으며, 부산물과 작업폐기물의 회계처리는 기본적으로 동일하다. 또한 부산물과 작업폐물은 연산품을 생산하는 과정에서 발생하므로 음(-)의 순실현가치가 생길 경우 연산품이 부담해야 한다.

부산물에 대한 회계처리방법은 여러 가지가 있으나, 다음의 두 가지 방법이 가장 많이 사용되고 있는바, 요약하면 다음 <표 11-2>와 같다.

<표 11-2> 생산기준법과 판매기준법

구 분	생산기준법*	판매기준법**
적용상황	부산물의 중요성이 높은 경우	부산물의 중요성이 낮은 경우
분리점에서 평가액	부산물의 순실현가치 (부산물의 순실현가치만큼 결합원가가 배분되는 결과 발생)	0 (결합원가가 배분되지 않음)
부산물의 총제조원가	부산물의 결합원가 배분액 (부산물의 순실현가치) + 추가가공원가	추가가공원가
연산품에 배분될 결합원가	최초결합원가 - 부산물의 순실현가치	최초결합원가

* 생산기준법 문제에서 표현방식
① 부산물은 생산시점에서 순실현가치로 평가한다.
② 부산물은 생산시점에서 인식하며, 부산물의 순실현가치는 제조원가(결합원가) 에서 차감한다.
** 부산물의 판매시점에서 판매이익을 잡이익으로 처리하는 방법임

(1) 생산기준법

생산기준법은 부산물의 분리시점에서 순실현가치를 추정하여 부산물을 평가·인식하는 방법으로, 회계처리시에는 매출원가보다 제조원가에서 차감하는 것이 이론적으로 타당하다 할 수 있다.

생산기준법은 부산물 생산시 결합원가를 배분함에 있어 먼저 결합원가 배분총액에서 부산물의 순실현가치를 차감한 후, 나머지 결합원가를 주산품 순실현가치의 상대적 비율에 따라 주산물에 배분하는 방법이다.

부산품 생산시의 회계처리는 다음과 같다.

(차) 주산물	×××	(대) 재공품	×××
부산물	×××		

추가가공으로 인한 분리원가 발생시의 회계처리는 다음과 같다.

(차) 부산물	×××	(대) 현금예금	×××

부산품 판매시의 회계처리는 다음과 같다.

(차) 현금예금	×××	(대) 부산물	×××

이 방법 이용시에는 부산품의 순실현가치가 부산물의 제조원가가 되므로 부산물의 판매시에는 이익이 발생하지 않는다. 다만 추정판매가치와 실제판매가치에 차이가 있을 때에는 손익이 발생할 수 있다. 따라서 부산물의 판매가능성이 확실하고 추정판매가치가 커서, 재고자산이나 이익에 미치는 영향이 큰 경우에 주로 이용된다.

예제 11-9

강원회사는 하나의 원재료를 투입하여 주산물 A, B와 부산물 C를 생산하고 있으며 지난 5월의 생산 및 판매관련자료는 다음과 같다.

제 품	생산량	판매량	분리원가	판매단가
A	900개	800개	₩20,000	₩600
B	600	400	20,000	500
C	100	100	2,000	220
합 계	1,600개	1,300개	₩42,000	

각 제품 모두 추가가공후 판매되며, 순실현가치법에 의하여 결합원가를 배분하고 있다. 결합원가는 ₩400,000이다.

[물음] 부산물을 생산시점에서 인식하여 회계처리하고, 제품별 포괄손익계산서를 작성하라.

해답

1. 생산기준법

(1) 결합원가의 배분

제품	순실현가치	배분비율	결합원가 배분액	분리원가	총제조원가
A	₩520,000[1)]	65%	₩247,000	₩20,000	₩267,000
B	280,000[2)]	35%	133,000	20,000	153,000
C			20,000[3)]	2,000	22,000
합계	₩800,000	100%	₩400,000	₩42,000	₩442,000

1) (900개×₩600)－₩20,000＝₩520,000
2) (600개×₩500)－₩20,000＝₩280,000
3) (100개×₩220)－₩2,000＝₩20,000

(2) 부산물의 회계처리

① 생산시

(차)	제품 A	₩267,000	(대) 재공품	₩440,000
	제품 B	153,000		
	부산물	20,000		

② 분리원가 발생시

(차)	부산물	₩2,000	(대) 현금예금	₩2,000

③ 판매시

(차)	현금예금	₩22,000	(대) 부산물	₩22,000

(3) 제품별 포괄손익계산서

	제품 A	제품 B	부산물 C	합 계
매 출 액	₩480,000	₩200,000	₩22,000	₩702,000
매 출 원 가				
당기제품제조원가	267,000	153,000	22,000	442,000
기말제품재고액	29,667*	51,000	－	80,667
소 계	₩237,333	₩102,000	₩22,000	₩361,333
매출총이익	₩242,667	₩98,000	₩0	₩340,667

* ₩267,000× $\frac{100개}{900개}$ ＝ ₩29,667

(2) 판매기준법

판매기준법은 부산물을 처분하는 시점에서 부산물을 평가·인식하는 것으로, 부산물 생산시에는 결합원가를 전혀 배분하지 않으므로 부산물 재고액은 '0' 이 되고 부산물은 부외자산이 된다. 따라서 이 경우 분리원가만이 부산품의 원가가 된다.

분리원가는 판매기준법하에서는 부산물의 판매시까지 원가인식을 미루게 된다. 물론 소액인 경우에는 기간비용으로 처리할 수도 있다. 부산물이 판매될 때에는 부산물의 처분가치에서 분리원가와 판매비를 공제하여 부산물처분이익을 인식하는데, 이때 잡이익(영업외수익)으로 계상하는 것이 일반적이다.

부산물 생산시의 회계처리는 다음과 같다.

(차) 주산물	×××	(대) 재공품	×××

* 부산품에 대한 회계처리는 없다.

분리원가 발생시의 회계처리는 다음과 같다.

(차) 부산물	×××	(대) 현금예금	×××

부산물 판매시의 회계처리는 다음과 같다.

(차) 현금예금	×××	(대) 잡이익(영업외수익)	×××

이 방법은 부산물의 경제적가치가 적거나 판매가능성이 불확실하여 재고자산이나 이익에 미치는 영향이 크지 않은 경우에 이용된다.

예제 11-10

<예제11-9>를 이용하여 다음 [물음]에 답하라.

[물음] 부산물을 판매시점에서 인식하여 회계처리하고, 제품별 포괄손익계산서를 작성하라.

해답

1. 판매기준법

(1) 결합원가의 배분

제 품	순실현가치	배분비율	결합원가 배분액	분리원가	총제조원가
A	₩520,000	65%	₩260,000	₩20,000	₩280,000
B	280,000	35	140,000	20,000	160,000
부산물C			–	2,000	2,000
합계	₩800,000	100%	₩400,000	₩42,000	₩442,000

(2) 부산물의 회계처리

① 생산시

(차) 제품 A	₩280,000	(대) 재공품	₩440,000
제품 B	₩160,000		

② 분리원가 발생시

(차) 부산물	₩2,000	(대) 현금예금	₩2,000

③ 판매시

(차) 현금예금	₩22,000	(대) 잡이익	₩22,000

(3) 제품별 포괄손익계산서

	제품 A	제품 B	부산물 C	합 계
매 출 액	₩480,000	₩200,000		₩680,000
매출원가				
당기제품제조원가	280,000	160,000		440,000
기말제품재고액	31,111[1)]	53,333		84,444
소 계	₩248,889	₩106,667		₩355,556
매출총이익	₩231,111	₩93,333		₩324,444
잡 이 익	–	–	₩20,000[2)]	20,000
법인세비용차감전순이익	₩231,111	₩93,333	₩20,000	₩344,444

1) ₩280,000× $\frac{100개}{900개}$ =₩31,111

2) 판매가치 ₩22,000－분리원가 ₩2,000=₩20,000

연습문제

〔문제 11－1〕 결합원가와 분리원가를 설명하라.

〔문제 11－2〕 결합원가배분의 유용성을 논하라.

〔문제 11－3〕 등가계수의 의의와 유용성을 논하라.

〔문제 11－4〕 부산물의 특성을 설명하라.

〔문제 11－5〕 등급별 원가계산

강남회사는 단일공정에서 등급품 A, B를 생산하고 있다. 재료는 공정의 개시시점에서 전량 투입되고, 가공원가는 공정의 진행에 따라 균등하게 발생한다. 20×1년 5월의 생산관련자료는 다음과 같다.

	물량흐름	직접재료원가	가공원가
기초재공품(60%)	2,000개	₩40,000	₩80,000
당기투입량	8,000	240,000	401,500
완성품량	7,000		
기말재공품(50%)	3,000		

5월의 완성품량 중 A제품은 4,000개, B제품은 3,000개이며 각 제품 1단위의 원가요소별 등가계수는 다음과 같다.

	A제품	B제품
직접재료원가	2.0	1.4
가 공 원 가	1.2	1.6

[물음] 선입선출법을 적용하여 등급품 A, B의 단위당 원가를 계산하라.

〔문제 11－6〕 결합원가의 배분

세기회사는 제품 A, B를 생산하고 있다. 5월중에 투입된 결합원가는 ₩2,000,000이며 제품 A와 B의 생산량은 각각 10,000개, 20,000개이다. 제품 A와 B는 추가가공을 거쳐 제품 C와 제품 D라는 제품으로 전환되어 판매된다. 제품 A와 제품 B의 분리원가는 각각 ₩800,000, ₩1,000,000이며, 제품 C와 제품 D의 판매단가는 각각 @₩280 @₩200이다.

[물음] 순실현가치법에 의하여 결합원가를 배분하고, 각 제품의 단위당 제조원가를 계산하라.

〔문제 11－7〕 복수의 분리점이 있는 경우의 결합원가 배분

충북회사는 제품 A, B를 생산하고 있다. 5월중에 투입된 결합원가는 ₩4,000,000(A: ₩800,000 B:₩320,000)이며 제품 A와 B의 생산량은 각각 2,000개, 3,000개이다. 제품 A는 추가가공을 거쳐 제품 C 1,000개와 제품 D 1,000개로 완성하여 판매하고, 제품 B는 제품 E 2,000개, 제품 F 1,000개로 완성, 판매한다. 분리원가는 제품 C, D의 완성에는 ₩400,000, ₩600,000이 각각 소요되고, 제품 E, F완성시에는 ₩1,000,000, ₩500,000이 각각 소요된다. 한편 제품 C, D, E, F 각각의 판매단가는 ₩2,000, ₩3,000, ₩4,000, ₩3,500이다.

[물음] 순실현가치법에 의하여 결합원가를 배분하고, 각 제품의 단위당 제조원가를 계산하라.

〔문제 11－8〕 연산품의 판매－추가가공 의사결정

강서회사는 제품 A와 B를 생산하고 있다. 제품 A와 B는 분리점에서 판매하거나 추가가공한 후 판매할 수 있다. 제품 A는 추가가공후 제품 X, Y로 분리되며, 제품 B는 추가가공후 제품 갑, 을로 분리된다. 제품 A와 B의 생산량은 3,000개, 4,000개이고, 분리점에서의 판매단가는 @₩100, @₩250이다. 제품 A와 B의 결합원가는 각각 ₩500,000, ₩600,000이다.

	X 제품	Y 제품	갑 제품	을 제품
생산량	2,000개	1,000개	2,000개	2,000개
단위당 추가가공원가	₩20	₩10	₩30	₩40
추가가공후 판매가격	140	110	220	250

[물음] 1. 제품 A의 추가가공여부를 결정하라.
2. 제품 B의 추가가공여부를 결정하라.

〔문제 11－9〕 부산물회계

천안회사는 재료를 투입하여 주산품 A와 B, 부산물 C를 생산하고 있다. 각 제품은 분리점 이후에 추가가공된 후에 판매된다. 분리점 이전의 결합원가는 ₩3,000,000이며 이의 배분시에는 순실현가치법을 이용한다. 20×1년 5월중의 생산 및 판매관련자료는 다음과 같다.

제품	생산량	판매량	분리원가	판매단가
A	400kg	300kg	₩400,000	₩10,000
B	400	400	400,000	7,000
C	80	80	40,000	1,500

[물음] 부산물을 생산시점에서 인식한다고 가정하고, 각 제품별 총제조원가와 매출총이익을 계산하라.

〔문제 11－10〕 등급별 및 연산품 종합원가회계에 대한 다음 설명 중 옳지 않은 것은? (전산세무 1급 25회)

① 연산품 원가계산에서 연산품이 개별 제품으로 식별될 수 있는 일정한 생산단계를 분리점이라 하고, 분리점에 도달하기 전까지 연산품을 제조하는 과정에서 발생한 제조원가를 결합원가라고 한다.
② 동일한 재료를 사용하여 동일 공정에서 계속적으로 생산되는 제품으로 규격, 중량, 순도가 서로 다른 제품을 등급품이라 한다.
③ 연산품은 생산계획에 따라 제품구성의 조정이 가능하지만, 등급품은 인위적으로 제품구성을 조정하기가 곤란하다.
④ 연산품으로는 정유업에서의 휘발유, 경유, 등유 등이 있으며, 등급품으로는 제분업에서의 품질이 다른 밀가루 등이 있다.

정답 ③

〔문제 11－11〕 연산품에 대한 결합원가배분의 목적에 사용되는 분리점에서의 상대적 판매가치는 다음 중 어느 것인가? (지도사 2004)

① 추적가능한 제품원가 정상매출총이익을 가산한 것
② 판매가격에서 정상매출총이익을 가산한 것
③ 판매가격에서 분리점 이후 추가원가를 차감한 것
④ 분리시점의 총판매가치에서 결합원가를 차감한 것
⑤ 판매가격에서 정상매출총이익을 차감한 것

정답 ③

[문제 11-12] 등급별 종합원가계산에서 등급품의 결합원가는 \28,000이다. 아래 자료에서 판매가치법에 의한 1급품의 결합원가 배부율과 단위당 원가를 구하면?

(행정자치부 9급 2000)

등 급	생산량	판매단가	무 게
1급품	100개	@₩100	18g
1급품	200개	70	5g
3급품	400개	40	8g

① 20/100, @₩30 ② 10/40, @₩70
③ 18/70, @₩72 ④ 10/21, @₩40

정답 ②

〔문제 11-13〕 (주)청솔은 동일공정에서 3가지 제품 A, B, C를 생산하고 있다. 결합원가는 분리점에서의 상대적 판매가치를 기준으로 배분하고 있다. 이와 관련된 자료는 다음과 같다. (3회 기업회계1급 2006, 한국세무사회)

	A	B	C	합 계
생 산 량	?		50	250개
결합원가	24,000원			60,000원
분리점의 판매가치	?	42,000원		120,000원

분리점 이후 C제품 50개에 대하여 총 8,000원을 추가로 투입하여 최종 제품으로 완성한 다음 단위당 700원에 판매하는 경우 C제품의 매출총이익은 얼마인가?

① 12,000원 ② 13,000원
③ 14,000원 ④ 15,000원

정답 ①

〔문제 11-14〕 (주)한강은 동일 공정에서 3가지 제품 A, B, C를 생산하고 있다. 결합원가는 분리점에서의 상대적 판매가치를 기준으로 배분하고 있다. 이와 관련된 자료는 다음과 같다.

	A	B	C	합계
생산량	?	?	400	2,000개
결합원가	180,000	?	?	₩360,000
분리점의 판매가치	?	280,000	?	₩800,000

분리점 이후에 C제품 400개에 대하여 총 ₩14,000을 추가로 투입하여 최종 제품으로 완성한 다음 단위당 ₩500에 판매하는 경우 C제품의 매출총이익은?

(CPA 2002)

① ₩118,000 ② ₩132,000 ③ ₩146,000
④ ₩160,000 ⑤ ₩174,000

정답 ②

[문제 11-15] (주)백두산화학은 동일한 원재료를 가공하여 두 개의 결합제품 A와 B를 생산한다. 7월중 A와 B의 생산과정에서 발생한 직접재료원가는 140,000, 가공원가는 180,000이었다. 분리점에서 A의 판매가치는 280,000인 반면, B는 추가가공을 거쳐 C라는 제품으로 전환되어 500,000에 판매된다. 추가공정에서는 80,000의 가공원가가 발생한다. 최종판매시점에서 A제품과 B제품의 매출총이익률은 각각 얼마인가? (CPA 2005)

① 25.71%와 38.40% ② 25.71%와 61.60%
③ 45.71%와 61.60% ④ 45.71%와 38.40%
⑤ 54.29%와 45.60%

정답 ⑤

〔문제 11-16〕 판매가치법에 의한 연산품 A, B의 단위당 원가계산? (단, 연산품의 결합원가는 ₩210,000이다) (행자부 2002)

제 품	생산량	판매단가
A	200개	₩600
B	400개	₩400

	A	B		A	B
①	₩300	₩450	②	₩350	₩350
③	₩400	₩300	④	₩450	₩300

정답 ④

〔문제 11-17〕 수락회사는 A, B, C의 세 가지 결합제품을 생산하고 있으며, 결합원가는 분리점에서의 상대적 판매가치에 의해 배분된다. 관련 자료는 다음과 같다. (세무사 2006)

	A	B	C	합계
결합원가	?	₩10,000	?	₩100,000
분리점에서의 판매가치	₩80,000	?	?	₩200,000
추가가공원가	₩3,000	₩2,000	₩5,000	
추가가공 후 판매가격	₩85,000	₩42,000	₩120,000	

만약, A, B, C 중 하나만을 추가가공한다면 어느 제품을 추가가공하는 것이 가장 유리하며, 이 때 추가가공으로 인한 이익은 얼마인가?

① A, ₩2,000 ② B, ₩20,000 ③ C, ₩3,000
④ B, ₩5,000 ⑤ C, ₩15,000

정답 ②

〔문제 11-18〕 다음 원가계산준칙에서 정하고 있는 부산물 평가에 관한 설명으로 적합하지 않은 것은? (2회 기업회계1급 2006, 한국세무사회)

① 부산물의 평가는 등급별원가계산의 규정을 준용하여 평가할 수 있다.
② 부산물로서 추가가공 후 자가소비하는 것은 그 추정매입가격으로 평가한다.
③ 부산물을 그대로 외부에 매각할 수 있는 경우에는 추정매각가격에서 판매비와 일반관리비 및 정상이윤을 공제한 가격으로 평가한다.
④ 부산물을 그대로 자가소비하는 경우에는 그 추정매입가격으로 평가한다.

정답 ②

〔문제 11-19〕 두 연산품 P와 Q는 결합생산 된 후 각각 추가가공되고 나서 판매된다. 결합원가는 분리점에서의 판매가치에 의해 배분된다. 다른 모든 수치가 일정할 때 연산품 P의 분리점에서의 판매가치가 증가하면 P와 Q의 매출총이익은 어떻게 변하는가? (세무사 2005년)

	P	Q
①	증 가	감 소
②	증 가	증 가
③	감 소	감 소
④	감 소	증 가
⑤	감 소	불 변

정답 ④

〔문제 11-20〕 태양회사는 결합제품 A, B, C를 생산하며 순실현가치법에 의하여 결합원가를 배분한다. 기초 및 기말에서의 재고자산은 없으며, 당기의 제조 및 판매에 관한 자료가 다음과 같을 경우 제품C의 매출총이익은 얼마인가? (세무사 2005년)

	A	B	C	합 계
생산량	7,000개	5,000개	3,000개	15,000개
결합원가	?	?	?	₩400,000
추가가공원가	₩50,000	₩20,000	₩40,000	₩110,000
판매가격	₩380,000	₩200,000	₩130,000	₩710,000

① ₩30,000 ② ₩70,000 ③ ₩90,000
④ ₩40,000 ⑤ ₩50,000

정답 ①

〔문제 11－21〕 한국(주)는 원재료 알파를 이용해서 결합생산공정으로부터 제품A와 제품B를 제조하고 있다. (감정평가사 2005)

제품	생산량	분리점에서의 단위당가격	단위당 추가가공원가	단위당 최종판매가격
제품A	3,000개	₩40	–	₩40
제품B	6,000개	₩30	₩10	₩70

순실현가액(net realizable value) 방법을 이용하여 제품A에 배부된 결합원가는 ₩100,000이다. 두 제품으로 배부되기 이전의 총 결합원가는 얼마인가?

① ₩400,000 ② ₩277,778 ③ ₩250,000
④ ₩180,000 ⑤ ₩175,438

정답 ①

〔문제 11－22〕 결합원가와 관련된 설명으로 옳지 않은 것은 무엇인가? (세무사 2008)

① 분리점이란 연산품과 부산품 등 결합제품을 개별적인 제품으로 식별할 수 있게 되는 제조과정 중의 한 점을 말한다.
② 균등이익률법에서는 조건이 같다면 추가가공비가 높은 제품에 더 많은 결합원가가 배부된다.
③ 분리점판매가치법에서 분리점의 판매가치를 계산할 때에는 판매량이 아닌 생산량을 이용한다.
④ 물량기준법은 제품의 판매가격을 알 수 없을 때 유용하게 사용될 수 있다.
⑤ 기업이익을 극대화하기 위한 추가가공 의사결정을 할 때에는 기 배분된 결합원가를 고려하지 않는다.

정답 ②

〔문제 11－23〕 (주)영남은 동일한 원료를 결합공정에 투입하여 주산품 X, Y와 부산품 B를 생산한다. 결합원가는 순실현가치(net realizable value)를 기준으로 제품에 배부한다. 당기에 결합공정에 투입된 총원가는 ₩150,000이고, 주산품 X, Y 및 부산품 B의 분리점에서 순실현가치의 상대적 비율은 6 : 3 : 1 이었다. 주산품 X에 배부된 결합원가가 ₩80,000이었다면, 부산품 B의 순실현가치는 얼마인가? 단, 부산품은 생산된 시점에서 순실현가치로 평가하여 재고자산으로 계상한다. (CPA 2009)

① ₩15,000 ② ₩30,000 ③ ₩35,000
④ ₩43,333 ⑤ ₩45,000

정답 ②

〔문제 11-24〕 대한정유는 수입한 원유를 정제하여 제품 X, Y, Z를 생산하고 있다. 다음은 2007년 1월 한달 간 정제공정에 투입된 총 공통원가와 X, Y, Z의 생산량에 관한 자료이다. 공통원가는 각 제품이 공정에서 분리되는 시점에서의 상대적 판매가치에 비례하여 배분한다. Y에 배분된 공통원가는 얼마인가? 단, 2007년 1월 1일 현재 기초재공품은 없다. (세무사 2007)

1월 한달 동안 정제공정에 투입된 재료비(원유)	₩150,000,000
1월 한달 동안 정제공정에 투입된 노무비와 제조경비	₩130,000,000

제품 X, Y, Z의 생산량과 단위당 판매가격은 다음과 같다.

제품	생산량	단위당 판매가격
X	20,000ℓ	₩15,000
Y	16,000ℓ	₩12,000
Z	12,000ℓ	₩9,000

① ₩150,000,000 ② ₩100,000,000 ③ ₩108,000,000
④ ₩89,600,000 ⑤ ₩85,714,280

정답 ④

〔문제 11-25〕 아래 그림과 같이 제품A는 공정1, 공정2, 공정4를 거쳐서 생산되고 제품B 공정1, 공정2, 공정5를 거쳐서 생산된다. 제품C는 공정1과 공정3을 거쳐서 생산된다. 각 공정의 제조원가는 그림에서 주어진 수치와 같다. 결합원가가 실현가치를 기준으로 배부되고, 제품A, 제품B, 제품C의 판매가액이 각 실현가치를 기준으로 배부되고, 제품A, 제품B, 제품C의 판매가액이 각 ₩500,000, ₩200,000, ₩300,000일 때 제품A의 총제조원가는 얼마인가? (세무사 2009)

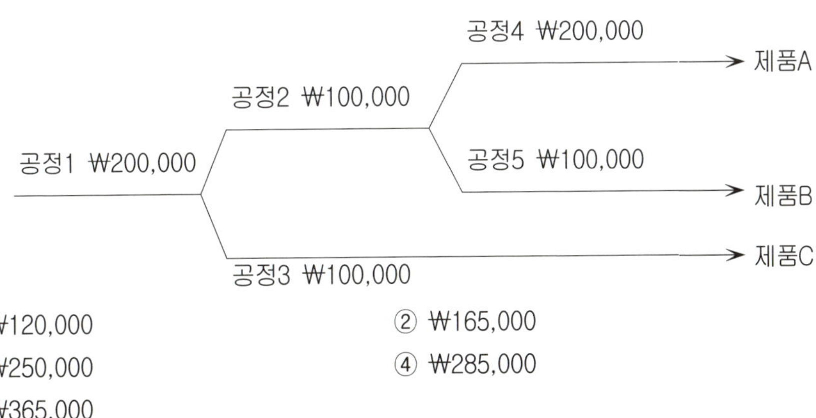

① ₩120,000 ② ₩165,000
③ ₩250,000 ④ ₩285,000
⑤ ₩365,000

정답 ⑤

〔문제 11-26〕 (주)국민제철은 A공정과 추가공정을 거쳐 두 종류의 철강을 생산하고 있다. A공정 다음에 추가공정 B를 거치면 고급 철강제품 '갑' 이 생산되고, A공정 다음에 추가공정 C를 거치면 보통 철강제품 '을'이 생산된다. 2009년 1월 중 A공정의 제조원가는 ₩1,000,000이고, 추가공정 B의 제조원가는 ₩800,000이고, 추가공정 C의 제조원가는 ₩400,000이다. (주)국민제철은 1월 중에 고급 철강제품 '갑'을 400톤 생산해 톤당 ₩8,000에 판매하였고, 보통 철강제품 '을' 을 600톤 생산해 톤당 ₩5,000에 판매하였다. A공정의 제조원가(결합원가)를 순실현가치법에 의해 배분하면, 보통 철강제품 '을'의 1월 중 제조원가는? (단, 판매비용은 고려하지 않는다.) (9급 지방직 2009)

① ₩920,000 ② ₩520,000
③ ₩733,333 ④ ₩448,387

정답 ①

〔문제 11-27〕 (주)오성의 공정A에서는 반제품을 생산하고 있으며, 이후 공정B와 C로 분리되어 추가가공된다. 공정B를 거치면 표준제품이 생산되고, 공정C를 거치면 고급제품이 생산된다. 20×7년 중 공정A의 결합원가는 ₩1,200,000이었다. 공정B의 추가가공원가는 ₩40,000이고, 공정C의 추가가공원가는 ₩160,000이었다. 20×7년 중 표준제품은 800개가 생산되어 개당 ₩950에 판매되었고, 고급제품은 1,200개가 생산되어 개당 ₩1,200에 판매되었다면 순실현가치법에 의한 고급제품의 제조원가는 얼마인가? (단, A와 B, C공정 모두 재공품은 없다.) (감정평가사 2008)

① ₩432,000 ② ₩778,000
③ ₩928,000 ④ ₩945,000
⑤ ₩975,000

정답 ③

〔문제 11-28〕 (주)경기는 연산품 A, B를 생산하고 있다. 2009년 3월 연산품 생산에서 발생한 결합원가는 ₩100,000이고, 각 연산품의 생산량, 판매가격, 분리점 이후의 단위당 분리원가와 관련된 자료는 다음과 같다. 순실현가능가치를 기준으로 결합원가를 배분할 경우 각 연산품의 단위당 원가를 계산하면? (9급 행정안전부 2009)

연산품	생산량	단위당 판매가격	단위당 분리원가
A	30개	₩3,000	₩1,000
B	20개	₩5,000	₩3,000

	연산품A	연산품B
①	₩3,000	₩5,000
②	₩2,000	₩4,000
③	₩2,000	₩5,000
④	₩3,000	₩4,000

정답 ①

〔문제 11-29〕 (주)한국은 결합원가 ₩420,000을 투입하여 연산품 X, Y, Z를 생산한다. 연산품 X와 Z는 추가가공하여 판매하고 있다. 결합원가 배부방법은 순실현가치법이며, 당기에 생산된 수량은 모두 당기에 판매된다.

제품	생산수량	매출액	개별원가(추가가공원가)
X	10,000개	₩250,000	₩100,000
Y	15,000개	200,000	
Z	20,000개	300,000	₩150,000

(주)한국은 Y제품을 추가 가공하면 Y제품의 매출액은 ₩550,000이 될 것으로 판단하고 있다. 이 경우에 추가가공원가가 최대 얼마 미만일 때, Y제품을 추가가공하는 것이 더 유리한가? (감정평가사 2009)

① ₩300,000
② ₩350,000
③ ₩400,000
④ ₩450,000
⑤ ₩500,000

정답 ②

CHAPTER 12

표준원가계산

표준원가계산은 원가요소별 표준원가를 설정하므로, 사전에 원가의 낭비나 비효율을 제거할 뿐만 아니라 사후에는 원가통제 목적에 기여할 수 있는 효율적인 원가계산법이다. 또한 표준원가를 설정함으로써 구성원들에게 달성가능목표를 제시하여 원가의식을 제고시킬 수 있다.

이 장에서는 각 원가요소별 표준원가의 설정 및 표준원가의 원가흐름과 원가차이분석을 학습한다. 특히, 원가차이를 직접재료원가의 가격차이와 능률(수량)차이, 직접노무원가의 가격(임률)차이와 능률(시간)차이, 변동제조간접원가차이의 소비차이와 능률차이, 고정제조간접원가의 예산차이와 조업도차이 등 총 8가지로 나누어 분석하는 것이 중요하다. 그리고 판매부문의 성과평가를 위한 원가차이분석도 살펴보도록 한다.

제1절 표준원가계산의 본질

제2절 표준원가계산의 원가흐름

제3절 원가차이분석

제4절 판매부문의 원가차이분석

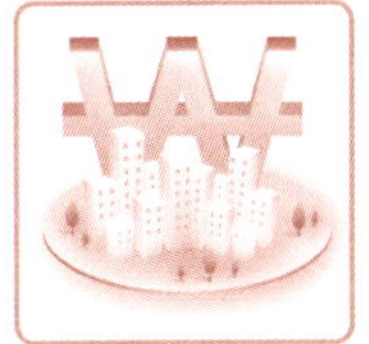

제1절 표준원가계산의 본질

1. 표준원가계산과 예산

(1) 표준원가계산의 의의와 유용성

표준(standards)이란 어떤 활동을 효율적으로 수행할 경우 달성되어야 할 수준의 측정치이며, **표준원가**(standard costs)는 제품 1단위를 완성하기 위하여 과학적인 분석을 통해 사전에 예산상으로 결정된 목표원가로서 단위당 예산을 의미한다. **예산**은 표준원가를 이용하여 편성되는 경우가 많으며 재무상의 계획으로서 총계적 개념이다. 따라서 표준원가와 예산은 본질적으로 동일한 개념이다.

실제원가계산(actual costing)은 실제 생산활동과 관련하여 발생하는 실제원가를 인식하는 원가계산방식으로 생산활동이 종료된 후에나 원가정보를 제공해 주며, 실제조업도의 변동에 영향을 받는 실제원가만을 제품원가로 인식한다는 **문제점**이 있다.

표준원가계산(standard costing)[1]은 원가요소들에 대하여 사전에 설정해 놓은 표준원가를 이용하여 제품원가계산을 하는 원가계산방법을 말하며, 신속한 제품원가계산이 가능하기 때문에 실제원가계산의 문제점을 극복할 수 있다. 또한 실제발생원가와 표준원가의 차이를 분석하여 책임회계제도(responsibility accounting)하의 원가중심점인 생산부문의 성과평가를 할 수 있다.

표준원가계산의 주된 목적은 원가절감 및 성과평가와 예산관리 및 의사결정에 있으며, 표준원가계산제도를 도입하는 이유는 몇가지 한계점[2]이 있지만 다음과

---

1) 부록 2「기업회계기준서 제1002호 재고자산」원가측정방법
표준원가방법이나 소매재고법 등의 원가측정방법은 그러한 방법으로 평가한 결과가 실제 원가와 유사한 경우에 편의상 사용할 수 있다. 표준원가는 정상적인 재료원가, 소모품원가, 노무원가 및 효율성과 생산능력 활용도를 반영한다. 표준원가는 정기적으로 검토하여야 하며 필요한 경우 현재 상황에 맞게 조정하여야 한다고 규정함으로써 표준원가법을 허용하였다.

2) ① 과학적이고 객관적인 표준원가의 설정이 쉽지 않으며, 표준원가를 설정하는데 많은 시간과 비용이 소요됨
② 예외에 의한 관리를 하는 경우, 어느 정도의 원가차이를 중요한 예외사항으로 볼 것인가를 결정해야 하는데 이에 대한 객관적인 기준을 만들기 어렵다.
③ 표준원가는 주로 재무적 측정치만을 강조하고 비재무적 측정치(품질, 인력, 납기등)를 도외시 하기 때문에 표준원가는 원가통제를 달성할 수 있으나 지나친 원가통제는 품질하락 등을 초래할 수 있다.

같은 유용성이 있기 때문이다.

① 사전에 설정된 표준원가를 사용함으로써 당기제품제조원가·매출원가·기말재고자산의 계산이 실제원가를 집계하기 이전에도 용이해지며, 제품원가계산이 신속하게 이루어진다.

② 표준원가를 기초로 한 예산과 실제원가를 기초로 한 실제성과와의 차이를 분석하여 비능률적으로 발생한 차이에 대한 원인규명을 통해, 성과평가 및 원가통제를 할 수 있는 정보를 제공한다.

③ 기업이 연초에 수립한 계획을 수치화하여 예산을 편성하는데 기초가 되며, 경영계획수립에 유용하다.

④ 제품원가를 표준원가로 인식함으로써, 조직구성원들로 하여금 목표달성의 동기부여를 하게 된다.

(2) 고정예산과 변동예산

예산은 고정예산과 변동예산으로 구분된다.

고정예산은 특정기간 동안의 생산수량이나 기타 조업도의 변화여부를 고려하지 않고 하나의 조업도(예산조업도, 기준조업도라 부름)수준을 기준으로 사전에 편성한 예산이며, 사후에 조업도가 변동되더라도 고정예산금액은 변동되지 않는다. 이 고정예산은 ① 효과성을 중시하는 판매부문의 성과평과를 위하여는 적합하지만, ② 효율적 생산여부를 판단하는 제조부문의 평가기준으로는 부적합한 문제점을 갖고 있다.

반면에 **변동예산**은 하나의 조업도를 기준으로 편성되는 고정예산과는 달리, 조업도의 변동에 따라 조정된 조업도(실제생산량에 허용된 표준조업도)를 기준으로 편성되는 예산이며, 실제성과가 얼마나 효율적으로 달성되었는가에 대한 예산통제목적의 기준이 된다. 따라서 제조부문의 성과평가를 위해서는 변동예산상의 표준원가를 사용하여 이루어진다. 다만 변동예산상 단위당 판매가격, 단위당 변동원가, 총고정원가는 고정예산상의 수치가 적용된다.

실무상 고정예산과 변동예산에 의한 표준원가와 실제성과간의 종합적인 성과보고서가 작성되는바, <표 12-1> 에 요약되어 있다.

<표 12-1> 종합적인 성과보고서 <예시>

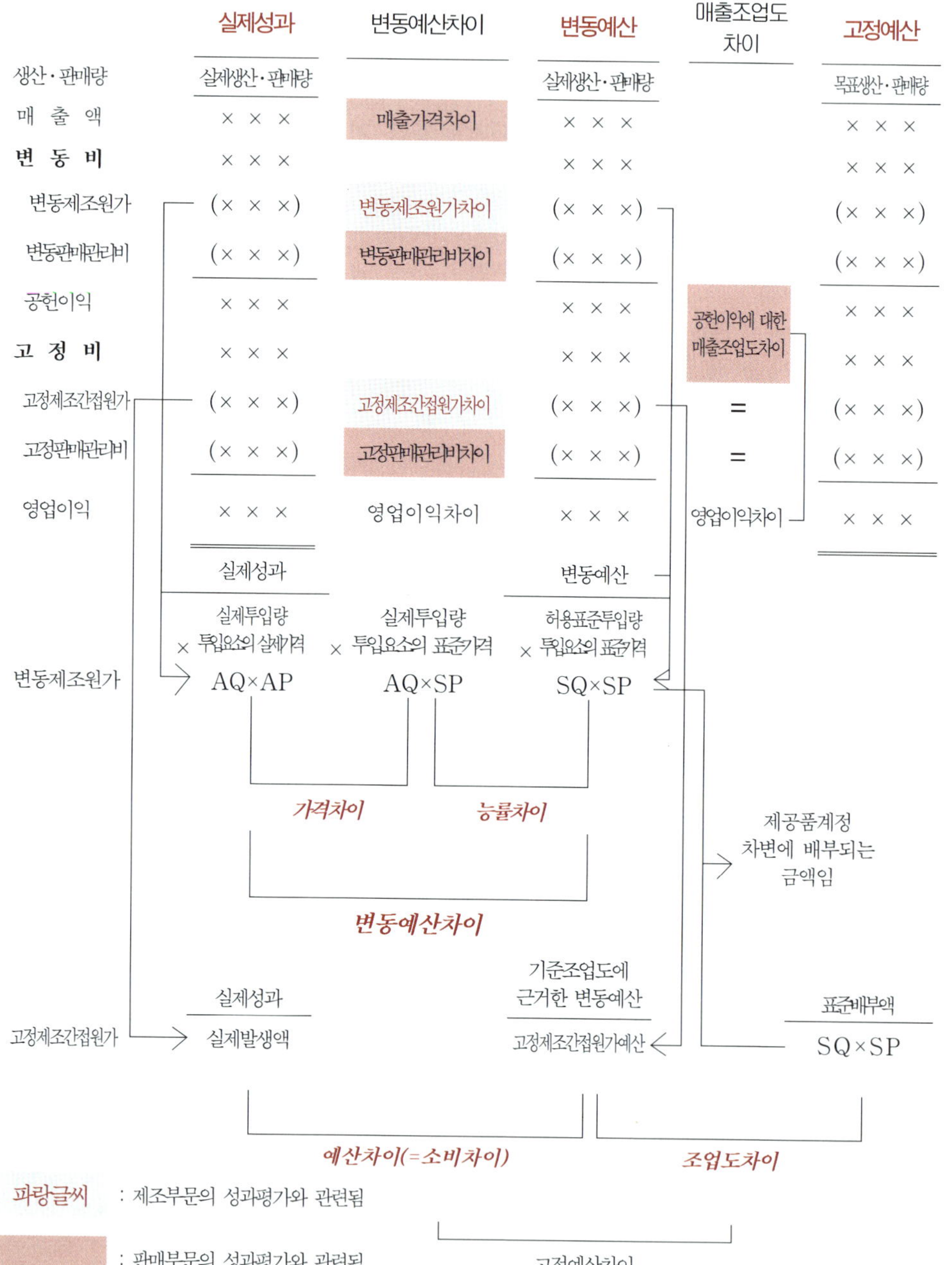

2. 표준원가의 설정

표준원가란 실제활동이 달성해야 할 원가목표이므로, 어느 수준으로 설정할 것인가라는 것이 매우 중요한 사항이며. 이 표준원가의 설정시에는 원가에 영향을 미치는 여러 요인들을 검토하여야 한다. 표준원가는 표준의 수준에 따라 3종류[3]가 있으며, 실무상으로는 달성가능표준원가를 많이 사용하고 있다.

일반적으로 표준원가계산을 행할 경우에는 다음과 같이 원가요소별로 표준원가를 설정한다. 즉 원가요소별(직접재료원가, 직접노무원가, 변동제조간접원가, 고정제조간접원가) 표준원가는 물량단위로 표시되는 표준수량(SQ)과 화폐금액으로 표시되는 표준가격(SP)으로 각각 구성되며, 다음과 같은 산식으로 나타낸다.

표준원가 = 표준수량(SQ) × 표준가격(SP)

(1) 표준직접재료원가의 설정

표준직접재료원가(direct material standards)는 직접재료단위당 표준가격과 표준수량으로 구성된다. 직접재료단위당 표준가격은 주로 외부의 시장요인에 의해 결정되므로 구매부서에서 가격설정의 책임을 진다. 표준가격에는 구입원가뿐만 아니라 운반비, 하역비 등 구입부대비용도 포함된다.

직접재료단위당 표준수량은 정상공손이나 감손, 작업폐물 등을 고려한 정상적 작업여건 하에서 제품 1단위를 생산하는데 투입되는 재료의 수량이므로, 주로 생산부문 등 내부의 능률요인에 의해 결정된다.

(2) 표준직접노무원가의 설정

표준직접노무원가(direct labor standards)는 직접작업시간당 표준임률과 표준노동시간으로 구성된다. 표준임률은 직접작업시간당 노무원가로써 직접임금뿐만 아니라 복리후생비 등 노무관련 지출원가도 포함된다. 표준임률의 설정은 작업부서별 · 작업별 · 직종별 · 숙련도 등에 따라 임금수준이 다르므로 매우 복잡하다. 대부분의 기업에서는 단일표준임률을 채택하고 있는데, 이는 표준원가의 설

---

3) ㉠ 이상표준원가 - 현재의 설비, 작업조건하에서 이상적으로 달성할 수 있는 원가이다. 현실적으로는 달성할 수 없는 최대효율을 강조하므로 어디까지나 목표로서의 의미를 지닌다. 꿈속에서의 표준원가라도고 한다.
㉡ 정상표준원가 - 정상적인 조업도 및 능률상태를 전제로 하여 설정되는 원가로서 공손 및 비능률 등을 고려하고 있지 않다.
㉢ 달성가능표준원가 - 정상적인 감손, 정상적인 기계고장 및 공손, 작업자들의 정상적인 여유시간등을 이용하여 종업원들이 열심히 일하면 달성할 수 있게끔 설정된 표준원가이다. 능률적인 조업하에서 발생하는 원가로서 가장 널리 받아들여지는 표준원가 개념이다.

정을 용이하게 하고 각 부서내 종업원을 효율적으로 통제하기 위한 것이다. 표준임률의 설정책임은 관련정보를 쉽게 접할 수 있는 원가회계부문이나 노무부문에서 부담한다.

표준노동시간은 제품 1단위를 생산하기 위해 필요한 작업시간으로 표준을 설정하기가 쉽지 않다. 표준노동시간은 직접작업시간 이외에도 휴식시간이나 기계고정시간, 기계수선시간 등을 고려하여 결정한다. 표준노동시간은 종업원의 작업동작별로 표준시간을 측정하고, 이를 합산하여 설정할 수도 있고 또한 산업공학적 방법에 의해 각 작업에 대한 과학적인 시간연구(time study)나 동작연구(motion study)를 행함으로써 설정할 수도 있다. 표준노동시간은 작업자의 작업절차나 작업조건 등 생산공정이 상당히 안정적이라는 것을 전제로 하므로 생산공정이 불안정한 경우에는 표준을 다시 수정하여 설정하여야 한다.

(3) 표준제조간접원가의 설정

표준제조간접원가 항목들은 직접재료원가나 직접노무원가와는 달리 구성항목이 다양하므로 구성항목별로 표준을 설정하는 것은 비효율적인 측면이 많다. 따라서 제조간접원가를 원가행태별로 그룹화하여 표준변동제조간접원가와 표준고정제조간접원가로 나누어 설정하는 것이 일반적이다.

표준제조간접원가의 설정시에는 인과관계를 고려하여 합리적인 기준조업도를 선택하여야 한다. 표준변동제조간접원가의 경우 총원가는 조업도 수준에 따라 비례적으로 변동하지만 단위당원가는 일정하게 발생한다. 따라서 원가의 발생을 논리적으로 설명할 수 있는 원가동인을 기준조업도로 설정하여야 하는데, 가급적 시장에서의 가격변동에 영향을 받지 않는 수량으로 설정하는 것이 좋다. 예를 들면 직접작업시간, 기계시간, 컴퓨터사용시간 등이다.

표준고정제조간접원가의 총원가는 조업도에 관계없이 일정하게 발생하지만, 단위당원가는 조업도에 따라 변동한다. 조업도가 변동할 경우에는 제조간접원가배부율이 달라지는 문제가 발생한다. 따라서 조업도의 변동에 관계없이 적용할 수 있는 제조간접원가배부율을 결정하여야 하며, 이 경우 기준조업도의 선택이 중요하다.

이 기준조업도의 선택을 위한 조업도에는 여러 가지가 있다. ① **이상적 조업도**는 시설의 유휴나 결함이 없는 최적상황하에서 생산가능한 최대의 조업도 수준을 의미하며, ② **정상적 조업도**는 정상적인 기계고장이나 원재료부족 등 비효율적인 요인을 현실적으로 감안한 조업도 수준이며, ③ **기대조업도**란 당기의 실제상황과 차기의 기대수준을 감안한 실제적용가능한 조업도 수준이다. 표준제조간접원가의 설정시에는 기준조업도로써 기대조업도가 적절하다.

제2절 표준원가계산의 원가흐름

표준원가계산의 기본적인 원가흐름은 실제원가계산과 같으나 회계시스템에 표준원가를 도입하여 회계처리하므로 재료계정과 재공품계정, 제품계정은 모두 표준원가로 기록된다. 그리고 원가요소의 구입과 제조과정에의 투입과정에서 실제원가와 표준원가간의 원가차이가 발생하므로 이를 유의 깊게 분석하여야 한다.

표준원가계산하에서는 모든 재고자산이 투입원가나 수량, 조업도의 변동 등에 의해 영향을 받지 않는 표준원가로 기록되므로 신속히 원가를 산출할 수 있고, 재고자산과 관련된 선입선출법·평균법 등 원가흐름을 가정할 필요가 없게 된다. 따라서 원가흐름의 가정에 따라 변동될 수 있는 재고자산이나 매출원가의 변동을 사전에 제거할 수 있으며 물량흐름만을 파악하면 된다.

표준원가계산의 원가흐름을 회계처리하면 다음과 같다.

① 직접재료원가의 배부와 차이 인식 (2가지 회계처리 방식)

㉠ 직접재료원가의 가격차이를 구입시점에서 분리하는 경우

직접재료 구입시 직접재료 실제구입량에 표준가격을 곱한 금액을 직접재료계정의 차변에 그리고 실제원가를 매입채무계정의 대변에 기입한다. 직접재료원가 가격차이가 불리한 차이의 분개는 다음과 같다.

(차)	직접재료	×××	(대) 매입채무	×××
	직접재료원가 가격차이	×××		

직접재료를 제조공정에 투입할 때에는 실제생산량에 허용된 표준투입량에 표준가격을 곱한 금액을 재공품계정의 차변에 그리고 실제투입량의 표준원가를 직접재료계정의 대변에 기입한다. 직접재료원가능률차이가 불리한 차이의 분개는 다음과 같다.

(차)	재공품	×××	(대) 직접재료	×××
	직접재료원가 능률차이	×××		

㉡ 직접재료원가의 가격차이를 투입시점에서 분리하는 경우

직접재료 구입시에는 실제원가를 직접재료계정의 차변과 매입채무계정의 대변에 기입한다.

(차)	직접재료	×××	(대) 매입채무	×××

직접재료를 제조공정에 투입할 때에는 실제생산량에 허용된 표준투입량에 표

준가격을 곱한 금액을 재공품계정의 차변에 기입하고, 직접재료계정의 대변은 실제원가로 기입한다. 이 때 직접재료원가의 가격차이와 능률차이가 발생하는 데 불리한 차이의 분개는 다음과 같다.

(차) 재공품	×××	(대) 직접재료	×××
직접재료원가 가격차이	×××		
직접재료원가 능률차이	×××		

② 직접노무원가의 배부와 차이 인식

직접노무원가는 실제생산량에 허용된 표준노동시간에 표준임률을 곱한 금액을 재공품계정의 차변에 기입하고 미지급임금계정의 대변에는 실제원가를 기입한다. 이 때 직접노무원가의 가격차이와 능률차이가 발생하는 데 불리한 차이의 분개는 다음과 같다.

(차) 재공품	×××	(대) 미지급임금	×××
직접노무원가 가격차이	×××		
직접노무원가 능률차이	×××		

③ 변동제조간접원가의 배부

표준조업도에 표준배부율을 곱한 표준변동제조간접원가를 재공품계정의 차변과 변동제조간접원가계정의 대변에 기입한다.

(차) 재공품	×××	(대) 변동제조간접원가	×××

④ 실제변동제조간접원가의 발생

실제원가를 변동제조간접원가계정의 차변과 미지급비용 등 계정의 대변에 기입한다.

(차) 변동제조간접원가	×××	(대) 미지급비용 등	×××

⑤ 변동제조간접원가의 차이 인식

표준변동제조간접원가와 실제변동제조간접원가의 차이를 소비차이와 능률차이로 분리하여 인식하는 데 불리한 차이의 분개는 다음과 같다.

(차) 변동제조간접원가 소비차이	×××	(대) 변동제조간접원가	×××
변동제조간접원가 능률차이	×××		

⑥ 고정제조간접원가의 배부

실제생산량에 허용된 표준조업도에 표준배부율을 곱한 금액을 재공품계정의 차변과 고정제조간접원가계정의 대변에 기입한다.

(차) 재공품 ××× (대) 고정제조간접원가 ×××

⑦ 고정제조간접원가의 발생

실제원가를 고정제조간접원가계정의 차변과 미지급비용 등 계정의 대변에 기입한다.

(차) 고정제조간접원가 ××× (대) 미지급비용 등 ×××

⑧ 고정제조간접원가의 차이 인식

표준고정제조간접원가와 실제고정제조간접원가와의 차이를 예산차이와 조업도차이로 분리하여 인식하는 데 불리한 차이의 분개는 다음과 같다.

(차)	고정제조간접원가 예산차이	×××	(대) 고정제조간접원가	×××
	고정제조간접원가 조업도차이	×××		

표준원가계산의 원가흐름을 T-계정을 통해 살펴보면 다음 <그림 2-1>과 같다.

<그림 12-1> 표준원가계산의 원가흐름

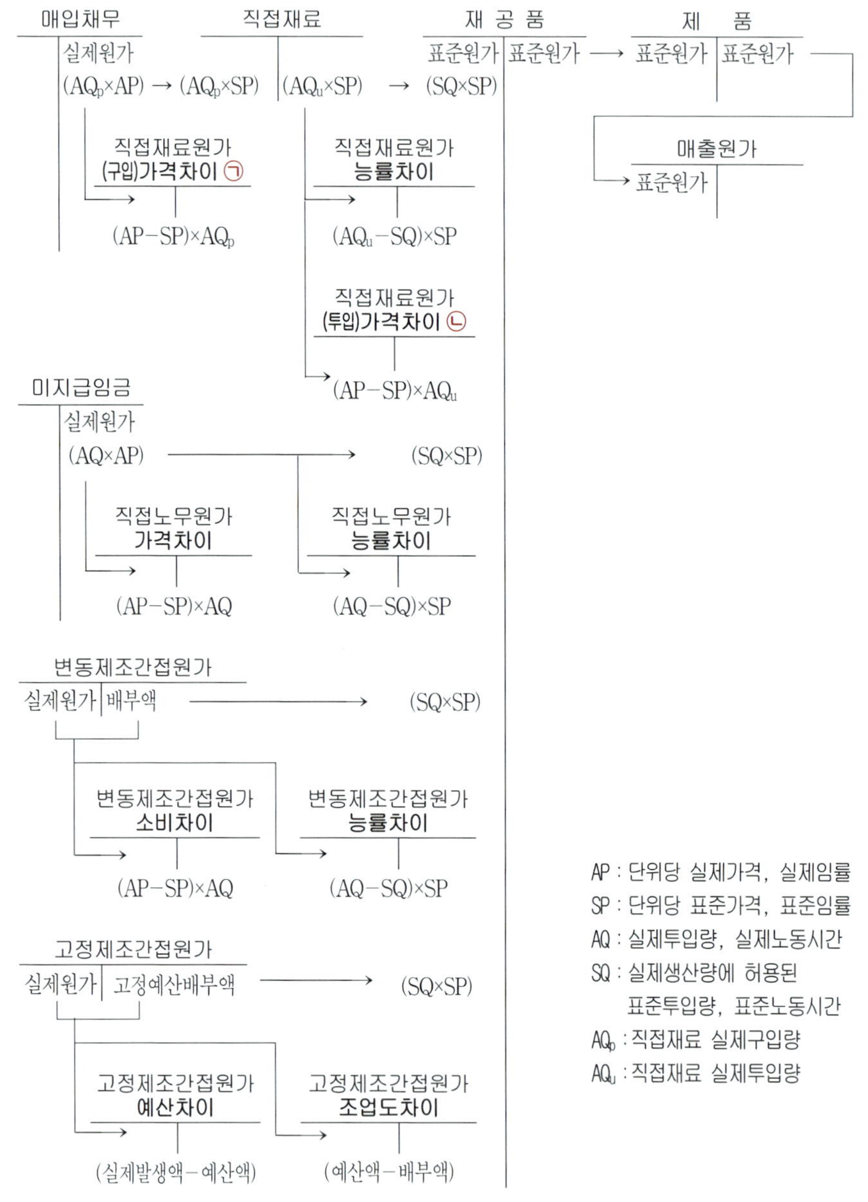

(주) : ㉠ 구입시점에서 직접재료원가의 (구입)가격차이를 계산할 경우의 공식
㉡ 투입시점에서 직접재료원가의 (투입)가격차이를 계산할 경우의 공식

제3절 원가차이분석

1. 원가차이분석의 의의

원가차이(cost variance)란 실제원가와 표준원가와의 차이이다. 표준원가는 기대원가(expected cost)로써 달성해야 할 원가이고, 반면에 실제원가(actual cost)는 기업내외의 여러 가지 원가발생요인에 의해 영향을 받게 되므로 원가차이의 발생은 회피할 수 없다.

다음에 설명할 원가차이분석에서 사용되는 원가요소별 원가차이를 살펴보면 다음 <표 12-2>와 같다.

<표 12-2> 원가요소별 원가차이

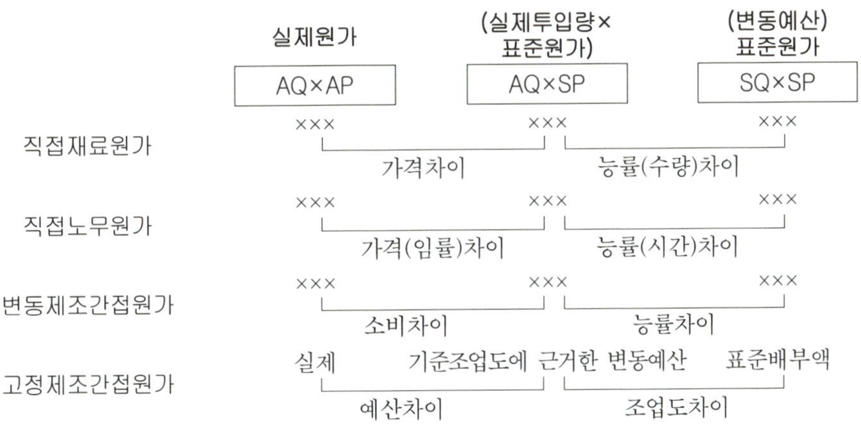

상기의 각 차이는 실제원가가 표준원가보다 클 경우에는 **불리한(unfavorable) 차이**를 나타내며, 실제원가가 표준원가보다 적을 경우에는 **유리한(favorable) 차이**를 나타낸다.

(1) 변동제조원가 차이분석

변동제조원가에 대한 차이분석이란 투입－산출사이에 비례관계가 존재하는 변동예산상의 변동제조원가(직접재료원가, 직접노무원가, 변동제조간접원가)에 대한 차이분석을 말한다. 투입－산출 사이에 인과관계가 없는 즉, 산출량에 관계없이 일정하게 발생되는 고정제조간접원가에는 적용되지 않는다.

원가차이분석시 변동제조원가에 속하는 직접재료원가 · 직접노무원가 · 변동제조간접원가는 투입량이나 노동시간, 조업도가 증감함에 따라 실제원가(AQ×AP)와 실제투입량에 근거한 변동예산(AQ×SP)과 실제생산량에 허용된 표준투입량에 근거한 변동예산(SQ×SP)간에 그 비례관계를 계산할 수 있어, 다음 <표 12-3>의 계산공식과 같이 가격차이와 능률차이로 구분하여 분석할 수 있다.

가격차이와 능률차이는 세 가지 원가요소마다 명칭은 다르나 같은 방법으로 계산된다. 예를 들면 직접재료원가와 직접노무원가의 경우에는 가격차이와 능률차이를 구하고, 변동제조간접원가의 경우에는 소비차이와 능률차이를 계산한다.

<표 12-3> 변동제조원가 차이분석

	변 동 예 산	
	실제투입량에 근거한 변동예산	**실제생산량에 근거**한 변동예산
실제원가	실제투입량의 표준원가	실제생산량에 허용된 표준투입량의 표준원가
(실제투입량×실제가격)	(실제투입량×표준가격)	(실제생산량에 허용된 표준투입량×표준가격)
AQ×AP	AQ×SP	SQ×SP(표준배부액)

가격차이 : AQ(AP-SP)　　**능률차이** : (AQ-SQ)SP

변동예산 총차이 : (AQ · AP)-(SQ · SP)

변동제조원가에 대한 차이분석의 내용을 그림으로 표시하면 다음 <그림 12-2>와 같다.

<그림 12-2> 변동제조원가의 차이분석

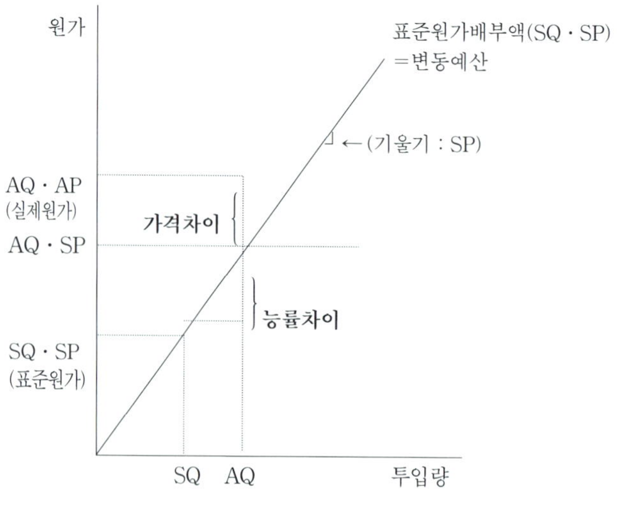

(2) 고정제조간접원가 차이분석

고정제조간접원가는 고정원가이므로 총원가관리에 초점을 두게 된다. 따라서 **고정제조간접원가에 대한 차이분석**을 할 경우에는 조업도의 증감에 영향을 받는 실제원가와 기준조업도에 근거한 변동예산과 실제생산량에 허용된 표준조업도에 대한 배부액을 고려하게 되므로, <표 12-4>의 계산공식과 같이 원가차이를 예산차이와 조업도차이로 나누어 분석한다.(고정제조간접원가에서는 투입 - 산출관계가 존재하지 않으므로 능률차이가 인식되지 않음)

<표 12-4> 고정제조간접원가 차이분석

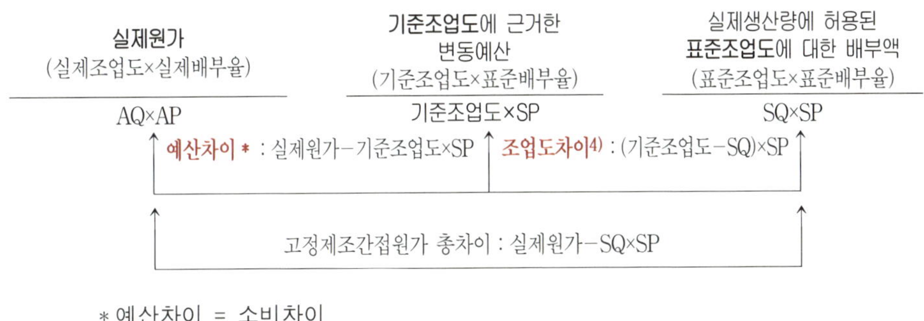

* 예산차이 = 소비차이

특히 고정제조간접원가의 조업도차이는 중요하므로 상세히 이해할 필요가 있다.

원가통제목적을 위해서는 고정제조간접원가는 총액으로 파악하여야 한다. 예산액과 실제발생액을 비교하여 예산차이를 관찰하는 것은 원가통제를 위한 것이다. 그러나 표준원가에 의한 **제품원가계산목적**을 위해서는 제품단위당 금액으로 파악하여 제품에 배분하는 것이 필요하다. 달리 표현하면, 고정제조간접원가에 대한 조업도차이가 발생하는 이유는 고정제조간접원가는 조업도 수준에 영향을 받지 않고 일정하게 발생하는 성질이 있는데 반하여, 고정제조간접원가를 제품에 배부하는 경우에는 마치 조업도에 따라 변동하는 변동원가로 취급하기 때문이다. 이와 같이 조업도차이는 원가통제목적(총액 개념)과 제품원가계산목적(단위당 개념)에 따라 고정제조간접원가의 취급방법이 다르기 때문에 발생되는 것이다.

---

4) 기준조업도 > 표준조업도 = 기준조업도(산출량 기준) > 실제산출량
당기의 실제조업수준이 계획조업수준에 미달됨을 의미(= 가용자원 과소사용) → 불리한 차이(U)

기준조업도 < 표준조업도 = 기준조업도(산출량 기준) < 실제산출량
당기의 실제조업수준이 계획조업수준을 초과함을 의미(=가용자원 충분히 활용) → 유리한 차이(F)

즉 고정제조간접원가 표준배부액이 실제생산량의 변화에 따라 비례적으로 증감하기 때문에 고정제조간접원가가 변동원가처럼 간주된다. 따라서 기준조업도와 실제생산량에 허용된 표준조업도가 일치되지 않으면, 표준원가배부액(제품원가계산 목적)과 예산액(원가통제 목적)의 차이가 발생되고 이를 조업도차이라 한다. 반면에 변동제조간접원가는 표준원가배부액과 변동예산액이 항상 일치되므로 조업도차이가 발생되지 않는다. 이 설명을 그림으로 비교하면 다음 <그림 12-3>과 같다.

<그림 12-3> 변동제조간접원가와 고정제조간접원가의 비교

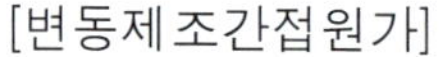

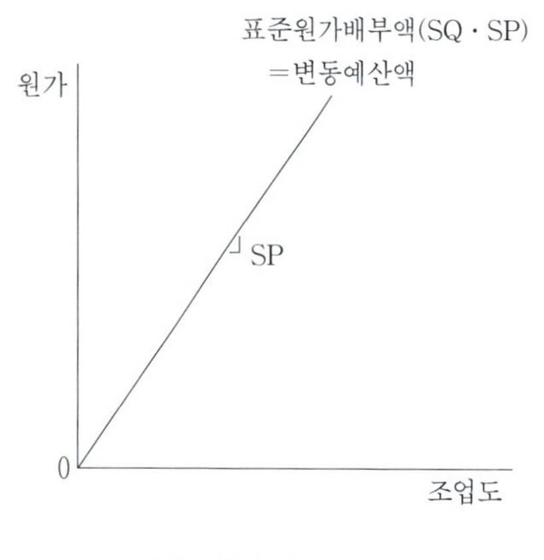

조업도차이=0

[고정제조간접원가]

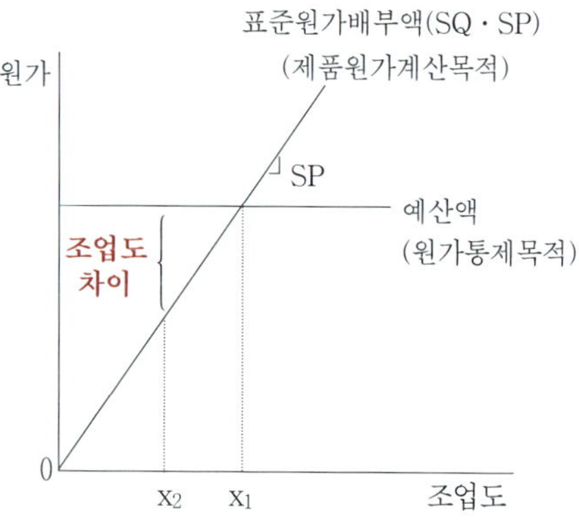

X_1 : 기준조업도 X_2 : 실제생산량에 허용된 표준조업도

2. 원가차이의 계산

(1) 직접재료원가차이

직접재료원가차이는 실제직접재료원가의 표준직접재료원가와의 차이로 직접재료원가 가격차이와 직접재료원가 능률차이로 나누어진다.

① 직접재료원가 가격차이

직접재료원가 가격차이(material price variance)는 실제구입량에 직접재료의 실제가격과 표준가격과의 차이를 곱하여 구한 원가차이이다.

직접재료원가 가격차이 = (실제가격 − 표준가격) × 실제구입량

가격차이는 재료구입시점의 가격차이와 투입시점의 가격차이로 나누어 볼 수 있으나, 일반적으로 원재료의 능률적인 사용과 관계없이 구입시점의 가격차이를 계산한다. 왜냐하면 구입시점에서 가격차이를 분석하여 원재료 구입정책에 신속하게 대응방안을 모색할 수 있고, 회계처리를 신속히 할 수 있기 때문이다.

② 직접재료원가 능률차이

직접재료원가 능률차이(material efficiency variance)는 수량차이(quantity variance)라고도 하는데 이는 표준가격에 실제투입량과 실제생산량에 허용된 표준투입량과의 차이를 곱하여 구한 원가차이이다.

직접재료원가 능률차이 = (실제투입량 − 실제생산량에 허용된 표준투입량) × 표준가격

직접재료원가의 가격차이와 능률차이는 상호 대체적인 성질이 있다. 예를 들어 가격이 저렴한 저질의 원재료를 구입하면 가격차이는 유리하나 원재료의 품질저하로 능률차이는 불리해진다.

직접재료원가의 차이분석을 요약하면 다음 <표 12−5>와 같다.

<표 12−5> 직접재료원가차이

① 구입시점의 가격차이와 능률차이

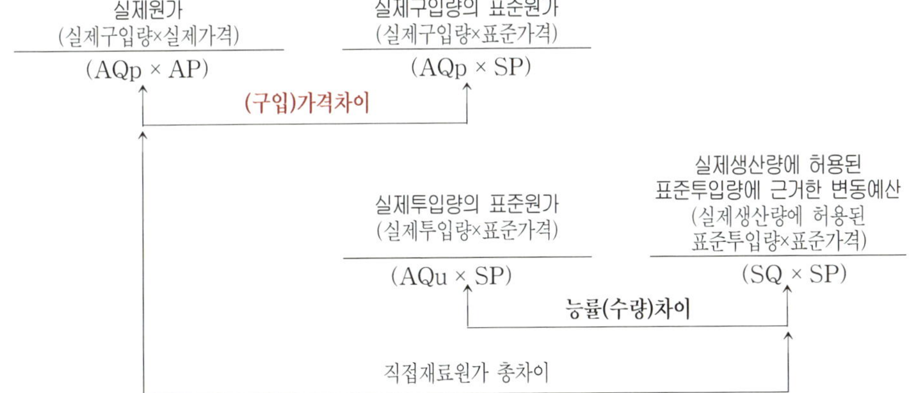

② 투입시점의 가격차이와 능률차이

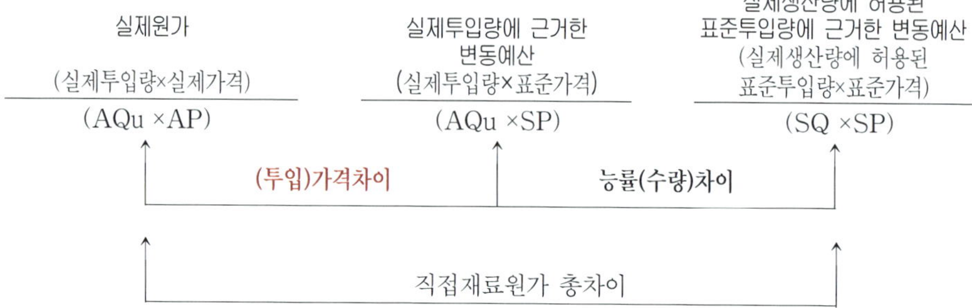

예제 12-1

강원회사는 원가관리를 목적으로 표준원가계산시스템을 채택하고 있다. 고정제조간접원가 표준배부율은 월 8,000개의 예산생산량을 기준조업도로 하여 계산한다. 제품 1단위당 표준원가는 다음과 같다.

	표준수량	표준가격	표준원가
직접재료원가	2kg	₩14	₩28
직접노무원가	1시간	15	15
변동제조간접원가	1시간	10	10
고정제조간접원가	1시간	10	10
단위당표준원가			₩63

20×1년 6월 중 7,000개를 생산하여 단위당 판매가격 ₩100으로 6,000개를 판매하였다. 기타 생산관련자료는 다음과 같다.

(1) 직접재료구입량은 18,000kg이며, kg당 실제구입가격은 ₩15이다.

(2) 직접재료투입량은 17,500kg이었다.

(3) 실제직접노동시간은 6,800시간이며, 시간당 실제임률은 ₩16이다.

(4) 실제변동제조간접원가와 실제고정제조간접원가는 각각 ₩81,600, ₩75,000이다.

[물음] 1. 직접재료원가의 가격차이와 능률차이를 계산하라.

① 직접재료원가의 가격차이를 구입시점에서 분리한다고 가정하는 경우

② 직접재료원가의 가격차이를 투입시점에서 분리한다고 가정하는 경우

해답

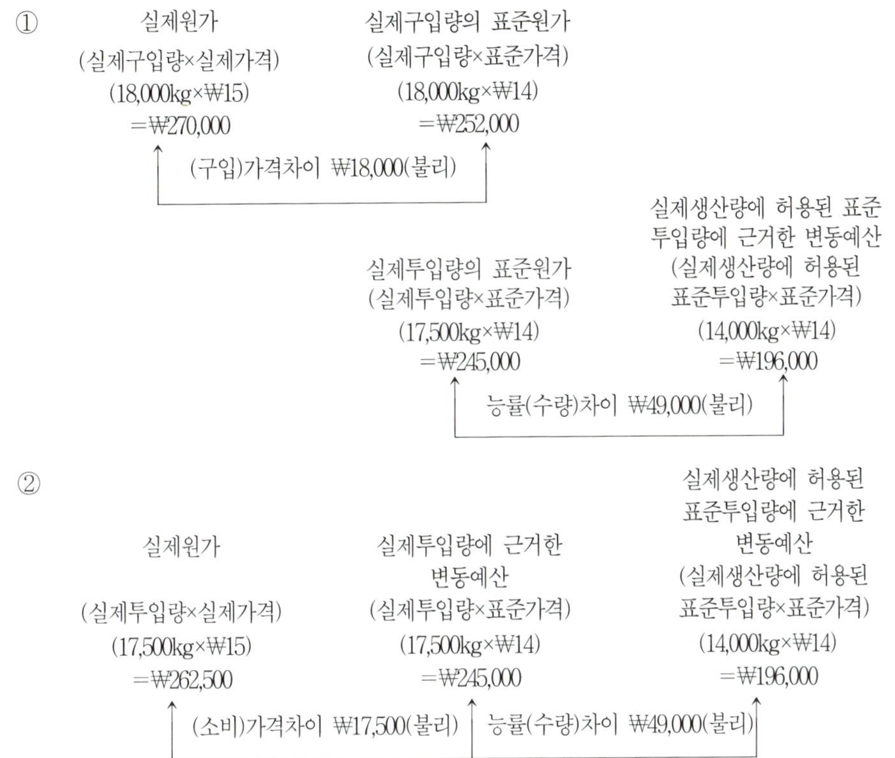

(2) 직접노무원가차이

직접노무원가차이는 실제직접노무원가와 표준직접노무원가와의 차이로 직접노무원가 가격차이와 직접노무원가 능률차이로 나누어진다.

① 직접노무원가 가격차이

직접노무원가 가격차이(labor price variance)는 **임률차이**(rate variance)라고도 부르는데 실제노동시간에 직접노무원가의 실제임률과 표준임률의 차를 곱하여 구한 원가차이이다.

직접노무원가 가격차이 = (실제임률 − 표준임률) × 실제노동시간

② 직접노무원가 능률차이

직접노무원가 능률차이(labor efficiency variance)는 시간차이(time variance)라고도 부르는데 표준임률에 실제노동시간과 실제생산량에 허용된 표준노동시간의 차를 곱하여 구한 원가차이이다.

> 직접노무원가 능률차이
> = (실제노동시간 − 실제생산량에 허용된 표준노동시간) × 표준임률

직접노무원가의 가격차이와 능률차이는 상호 대체적이다. 예를 들면 고임금의 고급노동력을 고용한다면 가격차이는 불리한 반면 능률차이는 유리하게 발생할 수 있다.

직접노무원가의 차이분석을 요약하면 다음 <표 12−6>과 같다.

<표 12−6> 직접노무원가차이

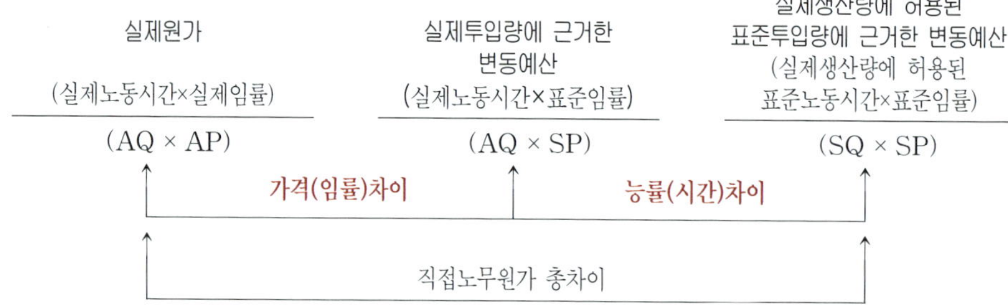

예제 12-2

<예제 12-1>을 이용하여 다음 [물음]에 답하라.

[물음] 직접노무원가의 가격차이와 능률차이를 계산하라.

해답

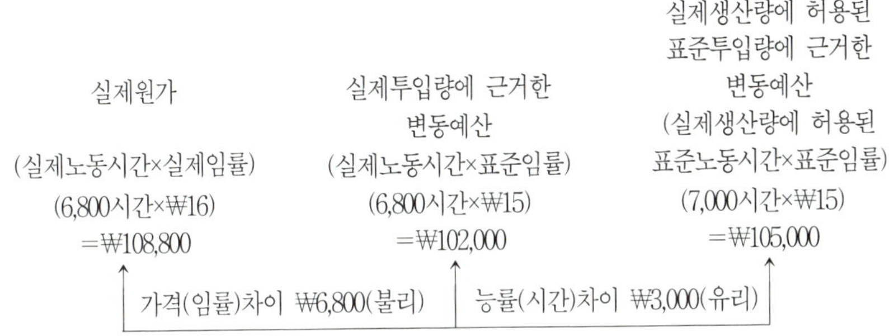

(3) 변동제조간접원가차이

제조간접원가차이는 원가관리에 효율적인 정보를 제공하고자 원가행태를 고려하여 변동제조간접원가차이와 고정제조간접원가차이로 나누어 살펴볼 수 있다. 변동제조간접원가차이는 변동제조간접원가 소비차이와 변동제조간접원가 능률차이로 구분한다.

① 변동제조간접원가 소비차이

변동제조간접원가 소비차이(variable overhead spending variance)는 실제조업도에 변동제조간접원가의 실제배부율과 표준배부율의 차이를 곱하여 구한 원가차이인데, 이는 변동제조간접원가의 실제발생액과 실제조업도에 근거한 변동예산과의 차이를 말한다.

변동제조간접원가 소비차이 = (실제배부율 − 표준배부율) × 실제조업도

소비차이는 단순한 가격차이 이외에 낭비나 비능률로 인한 능률차이가 포함되어 복합적인 성격을 갖고 있다. 소비차이는 변동예산과 실제발생원가와의 차이이므로 원가부문의 관리자가 책임을 진다.

② 변동제조간접원가 능률차이

변동제조간접원가 능률차이는 변동제조간접원가 표준배부율에 실제조업도와 실제생산량에 허용된 표준조업도와의 차이를 곱하여 구한다. 이는 실제투입량에 근거한 제조간접원가 변동예산과 실제생산량에 허용된 표준조업도에 근거한 제조간접원가 변동예산과의 차이를 말한다.

> 변동제조간접원가 능률차이
> =(실제조업도 − 실제생산량에 허용된 표준조업도) × 변동제조간접원가 표준배부율

변동제조간접원가의 능률차이는 작업시간을 얼마나 능률적으로 활용하였는가에 따라 발생한다. 이 능률차이에 대해서는 작업표준이 잘못 설정되었을 경우에는 표준조업도를 설정한 생산담당자가 책임을 지며, 표준조업도와 실제조업도와의 차이로 인해 나타난 차이에 대해서는 원가부문의 책임자가 책임을 진다. 변동제조간접원가 차이분석을 요약하면 다음 <표 12−7>과 같다.

<표 12−7> 변동제조간접원가차이

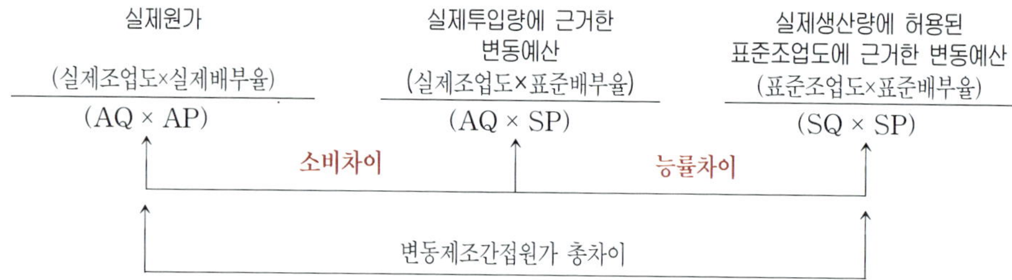

예제 12−3

<예제 12−1>을 이용하여 다음 [물음]에 답하라.

[물음] 변동제조간접원가의 소비차이와 능률차이를 계산하라.

해답

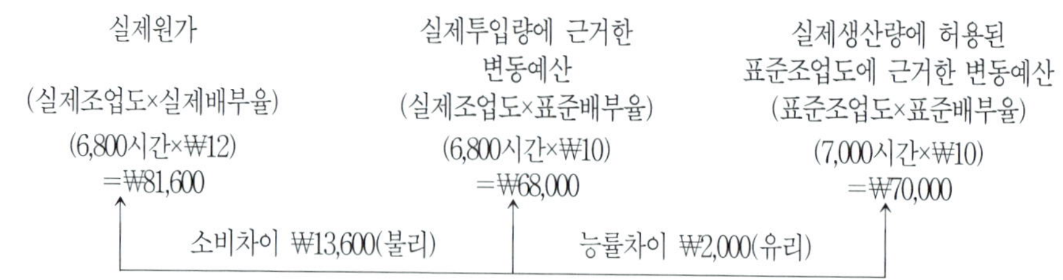

(4) 고정제조간접원가차이

표준원가계산제도하에서 제품원가를 계산하기 위해서는 제품단위당 고정제조간접원가를 일정하게 안정시킬 필요가 있고 이를 위해 기준조업도(denominator activity)를 선택하고 기준조업도에 의해 고정제조간접원가의 표준배부율을 구하여야 한다. 기준조업도로는 기대되는 실제조업도, 정상조업도, 최대조업도 등이 이용된다.

$$\text{고정제조간접원가 표준배부율} = \frac{\text{고정제조간접원가예산}}{\text{기준조업도}}$$

고정제조간접원가 표준배부율은 고정제조간접원가를 재공품에 배부하거나, 예산차이와 조업도차이를 분석할 때에 유용하게 이용된다.

① 고정제조간접원가 예산차이

고정제조간접원가 예산차이는 고정제조간접원가의 실제발생액과 기준조업도에 근거한 변동예산과의 차이로 일반적으로 생산부문 관리자가 통제할 수 없는 원가차이이다.

고정제조간접원가 예산차이
= 고정제조간접원가 실제발생액 − (기준조업도 × 고정제조간접원가 표준배부율)

② 고정제조간접원가 조업도차이

고정제조간접원가 조업도차이는 고정제조간접원가 표준배부율에 기준조업도와 실제생산량에 허용된 표준조업도간의 차이를 곱하여 산출한다. 이 조업도차이를 해석하면 기준조업도와 실제생산량에 허용된 표준조업도와의 차이로 인한 것이므로 가용 생산설비의 이용정도를 나타내는 지표라 할 수 있다. 실제생산량의 조업도가 기준조업도에 미달된 경우에는 유휴설비가 존재하고 그만큼 설비를 비효율적으로 사용(불리한 차이 발생)한 것을 의미한다. 반대로 실제생산량의 조업도가 기준조업도를 초과한 경우에는 생산설비를 충분히 활용(유리한 차이 발생)했다는 의미이다. 이런 의미때문에 조업도차이를 **생산량차이, 생산능력차이, 유휴설비차이**라고도 한다.

고정제조간접원가 조업도차이
= 고정제조간접원가 표준배부율 × (기준조업도 − 실제생산량에 허용된 표준조업도)

조업도차이는 당해 부문경영자가 일반적으로 통제 불가능한 원가차이이므로, 주로 경영진에 책임이 있다.

고정제조간접원가 차이분석을 요약하면 다음 <표 12－8>과 같다.

<표 12－8> 고정제조간접원가차이

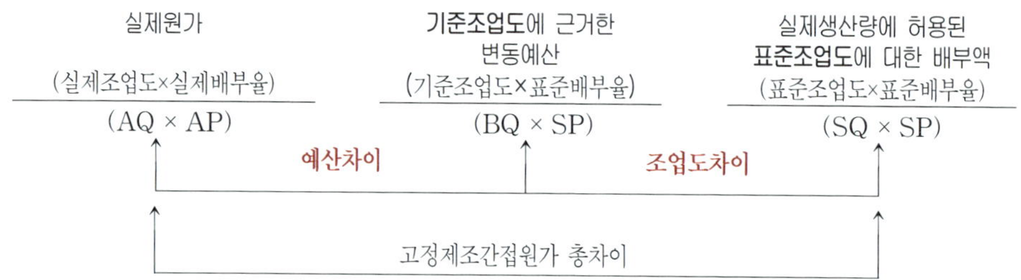

예제 12－4

<예제 12－1>을 이용하여 다음 [물음]에 답하라.

[물음] 고정제조간접원가의 예산차이와 조업도차이를 계산하라.

해답

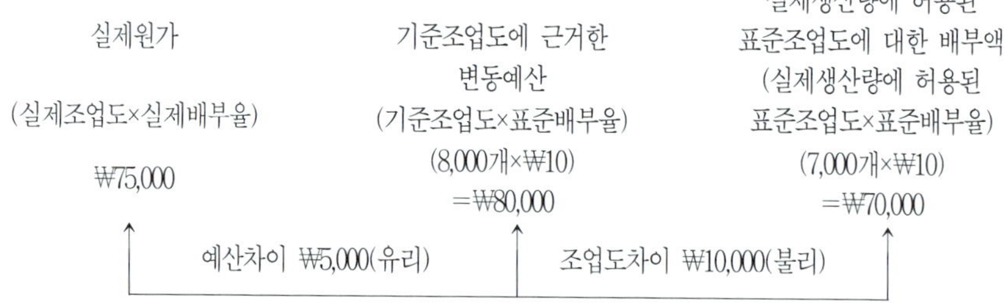

(5) 여러 가지 차이분석 방법

위에서 제조간접원가차이를 변동원가와 고정원가로 나누어 각각 소비차이・능률차이와 예산차이・조업도차이로 분석하였다. 이렇게 제조간접원가를 모두 4가지로 나누는 방법을 4분법이라고 하는데, 전산화가 잘 되어있는 기업의 경우 변동제조간접원가와 고정제조간접원가의 실제발생액을 회계장부에서 구분할 수 있다는 전제하에 성립된 분석방법이다. 그러나 실무적으로 제조간접원가 실제발생액을 변동원가와 고정원가로 정확하게 구분하는 것은 쉽지 않기 때문에, 제조간접원가 실제발생액을 변동원가와 고정원가로 구분하지 않고 분석하는 3분법이나 2분법으로 제조간접원가차이를 분석하기도 한다.

제조간접원가차이의 여러 가지 분석방법을 요약하면 다음과 같다.

① 4분법

변동제조간접원가	소비차이	능률차이
고정제조간접원가	예산차이	조업도차이

② 3분법

총제조간접원가	예산(소비)차이	능률차이
		조업도차이

* 4분법의 소비차이와 예산차이의 합계가 3분법의 예산(소비)차이에 해당한다.

③ 2분법

총제조간접원가	(변동)예산차이	
		조업도차이

* 3분법의 예산(소비)차이와 능률차이의 합계가 2분법의 (변동)예산차이에 해당한다.

3. 원가차이의 발생원인들

8개 원가차이에 대한 발생원인들과 이 원인들에 대해 책임을 지는 부서들을 요약 정리하여 <표 12-9>에 제시하였다. 실무상 성과보고서 작성시, <표 12-8>에 제시된 발생원인들을 성과평가 해석란에 문장형식으로 기술함과 동시에 원가절감 내지 개선대책을 기록하여야 한다.

<표 12-9> 원가차이의 발생원인

	직접재료원가	직접노무원가	제조간접원가
가격차이 **(제조간접원가: 예산차이)**	재료시장가격의 변동 1회당 매입량 정도 긴급주문 가격할인, 수량할인 거래처선정의 변경 운송방법 및 거리의 변경 *** 구매부, 판매부**	임률의 인상 정시외 작업의 증가 고임률 근로자 배치 표준임률 설정오류 *** 인사부, 생산부**	물가의 변동 계절적 요인으로 소비량의 증감 예산편성의 오류 소모품·전력등의 낭비 *** 원가부, 생산부, 기획실 등**
능률차이 **(제조간접원가: 조업도차이)**	규격미달·불량재료사용 생산방법의 변경 가공상의 실패 기계·공구의 정비불량 기계성능 저하 노동숙련도 수준 *** 생산부, 구매부**	불량재료의 사용 근로자의 과다배치 제조방법·설계의 변경 작업조건의 변경 감독·작업자의 불성실 기계·공구의 정비불량 재보수작업 미숙련 노동자의 배치 *** 생산부, 인사부**	능률차이:직접노무원가와 동일 조업도차이:시장수요 감퇴 기계·설비 고장, 생산설비 과잉 노동 쟁의 생산계획의 수립오류 기준조업도의 설정오류 *** 경영진**(부문경영자는 통제 불가능)

* 차이발생 책임부서

4. 배합차이와 수율차이

앞에서는 하나의 제품을 생산함에 있어 한 종류의 원재료만을 투입하는 것을 가정하였다. 그러나 화공약품, 철강, 식품, 섬유 등의 제조업에서와 같이 서로 대체가 가능한 두 종류 이상의 재료 또는 노동력을 투입하여 제품을 생산하는 경우에는 원가관리의 효율성을 높이기 위해 직접재료원가나 직접노무원가 능률차이를 배합차이와 수율차이로 분리하여 계산할 수 있다.

배합차이(mix variance)란 실제총투입량은 일정하다고 가정하여 실제배합과 표준배합과의 배합비율차이로 인한 능률차이를 말하며, **수율차이**(yield variance)란 표준가격은 일정하다고 가정하여 실제수율과 표준수율의 수율차이로 인한 능률차이를 말한다.

두가지 차이분석의 내용을 요약하면 다음 <표 12−10>과 같다.

<표 12−10> 배합차이와 수율차이

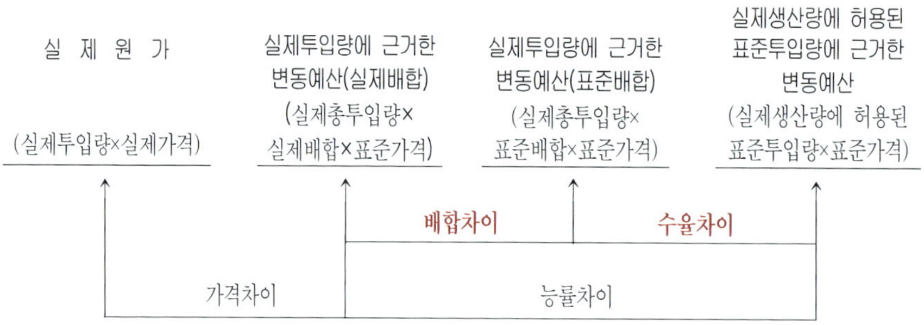

실 제 원 가	실제투입량에 근거한 변동예산(실제배합)	실제투입량에 근거한 변동예산(표준배합)	실제생산량에 허용된 표준투입량에 근거한 변동예산
(실제투입량×실제가격)	(실제총투입량×실제배합×표준가격)	(실제총투입량×표준배합×표준가격)	(실제생산량에 허용된 표준투입량×표준가격)

가격차이	능률차이	
	배합차이	수율차이

배합차이와 수율차이 발생원인을 정리하면 다음과 같다.

① 배합차이 : 실제배합비율과 표준배합비율의 차이로 인하여 발생

	불리한 차이	유리한 차이
비싼 재료, 노동력 기준	· 상대적으로 비싼 재료(노동력)를 많이 사용 실제 배합비율 > 표준배합비율	· 상대적으로 비싼 재료(노동력)를 적게 사용 실제 배합비율 < 표준배합비율
싼 재료, 노동력 기준	· 상대적으로 싼 재료(노동력)를 적게 사용 실제배합비율 < 표준배합비율	· 상대적으로 싼 재료(노동력)를 많이 사용 실제배합비율 > 표준배합비율

② 수율차이(순수수량차이) : 실제투입량 계와 표준투입량 계의 차이로 인하여 발생

불리한 차이	유리한 차이
실제투입량 계 > 표준투입량 계	실제투입량 계 < 표준투입량 계

예제 12-5

서울회사는 A, B 두 종류의 원재료를 투입하여 제품을 생산하고 있다. 제품 1단위 생산에 필요한 원재료의 표준투입량과 표준가격은 다음과 같다.

원재료	표준투입량	표준가격	합 계
A	15kg	₩20	₩300
B	15	15	225
	30kg		₩525

한편 20×1년 5월에 100개의 제품을 생산하는데 다음과 같은 원재료가 사용되었다.

원재료	실제투입량	kg당 실제가격	합 계
A	1,620kg	₩22	₩35,640
B	1,080	16	17,280
	2,700kg		₩52,920

[물음] 1. 직접재료원가 가격차이와 능률차이를 계산하라.
2. 직접재료원가 능률차이를 배합차이와 수율차이로 분리하여 계산하라.

해답

1. 직접재료원가 (소비)가격차이와 능률차이

① 직접재료원가 가격차이

원재료	A (₩22－₩20)×1,620kg＝	₩3,240	(불리)
	B (₩16－₩15)×1,080kg＝	₩1,080	(불리)
합 계		₩4,320	(불리)

② 직접재료원가 능률차이

원재료	A (1,620kg－1,500kg)×₩20＝	₩2,400	(불리)
	B (1,080kg－1,500kg)×₩15＝	₩6,300	(유리)
합 계		₩3,900	(유리)

2. 직접재료원가 배합차이와 수율차이

① 직접재료원가 배합차이

원재료	A (1,620kg − 2,700kg×0.5)×₩20 =	₩5,400	(불리)
	B (1,080kg − 2,700kg×0.5)×₩15 =	₩4,050	(유리)
합 계		₩1,350	(불리)

② 직접재료원가 수율차이

원재료	A (2,700kg×0.5 − 1,500kg)×₩20 =	₩3,000	(유리)
	B (2,700kg×0.5 − 1,500kg)×₩15 =	₩2,250	(유리)
합 계		₩5,250	(유리)

[별해]

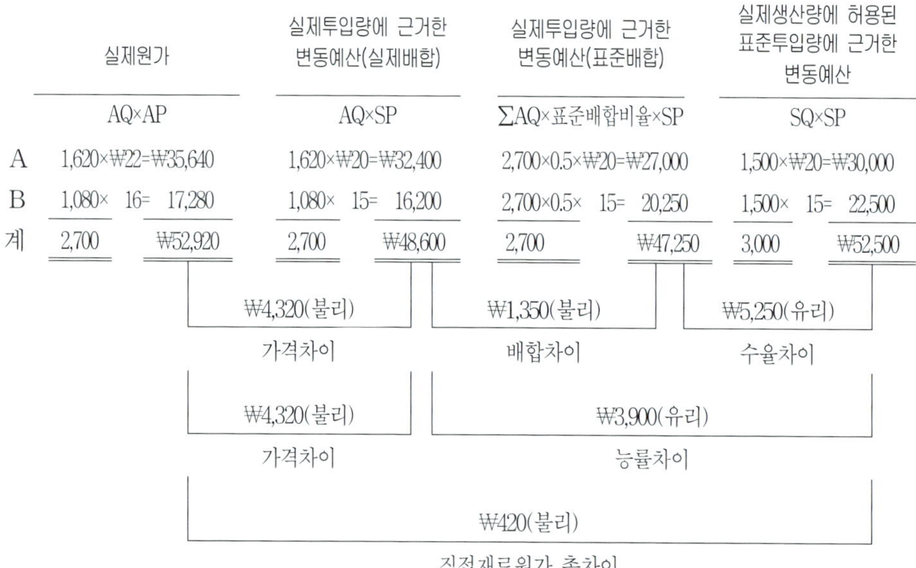

	실제원가	실제투입량에 근거한 변동예산(실제배합)	실제투입량에 근거한 변동예산(표준배합)	실제생산량에 허용된 표준투입량에 근거한 변동예산
	AQ×AP	AQ×SP	ΣAQ×표준배합비율×SP	SQ×SP
A	1,620×₩22=₩35,640	1,620×₩20=₩32,400	2,700×0.5×₩20=₩27,000	1,500×₩20=₩30,000
B	1,080× 16= 17,280	1,080× 15= 16,200	2,700×0.5× 15= 20,250	1,500× 15= 22,500
계	2,700 ₩52,920	2,700 ₩48,600	2,700 ₩47,250	3,000 ₩52,500

5. 원가차이의 회계처리

원가차이는 회계상 어떻게 처리하여야 할 것인가가 중요한 문제이다. 왜냐하면 원가차이의 원가성을 인정할 것인가, 아닌가에 따라 정확한 제품원가계산과 경영성과의 평가가 영향을 받기 때문이다.

원가차이는 정상적으로 발생하여 원가성을 인정할 수 있는 경우에는 매출원가 혹은 재고자산이나 매출원가에 안분하여 조정하여야 하나, 비정상적으로 발생하여 원가성을 인정할 수 없는 경우에는 영업외손익으로 처리하여야 한다.

원가차이의 회계처리시 유리한 원가차이는 해당 계정에서 차감하고, 불리한 원가차이는 해당계정에 가산하여 실제원가로 조정한다. 이와 같은 회계처리는 원가차이를 조정하여 실제원가에 의한 제품원가를 계산하여 보고하기 위한 것이다.[5)]

(1) 매출원가조정법

매출원가조정법은 원가차이를 매출원가에 가감하는 것으로, 그 근거는 원가차이가 당기 활동의 능률을 반영하므로 원가성을 보유하고 있는 경우에는 당기의 매출원가에 배분하여 당기의 수익에 대응시켜야 한다는 것이다. 이 방법은 원가차이가 총제조원가에 비해 소액이거나, 기말재고자산금액이 매출원가에 비해 매우 적은 경우에 적용가능하다.

(2) 재고자산 및 매출원가 비례배분법

재고자산 및 매출원가 비례배분법은 실제원가를 진실한 원가로 보고 원가차이의 원가성을 인정하는 방법으로, 표준원가가 외부보고에 부적합하다는 단점을 보완하기 위한 것이다. 이에는 재고자산계정(직접재료, 재공품, 제품)의 기말잔액과 매출원가를 기준으로 원가차이를 배분하는 총원가 비례배분법과 재고자산계정의 기말잔액과 매출원가에 포함되어 있는 각 원가요소별 금액을 기준으로 해당 원가차이를 배분하는 원가요소별 비례배분법이 있다.

우리나라 「원가계산준칙」 제33조 ①항에서도 "원가차이는 일정한 기준에 따라 회계연도의 매출원가와 기말재고자산에 배부하며, 원가차이의 배부를 보다 정확히 하기 위하여 원가요소별로 다른 배부기준을 적용할 수 있다"고 규정하고 있다.

총원가 비례배분법을 사용할 경우에 직접재료원가 가격차이를 구입시점에서 분리한다면, 가격차이는 원재료·재공품·제품계정의 기말잔액과 매출원가에 비례하여 배분하여야 한다. 그러나 투입시점에서 분리한다면 가격차이를 재공품·제품계정의 기말잔액과 매출원가에 비례하여 배분하여야 한다.

한편 원가요소별 비례배분법을 사용할 경우에 직접재료원가 가격차이를 구입시점에서 분리한다면, 가격차이는 원재료계정의 기말잔액과 직접재료원가 능률(수량)차이, 재공품·제품의 기말잔액, 매출원가에 포함되어 있는 표준직접재료원가의 금액에 비례하여 배분하여야 한다. 왜냐하면 가격차이와 능률차이의 분리시

---

5) 「기업회계기준서 제1002호 재고자산」에서 표준원가법을 허용함으로써 이를 사용하는 기업은 공표용 재무제표를 작성하면서 조정하여야 할 부담을 줄일 수 있으나, 유사한 경우에 대한 판단기준이 없고, 표준원가를 정기적으로 검토하여 조정하여야 하므로 실제원가를 사용해 재고자산을 측정해온 기존 회계실무와 큰 차이는 없을 것이다.

점이 다르고, 직접재료계정이 표준원가로 기재되기 때문이다.

그러나 직접재료원가 가격차이를 투입시점에서 분리한다면, 재공품·제품계정의 기말잔액과 매출원가에 포함되어 있는 표준직접재료원가의 금액에 비례하여 배분하고 원재료계정의 기말잔액과 직접재료원가의 능률차이에는 배분하지 않는다. 왜냐하면 가격차이와 능률차이의 분리시점이 동일하고, 원재료계정이 실제원가로 기재되기 때문이다.

상술한 2가지 비례배분법별로 직접재료원가 가격차이의 배분대상을 요약하면 다음 <표 12-11>과 같다.

<표 12-11> 직접재료원가 가격차이의 배분대상

	원가요소별 비례배분법		총원가 비례배분법	
	구입시점	투입시점	구입시점	투입시점
기말원재료	○	×	○	×
직접재료원가 능률차이	○	×	×	×
기말재공품	○	○	○	○
기말제품	○	○	○	○
매출원가	○	○	○	○

(3) 영업외손익법

영업외손익법은 표준원가만이 진실한 원가이고 비능률이나 낭비를 나타내는 원가차이는 원가성을 인정할 수 없으므로, 제품원가에 배부하지 않고 영업외손익으로 처리하여야 한다는 것이다. 즉, 원가차이의 원가성을 전혀 인정하지 않는 방법이다.

예제 12-6

<예제 12-1>을 이용하여 다음 [물음]에 답하라.

[물음] 1. 2006년 6월중의 원가흐름을 분개하고 T-계정에 전기하고, 모든 원가차이를 매출원가에서 조정하는 분개를 하라.
2. 총원가 비례배분법을 이용하여 모든 원가차이를 배분하고, 배분과 관련된 분개를 하라.(직접재료원가는 구입시점에서 가격차이를 분리함.)
3. 원가요소별 비례배분법을 이용하여 모든 원가차이를 배분하고, 배분과 관련된 분개를 하라.(직접재료원가는 구입시점에서 가격차이를 분리함.)
4. 직접재료원가 가격차이를 총원가 비례배분법과 원가요소별 비례배분법에 의해 배분하고 관련된 분개를 하라.[투입시점에서 가격차이를 분리함]

해답

1. 원가흐름의 분개와 전기

①	(차)	직접재료 직접재료원가 (구입)가격차이	₩252,000 18,000	(대)	매입채무	₩270,000
②	(차)	재공품 직접재료원가 능률차이	₩196,000 49,000	(대)	직접재료	₩245,000
③	(차)	재공품 직접노무원가 가격차이	₩105,000 6,800	(대)	미지급임금 직접노무원가 능률차이	₩108,800 3,000
④	(차)	재공품	₩70,000	(대)	변동제조간접원가	₩70,000
⑤	(차)	변동제조간접원가	₩81,600	(대)	제 좌	₩81,600
⑥	(차)	변동제조간접원가 소비차이	₩13,600	(대)	변동제조간접원가 변동제조간접원가 능률차이	₩11,600 2,000
⑦	(차)	재공품	₩70,000	(대)	고정제조간접원가	₩70,000
⑧	(차)	고정제조간접원가	₩75,000	(대)	제 좌	₩75,000
⑨	(차)	고정제조간접원가 조업도차이	₩10,000	(대)	고정제조간접원가 고정제조간접원가 예산차이	₩5,000 5,000
⑩	(차)	제 품	₩441,000	(대)	재공품	₩441,000
⑪	(차)	매출원가	₩378,000	(대)	제 품	₩378,000

매입채무

	① 270,000

직접재료

① 252,000	② 245,000

재 공 품

② 196,000	
③ 105,000	
④ 70,000	기말 0
⑦ 70,000	⑩ 441,000
441,000	441,000

직접재료원가 (구입)가격차이

① 18,000	

직접재료원가 능률차이

② 49,000	

미지급임금

	③ 108,800

직접노무원가 가격차이

③ 6,800	

직접노무원가 능률차이

	③ 3,000

변동제조간접원가

⑤ 81,600	④ 70,000
	⑥ 11,600

변동제조간접원가 소비차이

⑥ 13,600	

변동제조간접원가 능률차이

	⑥ 2,000

고정제조간접원가

⑧ 75,000	⑦ 70,000
	⑨ 5,000

제 좌

	⑤ 81,600
	⑧ 75,000

고정제조간접원가 예산차이

	⑨ 5,000

고정제조간접원가 조업도차이

⑨ 10,000	

제 품

⑩ 441,000	⑪ 378,000

매출원가

⑪ 378,000	

(차)		(대)	
매출원가	**₩87,400**	직접재료원가 (구입)가격차이	₩18,000
직접노무원가 능률차이	3,000	직접재료원가 능률차이	49,000
변동제조간접원가 능률차이	2,000	직접노무원가 가격차이	6,800
고정제조간접원가 예산차이	5,000	변동제조간접원가 소비차이	13,600
		고정제조간접원가 조업도차이	10,000

2. 총원가 비례배분법

① 직접재료원가 (구입)가격차이의 배분

계 정	기말잔액	배분비율	배분액
직접재료	₩7,000	1.5625%	₩281
재 공 품	0	–	–
제 품	63,000	14.0625	2,531
매출원가	378,000	84.375	15,188
합 계	₩448,000	100%	₩18,000[1]

1) 직접재료원가 가격차이 ₩18,000(불리)

② 직접재료원가 능률차이 및 기타 원가차이의 배분

계 정	기말잔액	배분비율	배분액
재 공 품	₩0	–	–
제 품	63,000	14.29%	₩9,917
매출원가	378,000	85.71	59,483
합 계	₩441,000	100%	₩69,400[2]

2)		
직접재료원가 능률차이	₩49,000	(불리)
직접노무원가 가격차이	6,800	(불리)
직접노무원가 능률차이	3,000	(유리)
변동제조간접원가 소비차이	13,600	(불리)
변동제조간접원가 능률차이	2,000	(유리)
고정제조간접원가 예산차이	5,000	(유리)
고정제조간접원가 조업도차이	10,000	(불리)
순원가차이	₩69,400	(불리)

③ 분개

(차)		(대)	
직접재료	**₩281**	직접재료원가 (구입)가격차이	₩18,000
제 품	**12,448**	직접재료원가 능률차이	49,000
매출원가	**74,671**	직접노무원가 가격차이	6,800
직접노무원가 능률차이	3,000	변동제조간접원가 소비차이	13,600
변동제조간접원가 능률차이	2,000	고정제조간접원가 조업도차이	10,000
고정제조간접원가 예산차이	5,000		

3. 원가요소별 비례배분법

① 직접재료원가 (구입)가격차이의 배분

계 정	표준직접재료원가	배분비율	배분액
직접재료	₩7,000	2.78%	₩500
직접재료원가 능률차이	49,000	19.44	3,499
재 공 품	0	–	–
제 품	28,000[1]	11.11	2,000
매 출 원 가	168,000[2]	66.67	12,001
합 계	₩252,000	100%	₩18,000

1) 생산량 7,000개－판매량 6,000개＝1,000개
1,000개×표준재료단가 @₩28＝₩28,000
2) 판매량 6,000개×표준재료단가 @₩28＝₩168,000

② 직접재료원가 능률차이의 배분

계 정	표준직접재료원가	배분비율	배분액
재 공 품	₩0	–	–
제 품	28,000[1)]	14.29%	₩7,502
매출원가	168,000[2)]	85.71	44,997
합 계	₩196,000	100%	₩52,499[3)]

3) 직접재료원가 능률차이 ₩49,000+직접재료원가 가격차이 배분액 ₩3,499 =₩52,499

③ 직접노무원가 및 제조간접원가의 원가차이 배분

계 정	표준직접노무원가*	배분비율	배분액
재 공 품	₩0	–	–
제 품	15,000[4)]	14.29%	₩2,915
매출원가	90,000[5)]	85.71	17,485
합 계	₩105,000	100%	₩20,400[6)]

4) 제품재고 1,000개×표준노무단가 @₩15=₩15,000
5) 판매량 6,000개×표준노무단가 @₩15=₩90,000
*제조간접원가가 직접노동시간을 기준으로 배부되므로 제조간접원가 원가차이를 배분할 때도 표준직접노무원가액에 비례하여 배부하였다.

6)		
직접노무원가 가격차이	₩6,800	(불리)
직접노무원가 능률차이	3,000	(유리)
변동제조간접원가 소비차이	13,600	(불리)
변동제조간접원가 능률차이	2,000	(유리)
고정제조간접원가 예산차이	5,000	(유리)
고정제조간접원가 조업도차이	10,000	(불리)
순원가차이	₩20,400	(불리)

④ 분개

(차)		(대)	
직접재료	**₩500**	직접재료원가 (구입)가격차이	₩18,000
제 품	**12,417**	직접재료원가 능률차이	49,000
매출원가	**74,483**	직접노무원가 가격차이	6,800
직접노무원가 능률차이	3,000	변동제조간접원가 소비차이	13,600
변동제조간접원가 능률차이	2,000	고정제조간접원가 조업도차이	10,000
고정제조간접원가 예산차이	5,000		

4. 직접재료원가 (소비)가격차이가 투입시점에서 분리될 경우

① 총원가 비례배분법

계 정	기말잔액	배분비율	배분액
재 공 품	₩0	–	–
제 품	63,000	14.29%	₩2,501
매출원가	378,000	85.71	14,999
합 계	₩441,000	100%	₩17,500[1)]

1) (실제가격 ₩15−표준가격 ₩14)×실제투입량 17,500kg=₩17,500(불리)

<분개>

(차) **제 품** **₩2,501** (대) 직접재료원가 (소비)가격차이 ₩17,500
매출원가 **14,999**

② 원가요소별 비례배분법

계 정	표준직접재료원가	배분비율	배분액
재 공 품	₩0	–	–
제 품	28,000[2)]	14.29%	₩2,501
매출원가	168,000[3)]	85.71	14,999
합 계	₩196,000	100%	₩17,500

2) 제품재고 1,000개×표준재료단가 @₩28=₩28,000
3) 판매량 6,000개×표준재료단가 @₩28=₩168,000

<분개>

(차) **제 품** **₩2,501** (대) 직접재료원가 (소비)가격차이 ₩17,500
매출원가 **14,999**

6. 원가차이분석시 유의사항

원가차이분석은 목표치인 표준원가와 실제치인 실제원가와의 차이분석을 통해 목표의 달성여부를 파악하고 그 차이원인을 규명하며, 차기의 표준원가 설정에 도움을 주기 위한 것이다. 따라서 이를 실시하는 경우에는 다음과 같은 사항을 유의하여야 한다.

① 원가차이 요인들 간의 상충관계

원가차이 요인을 세분화하여 분석하는 경우 요인들간에 유리·불리한 차이가 상호 충돌되는 관계가 있으므로 해석에 주의하여야 한다. 이는 원가차이의 책임부서와 관련하여 성과평가에서 중요시되는 사항이다. 예를 들면 다음 ㉠, ㉡과 같다.

㉠ 직접재료원가 가격차이와 능률차이
유리한 가격차이를 얻기 위하여 낮은 품질의 재료를 싼 가격으로 구입 할 경우 이로 인하여 불리한 능률차이가 발생될 수 있음.

㉡ 직접노무원가 임률차이와 능률차이
유리한 임률차이를 얻기 위하여 표준보다 저임률의 비숙련공을 투입할 경우 불리한 능률차이가 발생될 수 있음.

② 중요성

원가차이를 분석할 경우 최소의 노력으로 최대의 성과를 달성한다는 측면에서 원가항목의 중요성이나 비율 및 금액 등의 중요성, 차이발생의 계속성 등을 감안하여 분석하여야 한다. 예를 들면 광고비나 수리수선비의 경우 단기적으로 유리한 원가차이가 발생하였더라도, 이 경우 장기적으로는 매출감소・시장상실・생산성저하・미래발생비용의 증가 등 경영상의 여러 위험을 수반할 수 있다.

또한 원가차이분석의 최저금액이나 표준원가에 대한 일정비율을 정해 놓고 그 이상의 경우에만 차이원인을 분석・조사함으로써, 시간과 노력・경비를 절감하고 원가관리를 효율적으로 행할 수 있다. 그러나 이 경우 비율은 낮지만 금액이 클 수도 있으므로 절대금액도 병행하여 검토하여야 한다.

③ 통제가능성

원가차이분석의 핵심은 원가차이분석의 원인을 규명하고 이에 대한 경영자의 책임성을 강조하고, 통제가능성에 대해 철저히 분석하여야 한다. 왜냐하면 이것이 경영자의 성과평가와 동기유발에 매우 중요하기 때문이다.

통제가능성은 경영자가 어느 조직계층・부서에 속하느냐에 따라 달라진다. 예를 들면 하위경영자는 광고비나 감가상각비에 대해 통제불가능하므로 이에 대한 원가차이의 책임을 물을 수 없는 것이다.

제4절 판매부문의 원가차이분석

판매부문에 대한 성과평가를 위하여 원가차이를 분석하려면 다음 <그림 12-4>에 있는 7종류의 매출관련차이들을 계산하면 된다.

<그림 12-4> 매출관련차이 분석<판매부문 책임>

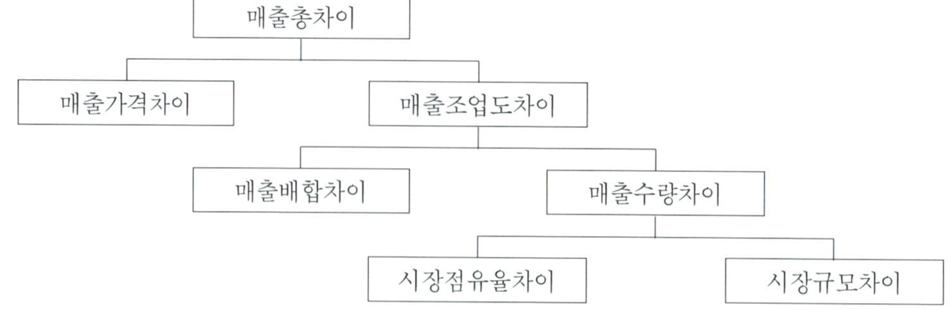

(1) 매출총차이

매출액보다는 공헌이익이 더 중요하므로 매출총차이는 공헌이익에서 구하게 된다. **매출총차이**는 실제공헌이익과 고정예산공헌이익의 차이를 말하는데 이를 계산할 때 주의할 점은 실제공헌이익이 실제판매가격에서 실제변동원가를 차감하는 것이 아니라 표준(예산)변동원가(SC)를 차감하여 계산된다는 것이다. 이렇게 실제공헌이익을 계산하는 이유는 실제변동원가와 표준변동원가의 차이는 원가중심점의 책임이므로 원가변화의 효과를 배제하고 판매부문에 책임이 있는 판매가격과 매출조업도(판매수량)의 변동으로 인한 차이만을 파악하기 위해서다.

(2) 매출가격차이와 매출조업도 차이

매출총차이는 다음의 <표 12-12>와 같이 판매가격의 변동에 의한 매출가격차이와 매출수량의 변동에 의한 매출조업도차이로 구분하여 분석한다.

① 매출가격차이 : 실제판매가격과 예산판매가격이 다르기 때문에 발생하는 공헌이익의 차이이다.

② 매출조업도차이 : 예산판매가격을 전제하고 실제매출수량과 예산매출수량의 차이로 인한 공헌이익의 차이이다.

<표 12-12> 매출총차이

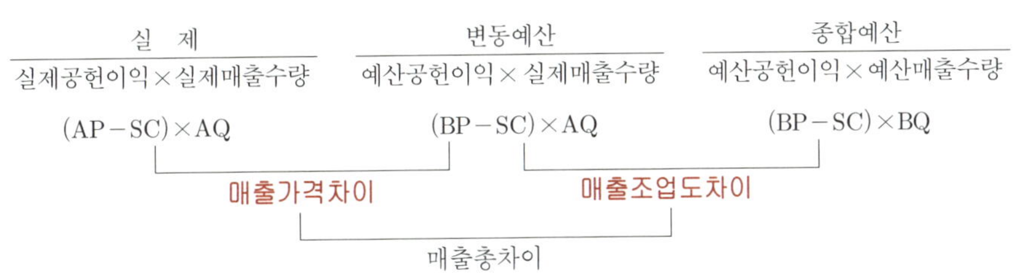

여기서 AP : 제품단위당 실제판매가격　　BP : 제품단위당 예산판매가격
SC : 표준변동원가　　AQ : 실제매출수량
BQ : 예산매출수량

(3) 매출배합차이와 매출수량차이(복수제품)

지금까지 단일제품을 생산, 판매하는 것을 가정하였으나, 복수제품을 판매하는 경우에는 각 제품의 상대적 판매비율을 의미하는 매출배합(sales mix)을 고려하여 분석하여야 한다.

이 경우 매출총차이는 매출가격차이와 매출조업도차이로 구분하고, 매출조업도차이를 다음 <표 12-13>과 같이 매출배합차이와 매출수량차이로 세분하여 분석한다.

① **매출배합차이**(sales mix variance) : 예산판매가격이 그대로 유지된다고 가정할 때 실제매출수량하에서 실제매출배합과 예산매출배합의 차이가 공헌이익에 미치는 영향을 의미한다.

② **매출수량차이**(sales quantity variance) : 예산매출배합이 그대로 유지된다고 가정할 때 예산판매가격하에서 실제매출수량과 예산매출수량의 차이가 공헌이익에 미치는 영향을 의미한다.

<표 12-13> 매출조업도차이

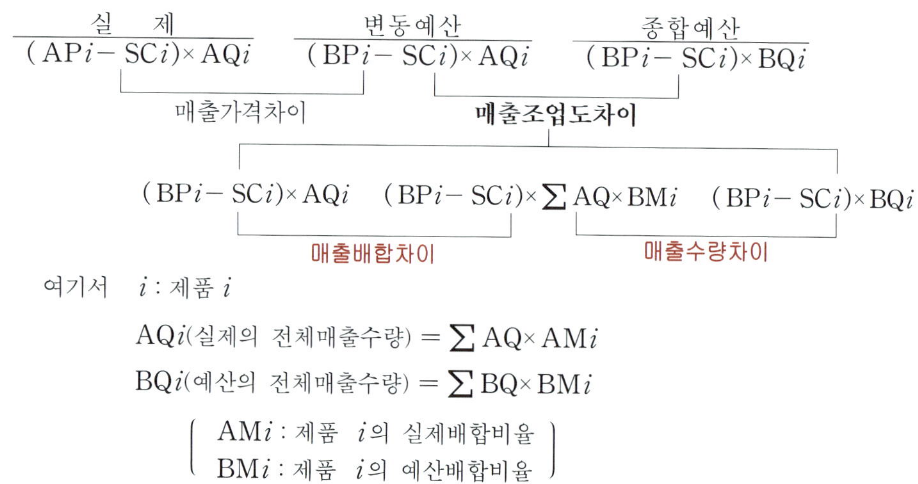

(4) 시장점유율차이와 시장규모차이(복수제품)

제품의 매출은 시장의 규모와 점유율의 변동에 따라 많은 영향을 받는다. 그러나 기업의 입장에서 시장규모는 통제불가능한 요인이나 시장점유율은 통제가능한 요인이다. 따라서 매출수량차이를 다음 <표 12-14>와 같이 시장점유율차이와 시장규모차이로 세분하여 분석할 필요가 있다.

① **시장점유율차이**(market-share variance)는 실제시장규모가 그대로 유지된다고 가정할 때 실제시장점유율과 예산시장점유율의 차이로 인한 공헌이익의 차이를 말한다.

② **시장규모차이**(market-size variance)는 예산시장점유율이 그대로 유지된다고 가정할 때 실제시장규모와 예산시장규모의 차이로 인한 공헌이익의 차이를 말한다.

<표 12-14> 매출수량차이

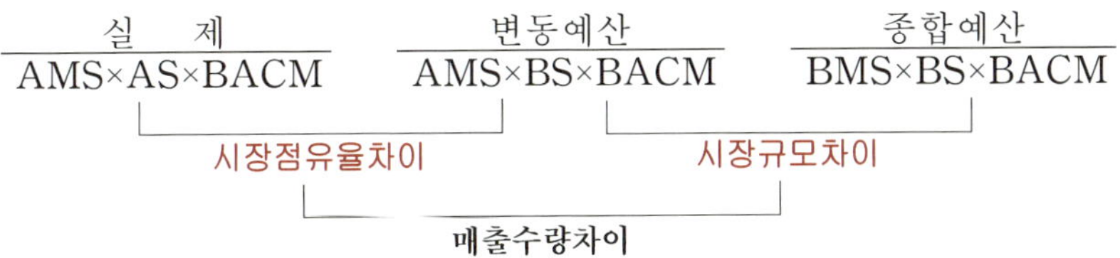

여기서 AMS : 실제시장규모　　BMS : 예산시장규모
AS : 실제시장점유율　　BS : 예산시장점유율
BACM(budgeted average contribution margin per unit)
: 제품단위당 예산평균공헌이익

이 경우 예산매출배합이 유지된다는 전제하에 제품단위당 예산평균공헌이익을 먼저 계산하여야 한다. 이는 각 제품의 단위당 예산공헌이익에 제품별 예산배합비율을 가중평균하여 구한다. 그리고 실제시장점유율과 예산시장점유율은 각각의 매출수량을 시장규모로 나누어 구한다.

실제(예산)시장점유율＝실제(예산)판매량÷실제(예산)시장규모

예제 12-7

청주지사는 A와 B제품을 판매하고 있다. 각 제품관련 정보는 다음과 같다.

	A제품	B제품	합계
실제판매량	800개	600개	1,400개
예상판매량	600개 (40%)	900개 (60%)	1,500개
실제판매가격	₩100	₩120	
예상판매가격	₩120	₩110	
표준변동원가	₩90	₩100	
실제시장규모	8,000개	7,500개	15,500개
예산시장규모	7,500개	9,000개	16,500개

[물음] 1. 매출총차이를 매출(판매)가격차이와 매출조업도차이로 세분하라.
2. 매출조업도차이를 매출배합차이와 매출수량차이로 세분하라.
3. 매출수량차이를 시장점유율차이와 시장규모차이로 세분하라.

해답

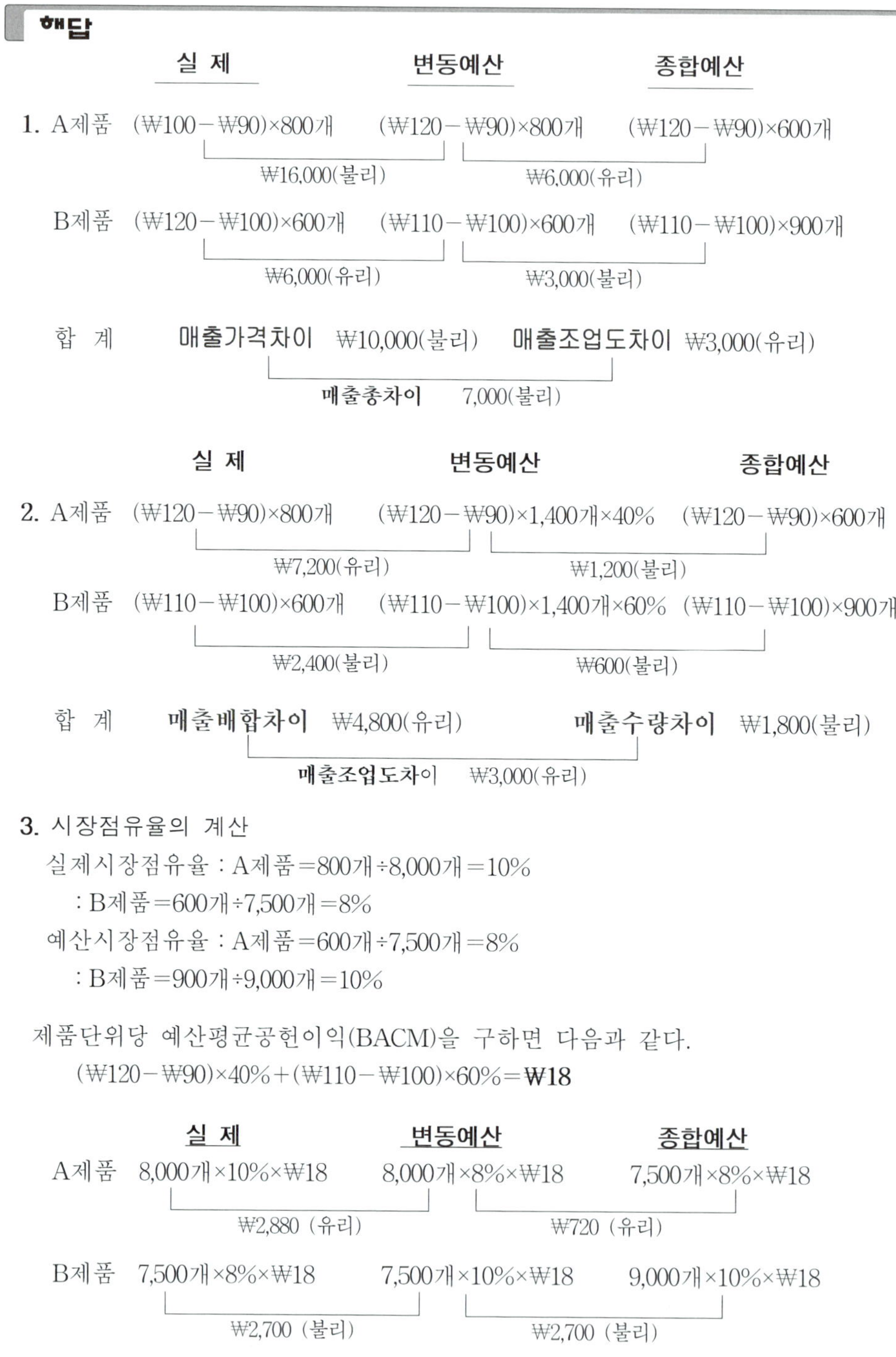

	실 제	변동예산	종합예산
1. A제품	(₩100－₩90)×800개	(₩120－₩90)×800개	(₩120－₩90)×600개
	₩16,000(불리)	₩6,000(유리)	
B제품	(₩120－₩100)×600개	(₩110－₩100)×600개	(₩110－₩100)×900개
	₩6,000(유리)	₩3,000(불리)	

합 계 **매출가격차이** ₩10,000(불리) **매출조업도차이** ₩3,000(유리)

매출총차이 7,000(불리)

	실 제	변동예산	종합예산
2. A제품	(₩120－₩90)×800개	(₩120－₩90)×1,400개×40%	(₩120－₩90)×600개
	₩7,200(유리)	₩1,200(불리)	
B제품	(₩110－₩100)×600개	(₩110－₩100)×1,400개×60%	(₩110－₩100)×900개
	₩2,400(불리)	₩600(불리)	

합 계 **매출배합차이** ₩4,800(유리) **매출수량차이** ₩1,800(불리)

매출조업도차이 ₩3,000(유리)

3. 시장점유율의 계산

실제시장점유율 : A제품＝800개÷8,000개＝10%

: B제품＝600개÷7,500개＝8%

예산시장점유율 : A제품＝600개÷7,500개＝8%

: B제품＝900개÷9,000개＝10%

제품단위당 예산평균공헌이익(BACM)을 구하면 다음과 같다.

(₩120－₩90)×40%＋(₩110－₩100)×60%＝**₩18**

	실 제	변동예산	종합예산
A제품	8,000개×10%×₩18	8,000개×8%×₩18	7,500개×8%×₩18
	₩2,880 (유리)	₩720 (유리)	
B제품	7,500개×8%×₩18	7,500개×10%×₩18	9,000개×10%×₩18
	₩2,700 (불리)	₩2,700 (불리)	

합 계 **시장점유율차이** ₩180(유리) **시장규모차이** ₩1,980(불리)

매출수량차이 ₩1,800 (불리)

지금까지의 매출총차이를 요약하면 다음과 같다.

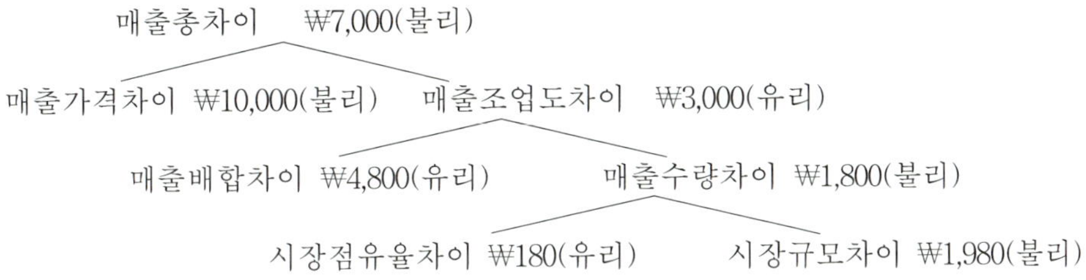

매출총차이 ₩7,000(불리)

- 매출가격차이 ₩10,000(불리)
- 매출조업도차이 ₩3,000(유리)
  - 매출배합차이 ₩4,800(유리)
  - 매출수량차이 ₩1,800(불리)
    - 시장점유율차이 ₩180(유리)
    - 시장규모차이 ₩1,980(불리)

연습문제

〔문제 12－1〕 표준원가계산의 의의와 유용성을 논하라.

〔문제 12－2〕 원가차이분석의 유용성을 논하라.

〔문제 12－3〕 배합차이와 수율차이를 설명하라.

〔문제 12－4〕 변동제조간접원가 소비차이와 능률차이를 설명하라.

〔문제 12－5〕 고정제조간접원가 예산차이와 조업도차이를 설명하라.

〔문제 12－6〕 원가차이분석시의 유의사항을 설명하라.

〔문제 12－7〕 직접재료원가의 차이분석

(주)대한은 화학제품을 생산하는 업체이며 표준원가시스템을 채택하고 있다. 화학제품 1통을 생산하기 위한 6월의 원재료의 표준투입량과 표준원가는 다음과 같다.

원재료	표준투입량	표준단가
X	40 ℓ	₩4
Y	60 ℓ	2

6월중 제품 100통을 생산하였으며 원재료의 구입과 투입에 관련된 실제발생 자료는 다음과 같다.

원재료	실제구입량	총구입가격	실제투입량
X	5,000 ℓ	₩19,000	4,400 ℓ
Y	5,500	14,300	5,500
	10,500 ℓ	₩33,300	9,900 ℓ

[물음] 1. 직접재료원가의 가격차이를 구입시점에서 분리할 경우, 가격차이와 능률차이를 계산하시오.
2. 직접재료원가의 가격차이를 투입시점에서 분리할 경우, 가격차이와 능률차이를 계산하시오.
3. 직접재료원가의 능률차이를 배합차이와 수율차이로 구분하여 계산하시오.

〔문제 12-8〕 **직접노무원가와 제조간접원가의 차이분석**

(주)한강이 7월중 월 1,400시간의 기준조업도로 설정한 고정제조간접원가에 예산액은 ₩63,000이다. 제품 1단위 생산에 소요되는 직접노무원가와 제조간접원가에 관련된 자료는 다음과 같다.

	표준원가자료	
표준 직접노무원가	₩50/시간	(4시간/단위당)
표준 변동제조간접원가	@₩32	
표준 고정제조간접원가	@₩45	

7월중 실제로 발생한 제조간접원가와 관련된 자료는 다음과 같다.

직접노무원가	₩59,000
직접노동시간	1,250시간
변동제조간접비 총액	₩38,000
고정제조간접비 총액	₩55,000
제품생산량	300단위

[물음] 1. 직접노무원가차이를 계산하시오.
2. 제조간접원가차이를 4분법, 3분법, 2분법으로 계산하시오.

〔문제 12-9〕 **원가차이분석** (세무사, 1999)

(주)대구는 표준원가시스템을 채택하고 있다. 회사가 설정한 제품단위당 표준원가는 다음과 같다.

직접재료원가	5kg	@₩3	₩15
직접노무원가	8 노동시간	@₩4	₩32
변동제조간접원가	10 기계시간	@₩24	₩240
고정제조간접원가	10 기계시간	@₩21	₩210

예산상 기준조업도는 2,400단위이고, 당월 실제생산량은 2,500단위이며 실제발생원가는 다음과 같다.

직접재료원가	50,000kg구입	(18,000kg 사용)	₩145,000 (구입시점에서 차이분석)
직접노무원가	23,000 노동시간		₩115,000
총제조간접원가	26,000 기계시간		₩1,200,000 (60%는 변동제조간접원가)

[물음] 1. 모든 원가차이를 계산하시오.(제조간접원가는 4분법)
2. 표준원가의 유용성을 설명하시오.

〔문제 12-10〕 각종 원가차이분석 (KICPA, 1991)

(주)광주의 20×1년도 표준원가 및 실제원가는 다음과 같다.

단위당 표준원가		
직접재료원가 A	(3kg×@₩4)	₩12
직접재료원가 B	(2kg×@₩5)	10
직접노무원가	(2시간×@₩5)	10
변동제조간접원가	(2시간×@₩8)	16
고정제조간접원가	(2시간×@₩11)	22
		₩70
실제원가 발생액		
직접재료원가 A	(20,000kg×@₩5)	₩100,000
직접재료원가 B	(15,000kg×@₩5)	75,000
직접노무원가	(13,000시간×@₩6)	78,000
변동제조간접원가		100,000
고정제조간접원가		95,000
		₩448,000

한편, 실제생산량은 5,000단위이며 기초재공품은 없고, 기말재공품수량은 800단위(60% 완성)이다. 재료는 공정시점에 투입되고 가공원가는 공정전체에 걸쳐 균등하게 투입되며, 예산상 고정제조간접원가는 ₩110,000이다.

[물음] 1. 완성품원가와 기말재공품원가를 구하고 원가계산표를 작성하시오.
2. 다음의 원가차이를 구하시오.
(1) 직접재료원가차이(수율, 배합차이 포함)
(2) 직접노무원가차이
(3) 변동제조간접원가차이
(4) 고정제조간접원가차이

〔문제 12－11〕 원가차이에 대한 회계처리 방법

(주)이화는 표준원가계산시스템을 채택하고 있다. 20×1년말 현재 표준원가로 기록된 기말재고자산금액과 매출원가는 다음과 같다.

표준원가	원재료	재공품	제 품	매출원가
직접재료원가	₩180,000	₩100,000	₩200,000	₩500,000
가 공 원 가	–	80,000	120,000	300,000
합 계	₩180,000	₩180,000	₩320,000	₩800,000

20×1년말 현재 원가차이 잔액은 다음과 같다.

직접재료원가 구입가격차이(구입시점 분리)	₩40,000(불리)
직접재료원가 능률차이	20,000(불리)
직접노무원가 가격차이	50,000(유리)
변동제조간접원가 소비차이	40,000(유리)
고정제조간접원가 조업도차이	80,000(불리)

[물음] 1. 직접재료원가 가격차이를 구입시점에서 분리할 경우, 원가요소별 비례배분법을 사용하여 원가차이를 배분하고 차이조정을 위한 분개를 하시오.

2. 직접재료원가 가격차이를 구입시점에서 분리할 경우, 총원가 비례배분법을 사용하여 원가차이를 배분하고 차이조정을 위한 분개를 하시오.

3. 매출원가조정법을 사용하여 원가차이조정을 위한 분개를 하시오.

〔문제 12－12〕 표준종합원가계산 (KICPA, 1994 수정)

(주)마산은 표준종합원가시스템을 채택하고 있으며 제조활동과 원가자료는 다음과 같다.

(1) 제품단위당 표준원가

직접재료원가 : 10kg, ₩500/kg
직접노무원가 : 0.4시간, ₩2,500/시간
변동제조간접원가 : 0.4시간, ₩1,500/시간
고정제조간접원가 : 0.4시간, ₩1,000/시간

(2) 선입선출법에 의해 원가계산을 한다. 기초재공품량은 200단위(완성도 40%), 당기투입량은 1,400단위, 당기완성품량은 1,200단위, 기말재공품량은 300단위(완성도 80%)이다. 재료는 공정개시 시점에서 전량 투입되고, 가공원가는 공정전반에 걸쳐 균등하게 발생된다.

(3) 공손은 진척도가 90%일 때 검사하며, 검사수량의 5%가 정상공손으로 분류된다.

[물음] 1. 표준종합원가계산에 의한 제조원가보고서를 작성하시오.

2. 정상공손원가를 반영한 완성품 총표준원가와 완성품 단위당 표준원가를 계산하시오.

〔문제 12-13〕 **표준변동원가계산+전부원가계산 문제(중 일부만)** (CPA 2차 2006)

(주)한국은 갑제품과 을제품 두 종류의 제품을 생산 · 판매하고 있다. 갑제품의 생산량을 A, 을제품의 생산량을 B라고 하자. 회사는 제조원가 요소별 표준원가를 다음과 같은 식에 의해 추정하였다.

직접재료비(DM)	DM = ₩30 × A + ₩50 × B
직접노무시간(DLH)	DLH = 2시간 × A + 1시간 × B
직접노무비(DL)	DL = ₩20 × DLH
월간 제조간접비(OH)	OH = ₩200,000 + ₩2 × DM + ₩0.8 × DL

회사는 즉시재고관리(just-in-time) 시스템을 도입하여 실행하고 있으므로 원재료 재고는 매우 소량으로 무시할 수준이다.

〔물음〕 1. 표준변동원가계산에 의한 갑제품과 을제품의 단위당 제품원가를 각각 구하시오.

〔물음〕 2. 정상조업도에서의 월 생산량은 갑제품 500단위, 을제품 500단위이다. (주)한국은 정상조업도하에서의 월간 직접노무시간을 기초로 고정제조간접비를 제품원가에 배부하고 있다. 표준전부원가계산에 의해 갑제품과 을제품의 단위당 제품원가를 각각 구하시오. (소수점 둘째 자리까지 계산하시오)

〔문제 12-14〕 **다음 중 표준원가제도와 관련된 설명으로 옳지 않은 것은?** (세무사 1997)

① 원가발생의 예외를 관리하여 통제하기에 적절한 원가계산방법이다.
② 변동원가계산제도에서도 적용할 수 있다.
③ 기업회계기준 및 원가계산기준에서 원가차이 발생시 원가성이 있다고 인정되는 경우에는 이를 기말재고(기말제품 및 기말재공품)에 배부하도록 규정하고 있다.
④ 전부원가계산제도에서도 적용할 수 있다.
⑤ 종합원가계산제도에서도 적용할 수 있다.

정답 ③

〔문제 12-15〕 **표준원가계산에 대한 설명이다. 올바르지 않은 것은?**

(3회 기업회계1급 2006, 한국세무사회)

① 경영자는 표준원가계산을 통하여 예외에 의한 관리를 할 수 있다.

② 차이분석을 통하여 효과성과 효율성의 성과를 측정할 수 있다.

③ 선입선출법, 평균법 등의 원가흐름의 가정이 도입되어야 한다.

④ 표준투입물은 사전에 주의깊게 결정된 한 단위 산출물에 요구되는 투입물의 수량이다.

정답 ③

〔문제 12-16〕 **다음 표준원가계산제도의 유용성을 설명한 것으로 적합하지 않은 것은?**

(2회 기업회계1급 2006, 한국세무사회)

① 평균법, 선입선출법 및 후입선출법 등의 원가흐름에 대한 가정을 필요로 하지 않는다.

② 원가차이의 구체적인 원인을 파악하기가 용이하다.

③ 효과적인 원가관리 및 통제가 가능하다.

④ 재고자산의 평가와 매출원가 산정의 기초자료를 제공한다.

정답 ②

〔문제 12-17〕 **다음 중 표준원가제도의 장점으로 옳지 않은 것은?** (지도사 2001)

① 책임회계제도의 실행을 촉진한다.

② 능률을 제고시킬 수 있다.

③ 재무제표를 정확하게 작성할 수 있다.

④ 예산편성에 기여한다.

⑤ 원가발생의 예외에 대한 관리를 가능하게 한다.

정답 ③

〔문제 12-18〕 **다음 중 원가차이분석으로 틀린 것은?** (지도사 2004)

① 가격차이는 실제단가와 예산단가의 차액에 실제 사용한 재화나 용역의 수량을 곱한 것이다.

② 능률차이는 실제투입량과 실제 달성된 성과에 허용된 투입량과의 차이에 예산가격을 곱한 것이다.

③ 통제시스템에서 중요한 요소는 피드백(feedback), 즉 실적과 계획되었던 성과를 비교하는 것이다.

④ 가격차이에 대한 책임은 생산관리나 판매관리자가, 능률차이에 대한 책임은 구매담당자가 지게 된다.

⑤ 전부원가계산법에서는 고정제조간접비가 제품원가에 포함되지만 변동원가계산법에서는 고정제조간접비가 제조원가에 포함되지 않는다.

정답 ④

〔문제 12-19〕 고정제조간접원가예산과 제품에의 배부액과의 차이는? (지도사 2004)

① 배부차이 ② 능률차이 ③ 소비차이
④ 조업도차이 ⑤ 예산차이

정답 ④

〔문제 12-20〕 다음 중 예산 차이의 원인이 아닌 것은? (전산세무 1급 22회)

① 제조간접비의 계절적 변동 ② 제조간접비의 낭비
③ 노동자의 부족 ④ 보조재료의 시장변동

정답 ③

〔문제 12-21〕 유리한 직접재료의 가격차이가 발생하였다. 차이의 발생 이유로 가장 적합하지 않은 것은? (3회 기업회계1급 2006, 한국세무사회)

① 구매담당자가 재료 구입처와 가격협상을 잘 하였다.
② 구매담당자는 높은 품질의 재료를 구매하였다.
③ 구매담당자는 대량구매를 통하여 수량할인을 받았다.
④ 예산구입가격이 재료시장에 대한 자세한 분석없이 결정되었다.

정답 ②

〔문제 12-22〕 (주)세신정밀의 다음 자료를 이용하여 직접재료비 능률차이를 구하면 얼마인가? (2회 기업회계1급 2006, 한국세무사회)

항 목	금 액
· 제품 예산생산량	300개
· 제품 실제생산량	370개
· kg당 실제재료비	600원
· 제품 1개당 표준투입량	4kg
· 직접재료비 kg당 표준가격	400원
· 직접재료비 가격차이(불리한 차이)	280,000원

① 32,000원 (유리) ② 32,000원 (불리)
③ 248,000원 (유리) ④ 248,000원 (불리)

정답 ①

〔문제 12-23〕 표준원가계산방법과 실제원가계산방법간의 경상이익이 가장 일치할 수 있는 표준원가차이의 회계처리방법은? (전산세무 1급 18회)

① 매출원가에 가감하는 방법 ② 매출원가와 기말재고자산에 배분하는 방법
③ 기말재고자산에 배분하는 방법 ④ 영업외손익으로 처리하는 방법

정답 ②

〔문제 12-24〕 제품 12,200단위가 생산될 때, 변동제조간접원가 ₩38,720과 고정제조간접원가 ₩124,700이 발생하였다. 표준변동제조간접원가배부율이 ₩1.5이고 표준고정제조간접원가는 ₩120,000이다. 표준배부율은 25,000기계시간을 기준으로 계산되었다. 제품 단위당 표준기계시간은 2시간이다. 총 24,200기계시간이 실제 발생하였다. 고정제조간접원가 예산차이와 조업도차이는 각각 얼마인가? (세무사 2005)

	예 산 차 이	조업도차이
①	₩4,700 불리	₩2,880 불리
②	4,700 유리	2,880 유리
③	4,500 불리	3,080 불리
④	4,500 유리	3,080 유리
⑤	4,700 불리	3,080 불리

정답 ①

〔문제 12-25〕 장백회사의 20×1년도 제조 활동과 관련된 자료이다. 변동제조간접비 능률차이는? (세무사 2002)

단위당 표준 직접노동시간 : 2시간　　실제 직접노동시간 : 10,500시간
생산된 제품단위 : 5,000개　　실제변동제조간접비 : ₩28,000
변동제조간접비 표준 : 표준 직접노동시간당 ₩3

① ₩2,000 유리　② ₩1,500 불리　③ ₩2,000 불리
④ ₩3,500 유리　⑤ ₩1,500 유리

정답 ②

〔문제 12-26〕 (주)사이버의 제조간접비에 대한 자료가 다음과 같다. 변동제조간접비와 고정제조간접비의 배부기준이 같다면 총제조간접비의 조업도차이는 얼마인가?(CPA 2000)

	실제금액	변동예산	고정예산
변동제조간접비	₩23,000	₩10,000	₩18,000
고정제조간접비	₩35,000	?	₩36,000

① ₩6,000 유리　② ₩6,000 불리　③ ₩7,000 유리
④ ₩7,000 불리　⑤ ₩9,000 불리

정답 ①

〔문제 12-27〕 마리아벤처기업은 인터넷서비스업을 제공함에 있어서 전문가와 비전문 주부사원을 함께 채용하고 있다. 이들에 대한 1분당 표준임금과 그에 따른 서비스 1회의 표준원가는 다음과 같다.

	표준시간	표준임률	표준원가
표준임금			
전문가	3분	1분당 ₩300	₩ 900
비전문가	7분	1분당 ₩100	₩ 700
서비스 단위당 표준원가	₩1,600		

이 회사는 지난 1주일 간 500회의 서비스를 제공하였으며, 이에 따라 실제로 발생된 임금은 다음과 같았다.

	실제시간	실제임률	실제원가
실제임금			
전문가	1,200분	1분당 ₩400	₩480,000
비전문가	4,000분	1분당 ₩130	₩520,000
실제원가 총액	₩1,000,000		

마리아벤처기업이 설정한 표준원가를 기초로 변동예산과 실제원가의 차이를 임률차이와 능률차이로 분해하고, 능률차이를 다시 배합차이와 수율차이로 분해할 때, 정확한 수율차이(yield variance)는 얼마인가? (CPA 1차 2002)

① 불리한 차이 ₩32,000 ② 불리한 차이 ₩72,000
③ 유리한 차이 ₩32,000 ④ 유리한 차이 ₩40,000
⑤ 유리한 차이 ₩72,000

정답 ①

〔문제 12-28〕 (주)삼일정공은 표준원가시스템을 사용하고 있다. 제조간접비는 직접노동시간 400시간의 기대정상조업도를 기준으로 배분하고 있다. 다음 당기의 예산자료를 이용하여 조업도차이를 구하면 얼마인가?(3회 기업회계1급 2006, 한국세무사회)

항 목	금 액
변동제조간접비	28,000원
고정제조간접비	36,000원
계	64,000원
제조간접비율 = 64,000원/400(직접노동시간) = 160/직접노동시간	

당기 실제투입된 직접노동시간은 300시간, 제조간접비 능률차이는 1,400원만큼 불리하게 나타났다.

① 1,400원 유리 ② 1,400원 불리
③ 10,800원 유리 ④ 10,800원 불리

정답 ④

〔문제 12-29〕 (주)삼천리의 표준원가계산제도는 제조간접비의 배부에 있어서 직접작업시간을 배부기준으로 사용한다. 다음은 이 회사의 원가차이분석에 필요한 자료이다. (세무사 2004)

제조간접비 실제발생액	₩15,000
고정제조간접비 실제발생액	7,200
고정제조간접비 예산액	7,000
실제 작업시간	3,500시간
표준 작업시간	3,800시간
변동제조간접비 배부율	작업시간당 ₩2.50

변동제조간접비 소비차이는 얼마인가?

① ₩1,700 유리 ② ₩750 불리 ③ ₩750 유리
④ ₩1,500 불리 ⑤ ₩950 유리

정답 ⑤

〔문제 12-30〕 (주)경성기계는 내부관리목적으로 표준원가회계제도를 도입하고 있다. 당기 변동제조간접원가 예산은 ₩6,000,000, 고정제조간접원가 예산은 ₩8,000.000이며, 기준조업도는 1,000 직접노동시간이다. 당기 실제 직접노동시간은 800시간이었다. 변동제조간접원가 능률차이가 ₩300,000(불리)이라면 고정제조간접원가 조업도차이는 얼마인가? (CPA 2005)

① ₩1,200,000 유리 ② ₩1,200,000 불리
③ ₩2,000,000 유리 ④ ₩2,000,000 불리
⑤ ₩3,200,000 유리

정답 ④

〔문제 12-31〕 (주)평화는 표준원가계산을 사용하고 있는데 총제조간접원가를 변동제조간접원가와 고정제조간접원가로 구분하여 다음과 같이 원가차이를 계산하고 있다.

변동제조간접원가(a)	소비차이	능률차이	-
고정제조간접원가(b)	예산차이	-	조업도차이
총제조간접원가(a+b)	㉮예산차이	㉯능률차이	㉰조업도차이

위의 총제조간접원가 중 ㉮예산차이, ㉯능률차이, ㉰조업도차이를 다음 자료를 이용하여 구하면 각각 얼마인가? (CPA 2006)

	고정예산 (static budget)	실제 (actual results)
a. 생산 및 판매수량	30,000	23,000
b. 배치크기(batch size)	250	230
c. 배치수(a÷b)	120	100
d. 배치당 작업준비시간	5	5.5
e. 작업준비시간당 변동제조간접원가	₩5,000	₩4,000
f. 작업준비시간 총고정제조간접원가	₩3,600,000	₩3,190,000

	㉮예산차이	㉯능률차이	㉰조업도차이
①	₩960,000(유리)	₩450,000(불리)	₩840,000(불리)
②	₩550,000(유리)	₩250,000(불리)	₩0
③	₩550,000(유리)	₩500,000(불리)	₩600,000(불리)
④	₩410,000(유리)	₩250,000(불리)	₩430,000(불리)
⑤	₩140,000(유리)	₩450,000(유리)	₩840,000(유리)

정답 ①

〔문제 12-32〕 우진회사는 재료 A와 B의 배합을 7:3으로 예상하였으나 실제로는 5:5로 이루어졌다. 재료 A의 단위당 원가가 ₩130, B의 단위당 원가가 ₩100이면, 재료배합의 차이로 재료원가가 예상보다 얼마나 변하였는가? (세무사 2005)

① 약 5% 감소　② 약 2% 감소　③ 변화 없음
④ 약 2% 증가　⑤ 약 5% 증가

정답 ①

〔문제 12-33〕 다음은 한국(주)가 생산하는 제품 A에 관한 자료이다. 사용하고 있는 원가계산시스템은 표준원가시스템이다.

단위당 표준직접노무원가 2시간 × ₩10/시간 = ₩20/개	
실제생산량	6,000개
직접노무원가 임률차이	₩3,500(불리한 차이)
직접노무원가 효율성차이	₩2,000(유리한 차이)

이 회사의 실제 직접노무시간은 얼마인가? (감정평가사 2005)

① 13,000 시간　② 12,000 시간　③ 11,800 시간
④ 11,600 시간　⑤ 12,700 시간

정답 ③

〔문제 12-34〕 표준원가계산 제도를 채택하고 있는 A사의 6월 중 원가자료가 다음과 같을 때, 6월 중 직접노무원가 임률차이는 얼마인가? (감정평가사 2006)

표준자료에 의하면 생산량 1톤당 직접노동시간 4시간이 소요된다.
6월 중 실제생산량은 1,250톤이다.
6월 중 실제노동시간은 5,550시간이다.
6월 중 실제직접노무원가 발생액은 15,262,500이다.
6월 중 직접노무원가 능률차이는 1,650,000원 불리하다.

① ₩1,250,000 유리　② ₩1,250,000 불리　③ ₩1,375,000 유리
④ ₩1,375,000 불리　⑤ ₩1.387.500 유리

해설

AQ × AP	AQ × SP	SQ × SP
(5,550시간 × ₩1,750) ₩15,262,500	(5,550시간 × ₩3,000) ₩16,650,000	(5,000시간 × ₩3,000) ₩15,000,000

* 임률차이 = ₩16,650,000 - ₩15,262,500 = ₩1,387,500 (유리)

정답 ⑤

〔문제 12-35〕 한국(주)는 표준원가시스템을 사용하고 있으며 전년도의 실적은 다음과 같다. (감정평가사 2005)

실제제조간접원가	₩112,400
(이중 ₩35,000은 고정제조간접원가)	
실제직접노무시간	35,500시간
실제직접노무원가	₩328.375
완제품 1단위의 표준 직접노무시간	3시간
완제품 실제생산량	12,000개
15,000개의 완제품생산 예산변동제조간접원가	₩90,000
고정제조간접원가	₩33,750

이 회사의 고정제조간접원가는 직접노무시간을 배부기준으로 한 예정배부율에 따라 제품에 배부된다. 고정제조간접원가의 조업도 차이는 얼마인가?

① ₩6,750 유리한 차이　② ₩3,750 불리한 차이
③ ₩1,250 불리한 차이　④ ₩7,125 불리한 차이
⑤ ₩7,125 유리한 차이

정답 ②

〔문제 12-36〕 (주)한산은 표준원가계산을 적용하고 있다. 전기와 당기의 표준원가는 동일하며 직접재료의 표준원가는 다음과 같다.

	수량표준	가격표준	제품단위당 표준원가
직접재료원가	2kg	₩10/kg	₩20

당기에 직접재료를 10,000kg(kg당 구입가격 ₩12) 구입하였으며 9,000kg을 공정에 투입하였다. 기초재공품은 1,000단위(직접재료원가 완성도 80%)이었고 기말재공품은 1,300단위(직접재료원가 완성도 60%)이었다. 당기 중에 완성된 합격품은 3,500단위이었으며 공손품 200단위가 발생하였다. 품질검사는 공정의 종료단계에서 실시한다. 공손품은 모두 비정상공손으로 간주하며 처분가치는 없다. 회사는 비정상공손원가를 계산하여 별도의 계정으로 파악하고 있다. 직접재료원가 수량차이(능률차이)는 얼마만큼 유리(혹은 불리)한가? (CPA 2010)

① ₩16,400 불리 ② ₩20,400 불리
③ ₩26,400 불리 ④ ₩17,000 유리 ⑤ ₩17,400 유리

정답 ①

〔문제 12-37〕 대한회사는 표준원가계산제도를 채택하고 있다. 다음은 재료비 표준원가와 실제원가의 차이에 관한 자료이다.

(실제원가)

직접재료원가 실제사용량 3,200Kg, @ ₩11/Kg
실제완성품 생산수량 2,000단위

(재료비 원가차이)

직접재료비 가격차이 ₩9,600 (유리한 차이)
직접재료비 능률차이 ₩2,800 (불리한 차이)

대한회사의 제품 2,000단위 표준재료비와 제품 1단위당 표준투입량은 얼마인가? (세무사 2007)

	제품 2,000단위 표준재료비	제품 1단위당 표준투입량
①	₩42,000	1.5Kg
②	₩44,800	2.0Kg
③	₩35,200	2.0Kg
④	₩42,000	1.3Kg
⑤	₩47,600	2.5Kg

정답 ①

〔문제 12-38〕 표준원가계산제도를 채택하고 있는 (주)한국의 2010년 4월의 기준생산조업도는 50,000기계작업시간이고, 제조간접원가는 기계작업시간을 기준으로 배부한다. 제품 한 단위당 표준기계작업시간은 5시간이고, 기계작업시간당 고정제조간접원가는 ₩3으로 제품단위당 표준고정제조간접원가는 ₩15이다. 2010년 4월 중 제품 9,000개를 생산하였는데 실제기계작업시간은 44,000시간이었고, 고정제조간접원가 ₩160,000이 발생하였다. 고정제조간접원가의 생산조업도차이는? (9급 국가직 2010)

① ₩10,000 유리 ② ₩10,000 불리
③ ₩15,000 유리 ④ ₩15,000 불리

정답 ④

〔문제 12-39〕 대한회사는 표준원가계산제도를 채택하고 있다. 회사는 2008년 2월과 3월 동일한 표준을 적용하고 있다. 2008년 2월 중 실제로 생산된 제품수량은 1,000단위였으며, 고정제조간접원가의 조업도차이는 ₩750만큼 불리하며, 소비차이(예산차이)도 ₩400만큼 불리한 것으로 나타났다. 2008년 3월 중 실제로 생산된 제품수량은 1,250단위였으며, 고정제조간접원가의 조업도차이는 ₩500만큼 유리하며, 소비차이(예산차이)도 ₩300만큼 유리한 것으로 나타났다. 대한회사는 2008년 3월 중 실제로 발생한 고정제조간접원가는 얼마인가?(세무사 2008)

① ₩6,250 ② ₩5,350 ③ ₩6,050
④ ₩6,150 ⑤ ₩5,450

정답 ⑤

〔문제 12-40〕 (주)한강의 당기 초 생산활동과 관련된 예산자료는 다음과 같다.

구분	예산
생산량(기준조업도)	1,000단위
고정제조간접원가 총액	₩200,000
단위당 변동제조간접원가	₩125

당기의 실제생산량은 1,100단위이었고 실제제조간접원가 총액은 ₩355,000이었다. 제조간접원가 총차이를 통제가능차이와 조업도차이로 나누어 분석할 때 다음 중 옳은 것은? (CPA 2010)

	통제가능차이	조업도차이
①	₩0	₩1,500 유리
②	₩2,500 유리	₩0
③	₩17,500 불리	₩20,000 유리
④	₩24,500 유리	₩22,500 불리
⑤	₩30,000 불리	₩32,000 불리

정답 ③

※ 다음 자료를 이용하여 문제 2개에 답하시오. (CPA 2009)

20X8년도에 (주)진성은 직접재료 A와 직접재료 B를 배합하여 100개의 단일제품을 생산하였으며 표준원가계산제도를 사용하고 있다. 직접재료의 표준원가 및 관련 자료는 다음과 같다. 단, 기초 및 기말의 재고자산은 없는 것으로 가정한다.

구분	직접재료 A	직접재료 B
표준구입가격	₩100/kg	₩150/kg
표준사용량	25kg/제품 1개	25kg/제품 1개
실제구입가격	₩120/kg	₩130/kg
가격차이	₩48,000(불리)	₩32,000(유리)

〔문제 12-41〕 직접재료의 수량차이를 배합차이와 수율차이로 구분하면 직접재료 A의 배합차이는 얼마인가?

① ₩40,000(불리) ② ₩40,000(유리) ③ ₩20,000(유리)
④ ₩50,000(불리) ⑤ ₩50,000(유리)

정답 ①

〔문제 12-42〕 직접재료의 수량차이를 배합차이와 수율차이로 구분하면 직접재료 B의 수율차이는 얼마인가?

① ₩75,000(유리) ② ₩75,000(불리) ③ ₩125,000(유리)
④ ₩60,000(유리) ⑤ ₩60,000(불리)

정답 ①

〔문제 12-43〕 (주)한국은 표준원가계산을 월별로 적용하고 있다. 제품 1개를 생산하기 위한 표준직접재료원가는 ₩600(4kg×@₩150)이다. 당월초에 원재료 2,400kg을 매입하였으며, 원재료 가격차이는 구매시점에서 파악한다. 당월에 생산한 제품은 500개이며. 원재료 수량차이는 ₩30,000(불리)이다. 원재료 월초재고가 200kg일 때 원재료 월말재고는 몇 kg인가? (감정평가사 2009)

① 100kg ② 200kg ③ 300kg
④ 400kg ⑤ 500kg

정답 ④

〔문제 12-44〕 (주)강원은 표준원가제도를 채택하고 있다. 직접재료의 수량표준은 제품단위당 4.2kg이며, 가격표준은 1kg당 ₩200이다. 2009년 3월 중에 520개의 제품을 생산하였으며, 직접재료 2,200kg을 사용하였다. (주)강원은 2009년 3월 중에 직접재료 2,500kg을 ₩490,000에 구입하였다. 가격차이를 재료구입시점에서 분리할 경우, (주)강원의 2009년 3월의 재료비 가격차이와 수량차이를 계산하면? (9급 행정안전부 2009)

	가격차이	수량차이
①	₩10,000(불리한 차이)	₩3,200(불리한 차이)
②	₩10,000(유리한 차이)	₩3,200(불리한 차이)
③	₩10,000(불리한 차이)	₩3,200(유리한 차이)
④	₩10,000(유리한 차이)	₩3,200(유리한 차이)

정답 ①

〔문제 12-45〕 (주)대한은 표준원가계산시스템을 사용하고 있다. 다음은 제품 단위당 원가요소별 표준원가 자료이다.

직접재료비	₩100	직접노무비	₩200
변동제조간접비	₩50	고정제조간접비	₩100

제조간접비 배부기준은 직접노무시간이다. 2008년 6월에 기초재고는 없고, 총 500개의 제품을 생산하였다. 직접재료비 가격차이는 ₩1,000(불리), 수량차이는 ₩2,000(유리)이고, 직접노무비 임률차이는 ₩500(유리), 능률차이는 ₩1,500(불리)이었다. 6월 중 직접재료비 실제발생액과 직접노무비 실제발생색은 각각 얼마인가?(세무사 2009)

	직접재료비	직접노무비		직접재료비	직접노무비
①	₩46,000	₩99,000	②	₩48,000	₩101,000
③	₩48,000	₩101,500	④	₩49,000	₩101,000
⑤	₩49,000	₩101,500			

정답 ④

〔문제 12-46〕 (주)도라지는 제품의 원가관리를 위하여 표준원가시스템을 적용하고 있다. 기준조업도는 월 1,000단위이고, 이를 기초로 계산된 단위당 제조간접원가 표준배부율은 ₩3,000이다. 1월 중 제품 생산량은 1,100단위이고, 이를 근거로 계산된 1월의 제조간접원가차이는 다음과 같다.

2분법 : 제조간접원가	예산차이 :	₩150,000(유리)
	조업도차이 :	₩200,000(유리)

2월 중 제품 생산량은 900단위이고, 실제 발생한 제조간접원가는 1월보다 ₩180,000이 적었다. 2월 중 제조간접원가 예산차이(유리)는 얼마인가?

(감정평가사 2008)

① ₩70,000
② ₩90,000
③ ₩110,000
④ ₩130,000
⑤ ₩170,000

정답 ④

CHAPTER 13

변동원가계산

변동(직접)원가계산은 직접재료원가·직접노무원가·변동제조간접원가만을 제조원가에 포함시키고, 고정제조간접원가는 기간비용으로 회계처리하는 원가계산방법이다.

이 장의 변동원가계산과 재무보고에서는 기말(기초)의 재고자산에 포함되어 이연된 고정제조간접원가로 인한 영업이익의 차이와 이의 조정을 숙지하여야 한다. 아울러 변동원가계산의 유용성과 한계도 살펴보도록 한다.

제1절 변동원가계산의 기초
제2절 변동원가계산과 재무보고
제3절 변동원가계산의 유용성과 한계

제1절 변동원가계산의 기초

1. 변동원가계산의 의의

변동원가계산[1](variable costing 또는 **직접원가계산**이라고도 부름)이란 제품원가의 행태(behavior)에 따라 변동원가·고정원가로 구분하고, 변동원가만을 제품원가로 하며, 고정원가는 발생한 기간의 기간비용으로 하는 계산방법이다. 즉 변동원가계산에서는 직접재료원가·직접노무원가·변동제조간접원가 등의 변동제조원가만을 제조원가에 포함시키고, 고정제조간접원가는 기간비용으로 회계처리하게 된다.

변동원가계산이 오늘날 실무상 주목을 끌게 된 것은 다음과 같은 전통적인 전부원가계산에서 문제점이 발생하였기 때문이다.

① 종래 전부원가계산에 의하면 자동화로 인한 제조간접원가의 원가구성비율이 높아짐에 따라 조업도에 따라 제품단위당 제조간접비 부담액이 부정확해져서 판매가격정책을 수립하는 데 문제가 커졌다.

② 종래 전부원가계산에 의하면 관리불능한 고정원가를 배부하게 되는데, 이는 원가통제의 관점에서 문제가 있다.

③ 제조간접원가 배부액의 정확성에 대한 의문과 대부분의 고정간접원가가 관리불능이라는 점이 간접원가의 배부계산을 하지 않는 변동원가계산을 실무상 많이 사용하였다.

2. 변동원가계산과 전부원가계산의 비교

1.1 양 방법의 차이

변동원가계산은 전통적인 전부원가계산과 비교하여 볼 때 다음과 같은 세 가지 점에서 크게 차이가 있다.

---

1) 변동원가계산은 변동제조원가만으로 제품원가계산을 하므로 직접원가계산(direct costing)이란 용어보다 정확한 표현이다. 왜냐하면 직접원가 개념에는 직접재료원가와 직접노무원가만이 포함되기 때문이다. 변동원가계산은 공헌(한계)원가계산이라고도 부르는데, 이는 손익계산서가 매출액에서 매출원가중에서 변동원가만을 차감하여 공헌(한계)이익을 먼저 구하고 기간비용으로서 고정원가를 차감하여 순이익을 산출하는 계산과정과 밀접한 관계를 갖고 있기 때문이다.

① 전부원가계산은 원가의 기능별 구분(재료원가, 노무원가, 경비, 판매비 및 일반관리비)를 위주로 하나, 변동원가계산은 원가의 행태별 구분(변동비, 고정비)을 위주로 한다.

② 변동원가계산은 매출액에서 변동원가를 차감하여 공헌(한계)이익을 구하고 고정원가를 차감하여 영업이익을 구하므로, 전부원가계산과 수익에 대한 원가대응방법에 있어서 상호 다르다.

③ 전부원가계산에서는 고정원가가 매출원가 및 재고자산의 일부를 구성하나, 변동원가계산에서는 모든 고정원가가 기간비용으로 처리되어 재고자산에 포함되지 않는다.

1.2 원가회피개념과 원가부착개념 논쟁

자산의 용역잠재력 논쟁[2] 측면에서, 변동원가계산에서는 자산을 **원가회피**(cost avidance)**개념**에 근거하여 정의한다. 이 **원가회피개념**은 자산에는 미래에 다시 발생하지 않는 원가인 변동원가만이 포함되어야 하며, 고정제조간접원가는 미래원가 회피능력이 없으므로 제품원가에 포함해서는 안되며 발생 즉시 비용으로 회계처리하여야 한다는 것이다.

반면에 전부원가계산에서는 제품을 생산하기 위해 투입된 모든 경제적 가치는 자산으로 간주하여야 한다는 자산의 **원가부착**(cost attach)**개념**에 근거한다. 이 **원가부착(포괄)개념**은 생산과정에 투입된 고정제조간접원가도 미래의 수익을 창출할 수 있는 용역잠재력을 갖고 있으므로, 그 자산성을 인정하여 변동원가와 같이 제품원가에 포함(=포괄적으로 인정)하여야 한다는 것이다.

결국 고정제조간접원가의 기간귀속 인식상 차이로 인하여 양 방법간에 제품원가를 구성하는 원가요소에 차이가 생기며, 그 결과 재고자산평가액이 다르게 되고 이는 기간이익의 차이를 가져온다. 변동원가계산과 전부원가계산의 원가흐름을 비

2) 고정제조간접원가를 제품원가에 포함시켜야 하는가 아니면 배제해야 하는가 하는 **용역잠재력 논쟁**은 바로 전부원가계산과 변동원가계산의 문제와 직결된다. 전부원가계산을 둘러싼 논쟁을 검토해 보면, 변동원가 계산은 단기간의 영업활동을 계획하고 단기적 의사결정의 결과를 평가하는데 유용한 정보를 제공하는 기법인 반면, 전부원가계산은 외부보고 및 조세목적을 위해 일반적으로 인정되는 기법이라고 결론지을 수가 있다. 이와 같이 상이한 목적을 위해서는 상이한 원가자료가 필요함에도 불구하고, 전부원가계산과 변동원가계산간의 우월성에 관한 논쟁은 수 십년간 계속되어져 왔다. 두 방법에 대한 견해 차이는 외부공표 재무제표에 표시되는 재고자산의 가격을 결정하고 순이익을 측정하는 데 있어서 이론상으로 타당한 방법이 무엇인지 찾는데서 논쟁이 시작되었으며, 이러한 관점에서 전부원가계산이 제품원가를 측정하는 데 도움을 줄 수 있다는 타당한 근거가 제시되지 않는 한, 고정제조간접원가를 제품원가에 포함시키는 전부원가계산측의 현재 관행은 이론적 근거가 없이 주관적 판단에 기초한 실무라 할 수 있다. 어떻게 됐든 어떤 원가계산방법이 특정상황의 의사결정자들에게 보다 유용한 정보를 제공할 수 있는가 하는 관점에 따라 향후 양자에 대한 타당성의 평가가 이루어질 것이다.

교해 보면 다음 <그림 13-1>과 같다.

<그림 13-1> 전부원가계산과 변동원가계산의 원가흐름

전부원가계산의 원가흐름

원가의 발생		원가의 변형 (대차대조표상)		원가의 소멸 (손익계산서상)
직접재료원가 직접노무원가 변동제조간접원가 **고정제조간접원가**	→	재고자산에 배부되어 대부분 당기에 소멸되나 일부는 미소멸되어 차기로 이연된다	→	재고자산이 판매될 때 매출원가로 비용화된다

변동원가계산의 원가흐름

원가의 발생		원가의 변형 (대차대조표상)		원가의 소멸 (손익계산서상)
직접재료원가 직접노무원가 변동제조간접원가	→	재고자산에 배부되어 대부분 당기에 소멸되나 일부는 미소멸되어 차기로 이연된다	→	재고자산이 판매될 때 매출원가로 비용화된다
고정제조간접원가	→		→	**발생 즉시 비용화한다**

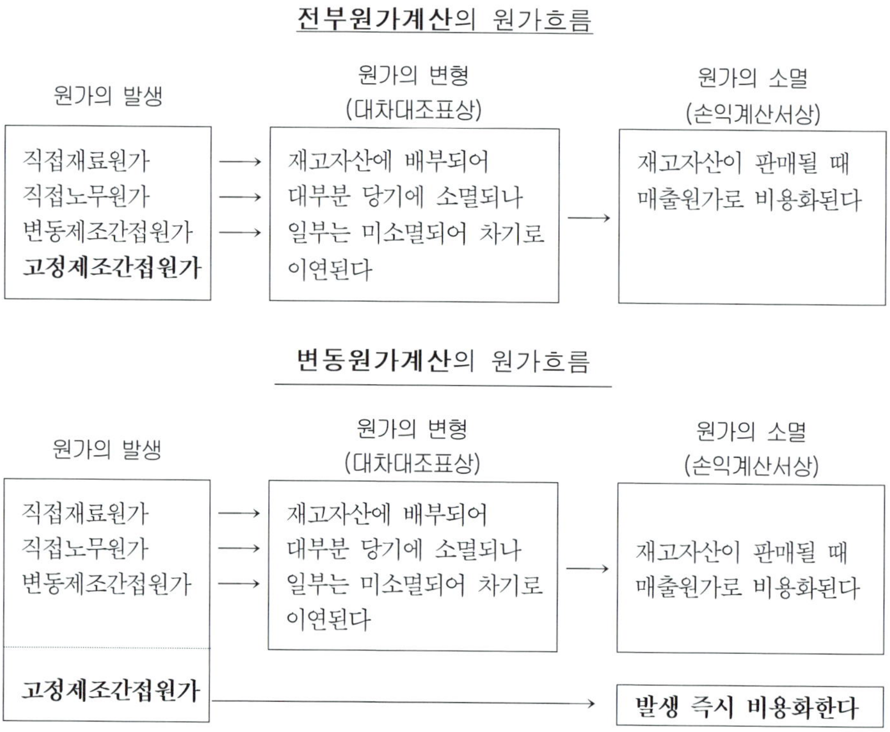

1.3 손익계산서 비교

앞에서도 언급한 것 처럼 전부원가계산과 변동원가계산에 있어 고정제조간접원가의 회계처리가 다르기 때문에, 작성되는 손익계산서의 양식에 양자간 다소 차이가 있다. 전부원가계산에 의해 작성된 손익계산서를 **포괄손익계산서**라 하고, 변동원가계산에 의해 작성된 손익계산서를 **공헌손익계산서**라고 부른다.

변동원가계산에 의한 손익계산서에서는 내부보고 목적으로 주로 이용되는 원가 및 비용을 원가행태별로 구분한 후, 매출액에서 변동원가를 차감하여 공헌이익(contribution margin)을 구하고 공헌(한계)이익에서 고정원가를 차감하여 영업이익을 구한다. 그러나 외부보고목적으로 주로 이용되는 전부원가계산에 의한 포괄손익계산서에서는 일정기간 동안의 총수익과 총비용을 대응하여 경영성과를 보고하는데 매출액에서 매출원가를 차감하여 매출총이익을 구하고 매출총이익에 기타수익을 가산하고 판매비와 관리비, 기타비용을 차감하여 법인세비용차감전수이익을 산출한다.

포괄손익계선서와 공헌손익계산서의 양식을 대비하면 다음 <표 13-1>과 같다.

<표 13-1> 전부원가계산과 변동원가계산의 손익계산서

포괄손익계산서(전부원가계산에 의한)

Ⅰ.매출액		×××
Ⅱ.매출원가(변동+고정)		
1. 기초제품재고액	×××	
2. 당기제품제조원가	×××	
3. 기말제품재고액	(×××)	(×××)
Ⅲ.매출총이익		×××
Ⅳ.기타수익		××
Ⅴ.판매비와 관리비		(××)
Ⅵ.기타비용		(××)
Ⅶ.법인세비용차감전순이익		×××

공헌손익계산서(변동원가계산에 의한)

Ⅰ.매출액		×××
Ⅱ.변동매출원가		
1. 기초제품재고액	×××	
2. 당기제품제조원가	×××	
3. 기말제품재고액	(×××)	(×××)
Ⅲ.변동판매비와 관리비		(××)
Ⅳ.공헌이익		×××
Ⅴ.**고정원가**		
1. 고정제조간접원가	(××)	
2. 고정판매비와 관리비	(××)	(××)
Ⅵ.**영업이익**		×××

* 변동판매비와 관리비, 고정판매비와 관리비 는 양 방법이 동일하게 기간비용으로 처리하므로 차이가 발생하지 않음

제2절 변동원가계산과 재무보고

1. 영업이익의 비교

전부원가계산과 변동원가계산의 **영업이익에 차이가 나는 주된 이유**는 재고자산에 포함되어 이연되는 고정제조간접원가의 회계처리(손익귀속기간) 차이 때문이다. 즉 전부원가계산의 매출원가는 변동제조원가와 고정제조간접원가까지 포함된 것이나, 변동원가계산의 매출원가는 변동제조원가로만 구성된 것이고 고정제조간접원가는 기간비용으로 처리되어 공헌이익에서 차감되고 있다. 따라서 양 방법에 있어서 변동제조원가로 인해서는 어떠한 차이도 발생되지 않고, 오로지 고정제조간접원가에 대한 회계처리의 차이로 인하여 영업이익의 차이가 발생하는 것이다.

변동원가계산과 전부원가계산간에 재무보고서(손익계산서)를 이용하여 양자간에

영업이익이 차이를 보이는 이유는 다음 <표 13-2>와 같으며, 생산량와 판매량간 변화에 따른 영업이익의 크기를 예제를 이용하여 비교해 보기로 한다.

<표 13-2> 변동원가계산과 전부원가계산의 영업이익 비교

상 황	재고자산 영향	비용화되는 고정제조간접원가	순이익
생산량 > 판매량	기말재고자산> 기초재고자산	전부원가계산하에서 비용화되는 고정제조간접원가 < 변동원가계산하에서 비용화되는 고정제조간접원가	전부원가계산하의 영업이익 > 변동원가계산하의 영업이익
생산량 < 판매량	기말재고자산< 기초재고자산	전부원가계산하에서 비용화되는 고정제조간접원가 > 변동원가계산하에서 비용화되는 고정제조간접원가	전부원가계산하의 영업이익 < 변동원가계산하의 영업이익
생산량 = 판매량	기말재고자산= 기초재고자산	전부원가계산하에서 비용화되는 고정제조간접원가 = 변동원가계산하에서 비용화되는 고정제조간접원가	전부원가계산하의 영업이익 = 변동원가계산하의 영업이익

(1) 생산량이 판매량을 초과할 때 (생산량 > 판매량)

생산량이 판매량을 초과하면 초과분만큼 기말제품재고량이 있게 되므로, 전부원가계산의 영업이익이 변동원가계산의 영업이익보다 크게 된다. 왜냐하면 변동원가계산과 비교해 볼 때 전부원가계산의 기말제품재고액에 포함된 고정제조간접원가가 차기 재무상태표로 이연되므로, 매출원가가 감소되며 이는 영업이익의 증가를 가져오기 때문[3]이다.

반면 변동원가계산에서는 당기에 발생한 고정제조간접원가 전액을 당기에 기간비용으로 처리하므로, 전부원가계산에 비해 고정제조간접원가 만큼 기말제품재고액이 감소하여 매출원가가 증가하고 영업이익이 감소하게 된다. 결국 양 방법간 영업이익의 차이는 기말제품재고량에 단위당 고정제조간접원가를 곱한 금액이다.

3) 전부원가계산으로 성과평가를 할 경우
전부원가계산에 의하면 판매량이 동일하더라도 생산량이 증가할수록 영업이익은 증가하는데, 이유는 아래와 같다.

생산량 증가시: 단위당 고정제조간접원가↓ 제품단위원가↓ 매출원가↓ 영업이익↑

만일 판매량이 동일하더라도 생산량이 증가하면, 비용처리되는 고정제조간접원가가 작아지므로 ① 전부원가계산의 (가공)영업이익 증가 ② 과잉생산으로 인한 재고의 누적을 초래하는 등 여러 문제점이 발생한다.

예제 13-1

청주회사의 20×1년 1/4분기의 생산 및 판매활동에 관한 자료는 다음과 같다.

(1) 생산 및 판매자료

	1월	2월	3월	합 계
생산량	1,200개	800개	800개	2,800개
판매량	1,000	900	800	2,700
단위당 판매가격	₩100	₩100	₩100	

(2) 원가자료

	1월	2월	3월	합 계
변동제조원가	₩48,000	₩32,000	₩32,000	₩112,000
고정제조간접원가	20,000	20,000	20,000	60,000
변동판매관리비	5,000	4,500	4,000	13,500
고정판매관리비	6,000	6,000	6,000	18,000

[물음] 1월의 변동원가계산에 의한 공헌손익계산서와 전부원가계산에 의한 포괄손익계산서를 작성하고 영업이익의 차이를 조정하라.

해답

① 공헌손익계산서와 포괄손익계산서

공헌손익계산서(변동원가계산)

매 출 액		₩100,000
변동매출원가		
기초제품재고액	–	
당기제품제조원가	₩48,000	
기말제품재고액	8,000	₩40,000
변동판매관리비		5,000
공헌이익		₩55,000
고정원가		
고정제조간접원가	₩20,000	
고정판매관리비	6,000	₩26,000
영업이익		₩29,000

포괄손익계산서(전부원가계산)

매 출 액		₩100,000
매출원가		
기초제품재고액	–	
당기제품제조원가	₩68,000	
기말제품재고액	11,340	₩56,660
매출총이익		₩43,340
판매관리비		11,000
영업이익		₩32,340*

② 영업이익의 조정

* 전부원가계산 영업이익=변동원가계산 영업이익+기말제품재고액에 포함된 고정제조간접원가
  ₩32,340=₩29,000+(200개×@₩16.7)

(2) 판매량이 생산량을 초과할 때 (생산량 < 판매량)

판매량이 생산량을 초과하면 초과분만큼 기초제품재고량이 있게되므로, 전부원가계산의 영업이익이 변동원가계산보다 작게 된다. 왜냐하면 전부원가계산하에서는 기초제품재고액에 포함된 전기에서 이연되어 온 고정제조간접원가가 매출원가의 증대를 가져와 영업이익의 감소를 초래하기 때문이다.

반면 변동원가계산에서는 고정제조간접원가 발생액을 기간비용으로 처리하므로, 전부원가계산에 비해 고정제조간접원가 만큼 기초제품재고액이 감소하여 매출원가가 감소하고 영업이익이 증대하게 된다. 결국 양 방법간 영업이익의 차이는 기초 및 기말 제품재고량에 단위당 고정제조간접원가를 곱한 금액의 차액이 된다.

예제 13-2

<예제 13-1>의 자료를 이용하여 다음 [물음]에 답하라.

[물음] 2월의 변동원가계산에 의한 공헌손익계산서와 전부원가계산에 의한 포괄손익계산서를 작성하고 영업이익의 차이를 조정하라.

해답

① 공헌손익계산서와 포괄손익계산서

공헌손익계산서(변동원가계산)

매 출 액		₩90,000
변동매출원가		
기초제품재고액	₩8,000	
당기제품제조원가	32,000	
기말제품재고액	4,000	₩36,000
변동판매관리비		4,500
공헌이익		₩49,500
고정원가		
고정제조간접원가	₩20,000	
고정판매관리비	6,000	₩26,000
영업이익		₩23,500

포괄손익계산서(전부원가계산)

매 출 액		₩90,000
매출원가		
기초제품재고액	₩11,340	
당기제품제조원가	₩52,000	
기말제품재고액	6,500	₩56,840
	(5,670)	(₩57,670)
매출총이익		₩33,160
		(₩32,330)
판매관리비		10,500
영업이익		₩22,660[1]
		(₩21,830)[2]

② 영업이익의 조정

전부원가계산 영업이익

=변동원가계산 영업이익−기초제품재고액에 포함된 고정제조간접원가

+기말제품재고액에 포함된 고정제조간접원가

1) 선입선출법에 의해 재고자산을 평가할 경우
₩22,660 = ₩23,500 − (200개×@₩16.7) + (100개×@₩25)
2) 후입선출법에 의해 재고자산을 평가할 경우
₩21,830 = ₩23,500 − (200개×@₩16.7) + (100개×@₩16.7)

(3) 생산량과 판매량이 같을 때 (생산량 = 판매량)

생산량과 판매량이 같을 때에는 전부원가계산의 영업이익과 변동원가계산의 영업이익은 거의 일치한다. 왜냐하면 고정제조간접원가가 전부원가계산에서는 매출원가로 처리되고 변동원가계산시에는 기간비용으로 처리되는 차이가 있을 뿐 어느 방법에 의하든 장기적으로는 매출이라는 기간수익에 대응하는 기간비용이기 때문이다.

예제 13-3

<예제 13-1>의 자료를 이용하여 다음 [물음]에 답하라.

[물음] 3월의 변동원가계산에 의한 공헌손익계산서와 전부원가계산에 의한 포괄손익계산서를 작성하고 영업이익의 차이를 조정하라.

해답

① 공헌손익계산서와 포괄손익계산서

공헌손익계산서(변동원가계산)

매 출 액		₩80,000
변동매출원가		
기초제품재고액	₩4,000	
당기제품제조원가	32,000	
기말제품재고액	4,000	₩32,000
변동판매관리비		4,000
공헌이익		₩44,000
고정원가		
고정제조간접원가	₩20,000	
고정판매관리비	6,000	26,000
영업이익		₩18,000

포괄손익계산서(전부원가계산)

매 출 액		₩80,000
매출원가		
기초제품재고액	₩6,500	
당기제품제조원가	52,000	
기말제품재고액	6,500	₩52,000
매출총이익		₩28,000
판매관리비		10,000
영업이익		₩18,000*

② 영업이익의 조정

* 전부원가계산 영업이익(₩18,000) = 변동원가계산 영업이익(₩18,000)

2. 영업이익의 차이 조정

변동원가계산과 전부원가계산간 영업이익의 차이는 제품재고액에 포함된 고정제조간접원가 회계처리의 차이에서 비롯된 것이므로, 기초와 기말의 제품재고액에 포함된 고정제조간접원가로 영업이익의 차이를 조정할 수 있다. 즉 두 원가계산 방법에서 영업이익의 차이는 간단하게 고정제조간접비에서 비용화정도의 차이만 조정해 주면 될 것이므로, 전부원가계산의 재고자산에 포함되어 자산으로 처리된 고정제조간접원가 금액만큼을 아래 공식처럼 변동원가계산에서 조정하면 된다. 이유는 전부원가계산의 고정제조간접원가가 변동원가계산에서는 당기비용으로 처리되었기 때문이다.

전부원가계산의 영업이익을 변동원가계산의 영업이익으로 차이 조정

전부원가계산의 영업이익	×××
기초재고자산에 포함된 고정제조간접원가(+)	×××
기말재고자산에 포함된 고정제조간접원가(-)	(×××)
변동원가계산의 영업이익	×××

지금까지 살펴본 변동원가계산과 전부원가계산의 차이점을 비교해 보면 다음 <표 13-3>과 같다.

<표 13-3> 변동원가계산과 전부원가계산의 차이 비교

항 목	변동(직접)원가계산	전부(흡수)원가계산
주요보고목적	내부보고 (계획 · 통제)	외부보고 (재무제표 보고)
이론 근거	원가회피개념	원가부착(포괄)개념
원가의 분류	행태별 분류	기능별 분류
제품원가	변동제조원가	총제조원가
기간비용	고정제조간접원가 변동판매비와 관리비 고정판매비와 관리비	판매비와 관리비
고정제조간접원가 비용처리 시기	발생시점에 전액 비용화	제품판매시점에 부분 비용화
손익 구분 (손익계산서)	매출액－변동원가=공헌이익 공헌이익－고정원가=영업이익 (공헌손익계산서)	매출액－매출원가=매출총이익 매출총이익－판매비 및 관리비 =영업이익 (전통 포괄손익계산서)
영업이익의 비교 생산량 >판매량 생산량 <판매량 생산량 =판매량 장 기	 작다 크다 같다 같다	 크다 작다 같다 같다
이익함수 (이익결정요소)	이익=f(판매량)	이익=f(판매량 및 생산량)

제3절 변동원가계산의 유용성과 한계

회계담당자들은 변동원가계산이 외부보고목적으로 널리 사용되지 않고 있으나 내부보고목적으로는 전부원가계산보다 더 우수하다고 생각하고 있다. 그러나 전부원가계산도 유용성을 갖고 있다. 양자의 원가계산방법 간에 유용성과 한계점들을 <표 13-4>에 정리하여 놓았다. 특히 변동원가계산은 공헌이익에 바탕을 둔 공헌이익접근법을 이용하므로 관리회계분야에 유용하며 주로 손익분기점분석, 변동예산, 책임회계, 특별의사결정, 제품가격결정 등에 유용한 정보를 제공한다.

<표 13-4> 변동원가계산과 전부원가계산의 유용성과 한계

	변동원가계산	전부원가계산
유용성	①변동원가계산의 영업순이익은 생산량에는 영향을 받지 않음. 이 결과 경영자의 생산량의 증가를 통한 이익조작의 가능성 감소 (바람직하지 않은 재고누적 가능성 감소) ②계획수립, 의사결정 등에 유용함 원가행태에 따라 원가를 변동원가와 고정원가로 분류하므로 이익이 판매량에만 영향을 받게 됨 ③고정제조간접원가가 기간비용으로 처리되므로 고정제조간접원가 배부의 문제가 발생하지 않음 (고정제조간접원가에 대한 조업도차이가 발생하지 않음)	①일반적으로 인정된 회계원칙에서 인정되므로 외부보고목적으로 이용가능하고 세법상으로도 인정됨 ②제조간접원가를 변동제조간접원가와 고정제조간접원가로 구분할 필요가 없음 ③대규모의 시설투자가 됨으로 인하여 고정제조간접원가의 비중이 높아지고 있음 (장기적인 관점에서는 고정제조간접원가도 회수되어야 하므로 장기적인 관점에서 가격정책과 이익계획을 수립하는데 유용함)
한계	①일반적으로 인정된 회계원칙에서 인정되지 않으므로 외부보고목적으로는 이용할 수 없고 세법상으로도 인정되지 않음 ②모든비용을 변동원가와 고정원가로 구분한다는 것은 현실적으로 어려움 ③대규모의 시설투자가 됨으로 인하여 고정제조간접원가의 비중이 높아지고 있음 (장기적인 관점에서는 고정제조간접원가도 회수되어야 하므로 가격정책과 이익계획을 오도할 수 있음)	①전부원가계산의 영업이익이 생산량에도 영향을 받음. 이 결과 경영자가 생산량 증가를 통한 이익조작의 가능성이 존재하고, 바람직하지 않은 재고누적을 초래함 ②고정제조간접원가가 제품원가에 포함되고 제품단위당 고정제조간접원가는 생산량에 영향을 받음(판매량과 생산량이 비용처리되는 고정제조간접원가에 영향을 미침) → 계획수립과 의사결정 등에 이용하기 어려움 ③고정제조간접원가가 제품원가에 포함되므로 고정제조간접원가 배부의 문제발생(고정제조간접원가에 대한 조업도차이가 발생)

연습문제

〔문제 13－1〕 변동원가계산의 의의와 생성배경을 설명하라.

〔문제 13－2〕 변동원가계산과 전부원가계산을 비교 · 설명하라.

〔문제 13－3〕 변동원가계산의 유용성을 설명하라.

〔문제 13－4〕 판매량이 일정하고 생산량이 변동하는 경우의 양 방법 비교

다음 자료는 (주)삼화의 분기별 생산과 원가 및 판매에 관련된 자료이다.

<가격 및 비용>

판매단가(분기별 동일)	@₩100
변동판매비와 관리비	@₩4
고정제조간접원가 총액(분기별 동일)	₩240,000
고정판매비와 관리비 총액(분기별 동일)	₩100,000

<수량자료 : 선입선출법 적용>

	1분기	2분기	3분기
기초제품재고량	－	2,000톤	2,000톤
제 품 생 산 량	12,000톤	10,000	8,000
제 품 판 매 량	10,000	10,000	10,000
기말재품재고량	2,000	2,000	－

<단위당 제조원가>

변동제조원가	₩50	₩50	₩50
고정제조간접원가	20	24	30

[물음] 1. 전부원가계산에 의한 손익계산서를 분기별로 작성하시오.
2. 변동원가계산에 의한 손익계산서를 분기별로 작성하시오.
3. 각 방법에 의한 영업이익차이를 분기별로 조정하시오.
4. 생산 · 판매량과 관련하여 각 방법에 의한 이익의 함수관계를 설명하시오.

〔문제 13－5〕 **표준원가를 이용한 손익계산서 비교**

표준원가시스템을 채택하고 있는 (주)한강의 20×1년도 연간예산에 관한 자료는 다음과 같다.

판매가격	@₩25
변동제조원가	@₩10
변동판매비와 관리비	@₩4
고정제조간접원가	₩200,000
고정판매비와 관리비	₩65,000
정상조업도(생산량)	40,000개

20×1년도 연간실적은 다음과 같다.

기초제품재고량	5,000개
당기제품생산량	40,000개
기말제품재고량	10,000개
고정제조간접원가	₩210,000
고정판매비와 관리비	₩65,000

변동제조원가에 대한 원가차이는 순액으로 ₩5,000(유리)이었으며, 모든 원가차이는 표준매출원가에서 조정한다. 판매가격은 예산과 동일하였다.

[물음] 1. 전부원가계산제도하의 손익계산서를 작성하시오.
2. 변동원가계산제도하의 손익계산서를 작성하시오.
3. 양 방법의 영업이익차이를 조정하고 설명하시오.

〔문제 13－6〕 **변동원가계산** (세무사, 1995 수정)

(주)대한의 20×1년 손익계산서와 추가자료는 다음과 같다.

손 익 계 산 서

(20×1. 1. 1 ~ 20×1. 12. 31)

매 출 액(12,000개, 판매단가 ₩5,500)	₩66,000,000
매출원가	45,000,000
매출총이익	₩21,000,000
판매비와 관리비	15,000,000
영업이익	₩6,000,000

<추가자료>

1. 20×1년도 총생산수량은 15,000개이며, 기초와 기말재공품은 없다.
2. 개당 변동제조원가는 ₩2,500이고, 개당 변동판매관리비는 ₩550이다.

[물음] 1. 20×1년 중 발생된 총고정제조간접원가는 얼마인가?
2. 20×1년 중 발생된 총변동원가는 얼마인가?
3. 변동원가계산에 의한 20×1년 영업이익은 얼마인가?
4. 변동원가계산제도와 전부원가계산제도의 중요한 차이는 무엇인가?
5. 경영자는 내부관리목적상, 전부원가계산제도보다 변동원가계산제도를 선호하는 이유는 무엇인가?

〔문제 13-7〕 변동원가계산에 대한 설명이다. 올바르지 않은 것은?

(2회 기업회계1급 2006, 한국세무사회)

① 변동원가를 제품원가로 한다.
② 전부원가계산과 달리 변동원가계산에서는 조업도차이가 발생하지 않는다.
③ 판매량에 따라 이익의 크기가 결정된다.
④ CVP분석이 용이하므로 제품가격결정에 유용한 정보를 쉽게 도출할 수 있다.

정답 ①

〔문제 13-8〕 다음 중 변동원가계산의 목적 내지 유용성에 해당하지 않는 것은?

(지도사 2005)

① 원가-조업도-이익분석(CPV 분석)과 같은 단기의사결정에 유용함
② 순이익이 생산량에 영향을 받지 않고 판매량에 따라 결정됨
③ 제조하려고 하는 제품의 합리적인 평가
④ 판매부문의 업적에 대한 적정성 평가
⑤ 조업도에 의한 원가배부 차이의 발생을 인정함

정답 ⑤

〔문제 13-9〕 변동원가계산 시스템을 사용하는 기업에서는 재무보고시 고정제조원가는 무엇으로 분류되는가? 가장 적합한 답은? (주택관리사(보) 2005)

① 제품원가
② 기간비용
③ 관련원가
④ 매출원가
⑤ 위 네가지 중 어느 것도 아니다.

정답 ②

〔문제 13-10〕 단위당 판매가격과 단위당 변동원가가 불변이며, 총고정원가가 증가할 경우 다음 중 옳은 것은? (지도사 2005)

① 총공헌이익은 감소하고, 손익분기점 총매출액이 증가한다.
② 총공헌이익은 감소하고, 손익분기점 총매출액이 감소한다.
③ 총공헌이익은 불변이며, 손익분기점 총매출액은 증가한다.
④ 총공헌이익은 불변이며, 손익분기점 총매출액은 감소한다.
⑤ 총공헌이익은 증가하고, 손익분기점 총매출액이 감소한다.

정답 ③

〔문제 13-11〕 어떤 회사가 변동원가계산과 전부원가계산을 모두 사용한다. 실제 매출액, 매출총이익 및 총공헌이익은 두 방법 모두 예산과 비슷하였으나 순이익은 예산에 훨씬 미달하였다. 기초 및 기말재고는 없었다. 예산과 비교하여 순이익이 하락한 원인은 다음 어느 것에 기인하고 있는가? (CPA 1995)

① 실제판매가격 및 변동비가 비례적으로 하락하였다.
② 실제판매가격이 변동비보다 더욱 하락하였다.
③ 실제고정제조간접비가 증가하였다.
④ 실제고정판매비 및 관리비가 증가하였다.
⑤ 위 자료로는 원인을 알 수 없다.

정답 ④

〔문제 13-12〕 다음은 변동원가계산과 전부원가계산에 대한 설명이다. 이들을 해당되는 사항들로만 적절히 분류한 것은? (세무사 2000)

ⓐ 행태별 원가분류가 필요하다.
ⓑ 기간손익이 재고수준의 변동에 영향을 받는다.
ⓒ 단기적인 계획과 통제에 유용하지 못하다.
ⓓ GAAP에서 인정하지 않는다.

	변동원가계산	전부원가계산		변동원가계산	전부원가계산
①	ⓐ,ⓒ	ⓑ,ⓓ	②	ⓑ,ⓒ	ⓐ,ⓓ
③	ⓒ,ⓓ	ⓐ,ⓑ	④	ⓐ,ⓑ	ⓒ,ⓓ
⑤	ⓐ,ⓓ	ⓑ,ⓒ			

정답 ⑤

〔문제 13-13〕 (주)대연의 당기 원가자료는 다음과 같다. 변동원가계산과 전부원가계산에 의한 이익차이는? (CPA 2004)

기초제품수량	1,000단위	기말제품수량	1,500단위
당기판매량	9,000단위	기준조업도	10,000단위
조업도차이	₩5,000(불리)		

① ₩1,000 ② ₩5,000 ③ ₩10,000
④ ₩15,000 ⑤ ₩20,000

정답 ②

〔문제 13-14〕 다음 자료는 문제 A번, B번과 관련된 내용이다.

(주)청산은 20×1년 초에 영업을 개시하여 A제품을 생산·판매하고 있다. 20×1년의 생산량은 2,000단위였으며 생산과 판매에 관한 자료는 다음과 같다.

	제품단위당 변동비	고정비
직접재료비	300원	-
직접노무비	250원	-
제조간접비	100원	400,000원
판매관리비	150원	200,000원

제품단위당 판매가격은 1,800원이다.

A. 20×1년의 판매량이 1,200단위일 경우, 20×1년 12월 31일 외부보고용 대차대조표에 계상될 제품재고액은 얼마인가? (기업회계 1급 2006, 한국세무사회)

① 520,000원 ② 680,000원
③ 780,000원 ④ 640,000원

정답 ②

B. (주)청산이 20×1년에 1,500단위를 판매하였다면, 변동원가계산의 순이익은 얼마인가?

① 1,125,000원 ② 1,300,000원
③ 700,000원 ④ 900,000원

정답 ④

〔문제 13-15〕 전기와 당기의 단위당 고정제조간접비가 동일한 경우 (주)영일합판의 영업활동에 관한 자료이다.

· 생산수량	10,000개
· 판매수량	8,000개
· 기초제품	1,000개
· 단위당 판매가격	@200원
· 단위당 변동제조원가	@80원
· 단위당 변동판매관리비	@10원
· 고정제조간접비	100,000원
· 고정판매관리비	20,000원

위 자료에 의할 때 순이익의 차이를 설명한 것으로 적합한 것은?

(3회 기업회계1급 2006, 한국세무사회)

① 전부원가계산하의 순이익이 24,000원 더 많다.
② 변동원가계산하의 순이익이 24,000원 더 많다.
③ 전부원가계산하의 순이익이 20,000원 더 많다.
④ 변동원가계산하의 순이익이 20,000원 더 많다.

정답 ③

〔문제 13-16〕 다음은 (주)한강의 원가자료이다. 전부원가계산방법에 의한 당기순이익이 직접원가계산방법에 의한 당기순이익보다 ₩200이 많은 경우 당기의 재고 증감량은 몇 개인가? (세무사 2004)

당기생산량	1,000개	기초재고수량	?
기말재고수량	100개	판매가	단위당 ₩15
변동제조간접비	단위당 ₩5	고정제조간접비	2,000
변동판매비	단위당 2	고정판매비	300

① 100개 증가 ② 50개 증가 ③ 10개 증가
④ 50개 감소 ⑤ 변동 없음

정답 ①

〔문제 13-17〕 다음은 (주)동양금속의 제조원가와 생산 및 판매량에 관한 자료이다.

제조간접원가
　단위당 변동원가 : ₩1,000
　고정원가 : ₩3,000,000

생산 및 판매량
　기초제품재고량 : 2,000개
　생산량 : 18,000개
　판매량 : 19,000개

고정제조간접원가 배부율을 계산하기 위한 기준조업도는 20,000개 이며, 과대 또는 과소배부된 제조간접원가는 전액 매출원가에서 조정된다. 변동원가계산에 의한 순이익이 ₩6,000,000일 때 전부원가계산에 의한 순이익은 얼마인가? 단, 고정제조간접원가배부율은 기초제품과 당기제품에 동일하게 적용된다. (CPA 2005)

① ₩5,850,000 ② ₩5,950,000 ③ ₩6,050,000
④ ₩6,150,000 ⑤ ₩6,250,000

정답 ①

〔문제 13-18〕 20×1년 3월에 영업을 시작한 서울회사는 선입선출법에 의한 실제원가계산제도를 채택하고 있으며, 3월과 4월의 생산과 판매에 관한 자료는 다음과 같다.

	3월	4월
생 산 량	8,000단위	9,000단위
판 매 량	7,000단위	10,000단위
고정제조간접비	₩1,600,000	₩1.620,000
고정판매비	800,000	900,000

4월 중 변동원가계산에 의한 영업이익이 ₩1,200,000이라고 할 때, 전부원가계산에 의한 영업이익은 얼마인가? (세무사 2003)

① ₩800,000 ② ₩700,000 ③ ₩980,000
④ ₩1,400,000 ⑤ ₩1,000,000

정답 ⑤

〔문제 13-19〕 다음의 자료를 이용하여 계산된 변동원가계산의 기말재고액과 전부원가계산의 기말재고액과의 차이는 얼마인가? (감정평가사 2005)

기초재고수량	0개	
생산량	1,200개	
판매량	1,000개	매출액 ₩100,000
총변동재료원가		₩12,000
총변동가공원가		₩24,000
총고정제조간접원가		₩18,000
총고정마케팅원가		₩20,000

① ₩3,000 ② ₩2,000 ③ ₩7,000
④ ₩10,334 ⑤ ₩5,600

정답 ①

〔문제 13-20〕 (주)크로바는 정상원가계산(normal costing)을 사용하고 있다. 다음 자료를 이용하여 변동원가계산(variable costing)과 전부원가계산(absorption costing) 하에서의 손익분기점을 구하면 각각 얼마인가? (단, 단위원가는 일정하고 가격차이, 소비차이, 능률차이 그리고 조업도차이는 없다고 가정한다.) (CPA 2006)

기초재고수량	300단위
기말재고수량	200단위
실제판매량	4,100단위
단위당 판매가격	₩10,000
고정제조간접원가	₩4,000,000
고정판매 및 관리비	₩6,000,000
단위당 직접재료원가	₩2,600
단위당 직접노무원가	₩2,400

	변동원가계산	전부원가계산
①	2,000단위	2,800단위
②	800단위	2,000단위
③	2,000단위	2,800단위
④	2,000단위	1,500단위
⑤	800단위	1,500단위

정답 ④

〔문제 13-21〕 **다음은 변동원가계산에 관한 설명이다. 틀린 것은?** (지도사 2009)

① 조업도차이가 발생하지 않는다.
② 전부원가계산에 비해 기말재고가 과소평가된다.
③ 순이익은 생산량과 판매량의 변화에 영향을 받는다.
④ 기말재고의 증감을 통한 순이익의 조작이 방지된다.
⑤ 고정제조간접비의 배부문제가 발생하지 않는다.

정답 ③

〔문제 13-22〕 **변동원가계산, 전부원가계산 및 초변동원가계산에 대한 설명으로 옳지 않은 것은?** (세무사 2007)

① 원가계산과 관련된 표준은 변동원가계산에는 사용될 수 없고 전부원가계산에서만 사용된다.
② 전부원가계산에서 계산된 영업이익은 판매량뿐만 아니라 생산량의 변화에도 영향을 받는다.
③ 변동원가계산에서는 고정제조간접원가를 기간비용으로 인식하지만 전부원가계산에서는 고정제조간접원가를 제품원가로 인식한다.
④ 초변동원가계산은 직접재료원가만을 제품원가에 포함하고 나머지 제조원가는 모두 기간비용으로 처리한다.
⑤ 초변동원가계산은 판매가 수반되지 않는 상황에서 생산량이 많을수록 영업이익이 낮게 계산되므로 불필요한 재고의 누적을 방지하는 효과가 변동원가계산보다 훨씬 크다.

정답 ①

〔문제 13-23〕 **다음은 생산량 및 판매량과 관련된 전부원가계산과 변동원가계산 및 초변동원가계산의 특징을 설명한 글이다. 타당하지 않은 것은?** (CPA 2010)

① 전부원가계산에서는 기초재고가 없을 때 판매량이 일정하다면 생산량이 증가할수록 매출총이익이 항상 커진다.

② 생산량이 판매량보다 많으면 전부원가계산의 영업이익이 변동원가계산의 영업이익보다 항상 크다.

③ 변동원가계산하의 영업이익은 판매량에 비례하지만, 전부원가계산하의 영업이익은 생산량과 판매량의 함수관계로 결정된다.

④ 전부원가계산에서는 원가를 제조원가와 판매관리비로 분류하므로 판매량 변화에 따른 원가와 이익의 변화를 파악하기 어려운 반면, 변동원가계산에서는 원가를 변동원가와 고정원가로 분류하여 공헌이익을 계산하므로 판매량 변화에 의한 이익의 변화를 알 수 있다.

⑤ 초변동원가계산에서는 기초재고가 없고 판매량이 일정할 때 생산량이 증가하더라도 재료처리량 공헌이익(throughput contribution)은 변하지 않는다.

정답 ②

〔문제 13-24〕 **2006년말 차기 예산을 준비하던 (주)대한은 2007년도 전부원가계산방법과 변동원가계산방법에 의한 예상이익을 각각 계산한 결과, 그 차이가 전부원가계산방법에 의할 경우 ₩30,000이 더 많을 것으로 예상되었다. 그러나 2007년말 실제이익의 차이는 전부원가계산방법에 의할 경우 ₩50,000이 더 많았다. 실제이익의 차이가 예상이익의 차이와 다르게 나타난 이유로 타당한 것은?**
단, (주)대한의 2007년초 기초재고는 없었고, 재공품은 고려하지 않으며, 아래 각 항목의 평가시 항목에 주어진 차이의 영향 이외에는 예산과 실제가 일치하는 것으로 가정한다. (CPA 2008)

① 완제품 단위당 변동제조원가의 실제발생액이 예상발생액보다 적었다.

② 총고정제조원가의 실제발생액이 예상발생액보다 적었다.

③ 실제매출수량이 예상매출수량보다 많았다.

④ 완제품 실제생산수량이 예상생산수량보다 많았다.

⑤ 원재료의 실제구매수량이 예상구매수량보다 많았다.

정답 ④

※ 다음의 글을 읽고 아래 2개의 물음에 대하여 답하라. (CPA 2007)

(주)한국은 책장을 제조해서 판매한다. 2006년 1월 1일부터 2006년 12월 31일 중에 발생한 원가는 다음과 같다.

(단위: ₩)

원가항목	재고가능원가와 기간원가의 구분	금액
변동제조원가	재고가능원가	260,000
고정제조원가	재고가능원가	40,000
변동판매비	기간원가	254,000
고정판매비와 고정관리비	기간원가	150,000

변동제조원가는 제품생산량에 대한 변동원가이다. 변동판매비는 제품판매량에 대한 변동원가이다. 다음은 재고자산 관련 자료이다.

	2006년 1월 1일 기초재고	2006년 12월 31일 기말재고
직접재료재고 (무게)	100kg	200kg
재공품재고	0 단위	0 단위
제품재고	?	2,000단위

2006년도의 생산량은 10,000개이다. 제품 1단위를 생산하기 위하여 직접재료 0.1kg이 사용되었다. 2006년도의 매출액은 ₩900,000이었으며, 2006년 1월 1일의 제품 재고는 ₩30,000이었다. 기초재고의 단위당 제품원가와 기중 생산된 제품의 단위당 원가는 동일하다. 여기서 단위당 제품원가는 외부보고용 원가를 의미한다.

〔문제 13-25〕 2006년도 초의 제품재고의 수량과 2006년 중 단위당 변동원가(변동 비제조원가 포함)는 각각 얼마인가? 소수점 미만은 원단위로 반올림한다.

① 기초제품재고의 수량: 1,000단위 단위당 변동원가: ₩51
② 기초제품재고의 수량: 1,000단위 단위당 변동원가: ₩54
③ 기초제품재고의 수량: 2,000단위 단위당 변동원가: ₩51
④ 기초제품재고의 수량: 2,000단위 단위당 변동원가: ₩54
⑤ 기초제품재고의 수량: 1,200단위 단위당 변동원가: ₩26

정답 ②

〔문제 13-26〕 전부원가계산에 따른 2006년도 (주)한국의 영업이익은 얼마인가?

① ₩630,000 ② ₩226,000 ③ ₩196,000
④ ₩225,746 ⑤ ₩480,000

정답 ②

〔문제 13-27〕 (주)청솔의 신제품 PS에 대한 자료는 다음과 같으며, 이 회사는 변동원가계산(variable costing)을 적용하고 있다.

단위당 직접재료원가	₩150
단위당 직접노무원가	100
단위당 변동제조간접원가	50
총고정제조간접원가	1,000,000

PS를 생산·판매하는 경우 적절한 수준의 재고자산을 유지해야 하기 때문에 추가적인 연간 고정재고유지원가가 발생한다. 연간 고정재고유지원가는 평균재고자산의 20%로 추정된다. PS의 직접재료, 재공품, 제품의 평균재고수준은 1개월분의 생산량이며 재공품의 평가에 적용되는 완성도는 직접재료원가는 100%, 직접노무원가와 변동제조간접원가는 50%로 추정한다. PS가 생산·판매되면 공헌이익율이 20%인 기존제품의 매출액은 ₩3,000,000 감소할 것이다. (주)청솔이 12,000단위의 PS를 단위당 ₩500에 판매하는 경우의 연간 영업손익은 얼마인가? (CPA 2006)

① 영업손실 ₩135,000 ② 영업이익 ₩665,000
③ 영업이익 ₩1,665,000 ④ 영업이익 ₩440,000
⑤ 영업이익 ₩800,000

정답 ②

〔문제 13-28〕 대한회사의 당기 제품제조 및 영업활동과 관련한 다음의 자료를 토대로 하여 변동제조원가 발생액과 고정판매관리비 발생액을 구하면 각각 얼마인가? (세무사 2008)

- 매 출 액 : ₩2,000,000
- 고정제조원가 당기발생액 : ₩600,000
- 변동판매관리비 당기발생액 : ₩200,000
- 당기 제품생산량 : 70,000개
- 당기 제품판매량 : 65,000개
- 변동매출원가는 ₩780,000이고 변동원가계산에 의한 영업이익은 ₩300,000이다.
- 기초제품재고와 기초 및 기말재공품재고는 없다.

	변동제조원가	고정판매관리비
①	₩780,000	₩120,000
②	₩840,000	₩120,000
③	₩780,000	₩180,000
④	₩840,000	₩180,000
⑤	₩840,000	₩60,000

정답 ②

〔문제 13-29〕 (주)크로바는 정상원가계산(normal costing)을 사용하고 있다. 다음 자료를 이용하여 변동원가계산(variable costing)과 전부원가계산(absorption costing) 하에서의 손익분기점을 구하면 각각 얼마인가? (단, 단위원가는 일정하고 가격차이, 소비차이, 능률차이, 그리고 조업도차이는 없다고 가정한다.) (CPA 2006)

기초재고수량	300단위
기말재고수량	200단위
실제판매량	4,100단위
단위당 판매가격	₩10,000
고정제조간접원가	₩4,000,000
고정판매 및 관리비	₩6,000,000
단위당 직접재료원가	₩2,600
단위당 직접노무원가	₩2,400

	변동원가계산	전부원가계산
①	2,000단위	2,800단위
②	800단위	2,000단위
③	2,000단위	2,800단위
④	2,000단위	1,500단위
⑤	800단위	1,500단위

정답 ④

〔문제 13-30〕 20X7년 초에 설립된 (주)동건은 제품원가계산 목적으로 전부원가계산을, 성과평가목적으로는 변동원가계산을 사용한다. 20X8년도 기초제품 수량은 2,000단위이고 기말제품 수량은 1,400단위이었으며, 기초재공품의 완성품환산량은 1,000단위이고 기말재공품의 완성품환산량은 800단위이었다. 완성품환산량 단위당 원가는 20X7년도에 ₩10(이 중 50%는 변동비)이고 20X8년도에 ₩12(이 중 40%는 변동비)이었다. 20X8년도 전부원가계산에 의한 영업이익은 변동원가계산에 의한 영업이익과 비교하여 어떠한 차이가 있는가? 단, 회사의 원가흐름 가정은 선입선출법(FIFO)이다. (CPA 2009)

① ₩80만큼 크다.
② ₩760만큼 작다.
③ ₩810만큼 크다.
④ ₩840만큼 크다.
⑤ ₩4,800만큼 작다.

정답 ④

〔문제 13-31〕 다음은 단일제품을 생산하는 (주)태양에 대한 2006년 자료이다.

기초재고	0개
당기중생산량	20,000개
당기중판매량	19,000개
단위당 판매가	100원
단위당 변동원가 자료 :	
직접재료비	12원
직접노무비	25원
제조간접비	3원
판매관리비	2원
연간 고정원가 자료 :	
고정제조원가	500,000원
고정판매관리원가	600,000원

(주)태양이 변동원가계산시스템을 사용한다고 할 때 위의 자료를 사용하여 계산한 2006년의 영업이익은? (감정평가사 2007)

① 12,000원
② 57,000원
③ 2,000원
④ 27,000원
⑤ 30,000원

정답 ③

〔문제 13-32〕 (주)삼일은 2008년 영업을 개시한 회사이다.

직접재료비	₩500,000	생산수량	100,000단위
직접노무비	₩200,000	판매수량	80,000단위
변동제조간접비	₩100,000	기말재고	20,000단위
고정제조간접비	₩200,000		

전부원가계산에 의해 2008년 순이익이 1,200,000일 때, 변동원가계산에 의한 당기순이익은? (9급 서울시 2008)

① ₩1,000,000
② ₩1,160,000
③ ₩1,200,000
④ ₩1,240,000
⑤ ₩1,720,000

 ②

〔문제 13-33〕 (주)한국은 제품 A를 생산하며 20×9년 5월 초에 영업을 개시하였다(기초재고자산은 없음). 20×9년 5월과 6월의 생산량은 각각 400단위, 500단위이며, 판매량은 각각 380단위, 400단위이다. 매월 고정제조간접원가는 ₩400,000씩 동일하게 발생한다. 20×9년 6월의 전부원가계산에 의한 손익계산서가 다음과 같을 때 6월의 변동원가계산에 의한 영업이익은 얼마인가? (단, 원가흐름가정은 선입선출법을 적용한다.) (감정평가사 2009)

매출액		₩1,000,000
매출원가		
월초제품재고액	₩45,000	
당월제품제조원가	1,050,000	
월말제품재고액	252,000	843,000
매출총이익		₩157,000
판매비와 관리비		67,000
영업이익		₩90,000

① ₩6,000
② ₩14,000
③ ₩70,000
④ ₩110,000
⑤ ₩166,000

정답 ②

CHAPTER 14

활동기준원가계산

활동기준원가계산은 "활동은 자원을 소비하고, 제품은 활동을 소비한다"는 사고에 근거한 원가계산방법으로, 구체적으로는 제조원가 구성의 변화(직접노무원가의 감소와 제조간접원가의 증대)로 인해 전통적인 조업도 중심의 획일적인 원가배부가 아닌 활동 중심의 다양한 원가배부 요구에 부응하는 원가계산이다.

이 장에서는 활동원가계산의 본질과 활동기준원가계산의 절차 그리고 활동기준원가계산의 유용성과 한계에 중점을 두어 학습하도록 한다. 특히, 활동기준원가계산의 5단계 절차는 반드시 숙지하여야 한다. 아울러 활동기준경영도 살펴보기로 한다.

제1절 활동기준원가계산의 본질
제2절 활동기준원가계산의 절차
제3절 활동기준원가계산의 유용성과 한계
제4절 활동기준경영

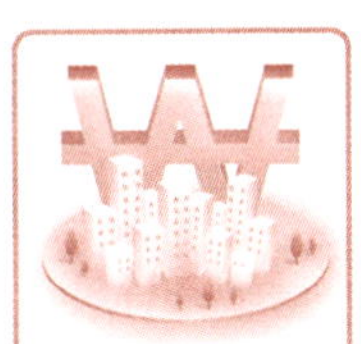

제1절 활동기준원가계산의 본질

1. 활동기준원가계산의 의의

활동기준원가계산(activity－based costing : ABC)이란 새로운 제조기술의 도입 및 설비투자로 인하여 급격히 증가하고 있는 제조간접원가를 제품에 정확히 배부하고 효율적으로 관리하기 위하여 전통원가계산에서 사용해 오던 단순한 수량(조업도) 중심의 배부기준(직접노동시간, 기계시간, 생산량 등) 대신, 원가의 발생을 유발하는 원가동인(cost driver)을 활동을 중심으로 규명하여 활동(activities)기준으로 제조간접원가를 배부하려는 새로운 원가계산시스템을 말한다.

활동기준원가계산의 **도입배경**은 다음과 같다.

① 최근에 유연생산시스템, 컴퓨터통합생산시스템과 같은 생산기술의 발전 및 공장자동화 등으로 인하여, 직접노무원가는 감소하고 제조간접원가의 비중이 급격히 증가하였으며 제조간접원가 중 생산량과 관련이 없는 원가도 많이 발생되어, 전통적 원가배부방법에 문제점이 지적되어 왔다.

② 판매시장의 변화로 생산방식도 소품종 대량생산체제에서 다품종 소량생산체제로의 전환이 이루어짐에 따라 제조간접원가에 대한 다양한 배부기준이 필요하게 되었다.

③ ERP와 IT기술을 바탕으로 정보활용 소프트웨어가 발달되어 정보수집・분석비용이 적어진 점도 도입 배경이 된다.

이러한 활동기준원가계산은 개별원가계산을 적용하는 기업뿐만 아니라, 종합원가계산을 적용하는 기업에서도 이용될 수 있으며 의료업 등 서비스업체에서도 이용될 수 있다. 특히 **활동기준원가계산이 적합한 기업**으로는

① 원가요소 중 제조간접원가의 비중이 높은 기업

② 다품종소량생산업체와 같이 제품의 종류가 많은 기업

③ 제품별로 조업도, 규격, 생산롯트, 제조과정의 복잡성이 상이한 기업

④ 전통적 방법으로 배부된 제조간접원가가 부정확하게 배부되었다고 판단되는 기업(제품별 원가배부가 왜곡된 기업)

2. 전통적 원가계산과 활동기준원가계산

활동기준원가계산이 태동하게 된 배경인 전통적 원가계산의 문제점을 살펴보면 다음과 같다.

① 제조활동이 복잡해지고 다양화된 결과, 제조간접원가의 구조에 큰 변화가 생겼음에도

불구하고 전통적인 원가계산의 경우 제조간접원가를 조업도(생산량)와 관련된 배부기준으로만 배부한 결과, 제조간접원가의 각 항목별 특성을 무시한 배부가 이루어지고, 이로 말미암아 원가왜곡현상이 발생한다.

② 전통적인 원가계산의 경우 정확한 제품원가계산이 이루어지지 않음으로 인해 가격결정, 제품별 수익성분석의 왜곡, 그릇된 의사결정의 가능성이 높아진다.

③ 전통적인 원가계산의 경우 제품의 단위당 원가계산에만 초점을 두다 보니, 원가의 효율적인 관리를 위한 정보를 제공하지 못한다.

④ 전통적인 원가계산의 경우 재무적 성과에 대한 정보만 제공하고, 기업의 가치창출 활동 및 비재무적 성과에 관한 정보를 제공하지 못하므로, 원가절감 및 생산성 향상과 같은 정책적인 목표와의 결합도가 떨어진다.

⑤ 전통적인 원가계산의 경우 품질, 생산성, 혁신 등과 같은 총체적 성과에 대한 정보를 제공하지 못한다.

전통적 원가계산과 활동기준원가계산의 원가흐름을 비교하여 살펴보면 다음 <그림 14-1>과 같다.

<그림 14-1> 전통적 원가계산과 활동기준원가계산의 원가흐름

◈ 전통적 원가계산

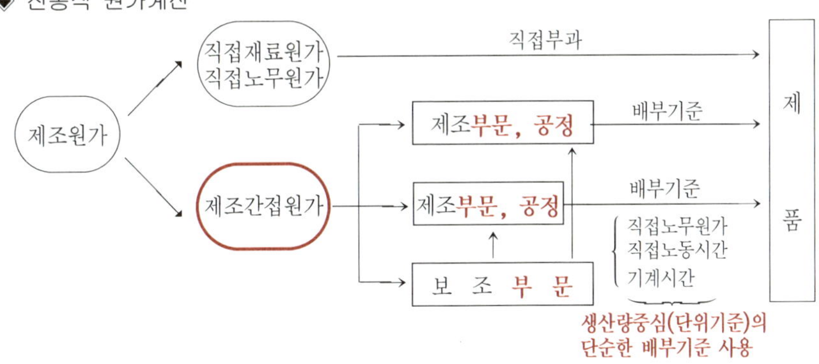

◈ 활동기준원가계산

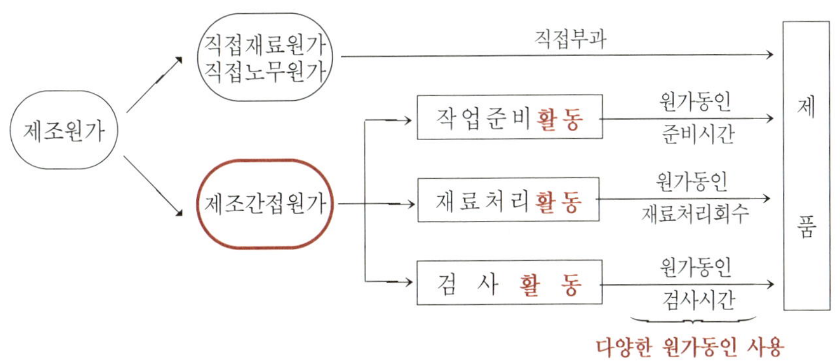

전통적 원가계산과 활동기준원가계산의 차이점을 비교하면 다음 <표 14-1>과 같다.

<표 14-1> 전통적 원가계산과 활동기준원가계산의 차이

구 분	전통적 원가계산	활동기준원가계산
기본가정	제품생산이 자원을 소비한다.	활동이 자원을 소비하고 제품생산이 활동을 소비한다.
중점사항	원가관리	활동관리
원가대상	공장, 부문, 제품 또는 서비스	활동, 제품 또는 서비스
원가구분	원가요소나 원가행태별	활동유형별
원가배부기준	조업도 관련요인	활동별 원가동인
원가집합	공장 혹은 부문의 원가중심점	활동 혹은 활동중심점
장 점	계산 간단	① 정확한 원가계산 ② 원가관리, 원가계획 및 통제면에서 적합
단 점	① 제품원가계산이 부정확하게 됨 ② 원가 관리면에서 단점을 갖음	계산이 번거로움

예제 14-1

대청회사는 개별원가계산제도를 채택하고 있으며 제조지시서별 원가자료는 다음과 같다. 제조간접원가 총발생액(#101, #102)은 ₩4,000,000이며 제조지시서별 배부는 직접노동시간을 기준으로 배부하고 있다.

	# 101	# 102
직접재료원가	₩3,000,000	₩4,000,000
직접노무원가	2,000,000	1,500,000
직접노동시간	400시간	600시간
생 산 량	500개	400개

최근 대청회사의 관리이사는 활동기준원가계산의 도입여부를 검토하고 있다. 활동분석 결과 작업활동을 구매주문, 작업준비, 재료처리, 품질검사, 공장관리 활동으로 구분하였다. 활동별 원가동인과 제조지시서별 배부내용은 다음과 같다.

활 동	원가동인	금 액
구매주문	주문횟수	₩1,000,000
작업준비	준비횟수	600,000
재료처리	처리재료량	500,000
품질검사	검사횟수	800,000
공장관리	기계시간	1,100,000

	# 101	# 102
주문횟수	12회	8회
준비횟수	4회	6회
처리재료량	120개	80개
검사횟수	6회	4회
기계시간	30시간	14시간

[물음] 1. 전통적 원가계산에 의한 제조지시서별 단위당 제조원가를 계산하라.
2. 활동기준원가계산에 의한 제조지시서별 단위당 제조원가를 계산하고, 전통적 원가계산 결과와 비교하라.

해답

1. 전통적 원가계산

	# 101	# 102
직접재료원가	₩3,000,000	₩4,000,000
직접노무원가	2,000,000	1,500,000
제조간접원가(배부액)*	1,600,000	2,400,000
총제조원가	₩6,600,000	₩7,900,000
생산량	500개	400개
단위당 제조원가	₩13,200	₩19,750

* 제조간접원가배부율 $= \frac{\text{제조간접원가총액}}{\text{직접노동시간}} = \frac{₩4,000,000}{1,000\text{시간}}$ = ₩4,000/직접노동시간

101 제조간접원가배부액 ₩4,000×400시간=₩1,600,000

102 제조간접원가배부액 ₩4,000×600시간=₩2,400,000

2. 활동기준원가계산

		# 101		# 102
직접재료원가		₩3,000,000		₩4,000,000
직접노무원가		2,000,000		1,500,000
제조간접원가(배부액)*				
구매주문비	₩600,000		₩400,000	

작업준비비	240,000		360,000	
재료처리비	300,000		200,000	
품질검사비	480,000		320,000	
공장관리비	750,000	₩2,370,000	350,000	₩1,630,000
총제조원가		₩7,370,000		₩7,130,000
(÷) 생산량		500개		400개
단위당 제조원가		₩14,740		₩17,825

* 제조간접원가의 활동별 배부액

활동(원가동인)	활동원가①	# 101 배부액	# 102 배부액
구매주문 (주문횟수)	₩1,000,000	① × $\frac{12회}{20회}$ = ₩600,000	① × $\frac{8회}{20회}$ = ₩400,000
작업준비 (준비횟수)	600,000	① × $\frac{4회}{10회}$ = ₩240,000	① × $\frac{6회}{10회}$ = ₩360,000
재료처리 (처리재료량)	500,000	① × $\frac{120개}{200개}$ = ₩300,000	① × $\frac{80개}{200개}$ = ₩200,000
품질검사 (검사횟수)	800,000	① × $\frac{6회}{10회}$ = ₩480,000	① × $\frac{4회}{10회}$ = ₩320,000
공장관리 (기계시간)	1,100,000	① × $\frac{30시간}{44시간}$ = ₩750,000	① × $\frac{14시간}{44시간}$ = ₩350,000
계	₩4,000,000	₩2,370,000	₩1,630,000

전통적 원가계산에 의한 제조지시서별 단위당 제조원가는 # 101은 ₩13,200, # 102는 ₩19,750이다. 그러나 활동기준원가계산에 의한 제조지시서별 단위당 제조원가는 # 101은 ₩14,740, # 102는 ₩17,825이다.

이와 같은 양 방법의 제조원가차이는 전통적 원가계산의 경우 제조간접원가의 배부시 직접노동시간이라는 하나의 배부기준만을 적용하였으나, 활동기준원가계산에서는 제조활동분석을 통해 다수의 활동 및 원가동인을 파악한 후, 각 제조지시서별 원가동인수에 의해 제조간접원가를 배부하였기 때문이다. 그러므로 활동기준에 의한 원가계산이 전통적인 원가계산보다 인과관계를 고려한 배부기준을 적용함으로써 제품원가계산이 정확하게 행해질 수 있다는 것을 알 수 있다.

제2절 활동기준원가계산의 절차

'활동은 자원을 소비하고, 제품은 활동을 소비한다.'는 사고에 근거하는 활동기준원가계산은 다음 <그림 14-2>와 같이 크게 두 단계의 제품원가계산 과정을 거친다.

㉠ 활동이 자원을 소비 : 자원원가를 자원동인을 사용하여 활동에 배분[1단계]
㉡ 제품이 활동을 소비 : 활동원가를 (활동)원가동인을 사용하여 제품에 배부[2단계]

<그림 14-2> 활동기준원가에 의한 제품원가계산 과정

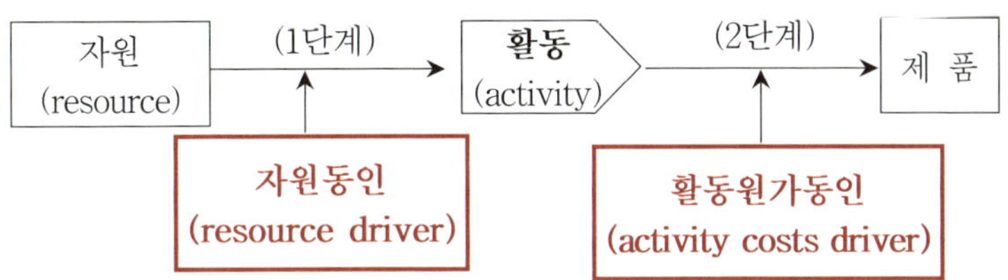

활동기준원가계산은 <그림 14-3>과 같은 5단계의 상세한 절차를 거쳐 원가계산이 행해진다.

<그림 14-3> 활동기준원가계산의 절차

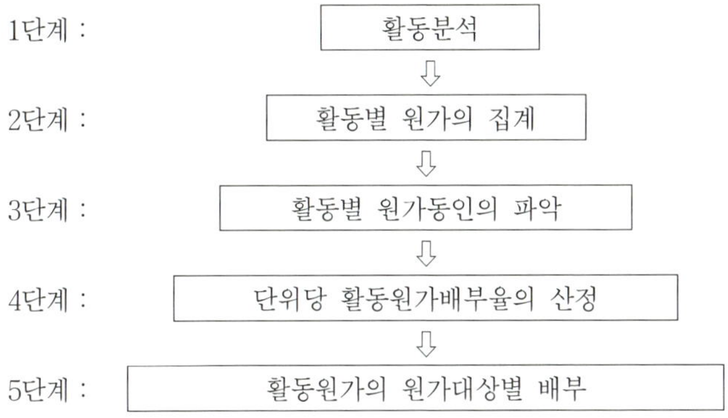

1. 활동분석 단계

활동은 기업내의 집단이 기업의 목표달성을 위하여 수행하는 일체의 반복적인 작업으로 원가를 발생시키는 기본단위가 된다. 따라서 제조과정에서 수행되는 활동들은 다음과 같이 네가지 활동으로 볼 수 있다.

(1) 조업도 비례활동(unit-level activities)

원자재, 직접노동, 기계작업시간, 동력 등은 조업도의 증감에 따라 비례적으로 발생하는 활동으로 직접재료원가, 직접노무원가, 기계사용비용, 에너지비용 등은 조업도비례원가에 해당한다. 활동기준원가계산하에서의 조업도 비례활동은 전통적 원가계산과 마찬가지로 매우 중요한 원가배부기준이 되고 있다.

(2) 묶음관련활동(batch-level activities)

작업준비, 자재이동, 구매주문, 검사 등은 배치생산이 이루어질 때마다 수행되는 활동으로 작업준비비, 기계가동준비비, 자재이동비, 구매주문비, 검사비 등은 묶음관련원가에 해당된다. 과거에 묶음관련원가는 조업도에 비례하는 활동으로 간주하여 배부하여 왔으나, 오늘날 다품종소량생산으로 묶음관련활동이 중요시되고 빈번해짐에 따라 이들 활동을 별도로 인식할 필요가 있는 것이다.

(3) 제품유지활동(product-level activities)

설계, 개량시방서, 설계변경지시 등은 특정 제품의 생산 및 판매를 지원하기 위한 활동으로, 이의 관련원가는 공정설계비, 제품시방서 제작비, 제품개량비, 설계변경비 등은 제품유지원가에 해당된다. 다품종소량생산체제 하에서는 제품유지활동이 증가하고 있고 그 활동원가도 중시되고 있다. 제품유지활동원가는 조업도비례활동이나 묶음관련활동과는 상관없이 일정하며 제품별로는 추적이 가능한 원가이다.

(4) 설비유지활동(facility-level activities)

공장의 설비관리, 건물관리, 안전 및 조명 등은 공장의 생산설비 전체와 관련해 발생하는 활동으로 공정관리비, 건물관리비, 조경비, 시설유지비 등은 설비유지원가에 해당되며, 관리적 성격을 갖고 있다. 설비유지활동은 전반적인 생산활동을 지원하나 특정제품이나 배치활동과는 관련이 없는 공통원가(고정비 성격)이므로 전통적인 원가계산과 같은 배부기준에 따라 원가배부를 한다.

2. 활동별 원가의 집계 단계

활동분석에서 파악된 각 활동들에서 발생된 총원가를 활동별로 집계한다.

즉, 활동분석에서 규명된 각 활동들이 어느 정도의 자원을 소비하였는지를 파악하여 각 활동별로 총원가를 집계한다. 이때 활동수가 많은 경우에는 원가-효익 측면에서 자원의 소비형태가 동일하고 동일한 원가동인을 사용할 수 있는 활동들은 하나로 통합하여 원가를 집계한다.

3. 활동별 원가동인의 파악 단계

원가동인(cost driver, 원가발생원인, 원가결정인자)이란 활동을 유발시키는 요인 즉, 원가를 발생시키거나, 발생정도에 영향을 미치는 요인을 의미하며, 활동별로 집계된 원가를 제품에 배부할 때 배부기준으로 이용된다. 적절한 원가동인의 선택시 고려사항은 다음과 같다.

① 원가동인 결정시 원가정보의 정확성과 측정원가 수준을 고려하여야 한다.
② 원가동인과 활동별로 집계된 원가와의 인과관계가 높아야 한다.
③ 원가동인의 선택이 구성원의 사기나 태도 등 행동에 미치는 영향을 고려하여야 한다.

활동별 원가동인을 구체적으로 살펴보면 다음 <표 14-2>와 같다.

<표 14-2> 활동별 원가동인

활동 유형	활 동	활동별 원가동인
조업도비례활동	작업감독 기계가동	직접작업시간 기계시간
묶음관련활동	작업준비 원재료 취급 생산스케줄링	작업준비횟수, 준비시간 원재료이동횟수 생산착수횟수
제품유지활동	제품설계 부품관리 엔지니어링	제품수 부품수 설계변경횟수
설비유지활동	공장관리 인사관리	점유면적 작업자수

4. 단위당 활동원가배부율의 산정 단계

이는 <2단계>에서 집계된 활동별 원가를 <3단계>의 활동별 원가동인 수로 나누어 구하는데, 이 단위당 활동원가배부율은 전통적인 제조간접원가 배부기준에 사용되는 조업도 1단위당 제조간접원가배부율과 유사한 개념이다.

$$\text{단위당 활동원가배부율} = \frac{\text{활동별 원가}}{\text{활동별 원가동인 수}}$$

5. 활동원가의 원가대상별 배부 단계

원가계산대상이 소비한 원가동인 수에 <4단계>에서 산정한 단위당 활동원가배부율을 곱한 활동원가를 원가대상별(제품별)로 배부한다.(이 단계는 전통원가계산의 공식과 동일하다)

각 제품에 배부할 원가
= 각제품의 원가동인 수 × 단위당 활동원가배부율

예제 14-2

(주)공주는 직접재료원가를 배부기준으로 하여 가공원가를 각 제품에 배부하는 전통원가계산방법을 채택하고 있으며, 당월의 관련자료는 다음과 같다.

	갑 제품	을 제품	합 계
생 산 량	500단위	500단위	1,000단위
직접재료원가	@₩3,000	@₩5,000	
가 공 원 가	?	?	₩1,600,000

당사는 활동기준원가계산방법에 의한 원가계산도 병행하고 있다. 당월에 발생한 활동관련 자료와 가공원가(₩1,600,000)의 관련자료는 다음과 같다.

활 동	원가동인		가공원가
재료처리활동	부품수	400개	₩400,000
절삭작업활동	기계작업시간	250시간	500,000
선반작업활동	선반작업횟수	1,000회	250,000
연마작업활동	부품수	400개	120,000
부품조립활동	조립시간	200시간	160,000
선적작업활동	선적주문서수	10회	170,000

당월의 갑 제품과 을 제품의 작업활동은 다음과 같다.

제 품	부품수	기계시간	선반작업횟수	조립시간	선적주문서수
갑 제품	200개	100시간	500회	80시간	6회
을 제품	200	150	500	120	4
합 계	400개	250시간	1,000회	200시간	10회

[물음] 1. 전통원가계산방법에 의한 제품별 제조원가표를 완성하시오.
2. 활동기준원가계산(ABC)방법에 의한 제품별 제조원가표를 완성하시오.
3. 양 방법의 결과를, 단위당 가공원가를 사용하여 비교하시오.

해답

1. 전통원가계산상의 제품별 원가계산표

제품별 원가계산표

	갑 제품		을 제품	
직접재료원가	₩1,500,000	(₩3,000×500개)	₩2,500,000	(₩5,000×500개)
가 공 원 가*	600,000	(₩1,500,000×₩0.4)	1,000,000	(₩2,500,000×₩0.4)
총제조원가	₩2,100,000		₩3,500,000	
제품생산량	÷500단위		÷500단위	
단위당 제품제조원가	₩4,200		₩7,000	
(단위당 가공원가)	₩1,200		₩2,000	

* 가공원가 배부율 : $\frac{₩1,600,000}{₩4,000,000}$ =₩0.4/직접재료원가

2. 활동기준원가계산상의 제품별 원가계산표

제품별 원가계산표

	갑 제품		을 제품	
직접재료원가	₩1,500,000	(₩3,000×500개)	₩2,500,000	(₩5,000×500개)
가 공 원 가*	751,000		849,000	
재료처리비	200,000	(200개×₩1,000)	200,000	(200개×₩1,000)
절삭작업비	200,000	(100시간×₩2,000)	300,000	(150시간×₩2,000)
선반작업비	125,000	(500회×₩250)	125,000	(500회×₩250)
연마작업비	60,000	(200개×₩300)	60,000	(200개×₩300)
부품조립비	64,000	(80시간×₩800)	96,000	(120시간×₩800)
선적작업비	102,000	(6회×₩17,000)	68,000	(4회×₩17,000)
총제조원가	₩2,251,000		₩3,349,000	
단위당 제품제조원가	₩4,502		₩6,698	
(단위당 가공원가)	₩1,502		₩1,698	

* 활동단위당 가공원가 계산표

활 동 명	활동원가	원가동인		단위당 활동원가
재료처리활동	₩400,000	부품수	400개	₩1,000
절삭작업활동	500,000	기계시간	250시간	2,000
선반작업활동	250,000	선반작업횟수	1,000회	250
연마작업활동	120,000	부품수	400개	300
부품조립활동	160,000	부품조립시간	200시간	800
선적작업활동	170,000	선적주문서수	10회	17,000
계	₩1,600,000			

3.

① 두 제품 모두 생산량(각 500단위)이 동일하므로, 생산량차이에 따른 단위당 직접재료원가는 전통원가계산방법과 활동기준원가계산방법간에 차이(영향)가 없다.

② 전통원가계산방법은 갑·을 제품간 직접재료원가의 비율별(@₩3,000 : @₩5,000)로 가공원가배부율을 적용한 결과, 단위당 가공원가도 ₩1,200(갑 제품 37.5%)과 ₩2,000(을 제품 62.5%)로 배분되었다. 단일배부율을 적용한 이 방법은 실무상 가공원가(제조간접원가 포함)가 직접재료원가와 직접적인 상관(인과)관계가 깊은 업종에만 원가계산방법이 타당하다고 할 수 있다.

③ 활동기준원가계산방법은 가공원가를 6가지 가공활동과 직접적인 인과관계가 깊은 원가동인(원가요인)별로 배분한 결과, 단위당 가공원가는 ₩1,502(갑 제품 46.9%)과 ₩1,698(을 제품 53.1%)으로 ②방법보다 합리적으로 배분되었다. 그러므로 이 활동기준원가계산을 실무상 가공원가(제조간접원가)의 비중이 높은 업종에 적용하면 보다 합리적인 원가계산을 할 수 있다.

제3절 활동기준원가계산의 유용성과 한계

1. 활동기준원가계산의 유용성

활동기준원가계산은 활동별로 원가를 집계하고 활동을 유발시킨 원가동인을 파악하여 제품별로 원가를 배부하므로 다음과 같은 효익을 갖고 있다.

① 제조간접원가를 인과관계가 높은 활동별 원가동인으로 배부하므로, 더 정확한 원가계산이 가능하다.

② 정확한 원가정보의 이용으로 수익성분석과 각종 의사결정에 대한 유용성이 높아진다.

③ 효율적인 원가관리 : 활동분석을 통하여 부가가치활동과 비부가가치활동을 파악하므로 효율적인 원가관리가 가능하다.

④ 공정한 성과평가 : 활동원가와 원가동인을 측정하여 성과평가를 함으로써 보다 공정한 성과평가가 가능하다.

⑤ 활동분석자료를 기초로 생산공정의 개선, 활동기준관리(activity-based management : ABM)에도 기여하게 된다.

2. 활동기준원가계산의 한계

활동기준원가계산은 앞에서와 같이 여러 가지 유용성이 있으나 다음과 같은 한계도 갖고 있다.

① 활동에 대한 명확한 정의나 분류기준이 없어 활동분석의 타당성에 의문이 제기될 수 있다.

② 원가동인으로 설명할 수 없는 활동원가(예:설비유지원가)를 제품에 일괄 배부할 경우, 전통적인 원가계산과 같이 자의적인 원가배부의 문제를 야기한다.

③ 작업준비횟수나 재료주문횟수 등과 같은 각종 원가동인수를 줄이기 위해 결국 대량생산을 할 가능성이 존재한다.

③ 관련정보를 수집하고 분석하는데 많은 비용이 소요되므로, 원가효익 측면에서 활동기준원가계산의 타당성이 없는 기업의 경우에는 그 유용성이 의문시될 수 있다.

제4절 활동기준경영

1. 활동기준경영의 의의

활동기준경영(ABM : activity-based management)이란 활동분석과 원가동인분석을 통하여 파악된 정보를 이용하여 활동과 프로세스의 효율성을 지속적으로 개선하여 원가절감을 함으로써 기업전체의 성과를 개선하려는 경영관리시스템을 말한다.

활동기준원가계산이 자원원가를 자원동인에 의하여 활동원가로 집계하고 활동동인을 적용하여 원가대상별 원가를 측정하고 활용하는 원가관리기법이라면, 활동기준경영은 활동분석을 통하여 파악된 정보를 토대로 활동과 프로세스의 효율성과 효과성을 지속적으로 개선하려는 경영관리기법이다.

활동기준원가계산과 활동기준경영의 관계를 나타내면 다음 <표 14-3>과 같다.

<표 14-3> 활동기준원가계산과 활동기준경영

구 분	활동기준원가계산(ABC)	활동기준경영(ABM)
주요목적	원가대상별 정확한 원가계산 (원가배부에 관점)	활동과 프로세스개선을 통한 기업전체의 성과 개선(프로세스관리에 관점)
산출정보	전략적 관점의 원가정보 · 수익성분석을 위한 원가정보 · 가격결정을 위한 원가정보 · 투자타당성 및 각종 의사결정을 위한 원가정보 · 목표원가 관리 등	운영적 관점의 원가정보 · 프로세스원가관리(프로세스개선) · 비부가가치활동원가(활동능력관리) · 원가동인 관리(원가절감) · 성과측정에 관한 정보(성과평가) 등
공 통 점	· 활동을 중심으로 한 원가관리기법	· 상호 보완적 기법

2. 활동원가 차이분석

활동원가 차이분석은 활동기준경영에서도 활동의 효율성을 평가하고자 활동기준변동예산을 편성하고 이를 실제원가와 비교하여 차이분석을 수행하는 과정을 의미한다. 차이분석시 원가를 변동활동원가와 고정활동원가로 구분하여 차이분석을 수행(표준원가계산과 공통점)하며 활동들을 부가가치활동과 비부가가치활동으로 구분하여 차이분석을 수행(표준원가계산과 차이점임)하게 된다.

활동원가차이를 원가형태를 고려하여 변동활동원가차이와 고정활동원가차이로 살펴보면 다음과 같다.

(1) 변동활동원가차이

변동활동원가는 유동자원(flexible resources)의 사용에 따른 원가로 활동의 발생량에 비례하여 변동하는 원가이다. 변동활동원가차이는 소비차이와 능률차이로 구분된다.

① 변동활동원가 소비차이

기업이 각활동의 실제발생량에 대하여 지급한 실제가격이 기업의 예산가격과 다를 경우에 발생하는 차이이다.

② 변동활동원가 능률차이

활동의 실제발생량과 부가가치표준수량과의 차이에 표준가격을 곱하여 계산되는 차이로 비부가가치원가를 의미한다.

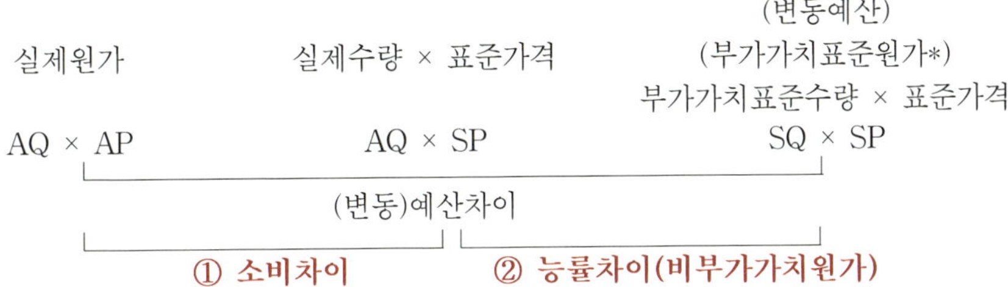

단, AQ : 원가동인의 실제사용량
AP : 원가동인단위당 실제가격
SQ : 원가동인의 부가가치표준수량
SP : 원가동인단위당 표준가격

(2) 고정활동원가차이

고정활동원가는 구속자원(committed resources)의 확보에 따른 원가로 활동의 발생량과는 상관없이 자원의 확보량에 따라 발생하는 원가이다. 고정활동원가차이는 소비차이, 활동수량차이(조업도차이), 미사용활동차이로 분석할 수 있다.

① 고정활동원가 소비차이

기업이 확보한 원가동인수량에 대하여 지출한 금액과 실제 확보된 원가동인수량에 대한 예산과의 가격차이이다.

② 고정활동원가 조업도차이

실제 확보한 원가동인수량과 부가가치표준수량의 차이에 표준가격을 곱한 것으로 비부가가치원가를 의미한다.

③ 고정활동원가 미사용활동차이

기업이 사용가능한 원가동인수량에서 실제 작업에 사용된 원가동인수량을 차감한 수량(미사용 원가동인수량)에 표준가격을 곱하여 계산한다. 미사용활동원가는 기업이 필요 이상으로 자원을 확보하여 나타날 수도 있고 활동의 효율성을 높여서 나타날 수도 있다.

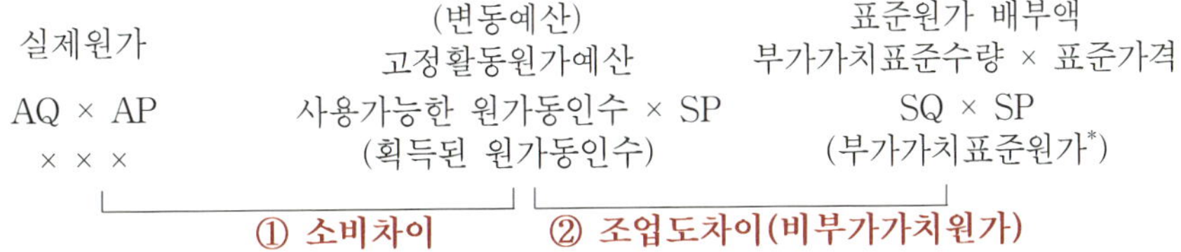

③ (고정활동원가)미사용활동차이
= (사용가능한 원가동인수 − 실제사용된 원가동인수) × SP

---

* 부가가치표준원가 = 부가가치표준수량(SQ) × 원가동인단위당 표준가격(SP)
비부가가치활동의 부가가치표준수량 = 0

연습문제

[문제 14-1] 전통적 원가계산의 문제점을 설명하라.

[문제 14-2] 활동기준원가계산과 전통적 원가계산을 비교 · 설명하라.

[문제 14-3] 활동기준원가계산의 절차를 설명하라.

[문제 14-4] 활동기준원가계산의 유용성과 한계점을 설명하라.

[문제 14-5] 활동기준원가계산

원주회사는 두 종류의 제품 A, B를 생산 · 판매하고 있다. 이 회사의 제조활동은 설계, 작업준비, 기계가동, 마무리 작업 등으로 구분되며 20×1년의 제조활동관련자료는 다음과 같다.

활 동	연간예산	원가동인
설 계	₩5,000,000	생 산 량
작업준비	2,000,000	작업준비횟수
기계가동	14,000,000	기 계 시 간
마 무 리	2,000,000	직접노동시간

한편, 20×1년 11월중 제품 A, B 생산과 관련된 자료는 다음과 같다.

	제품 A	제품 B
생 산 량	2,000개	3,000개
작업준비횟수	15회	25회
단위당 기계시간	4시간	2시간
단위당 직접노동시간	2시간	2시간
노동시간당 임률	₩1,000	₩600
직접재료원가	₩5,450,000	₩5,950,000

[물음] 1. 단위당 활동원가배부율을 계산하라.
2. 각 제품별 단위당 제조원가를 계산하라.

[문제 14-6] **활동기준원가계산** (세무사, 2002)

(주)스마트는 대량 생산판매하는 표준형 티셔츠와 소량 생산판매하는 고품질의 고급형 티셔츠를 제조하는 기업이다. 고급형 티셔츠의 생산에는 보다 비싼 재료가 사용되며, 표준형 티셔츠는 한 장당 30분만에 재단·재봉질을 마칠 수 있지만 고급형은 45분이 걸린다. (주)스마트의 현행원가계산제도는 직접노무원가를 제조간접원가의 배부기준으로 사용하고 있으며, 현행(전통)원가계산제도상의 제품별 단위당 원가계산 내용은 다음과 같다.

	표준형 티셔츠	고급형 티셔츠
단위당 판매가격	₩20,000	₩60,000
차감 :		
단위당 직접재료원가	₩4,000	₩20,000
단위당 직접노무원가	4,000	6,000
단위당 제조간접원가	6,000	9,000
단위당 매출총이익	₩6,000	₩25,000
단위당 판매관리비	1,000	2,000
단위당 이익	₩5,000	₩23,000
연간 생산판매량	90,000장	6,000장

(주)스마트의 재무담당이사(CFO)는 활동기준원가계산을 적용하게 되면 표준형 티셔츠 및 고급형 티셔츠 원가 및 수익성을 보다 정확하게 파악할 수 있다고 믿고 있다. 이를 위해 재무담당이사는 2001년도 제조간접원가 ₩594,000,000에 대한 활동별 원가집합과 원가동인에 관한 자료를 다음과 같이 수집하였다. 품질검사는 표준형 티셔츠는 1,000장씩, 고급형 티셔츠는 100장씩 뱃치(batch)로 검사가 이루어진다.

2001년 중 실제 사용된 활동별 원가와 제품별 원가동인량은 다음과 같다.

활 동	활동원가	원가동인	표준형 티셔츠	고급형 티셔츠
노무감독	₩39,600,000	직접노무시간	4,500시간	450시간
구매주문	195,000,000	주문횟수	450회	200회
품질검사	359,400,000	품질검사횟수	?회	?회
계	₩594,000,000			

[물음] 1. 활동기준원가계산에 입각해서 표준형 티셔츠 및 고급형 티셔츠 각각 단위당 제조간접원가를 계산하라.
2. 활동기준원가계산에 입각하여 표준형 티셔츠 및 고급형 티셔츠 각각의 단위당 이익을 계산하고, 수익성을 현행원가계산제도와 비교평가하시오.
3. 전통원가계산제도와 활동기준원가계산의 차이점을 설명하시오.

4. 어떠한 기업환경 및 제조환경의 변화가 전통원가계산제도의 몰락과 활동기준원가계산의 대두를 야기하고 있는지에 대해 언급하라.
5. 활동기준원가계산이 전통원가계산에 비해 어떤 경영상의 개선된 점을 가져다 줄 수 있는지 간단히 논하시오.

[문제 14－7] 활동기준원가계산 (CPA 2002 일부수정)

(주)샘물정수기는 표준형과 고급형 두가지 모델의 정수기를 제조판매하고 있다. 전년도의 제품별 손익계산서 및 생산, 판매량은 다음과 같다.

20×1년도 제품별 손익계산서

	표준형	고급형	계
매 출 액	₩3,000,000	₩3,000,000	₩6,000,000
매 출 원 가	1,950,000	1,900,000	3,850,000
매 출 총 이 익	1,050,000	1,100,000	2,150,000
판매비와 관리비	625,000	625,000	1,250,000
영 업 이 익	425,000	475,000	900,000
생 산 판 매 량	3,000단위	2,000단위	5,000단위

<추가자료>

20×1년도 제품별 손익계산서와 관련된 자료는 다음과 같다.

- 단위당 직접재료원가는 표준형의 경우 ₩200, 고급형의 경우 ₩275이 발생함.
- 매출원가 ₩3,850,000에는 제조간접원가 ₩1,800,000이 포함됨(제조간접원가는 직접노동시간을 배부기준으로 사용함)
- 모델별로 실제 사용한 직접노동시간은 각각 18,000시간임(직접노동임률은 시간당 ₩25)
- 판매비와 관리비(₩1,250,000)는 매출액을 배부기준으로 각 제품에 배부됨.

고급형 정수기의 시장점유율이 상승했음에도 불구하고, 동사의 수익성이 허락하고 있는 것으로 나타나 이의 감소에 대한 원인을 파악하기 위해, 재무담당이사는 2001년도의 실제원가 및 운영자료를 이용하여 활동기준원가계산을 통해 제품모델별 수익성분석을 하여 보았다. 이를 위해 그는 2001년도 제조간접원가(₩1,800,000)에 대한 활동분석 결과, 다음과 같은 활동별 원가집합과 원가동인을 파악할 수 있었다.

활 동	활동원가	원가동인
품질검사	₩480,000	생산량
작업준비	680,000	작업준비시간
고객주문처리	640,000	고객주문처리횟수
계	₩1,800,000	

<추가자료>

1) 표준형 정수기에 대한 고객의 평균주문수량은 50단위이며, 고급형은 20단위이다. 각 고객 주문마다 한번의 뱃치생산이 필요하며, 각 뱃치생산마다 표준형은 3시간의 작업준비시간, 고급형은 5시간의 작업준비시간이 소요된다.

2) 2001년에 발생한 총판매비와 관리비(₩1,250,000)의 조사 내역
   - 판매수수료 : 표준형 정수기－매출액의 5%, 고급형 정수기－매출액의 10%
   - 판매촉진비 : 표준형 정수기－₩120,000, 고급형 정수기－₩200,000
   - 기타 판매비와 관리비 ₩480,000은 각 모델에 대한 고객주문횟수에 비례하여 발생

[물음] 1. 활동기준원가계산을 적용한 20×1년도 모델별 단위당 제조원가 및 영업이익을 계산하시오.

2. 현행원가제도하에서 각 모델의 단위당 제조원가 및 영업이익이 왜곡될 수 있는 주된 이유를 설명하시오.

3. 활동기준원가계산제도를 적용할 경우 어느 모델의 정수기가 보다 수익성이 높은지 영업이익률에 입각하여 평가하시오.

4. (물음 3)의 수익성 분석에 입각하여, 동사의 수익성 증대를 위해 당신은 생산과 관련된 어떠한 권고사항을 제시하겠는가?

5. (물음 3)의 수익성 분석에 입각하여, 동사의 수익성 증대를 위해 당신은 판매와 관련된 어떠한 권고사항을 제시하겠는가?

〔문제 14-8〕 **활동기준원가계산에 관한 다음 설명 중에서 타당하지 않은 것은? (CPA 2004)**

① 활동이 자원을 소비하고 제품이 활동을 소비한다.

② 제조간접비에는 생산량 이외의 다른 원가동인에 의하여 발생하는 원가가 많이 포함되어 있다.

③ 배부기준의 수가 전통적인 원가계산에 비해 많다.

④ 제품별 또는 부문별 성과평가의 신뢰성이 높아진다.

⑤ 표준원가계산과 같이 일종의 사전원가계산제도이다.

정답 ⑤

〔문제 14-9〕 다음은 활동기준원가계산(ABC)과 관련된 문장들이다. 올바른 또는 타당성을 갖는 문장만을 모은 것은?

---

a. 활동기준의 원가계산은 전통적인 고정원가 vs 변동원가의 2분류체계에 비해 단위 기준, 묶음기준, 제품기준, 시설기준의 4원가분류체계를 이용하는 것이 특징이다.

b. 활동기준원가계산은 활동별원가동인으로 원가내부기준을 정하고, 전통적원가계산은 조업도를 기준으로 정한다.

c. 활동기준원가계산은 현재 및 미래의 핵심도구임을 감안, 반드시 모든 기업이 도입해야 한다.

d. 활동기준원가계산은 전통적인 원가계산에 비해 원가배분의 비용부담을 줄여준다.

---

① a, b　　② b, c

③ a, b, d　　④ a, b, c

⑤ a, b, c, d

해설 ABC도 일종의 정보시스템이기 때문에 반드시 모든 기업이 도입해야 하는 것은 아니다. 또한 원가배분으로 인한 (자료 수집 및 활용) 부담은 시간 및 비용이 종전에 비해 늘어난다.

정답 ①

〔문제 14-10〕 아래에서 올바른 활동기준원가계산(ABC)의 절차를 나타낸 것은?

(세무사 2001)

---

a. 활동중심점의 설정　　b. 원가동인의 선택

c. 활동분석　　d. 제조간접비의 배부

e. 활동별 제조간접비배부율의 계산

---

① c → a → e → b → d　　② c → a → d → b → e

③ c → a → b → e → d　　④ c → b → a → d → e

⑤ c → b → a → e → d

정답 ③

〔문제 14-11〕 **다음 중 활동원가계층구조(activity cost hierarchy)분류-해당원가의 예-원가동인(cost driver)의 조합이 적절하지 않은 것은?** (CPA 2000)

① 단위수준 활동원가 - 기계동력원가 - 기계작동시간

② 배치(batch)수준 활동원가 - 전수(제품전량)검사원가 - 검사횟수

③ 제품유지 활동원가 - 제품설계원가 - 제품의 종류 수

④ 배치수준 활동원가 - 기계작업준비원가 - 준비횟수

⑤ 단위수준 활동원가 - 소모품원가 - 제품의 생산량

해설 전수(제품전량)검사원가는 제품생산량에 비례하므로 단위수준 활동원가가 되고 완성된 제품의 수가 원가동인이 된다. 실무상 품질검사는 제품의 종류별로 전수조사가 아닌 표본조사를 하는 경우가 대부분이다.

정답 ②

〔문제 14-12〕 **활동기준원가계산(Activity Based Costing)시스템은 조업도기준원가계산(Volume Based Costing)시스템에 비하여 보다 정확한 제품원가를 제공할 수 있다. 다음 중에서 활동기준 원가계산시스템을 도입함에 따라서 그 효과를 크게 볼 수 있는 기업의 일반적 특성에 해당되지 않는 것은?** (CPA 2002)

① 생산과정에 거액의 간접원가가 발생하는 경우

② 제품, 고객 및 생산공정이 매우 복잡하고 다양한 경우

③ 회사가 치열한 가격경쟁에 직면한 경우

④ 제품의 제조와 마케팅 원가에 대해서 생산작업자와 회계담당자 사이에 심각한 견해차이가 있는 경우

⑤ 생산과 판매에 자신있는 제품의 이익은 높고 생산과 판매에 자신없는 제품의 이익이 낮은 경우

해설 활동기준원가계산은 생산하는 제품의 종류가 다양하며 제조간접비의 상대적 비중이 높은 경우 정확한 원가계산을 통하여 제품의 이익기여도를 파악하고, 회사의 이익에 기여할 수 있는 제품 구성을 결정할 수 있는 원가계산시스템이다.

정답 ⑤

〔문제 14-13〕 **활동기준원가회계의 장점이 아닌 것은?** (지도사 2001)

① 성과평가방법이 개선된다.

② 정확한 제품원가의 계산이 가능하다.

③ 수행되는 제반 활동의 효율성이 증대된다.

④ 조직구조의 변화로 조직의 효율성이 증대된다.

⑤ 제조간접비를 수량기준으로 배부하므로 배부가 정확하다.

정답 ⑤

〔문제 14-14〕 (주)충북은 활동기준원가계산에 의하여 부가가치활동과 비부가가치활동을 구분하고 있다. 다음 활동 중 비부가가치활동은 무엇인가?

① 열처리활동 ② 설계활동 ③ 드릴작업활동
④ 원재료보관활동 ⑤ 엔지니어링활동

해설 비부가가치활동이란 원가만 발생시키고 가치는 발생시키지 못하는 활동이다. 처음부터 필요한 만큼만 구입했더라면 원자재보관활동은 필요없다.

정답 ④

〔문제 14-15〕 최근 들어 활동기준원가계산(ABC)이 대기업을 중심으로 빠르게 확산되고 있다. 활동기준원가계산에서는 활동원가를 그 원가의 발생 유형에 따라 크게 4가지로 나누고 있는데 이 네 가지 활동원가 유형에 포함되지 않는 것은?
(감정평가사 2003)

① 설비수준원가 ② 제품수준 원가
③ 뱃치수준원가 ④ 단위수준원가
⑤ 품질수준원가

정답 ⑤

〔문제 14-16〕 다음 중 활동기준원가계산의 한계점이 아닌 것은?

① 활동기준원가시스템을 사용하는 것은 전통적인 직접노무비에 기초한 원가시스템을 운영하는 것보다 많은 비용이 든다.
② 직접노무비에 기초한 전통적인 원가시스템에서 활동기준원가시스템으로 변경하게 되면 종전에 내부보고상 사용해 오던 제품마진(margin)과 일부 주요 성과측정치(key performance indicator)의 변화를 가져오게 되어 종종 관리자의 저항에 부딪친다.
③ 전통적인 원가계산시스템에서 산출되던 원가정보에 익숙해져 있던 관리자들은 ABC 원가정보를 의사결정 목적으로 활용할 경우 주의를 기울여야 한다.
④ 보다 정확한 제품원가는 일부 제품의 판매가격 인상을 초래한다.
⑤ 위의 보기 모두가 한계점에 해당한다.

정답 ④

〔문제 14-17〕 활동기준원가계산(Activity-based costing)이란 각 활동의 대표적인 원가동인을 기준으로 원가를 배부하여 제품원가를 계산하는 시스템이다. 활동기준원가계산의 순서로 가장 적합한 것은 무엇인가? (감정평가사 2002)

A. 활동별 원가동인의 결정	B. 제품별 원가동인의 수 측정
C. 발생된 원가의 활동별 집계	D. 활동의 구분 및 그 수량의 결정
E. 활동별 원가배부율의 계산	F. 활동별 제조간접비의 배부

① A→B→C→D→E→F　　② D→C→A→E→B→F
③ A→C→D→B→E→F　　④ D→A→B→E→C→F
⑤ D→E→B→A→C→F

정답 ②

〔문제 14-18〕 **다음 중 다양한 원가계산방법에 대한 설명으로 올바른 것은?** (CPA 2005)

① 목표원가계산(Target Costing)은 표준원가계산과 동일하게 제조단계의 원가절감을 강조한다.
② 개선원가계산(Kaizen Costing)은 점진적이고 지속적인 원가절감보다는 내부프로세스의 혁신적인 변화를 추구한다.
③ 가치사슬원가계산(Supply Chain Costing)은 생산 전 활동과 관련된 원가와 생산 후 활동과 관련된 원가를 구분할 수 있다.
④ 활동기준원가계산(Activity Based Costing)은 비부가가치원가를 계산할 수 없다.
⑤ 제품수명주기원가계산(Life Cycle Costing)은 장기적 의사결정보다는 단기적 의사결정에 더욱 유용하다.

정답 ③

〔문제 14-19〕 **제2차 세계대전 이후 반세기에 걸쳐서 변화되어 온 세계경제의 시대적 배경과 기업환경에 따라서 여러 가지 원가관리기법들이 개발되어 왔다. 각각의 원가관리기법들에 대한 다음 설명 중 가장 타당하지 않은 것은?** (CPA 2002)

① 표준원가계산은 자원이 부족하던 시기에 기업들이 조직 내부적 효율성을 증대시키기 위한 것으로서, 간접원가보다 상대적으로 비중이 큰 직접원가의 관리에 초점을 두고 있다.
② 변동원가계산은 세계경제의 구매력 향상에 따른 대량생산체제 하에서 조업도의 확대를 통한 규모의 경제를 달성하기 위한 원가분석방법으로서, 고정제조간접비를 제품원가에 포함시키지 않는 방법이다.
③ 현금창출률회계(throughput accounting)는 제약자원이론(theory of constraints)과 관련하여 대두된 것으로서, 재료비를 제외한 운영비용의 절감에 일차적 초점을 두며 재고관리를 강조하고 있다.
④ 활동기준원가계산은 다품종소량생산체제, 설비투자로 인한 간접원가의 증가 등과 같은 기업환경 하에서 직접원가보다는 간접원가의 정확한 배분에 일차적 초점을 두고 있다.

⑤ 목표원가계산(target costing)은 컴퓨터, 자동차 등 조립형 산업에서 주로 활용되는 것으로서, 시장중심의 목표원가와 생산중심의 표준원가와의 차이를 줄이려는 노력을 원가절감의 일차적 대상으로 삼고 기술개발과 디자인 등에 주력한다.

정답 ③

〔문제 14-20〕 (주)대전은 활동기준원가계산 방법을 사용하고 있다. (주)대전은 갑과 을의 두 가지 제품을 생산하고 있다. 갑제품의 연간 생산 및 판매량은 8,000단위이고 을제품은 6,000단위이다. (주)대전은 세 가지의 활동을 수행하고 있으며 이에 관한 정보는 다음과 같다.

활 동 집 합	제조간접비	원가동인의 수	
		갑제품	을제품
활동 1	₩20,000	100	400
활동 2	37,000	800	200
활동 3	91,200	800	3,000

위의 자료에 의해 활동기준원가계산 방법을 적용하여 갑제품의 단위당 제조간접비를 구한다면 얼마인가? (세무사 2004)

① ₩2.4 ② ₩3.9 ③ ₩10.59
④ ₩6.6 ⑤ ₩5.5

정답 ④

〔문제 14-21〕 (주)미래는 각 작업에 대한 원가계산을 위하여 다음의 자료를 수집하였다.

활 동	원 가	원가범주	원가동인	최대활동량
생산준비	₩20,000	생산묶음	생산준비시간	1,000시간
재료처리	30,000	생산묶음	재료처리횟수	2,000회
기계사용	500,000	제품단위	기계작업시간	20,000시간
품질관리	100,000	생산묶음	품질관리횟수	12,500회
수선유지	40,000	제품단위	기계작업시간	20,000시간

활동기준원가계산을 이용하여 다음의 작업 A의 총원가는 얼마인가? (세무사 2002)

작업	기초원가	생산수량	생산준비	재료처리	기계작업	품질관리
A	₩300,000	12,000단위	30시간	56회	4,000시간	70회

① ₩610,000 ② ₩110,000 ③ ₩482,000
④ ₩420,000 ⑤ ₩410,000

정답 ⑤

〔문제 14-22〕 묘향기업은 활동기준원가계산을 사용하며, 제조과정은 다음의 3가지 활동으로 구분된다.

활 동	원가동인	연간 원가동인 수	연간 가공원가 총액
세 척	재료부피	100,000리터	₩300,000
압 착	압착기계시간	45,000시간	₩900,000
분 쇄	분쇄기계시간	21,000시간	₩1,050,000

분쇄활동의 원가 중 ₩504,000은 고정원가이다.
X제품 한 단위당 재료부피는 20리터, 압착기계시간은 30시간, 분쇄기계시간은 10시간이다. X제품의 단위당 판매가격과 단위당 재료비가 각각 ₩2,000, ₩300이면 제품의 단위당 제조공헌이익은 얼마인가? (세무사 2006)

① ₩560 ② ₩540 ③ ₩700
④ ₩780 ⑤ ₩800

정답 ④

〔문제 14-23〕 두 종류의 제품을 생산하고 있는 회사의 자료이다.

	제품A	제품B
생산량	120개	60개
자재이동횟수	15회	45회
단위당 직접노무시간	2시간	6시간
예산 자재이동원가 :	회사전체 ₩150,000	

자재이동횟수를 배부기준으로 자재이동원가를 배부하는 활동기준원가회계(ABC)를 이용할 때 제품 A의 단위당 자재이동원가는 얼마인가? (감정평가사 2005)

① ₩2,500 ② ₩312.5 ③ ₩833.33
④ ₩625 ⑤ ₩1,218

정답 ②

〔문제 14-24〕 다음 중 활동기준원가계산제도가 생겨나게 된 배경으로 타당하지 않은 것은? (CPA 2010)

① 수익성 높은 제품의 선별을 통한 기업역량 집중의 필요성
② 산업구조의 고도화 및 직접노동 투입량의 증가
③ 제품 및 생산공정의 다양화
④ 원가정보의 수집 및 처리기술의 발달
⑤ 개별제품이나 작업에 직접 추적이 어려운 원가의 증가

정답 ②

부록

1. 원가계산준칙
2. 기업회계기준서 제1002호 재고자산
3. 주관식 연습문제 해답

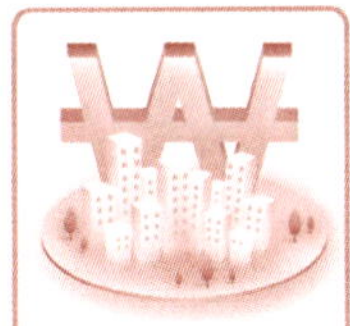
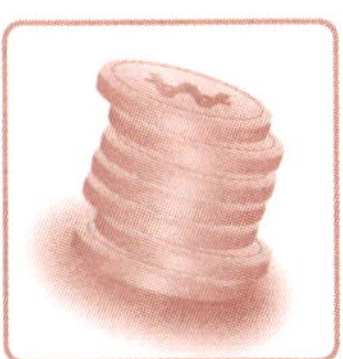

1. 원가계산준칙

제정 1998. 4. 1.
개정 1999. 12. 8.

제 1 장 총 칙

제1조(목적) 이 준칙은 기업회계기준 제90조의 규정에 의하여 회사가 재무제표를 작성하기 위하여 제품의 원가를 산정함에 있어 준거해야 할 세부사항에 관하여 정함을 목적으로 한다.

제2조(적용범위) 이 준칙은 회사가 제품의 생산과 관련하여 발생한 원가(이하 "제조원가"라 한다)를 산정하는데 적용한다.

제3조(원가계산제도의 확립등)

① 회사는 제조원가를 계속적으로 수집·측정·배분·보고하기 위한 계산절차로서 실제원가계산제도 또는 표준원가계산제도를 확립하여야 한다.
② 회사가 채택한 원가계산제도는 매기 계속하여 적용하여야 하며, 정당한 이유없이 이를 변경하여서는 아니된다.

제4조(제조원가의 범위)

① 제조원가는 제품의 생산과 관련하여 소비된 경제적 자원의 가치만을 포함한다.
② 비정상적으로 발생한 경제적 자원의 소비는 제조원가에 포함하지 아니한다.

제5조(원가계산기간) 원가계산기간은 회사의 회계연도와 일치하여야 한다. 다만, 필요한 경우에는 월별 또는 분기별 등으로 세분하여 원가계산을 실시할 수 있다.

제6조(원가계산의 일반원칙) 제조원가의 계산은 다음 각호에 따른다.

1. 제조원가는 일정한 제품의 생산량과 관련시켜 집계하고 계산한다.
2. 제조원가는 신뢰할 수 있는 객관적인 자료와 증거에 의하여 계산한다.
3. 제조원가는 제품의 생산과 관련하여 발생한 원가에 의하여 계산한다.

4. 제조원가는 그 발생의 경제적 효익 또는 인과관계에 비례하여 관련제품 또는 원가부문에 직접부과하고, 직접부과가 곤란한 경우에는 합리적인 배부기준을 설정하여 배부한다.

제7조(제조원가요소의 분류)

①제조원가요소는 재료비, 노무비 및 경비로 분류하거나, 회사가 채택하고 있는 원가계산방법에 따라 직접재료비, 직접노무비 및 제조간접비 등으로 분류할 수 있다.

②제조원가요소와 판매비와 일반관리비요소는 구분하여 집계한다. 다만, 그 구분이 명확하지 아니한 경우에는 발생원가를 비목별로 집계한 후, 일정한 기준에 따라 제조원가와 판매비와 일반관리비로 구분하여 배부할 수 있다.

제 2 장 실제원가계산제도

제8조(실제원가계산의 절차) 실제원가계산은 원가요소의 실제발생액을 비목별 계산을 거쳐 원가부문별로 계산한 후 제품별로 제조원가를 집계한다.

제9조(재료비의 계산)

① 재료비는 기초재료재고액에 당기재료매입액을 가산하고 기말재료재고액을 차감하여 계산한다.

② 재료의 소비수량은 계속기록법에 의하여 계산하며 필요한 경우에는 실지재고조사법 또는 역산법에 의하여 계산할 수 있고, 2 이상의 방법을 병행하여 적용할 수 있다.

③ 재료의 소비가격은 취득원가에 의하여 계산하며, 동일재료의 취득원가가 다를 경우에는 개별법·선입선출법·후입선출법·이동평균법 또는 총평균법 등의 방법을 적용하여 계산한다.

제10조(노무비의 계산)

① 노무비는 그 지급기준에 기초하여 당해기간에 실제로 발생한 비용을 집계하여 계산한다.

② 작업시간 또는 작업량에 비례하여 발생하는 노무비는 실제작업시간 또는 실제작업량에 임율을 곱하여 계산한다. 이 경우 임율은 개별임율 또는 평균임율에 의한다.

③ 상여금 또는 특별수당 등과 같이 월별·분기별로 지급금액 또는 지급시기가 일정하지 아니한 노무비는 회계연도중의 원가계산기간에 안분하여 계산한다.

제11조(경비의 계산)

① 경비는 제조원가중 재료비와 노무비를 제외한 모든 비용을 포함하고 그 내용을 표시하는 적절한 세부과목으로 구분하여 기재한다.

② 경비는 당해기간에 실제로 발생한 비용을 집계하여 계산한다.

③ 시간 또는 수량에 비례하여 발생하는 경비는 실제시간 또는 실제수량에 단가를 곱하여 계산한다.

제12조(외주가공비의 계산)

① 당기제품제조와 관련하여 발생한 외주가공비는 당해기간에 실제로 발생한 비용을 집계하여 계산한다.

② 외주가공비는 그 성격에 따라 재료비 또는 경비에 포함하여 계상할 수 있으며, 그 금액이 중요한 경우에는 별도의 과목으로 기재할 수 있다.

제13조(예정가격등의 적용 특례) 제8조의 규정에 불구하고 제조원가는 재료의 가격, 임율 및 경비를 예정가격 또는 예정액으로 계산할 수 있으며, 제조간접비는 예정배부율을 적용하여 계산할 수 있다.

제14조(원가부문별 계산)

① 원가계산은 원가의 발생을 관리하고 제품원가의 계산을 정확히 하기 위하여 부문별로 계산할 수 있다. 이 경우 원가의 비목별 계산에서 집계된 원가요소는 그 전부 또는 일부를 다시 원가부문별로 집계한 후, 이를 다시 제품별로 배분할 수 있다.

② 원가부문은 원가요소를 분류·집계하는 계산상의 구분으로서 제조부문과 보조부문으로 구분한다.

③ 제조부문은 직접 제조작업을 수행하는 부문을 말하며 제조활동등에 따라 세분할 수 있다.

④ 보조부문은 직접 생산활동을 수행하지 아니하고 제조부문을 지원·보조하는 부문으로서 그 수행하는 내용에 따라 세분할 수 있다.

제15조(부문비 계산의 절차)

① 원가의 부문별 계산은 원가요소를 제조부문과 보조부문에 배부하고, 보조부문비는 직접배부법·단계배부법 또는 상호배부법 등을 적용하여 각 제조부문에 합리적으로 배부한다.

② 제조부문에 집계된 원가요소는 필요에 따라 그 부문의 소공정 또는 작업단위별로 집계할 수 있다.

제16조(부문개별비와 부문공통비)

① 원가요소는 발생한 원가의 직접적인 집계가능성여부에 따라 부문개별비와 부문공통비로 구분한다.

② 부문개별비는 원가발생액을 당해 발생부문에 직접부과하고, 부문공통비는 인과관계 또는 효익관계 등을 감안한 합리적인 배부기준에 의하여 관련부문에 배부한다.

제17조(원가의 제품별 계산방법) 원가의 제품별 계산은 원가요소를 제품단위에 집계하여 단위 제품의 제조원가를 산정하는 절차를 말하며, 이는 생산형태에 따라 개별원가계산방식과 종합원가계산방식 등으로 분류한다.

제18조(개별원가계산)

① 개별원가계산은 다른 종류의 제품을 개별적으로 생산하는 생산형태에 적용하며, 각 제조지시서별로 원가를 산정한다.

② 제조간접비의 제품별 배부액은 각 제조부문별·소공정별 또는 작업단위별로 예정배부율 또는 실제배부기준에 의하여 배부한다. 다만, 필요한 경우에는 제조부문에 배부하지 않고 직접 제품에 부과할 수 있다.

제19조(종합원가계산)

① 종합원가계산은 동일 종류 또는 다른 종류의 제품을 연속하여 반복적으로 생산하는 생산형태에 적용한다.

② 종합원가계산의 단위당원가는 발생한 모든 원가요소를 집계한 당기총제조비용에 기초재공품원가를 가산한 후 그 합계액을 완성품과 기말재공품에 안분계산함으로써 완성품총원가를 계산하고, 이를 제품단위에 배분하여 산정한다.

③ 종합원가계산에 있어서 완성품원가와 기말재공품원가는 완성품환산량에 의하여 선입선출법·후입선출법 또는 총평균법 등 기타 합리적인 방법을 적용하여 계산한다.

④ 기말재공품의 완성품환산량은 재료의 투입정도 또는 가공정도 등을 고려하여 직접재료비와 가공비로 구분하여 산정할 수 있다.

⑤ 종합원가계산은 생산되는 제품의 형태 및 공정에 따라 공정별원가계산, 조별원가계산, 등급별원가계산 및 연산품원가계산 등으로 분류한다.

제20조(공정별원가계산)

① 공정별원가계산은 제조공정이 2 이상의 연속되는 공정으로 구분되고 각 공정별로 당해 공정제품의 제조원가를 계산할 경우에 적용한다.

② 전공정에서 다음 공정으로 대체되는 제조원가는 전공정대체원가로 하여 다음 공정의 제조원가에 가산한다.

③ 재료가 최초 공정에 전량 투입되고 다음 공정 이후에는 단순히 가공비만이 발생하는 경우 완성품총원가는 각 공정별로 가공비를 집계하고 여기에 재료비를 가산하여 계산할 수 있다.

제21조(조별원가계산)

① 조별원가계산은 다른 종류의 제품을 조별로 연속하여 생산하는 생산형태에 적용한다.

② 조별원가계산에서는 당해기간의 제조원가를 조직접비와 조간접비로 구분하여 조직접비는 각 조에 직접부과하고, 조간접비는 일정한 배부기준에 의하여 각 조별로 배부하여 조별총제조원가를 산출한다.

제22조(등급별원가계산)

① 등급별원가계산은 동일 종류의 제품이 동일공정에서 연속적으로 생산되나 그 제품의 품질등이 다른 경우에 적용한다.

② 등급품별단위당원가는 각 등급품에 대하여 합리적인 배부기준을 정하고, 당해 기간의 완성품총원가를 동 배부기준에 따라 안분하여 계산한다.

③ 등급품별로 직접원가를 구분하는 것이 가능할 경우 직접원가는 당해 제품에 직접부과하고 간접원가는 제2항의 배부기준에 따라 배부할 수 있다.

제23조(연산품원가계산)

① 연산품원가계산은 동일재료로 동일공정에서 생산되는 다른 종류의 제품으로서 주산물과 부산물을 명확히 구분하기 곤란한 경우에 적용한다.

② 연산품원가계산은 제22조제2항 및 제3항의 규정을 준용한다.

제24조(부산물과 작업폐물의 평가)

① 부산물은 제22조의 규정을 준용하여 평가하거나, 다음 각호의 방법에 의하여 그 가액을 산정하여 이를 발생부문의 주산물 총원가에서 안분하여 차감한다.

1. 부산물을 그대로 외부에 매각할 수 있는 경우에는 추정매각가격에서 판매비와 일반관리비 및 정상이윤을 공제한 가액
2. 부산물로서 추가가공후 매각하는 경우에는 가공제품의 추정매각가격에서 추가가공비, 판매비와 일반관리비 및 정상이윤을 공제한 가액
3. 부산물을 그대로 자가소비하는 경우에는 그 추정매입가격

4. 부산물로서 추가가공후 자가소비하는 것은 그 추정매입가격에서 추가가공비 발생액을 공제한 가액

② 부산물의 추정매각가격 또는 추정매입가격은 최근의 거래가격 또는 권위있는 물가조사기관의 물가조사표에 의한 시가를 적용한다.

③ 판매비와 일반관리비 및 정상이윤은 유사제품의 최근 평균매출원가율을 적용하여 계산한다.

④ 작업폐물은 제1항 내지 제3항의 규정을 준용하여 평가하고, 이를 발생부문의 제조원가에서 차감하거나 필요에 따라 당해 제품의 제조원가에서 차감할 수 있다.

제25조(공손비의 계산)

① 공손비는 다음 각호에 따라 계산하여 당해 제품의 제조원가에 부과하거나 원가발생부문의 간접비용으로 한다. 다만, 비정상적인 공손비는 영업외비용으로 한다.

1. 공손이 보수에 의하여 회복될 경우 공손비는 그 보수비용으로 한다.
2. 공손이 보수로서 회복되지 않고 그 전부를 다시 생산할 경우 공손비는 기발생된 공손품 제조원가에서 공손품의 평가액을 차감한 가액으로 한다.
3. 공손이 보수로서 완전 회복되지 않고 그 일부를 다시 생산할 경우 공손비는 추가적으로 발생하는 제조원가에서 공손품의 평가액을 차감한 가액으로 한다.

② 제1항 제2호 및 제3호의 규정에 의한 공손품의 평가는 제24조의 규정을 준용한다.

제 3 장 표준원가계산제도

제26조(표준원가계산의 적용)

① 표준원가계산은 사전에 객관적이고 합리적인 방법에 의하여 산정한 원가(이하 "표준원가"라 한다)를 이용하여 제조원가를 계산하는 경우에 적용한다.

② 표준원가는 회사의 제반사정을 고려하여 현실적으로 달성가능하도록 설정한다.

제27조(표준원가의 산정)

① 표준원가는 직접재료비, 직접노무비 및 제조간접비에 대하여 산정하고, 다시 제품원가에 대하여 설정한다.

② 원가요소의 표준은 수량과 가격에 대하여 각각 설정한다.

제28조(표준직접재료비)

① 표준직접재료비는 직접재료의 종류별로 재품단위당 표준소비수량과 표준소비가격을 설정하고, 이 양자를 곱하여 산정한다.

② 표준소비수량은 과학적·통계적 조사에 의하여 제품의 생산에 필요한 각종 재료의 종류, 품질, 가공방법 등을 고려하여 정한다. 이 경우 표준소비수량에는 정상적인 공손 및 감손을 포함한다.

③ 동일한 기능을 수행하는 여러 종류의 재료가 대체적으로 사용되는 경우 표준직접재료비는 각 재료의 표준배합비율을 설정하고, 이에 각 재료의 표준소비수량과 표준소비가격을 곱하여 산정한다.

④ 표준소비가격은 과거 및 현재의 시장가격과 장래에 예측되는 가격동향이나 거래관습 등 제반 경제적 여건을 고려하여 정한다.

제29조(표준직접노무비)

① 표준직접노무비는 직접작업의 구분마다 제품단위당 표준작업시간과 표준임율을 설정하고, 이 양자를 곱하여 산정한다.

② 표준작업시간은 과학적·통계적 조사에 의하여 작업의 종류, 사용기계공구, 작업방식, 노동의 등급 등을 고려하여 정한다.

③ 표준임율은 과거 및 현재의 임율과 장래에 예측되는 변동등 제반 여건을 고려하여 정한다.

제30조(제조간접비의 표준)

① 제조간접비의 표준은 부문별 또는 작업단위별로 일정기간에 발생할 제조간접비의 예정액으로 산정한다,

② 부문별 제조간접비 표준의 산정방법은 제14조 내지 제16조의 규정을 준용한다.

제31조(표준원가의 수정) 표준원가는 생산의 조건등에 변화가 있는 경우 이를 적절히 수정한다.

제32조(원가차이의 산정) 표준원가와 실제발생원가와의 차액(이하 "원가차이"라 한다)은 원가계산기간별로 산정한다. 이 경우 실제발생원가의 산정은 제8조 내지 제16조의 규정에 의한다.

제33조(원가차이의 회계처리)

① 원가차이는 일정한 기준에 따라 회계연도의 매출원가와 기말재고자산에 배부하며, 원가차이의 배부를 보다 정확히 하기 위하여 원가요소별로 다른 배부기준을 적용할 수 있다.

② 비정상적으로 발생한 원가차이는 영업외수익 또는 영업외비용으로 한다.

③ 실제원가계산제도에 있어서 원가의 일부를 예정가격등으로 계산할 경우 발생한 원가차이는 제1항 및 제2항의 규정을 준용하여 처리한다.

제 4 장 보 칙

제34조(준용규정) 이 준칙은 제조업 이외의 업종을 영위하는 회사가 원가계산을 함에 있어서도 이를 준용할 수 있다.

부 칙

제1조(시행일) 이 준칙은 1998년 4월 1일부터 시행한다.

제2조(종전준칙의 폐지 및 이에 따른 경과조치)

① 종전 증권관리위원회의 원가계산준칙(이하 "종전준칙"이라 한다)은 이 준칙 시행일부터 이를 폐지한다.

② 이 준칙 시행전에 종전준칙에 의하여 회계처리한 경우에는 이 준칙을 적용한 것으로 본다.

제3조(다른 규정과의 관계) 이 준칙 시행당시 다른 규정에서 종전준칙을 인용하고 있는 경우에 이 준칙중 그에 해당하는 규정이 있는 경우에는 종전준칙에 갈음하여 이 준칙 또는 이 준칙의 해당규정을 인용한 것으로 본다.

부 칙

이 준칙은 1999년 12월 9일부터 시행한다.

2. 기업회계기준서 제1002호
재 고 자 산

한국회계기준원 회계기준위원회 의결 2007. 11. 23.

목 적

1. 이 기준서의 목적은 재고자산의 회계처리를 정하는 데 있다. 재고자산 회계에서 중요한 주제는 자산으로 인식하고 이와 관련된 수익이 인식될 때까지 장부에 표시하는 원가 금액을 적절하게 결정하는 것이다. 이 기준서는 재고자산의 원가 결정 및 순실현가능가치로 감액하는 것을 포함한 후속적 비용인식에 대한 지침을 제공한다. 또한 재고자산의 원가를 배분하는 원가공식에 대한 지침을 제공한다.

적 용

한1.1 이 기준서는 '주식회사의 외부감사에 관한 법률'의 적용대상기업중 중 '자본시장과 금융투자업에 관한 법률'에 따른 주권상장법인의 회계처리에 적용한다. 또한 이 기준서는 재무제표의 작성과 표시를 위해 한국채택국제기준회계기준의 적용을 선택한 기업('한국채택국제회계기준 적용선택기업')의 회계처리에도 적용한다.

적용범위

2. 이 기준서는 다음을 제외한 모든 재고자산에 적용한다.
   (1) 건설계약 및 건설공사와 직접적으로 관련된 용역제공계약에서 발생하는 미성공사(기업회계기준서 제1011호 '건설계약' 참조)
   (2) 금융상품(기업회계기준서 제1032호 '금융상품: 표시' 및 제1039호 '금융상품: 인식과 측정' 참조)
   (3) 농림어업활동과 관련된 생물자산과 수확지점의 농림어업 수확물(기업회계기준서 제1041호 '농림어업' 참조)

3. 이 기준서는 다음의 경우에 해당하는 재고자산의 측정에는 적용하지 않는다.
   (1) 생산자가 해당 산업의 합리적인 관행에 따라 순현실가능가치로 측정하는 농림어업과 삼림 제품, 수확한 농림어업 제품 및 광물자원과 광업 제품. 이 경

우 순현실가능가치의 변동분은 변동이 발생한 기간의 손익으로 인식한다.

(2) 순공정가치(공정가치에서 매각비용을 차감한 금액)로 측정한 1차상품 중개기업의 재고자산. 이 경우 순공정가치의 변동분은 변동이 발생한 기간의 손익으로 인식한다.

4. 문단 3(1)에 해당하는 재고자산은 생산과정 중 특정시점에 순실현가능가치로 측정된다. 예를 들어, 곡물이 수확되거나 광물이 추출되었는데 선도계약이나 정부의 보증으로 매출이 확실시 되거나, 활성거래시장이 존재하여 판매되지 않을 위험이 무시할 수 있을 정도로 작은 경우이다. 이러한 재고자산에는 이 기준서의 측정부분만 적용이 제외되는 것이다.

5. 중개기업은 타인을 위하여 또는 자기의 계산으로 1차상품을 매입하거나 매도한다. 문단 3(2)에 해당하는 재고자산은 주로 단기간 내에 매도하여 가격변동이익이나 중개이익을 얻을 목적으로 취득한다. 이러한 재고자산을 순공정가치로 측정할 때, 이 기준서의 측정부분만 적용이 제외되는 것이다.

용어의 정의

6. 이 기준서에서 사용하는 용어의 정의는 다음과 같다.

재고자산: 다음의 자산을 말함

(1) 정상적인 영업과정에서 판매를 위하여 보유중인 자산
(2) 정상적인 영업과정에서 판매를 위하여 생산중인 자산
(3) 생산이나 용역제공에 사용될 원재료나 소모품

순실현가능가치: 정상적인 영업과정의 예상 판매가격에서 예상되는 추가 완성원가와 판매비용을 차감한 금액

공정가치: 합리적인 판단력과 거래의사가 있는 독립된 당사자 사이의 거래에서 자산이 교환되거나 부채가 결제될 수 있는 금액

7. 순실현가능가치는 정상적인 영업과정에서 재고자산의 판매를 통해 실현할 것으로 기대하는 순매각금액을 말한다. 공정가치는 시장에서 동일한 재고자산이 합리적인 판단력과 거래의사가 있는 독립된 당사자 사이에 교환될 수 있는 금액을 반영한다. 전자는 기업특유가치이지만, 후자는 그러하지 아니하다. 재고자

산의 순실현가능가치는 순공정가치와 일치하지 않을 수도 있다.

8. 재고자산은 외부로부터 매입하여 재판매를 위해 보유하는 상품, 토지 및 기타 자산을 포함한다. 또한 재고자산은 완재품과 생산중인 재공품을 포함하며, 생산에 투입될 원재료와 소모품을 포함한다. 문단 19에서 설명하듯이, 용역제공기업의 재고자산에는 관련된 수익이 아직 인식되지 않은 용역원가가 포함된다(기업회계기준서 제1018호 '수익' 참조)

재고자산의 측정

9. 재고자산은 취득원가와 순실현가능가치 중 낮은 금액으로 측정한다.

재고자산의 취득원가

10. 재고자산의 취득원가는 매입원가, 전환원가 및 재고자산을 현재의 장소에 현재의 상태로 이르게 하는데 발생한 기타 원가 모두를 포함한다.

매입원가

11. 재고자산의 매입원가는 매입가격에 수입관세와 제세금(과세당국으로부터 추후 환급받을 수 있는 금액은 제외), 매입운임, 하역료 그리고 완제품, 원재료 및 용역의 취득과정에 직접 관련된 기타 원가를 가산한 금액이다. 매입할인, 리베이트 및 기타 유사한 항목은 매입원가를 결정할 때 차감한다.

전환원가

12. 재고자산의 전환원가는 직접노무원가 등 생산량과 직접 관련된 원가를 포함한다. 또한 원재료를 완제품으로 전환하는데 발생하는 고정 및 변동 제조간접원가의 체계적인 배부액을 포함한다. 고정제조간접원가는 공장 건물이나 기계장치의 감가상각비와 수선유지비 및 공장 관리비처럼 생산량과는 상관없이 비교적 일정한 수준을 유지하는 간접제조원가를 말한다. 변동제조간접원가는 간접재료원가나 간접노무원가처럼 생산량에 따라 직접적으로 또는 거의 직접적으로 변동하는 간접 제조원가를 말한다.

13. 고정제조간접원가는 생산설비의 정상조업도에 기초하여 전환원가에 배부하는데, 실제조업도가 정상조업도와 유사한 경우에는 실제조업도를 사용할 수 있다. 정상조업도는 정상적인 상황에서 상당한 기간동안 평균적으로 달성할 수 있을 것으로 예상되는 생산량을 말하는데, 계획된 유지활동에 따른 조업도 손실을 고려한 것을 말한다. 생산단위당 고정제조간접원가 배부액은 낮은 조업도나 유휴설비로 인해 증가되지 않으며, 배부되지 않은 고정제조간접원가는 발생한 기간의 비용으로 인식한다. 그러나 비정상적으로 많은 생산이 이루어진 기간에는, 재고자산이 원가 이상으로 측정되지 않도록 생산단위당 고정제조간접원가 배부액을 감소시켜야 한다. 한편, 변동제조간접원가는 생산설비의 실제사용에 기초하여 각 생산단위에 배부한다.

14. 연산품이 생산되거나 주산물과 부산물이 생산되는 경우처럼 하나의 생산과정을 통하여 동시에 둘 이상의 제품이 생성될 수도 있다. 이 경우, 제품별 전환원가를 분리하여 식별할 수 없다면, 전환원가를 합리적이고 일관성 있는 방법으로 각 제품에 배부한다. 예를 들어, 각 제품을 분리하여 식별가능한 시점 또는 완성 시점의 제품별 상대적 판매가치를 기준으로 배부할 수 있다. 한편 대부분의 부산물은 본래 중요하지 않은데, 이 경우 부산물은 흔히 순실현가능가치로 측정하며 주산물의 원가에서 차감된다. 따라서 주산물의 장부금액은 원가와 중요한 차이가 없다.

기타 원가

15. 기타 원가는 재고자산을 현재의 장소에 현재의 상태로 이르게 하는 데 발생한 범위내에서만 취득원가에 포함된다. 예를 들어 특정한 고객을 위해 비제조 간접원가 또는 제품 디자인원가를 재고자산의 원가에 포함하는 것이 적절할 수도 있다.

16. 재고자산의 취득원가에 포함할 수 없으며 발생기간의 비용으로 인식하여야 하는 원가의 예는 다음과 같다.
    (1) 재료원가, 노무원가 및 기타 제조원가 중 비정상적으로 낭비된 부분
    (2) 후속 생산단계에 투입하기 전에 보관이 필요한 경우 이외의 보관원가
    (3) 재고자산을 현재의 장소에 현재의 상태로 이르게 하는데 기여하지 않은 관리간접원가
    (4) 판매원가

17. 기업회계기준서 제1023호 '차입원가'는 차입원가가 재고자산의 취득원가에 포함되는 제한된 상황을 규정하고 있다.

18. 재고자산을 후불조건으로 취득할 수도 있다. 계약이 실질적으로 금융요소를 포함하고 있다면, 해당 금융요소(예: 정상신용조건에 매입가격과 실제 지급액 간의 차이)는 금융이 이루어지는 기간 동안 이자비용으로 인식한다.

용역제공기업의 재고자산 취득원가

19. 용역제공기업이 재고자산을 가지고 있다면, 이를 제조원가로 측정한다. 이러한 원가는 주로 감독자를 포함한 용역제공에 직접 관여된 인력에 대한 노무원가 및 기타원가와 관련된 간접원가로 구성된다. 판매와 일반관리 인력과 관련된 노무원가 및 기타원가는 재고자산의 취득원가에 포함하지 않고 발생한 기간의 비용으로 인식한다. 일반적으로 용역제공기업이 가격을 산정할 때 고려하는 이윤이나 용역과 직접 관련이 없는 간접원가는 재고자산의 취득원가에 포함하지 아니한다.

생물자산에서 수확한 농림어업 수확물의 취득원가

20. 기업회계기준서 제1041호에 따라 생물자산에서 수확한 농림어업 수확물로 구성된 재고자산은 공정가치에서 예상되는 판매비용을 차감한 금액으로 측정하여 수확시점에 최초로 인식한다. 당해 그 금액이 최초인식시점에 이 기준서에 따른 해당 재고자산의 취득원가이다.

원가측정방법

21. 표준원가법이나 소매재고법 등의 원가측정방법은 그러한 방법으로 평가한 결과가 실제 원가와 유사한 경우에 편의상 사용할 수 있다. 표준원가는 정상적인 재료원가, 소모품원가, 노무원가 및 효율성과 생산능력 활용도를 반영한다. 표준원가는 정기적으로 검토하여야 하며 필요한 경우 현재 상황에 맞게 조정하여야 한다.

22. 소매재고법은 이익률이 유사하고 품종변화가 심한 다품종 상품을 취급하는 유통업에서 실무적으로 다른 원가측정법을 사용할 수 없는 경우에 흔히 사용한다. 소매재고법에서 재고자산의 원가는 재고자산의 판매가격을 적절한 총이익

률을 반영하여 환원하는 방법으로 결정한다. 이때 적용되는 이익률은 최초판매가격 이하로 가격이 인하된 재고자산을 고려하여 계산하는데, 일반적으로 판매부문별 평균이익률을 사용한다.

단위원가 결정방법

23. 통상적으로 상호 교환될 수 없는 재고자산항목의 원가와 특정 프로젝트별로 생산되고 분리되는 재화 또는 용역의 원가는 개별법을 사용하여 결정한다.

24. 개별법은 식별되는 재고자산별로 특정한 원가를 부과하는 방법이다. 이 방법은 외부 매입이나 자가제조를 불문하고, 특정 프로젝트를 위해 분리된 항목에 적절한 방법이다. 그러나 통상적으로 상호교환 가능한 대량의 재고자산 항목에 개별법을 적용하는 것은 적절하지 아니하다. 그러한 경우에는 기말 재고로 남아있는 항목을 선택하는 방식을 이용하여 손익을 자의적으로 조정할 수도 있기 때문이다.

25. 문단 23이 적용되지 않는 재고자산의 단위원가는 선입선출법이나 가중평균법을 사용하여 결정한다. 성격과 용도 면에서 유사한 재고자산에는 동일한 단위원가 결정방법을 적용하여야 하며, 성격이나 용도 면에서 차이가 있는 재고자산에는 서로 다른 단위원가 결정방법을 적용할 수 있다.

26. 예를 들어 동일한 재고자산이 동일한 기업내에서 영업부문에 따라 서로 다른 용도로 사용되는 경우도 있다. 그러나 재고자산의 지역별 위치나 과세방식이 다르다는 이유만으로 동일한 재고자산에 다른 단위원가 결정방법을 적용하는 것이 정당화될 수는 없다.

27. 선입선출법은 먼저 매입 또는 생산된 재고자산이 먼저 판매되고 결과적으로 기말에 재고로 남아 있는 항목은 가장 최근에 매입 또는 생산된 항목이라고 가정하는 방법이다. 가중평균법은 기초 재고자산과 회계기간 중에 매입 또는 생산된 재고자산의 원가를 가중평균하여 재고항목의 단위원가를 결정하는 방법이다. 이 경우 평균은 기업의 상황에 따라 주기적으로 계산하거나 매입 또는 생산할 때마다 계산할 수 있다.

순실현가능가치

28. 다음의 경우에는 재고자산의 원가를 회수하기 어려울 수 있다.
    (1) 물리적으로 손상된 경우
    (2) 완전히 또는 부분적으로 진부화된 경우
    (3) 판매가격이 하락한 경우
    (4) 완성하거나 판매하는 데 필요한 원가가 상승한 경우

    재고자산을 취득원가 이하의 순실현가능가치로 감액하는 저가법은 자산의 장부금액이 판매나 사용으로부터 실현될 것으로 기대되는 금액을 초과하여서는 아니 된다는 견해와 일관성이 있다.

29. 재고자산을 순실현가능가치로 감액하는 저가법은 항목별로 적용한다. 그러나 경우에 따라서는 서로 유사하거나 관련있는 항목들을 통합하여 적용하는 것이 적절할 수 있다. 이러한 경우로는 재고자산 항목이 유사한 목적 또는 용도를 갖는 동일한 제품군과 관련되고, 동일한 지역에서 생산되어 판매되며, 실무적으로 동일한 제품군에 속하는 다른 항목과 구분하여 평가할 수 없는 경우를 들 수 있다. 그러나 예를 들어 완제품 또는 특정 산업이나 특정 지역의 영업부문에 속하는 모든 재고자산과 같은 분류에 기초하여 저가법을 적용하는 것은 적절하지 아니하다. 용역제공기업은 일반적으로 용역대가가 청구되는 용역별로 원가를 집계한다. 그러므로 그러한 각 용역은 별도의 항목으로 취급되어야 한다.

30. 순실현가능가치를 추정할 때에는 재고자산으로부터 실현가능한 금액에 대하여 추정일 현재 사용가능한 가장 신뢰성 있는 증거에 기초하여야 한다. 또한 보고기간 후 사건이 보고기간말 존재하는 상황에 대하여 확인하여 주는 경우에는, 그 사건과 직접 관련된 가격이나 원가의 변동을 고려하여 추정하여야 한다.

31. 순실현가능가치를 추정할 때 재고자산의 보유 목적도 고려하여야 한다. 예를 들어 확정판매계약 또는 용역계약을 이행하기 위하여 보유하는 재고자산의 순실현가능가치는 계약가격에 기초한다. 만일 보유하고 있는 재고자산의 수량이 확정판매계약의 이행에 필요한 수량을 초과하는 경우에는 그 초과 수량의 순실현가능가치는 일반 판매가격에 기초한다. 재고자산 보유 수량을 초과하는 확정판매계약에 따른 충당부채나 확정매입계약에 따른 충당부채는 기업회계기준서 제1037호 '충당부채, 우발부채 및 우발자산'에 따라 회계처리한다.

32. 완성될 제품이 원가 이상으로 판매될 것으로 예상하는 경우에는 그 생산에 투입하기 위해 보유하는 원재료 및 기타 소모품을 감액하지 아니한다. 그러나 원재료 가격이 하락하여 제품의 원가가 순실현가능가치를 초과할 것으로 예상된다면 해당 원재료를 순실현가능가치로 감액한다. 이 경우 원재료의 현행대체원가는 순실현가능가치에 대한 최선의 이용가능한 측정치가 될 수 있다.

33. 매 후속기간에 순실현가능가치를 재평가 한다. 재고자산의 감액을 초래했던 상황이 해소되거나 경제상황의 변동으로 순실현가능가치가 상승한 명백한 증거가 있는 경우에는 최초의 장부금액을 초과하지 않는 범위 내에서 평가손실을 환입한다. 그 결과 새로운 장부금액은 취득원가와 수정된 순실현가능가치 중 작은 금액이 된다. 판매가격의 하락 때문에 순실현가능가치로 감액한 재고항목을 후속기간에 계속 보유하던 중 판매가격이 상승한 경우가 이에 해당한다.

비용의 인식

34. 재고자산의 판매시, 관련된 수익을 인식하는 기간에 재고자산의 장부금액을 비용으로 인식한다. 재고자산을 순실현가능가치로 감액한 평가손실과 모든 감모손실은 감액이나 감모가 발생한 기간에 비용으로 인식한다. 순실현가능가치의 상승으로 인한 재고자산 평가손실의 환입은 환입이 발생한 기간의 비용으로 인식된 재고자산 금액의 차감액으로 인식한다.

35. 자가건설한 유형자산의 구성요소로 사용되는 재고자산처럼 재고자산의 원가를 다른 자산계정에 배분하는 경우도 있다. 이처럼 다른 자산에 배분된 재고자산 원가는 해당 자산의 내용연수 동안 비용으로 인식한다.

공시

36. 재무표시에 다음 사항을 공시한다

(1) 재고자산의 단위원가 결정방법 등 재고자산을 측정하는 데 적용된 회계정책

(2) 재고자산의 총 장부금액과 적절한 분류별 금액

(3) 순공정가치로 보고하는 재고자산의 장부금액

(4) 당기에 비용으로 인식한 재고자산의 금액

(5) 문단 34에 따라 당기에 비용으로 인식한 재고자산 평가손실 금액

(6) 문단 34에 따라 당기에 비용으로 인식한 재고자산 금액의 차감액으로 인식한 재고자산 평가손실 환입액
(7) 문단 34에 따라 재고자산 평가손실환입을 초래한 상황이나 사건
(8) 담보로 제공된 재고자산의 장부금액

37. 재고자산의 분류별 장부금액과 기중 증감액에 대한 정보는 재무제표이용자에게 유용하다. 일반적으로 재고자산은 상품, 소모품, 원재료, 재공품, 제품 등으로 분류한다. 용역제공기업의 재고자산은 재공품으로 분류할 수 있다.

38. 당기에 비용으로 인식하는 재고자산 금액은 일반적으로 매출원가로 불리우며, 판매된 재고자산의 원가와 배분되지 않은 제조간접원가 및 제조원가 중 비정상적인 부분의 금액으로 구성된다. 또한 기업의 특수한 상황에 따라 물류원가와 같은 다른 금액들도 포함될 수 있다.

39. 일부 기업은 당기에 비용으로 인식하는 재고자산원가 대신에 다른 금액을 공시하게 되는 당기손익 표시 형식을 채택하고 있다. 이러한 당기손익 표시 형식에서는 비용의 성격별 분류방식에 기초한 비용 분석을 표시한다. 그러한 경우에는 당기의 재고자산 순변동액과 함께 비용으로 인식한 원재료 및 소모품, 노무원가와 기타원가를 공시한다.

시행일

40. [한국회계기준원 회계기준위원회가 삭제함]

한40.1 이 기준서는 2011년 1월 1일 이후 최초로 개시하는 회계연도부터 적용한다. 다만, 한국채택국제회계기준 적용선택기업은 2009년 1월 1일 이후 개시하는 회계연도부터 적용할 수 있다.

기준서 등의 대체

41. [한국회계기준원 회계기준위원회가 삭제함]
42. [한국회계기준원 회계기준위원회가 삭제함]

3. 주관식 연습문제 해답

제 2 장

해답 2-4

1. A	2. E	3. B	4. F	5. C
6. G	7. D	8. H	9. K	10. M
11. I	12. N	13. J	14. O	15. L
16. P				

해답 2-5

1. 총제조원가=재료비 ₩60,000+노무비 ₩15,000+경비 ₩25,000=₩100,000
2. 직접원가=직접재료원가 ₩50,000+직접노무원가 ₩10,000=₩60,000
   제조간접원가=1번답 ₩100,000−직접원가 ₩60,000=₩40,000
   (즉, 간접재료비 ₩10,000+간접노무비 ₩5,000+경비 ₩25,000)
3. 기본원가=직접재료원가 ₩50,000+직접노무원가 ₩10,000=₩60,000
   가공원가=직접노무원가 ₩10,000+제조간접원가 ₩40,000=₩50,000
4. 제조원가=직접원가 ₩60,000+제조간접원가 ₩40,000=₩100,000
   비제조원가(기간원가)=판매비와 관리비 ₩6,000
5. 총변동원가=제조원가 ₩100,000×70%+판매비와 관리비 ₩6,000×40%=₩72,400
   총고정원가=제조원가 ₩100,000×30%+판매비와 관리비 ₩6,000×60%=₩33,600
6. 총원가=제조원가 ₩100,000+판매비와 관리비 ₩6,000=₩106,000
   영업이익=판매가격 ₩120,000−총원가 ₩106,000=₩14,000

제 3 장

해답 3-1

1. 4월중 분개

① 재료의 매입	(차)	재 료	₩9,000	(대)	매입채무	₩9,000
② 재료의 투입	(차)	재공품	₩10,000	(대)	재 료	₩10,000
③ 노무원가의 발생	(차)	재공품	₩8,000	(대)	미지급임금	₩9,000
		제조간접원가	1,000			
④ 제조간접원가의 발생과 집계	(차)	감가상각비	₩6,000	(대)	미지급비용	₩8,000
		수도광열비	2,000			
	(차)	제조간접원가	₩8,000	(대)	감가상각비	₩6,000
					수도광열비	2,000
⑤ 제조간접원가의 대체	(차)	재공품	₩9,000	(대)	제조간접원가	₩9,000
⑥ 제품제조원가의 대체	(차)	제 품	₩26,000	(대)	재공품	₩26,000
⑦ 제품의 매출	(차)	매출채권	₩30,000	(대)	매 출	₩30,000
⑧ 매출원가의 대체	(차)	매출원가	₩24,000	(대)	제 품	₩24,000

2. 계정에의 전기

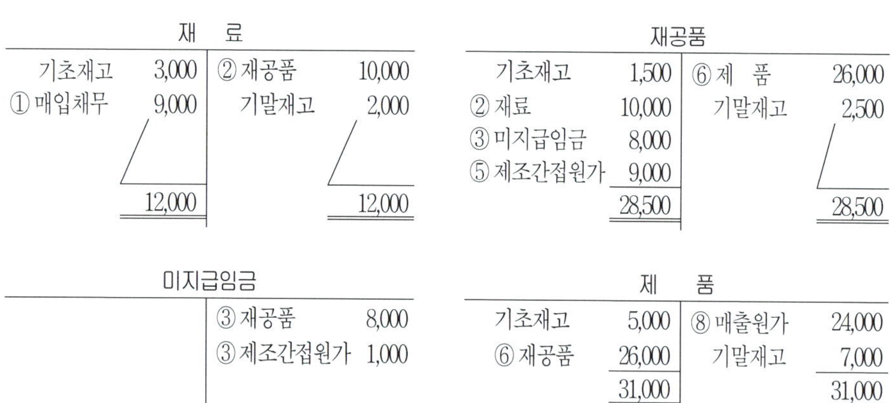

재 료

차변	금액	대변	금액
기초재고	3,000	② 재공품	10,000
① 매입채무	9,000	기말재고	2,000
	12,000		12,000

재공품

차변	금액	대변	금액
기초재고	1,500	⑥ 제 품	26,000
② 재료	10,000	기말재고	2,500
③ 미지급임금	8,000		
⑤ 제조간접원가	9,000		
	28,500		28,500

미지급임금

차변	금액	대변	금액
		③ 재공품	8,000
		③ 제조간접원가	1,000

제 품

차변	금액	대변	금액
기초재고	5,000	⑧ 매출원가	24,000
⑥ 재공품	26,000	기말재고	7,000
	31,000		31,000

제조간접원가

차변	금액	대변	금액
③미지급임금	1,000	⑤ 재공품	9,000
④제 좌	8,000		
	9,000		9,000

3. 제조원가명세서 및 손익계산서

제조원가명세서

Ⅰ. 직 접 재 료 원 가		
1. 기 초 재 료 재 고 액	₩3,000	
2. 당 기 재 료 매 입 액	9,000	
계	₩12,000	
3. 기 말 재 료 재 고 액	(2,000)	₩10,000
Ⅱ. 직 접 노 무 원 가		8,000
Ⅲ. 제 조 간 접 원 가		
1. 간 접 노 무 원 가	₩1,000	
2. 감 가 상 각 비	6,000	
3. 수 도 광 열 비	2,000	9,000
Ⅳ. 당 기 총 제 조 원 가		₩27,000
Ⅴ. 기 초 재 공 품 재 고 액		1,500
Ⅵ. 합 계		₩28,500
Ⅶ. 기 말 재 공 품 재 고 액		(2,500)
Ⅷ. 당 기 제 품 제 조 원 가		₩26,000

포괄손익계산서

Ⅰ. 매 출 액		₩30,000
Ⅱ. 매 출 원 가		
1. 기 초 제 품 재 고 액	₩5,000	
2. 당 기 제 품 제 조 원 가	26,000	
계	₩31,000	
3. 기 말 제 품 재 고 액	(7,000)	(24,000)
Ⅲ. 매 출 총 이 익		₩6,000
판 매 비 와 관 리 비		(3,000)
Ⅳ. 법인세비용차감전순이익		₩3,000

해답 3－2

1.

제조원가명세서

Ⅰ. 직 접 재 료 원 가		
1. 기 초 재 료 재 고 액	₩10,000	
2. 당 기 재 료 매 입 액	100,000	
계	₩110,000	
3. 기 말 재 료 재 고 액	(20,000)	₩90,000
Ⅱ. 직 접 노 무 원 가		30,000
Ⅲ. 제 조 간 접 원 가		
1. 감 가 상 각 비	₩32,000	
2. 수 도 광 열 비	21,000	
3. 여 비 교 통 비	6,400	
4. 수 선 유 지 비	5,400	64,800
Ⅳ. 당 기 총 제 조 원 가		₩184,800
Ⅴ. 기 초 재 공 품 재 고 액		8,000
Ⅵ. 합 계		₩192,800
Ⅶ. 기 말 재 공 품 재 고 액		(12,800)
Ⅷ. 당 기 제 품 제 조 원 가		₩180,000

2.

포괄손익계산서

Ⅰ. 매 출		₩300,000
Ⅱ. 매 출 원 가		
1. 기 초 제 품 재 고 액	₩25,000	
2. 당 기 제 품 제 조 원 가	180,000	
계	₩205,000	
3. 기 말 제 품 재 고 액	(20,000)	(185,000)
Ⅲ. 매 출 총 이 익		₩115,000
1. 급 여	₩20,000	
2. 감 가 상 각 비	8,000	
3. 수 도 광 열 비	9,000	
4. 여 비 교 통 비	1,600	
5. 수 선 유 지 비	600	
6. 광 고 선 전 비	10,000	(49,200)
Ⅳ. 법인세비용차감전순이익		₩65,800

해답 3-3

1.

제조원가명세서

Ⅰ. 직 접 재 료 원 가		
1. 기 초 원 재 료 재 고 액	₩30,000	
2. 당 기 원 재 료 매 입 액	300,000	
계	₩330,000	
3. 타계정(간접재료원가) 대체	(10,000)	
4. 기 말 재 료 재 고 액	(50,000)	₩270,000
Ⅱ. 직 접 노 무 원 가		80,000
Ⅲ. 제 조 간 접 원 가		
1. 간 접 재 료 원 가	₩10,000	
2. 간 접 노 무 원 가	25,000	
3. 감 가 상 각 비	50,000	
4. 전 력 비	30,000	
5. 보 험 료	12,000	127,000
Ⅳ. 당 기 총 제 조 원 가		₩477,000
Ⅴ. 기 초 재 공 품 재 고 액		60,000
Ⅵ. 합 계		₩537,000
Ⅶ. 기 말 재 공 품 재 고 액		(87,000)
Ⅷ. 당 기 제 품 제 조 원 가		₩450,000

[별해]

제조원가명세서

Ⅰ. 재 료 비		
1. 기 초 재 료 재 고 액	₩30,000	
2. 당 기 재 료 매 입 액	300,000	
계	₩330,000	
3. 기 말 재 료 재 고 액	(50,000)	₩280,000
Ⅱ. 노 무 비		105,000
Ⅲ. 경 비		
1. 감 가 상 각 비	₩50,000	
2. 전 력 비	30,000	
3. 보 험 료	12,000	92,000
Ⅳ. 당 기 총 제 조 비 용		₩477,000
Ⅴ. 기 초 재 공 품 원 가		60,000
Ⅵ. 합 계		₩537,000
Ⅶ. 기 말 재 공 품 원 가		(87,000)
Ⅷ. 당 기 제 품 제 조 원 가		₩450,000

2.

손익계산서

Ⅰ. 매 출		₩800,000
Ⅱ. 매 출 원 가		
1. 기 초 제 품 재 고 액	₩100,000	
2. 당 기 제 품 제 조 원 가	450,000	
계	₩550,000	
3. 기 말 제 품 재 고 액	(120,000)	(430,000)
Ⅲ. 매 출 총 이 익		₩370,000
판 매 비 와 관 리 비		(110,000)
영 업 외 비 용		(60,000)
재 해 손 실		(50,000)
Ⅳ. 법인세비용차감전순이익		₩150,000
Ⅴ. 법 인 세 비 용		(30,000)
Ⅵ. 당 기 순 이 익		₩120,000

제 4 장

해답 4 - 4

1) 선입선출법

월말재고액=당월구입액-당월소비액 이므로 당월구입액을 문제에서 먼저 구하면 (₩4,000+₩30,000+₩22,000+₩24,000)=₩80,000이 된다.

① 당월소비액

1월 15일	3,000개	(1/2일 구입) 1,000개×₩4.00=	₩4,000
		(1/14일 구입) 2,000 × 5.00=	10,000
1월 20일	6,000개	(1/14일 구입) 4,000 × 5.00=	20,000
		(1/18일 구입) 2,000 × 5.50=	11,000
			₩45,000

② 월말재고액 : ₩80,000(당월구입액)-₩45,000(당월소비액)=₩35,000

2) 이동평균법

① 당월소비액

1월 15일	3,000개	3,000×₩4.86=	₩14,580
1월 20일	6,000개	6,000× 5.18=	31,080
			₩45,660

② 월말재고액 : ₩80,000(당월구입액)-₩45,660(당월소비액)=₩34,340

(₩4,000+₩30,000)÷(1,000개+6,000개)=₩4.86

(₩4,000+₩30,000-₩14,580+₩22,000)÷8,000개=₩5.18

<참고>

방 법	당월소비액	월말재고액
선입선출법	₩45,000	₩35,000
후입선출법	47,000	33,000
이동평균법	45,660	34,340

해답 4 - 5

1. 분 개

(1) 노무원가의 지급

(차) 미지급임금	₩5,000	(대) 소득세예수금	₩300
		의료보험료예수금	600
		종업원 대여금	700
		현 금	3,400

(2) 노무원가의 발생

(차) 재공품	₩4,000	(대) 미지급임금	₩6,100
제조간접원가	2,100		

2. 계정의 마감

미지급임금

차변	금액	대변	금액
소득세예수금	300	전월이월	700
의료보험료예수금	600	재 공 품	4,000
종업원대여금	700	제조간접원가	2,100
현 금	3,400		
차월이월	1,800		
	6,800		6,800

해답 4-6

경비 분개장

경비 분류	원가요소	차 변			대변 합계
		재 공 품	제조간접원가	판매관리비	
지급경비	수 선 비		₩16,200	₩1,800	₩18,000
	외주가공비	₩60,000			60,000
측정경비	전 력 비		14,000	6,000	20,000
	수도광열비		15,000	10,000	25,000
월할경비	감가상각비		15,000		15,000
	보 험 료		4,500	3,000	7,500
발생경비	재고감모손실		20,000		20,000
		₩60,000	₩84,700	₩20,800	₩165,500

[분개]

(차) 재공품	₩60,000	(대) 운반비	₩18,000
재조간접원가	84,700	외주가공비	60,000[1)]
판매관리비	20,800	전력비	20,000
		수도광열비	25,000
		감가상각비	15,000
		보험료	7,500
		재고감모손실	20,000[2)]

1) ₩60,000(당월 지급액)+₩8,000(당월 미지급액)−₩8,000(전월 미지급액)
=₩60,000(당월 소비액)

2) 재고감모손실 : ₩80,000+₩130,000−₩120,000=₩90,000(장부상의 월말 재고액)
₩90,000(장부상의 월말 재고액)−₩70,000(실제 월말 재고액)
=₩20,000(재고감모손실)

제 5 장

해답 5-4

1. 부문공통원가의 배부기준
   ① 복리후생비 : 종업원수
   ② 기계감가상각비 : 기계가액
   ③ 전기료 : 전력사용량

2.

부문원가 배부표

부문원가 \ 부문	제조부문		보조부문			합 계
	제1부문	제2부문	공장사무부	동력부	수선부	
부문개별원가						
소모품비	₩10,000	₩8,500	₩4,500	₩7,200	₩3,800	₩34,000
간접노무원가	13,000	7,000	6,200	8,000	5,800	40,000
소 계	₩23,000	₩15,500	₩10,700	₩15,200	₩9,600	₩74,000
부문공통원가						
복리후생비	₩8,000[1]	₩7,000	₩4,000	₩2,000	₩1,000	₩22,000
기계감가상각비	20,000[2]	16,000	12,000	2,000	4,000	54,000
전기료	30,000[3]	15,000	10,000	6,000	15,000	76,000
소 계	₩58,000	₩38,000	₩26,000	₩10,000	₩20,000	₩152,000
부문원가 합계	₩81000	₩53,500	₩36,700	₩25,200	₩29,600	₩226,000

1) ₩22,000 × $\frac{8명}{22명}$ = ₩8,000

2) ₩54,000 × $\frac{₩10,000}{₩27,000}$ = ₩20,000

3) ₩76,000 × $\frac{60kwh}{152kwh}$ = ₩30,000

해답 5-5

1. 직접배부법

	보조부문		제조부문	
	S_1	S_2	P_1	P_2
배분전 원가	₩90,000	₩80,000	₩200,000	₩290,000
S_1	(90,000)	–	40,000	50,000
S_2	–	(80,000)	20,000	60,000
배분후 원가			₩260,000	₩400,000

2. 단계배부법

	보조부문		제조부문	
	S_1	S_2	P_1	P_2
배분전 원가	₩90,000	₩80,000	₩200,000	₩290,000
S_1	(90,000)	9,000	36,000	45,000
S_2	–	(89,000)	22,250	66,750
배분후 원가			₩258,250	₩401,750

3. 상호배부법

	보조부문		제조부문	
	S_1	S_2	P_1	P_2
배분전 원가	₩90,000	₩80,000	₩200,000	₩290,000
S_1	(108,163)*	10,816	43,265	54,082
S_2	18,163	(90,816)*	18,163	54,490
배분후 원가			₩261,428	₩398,572

* 상호배부법 적용을 위한 연립방정식

S_1 = ₩90,000 + $0.2S_2$

S_2 = ₩80,000 + $0.1S_1$

위 식을 풀면 S_1 = ₩108,163 S_2 = ₩90,816

4. 제조간접원가배부율 계산

① 공장전체의 제조간접원가배부율 계산

공장전체 제조간접원가배부율 = $\frac{₩660,000}{2,200시간}$ = ₩300/직접노동시간

② 제조부문별 제조간접원가배부율 계산

P_1 부문 제조간접원가배부율 = $\frac{₩260,000}{1,300시간}$ = ₩200/기계작업시간

P_2 부문 제조간접원가배부율 = $\frac{₩400,000}{1,600시간}$ = ₩250/직접노동시간

5. 제조지시서 #105(A제품)의 개별원가계산서

	P_1 부문	P_2 부문	합 계
직접재료원가	₩45,000	₩22,000	₩67,000
직접노무원가	10,000	25,000	35,000
제조간접원가	12,000[1)]	11,250[2)]	23,250
총제조원가			₩125,250
÷생산량			100개
단위원가			₩1,252.50

1) P_1 부문 제조간접원가배부액 = 60기계작업시간×₩200 = ₩12,000

2) P_2 부문 제조간접원가배부액 = 45직접노동시간×₩250 = ₩11,250

제 6 장

해답 6-4

1. 공정전체의 제조간접원가배부율

$$\text{공장전체의 제조간접원가배부율} = \frac{₩600,000^{*}}{1,000\text{시간}} = ₩600/\text{직접노동시간}$$

* 제조간접원가총액 ₩600,000 = 제조부문 ₩400,000 + 보조부문 ₩200,000

2. 부문별 제조간접원가배부율

① 보조부문원가의 제조부문에 배분

	보조부문		제조부문	
	S_1	S_2	절단부	연마부
배분전 원가	₩120,000	₩80,000	₩160,000	₩240,000
S_1				
변동원가	(100,000)	−	50,000[1)]	50,000
고정원가	(20,000)	−	12,000[2)]	8,000
S_2	−	(80,000)	64,000[3)]	16,000
배분후 원가			₩286,000	₩314,000

1) $₩100,000 \times \frac{400\text{kwh}}{400\text{kwh} + 400\text{kwh}} = ₩50,000$

2) $₩20,000 \times \frac{600\text{kwh}}{600\text{kwh} + 400\text{kwh}} = ₩12,000$

3) $₩80,000 \times \frac{80\text{시간}}{80\text{시간} + 20\text{시간}} = ₩64,000$

② 부문별 제조간접원가배부율

- 절단부문 제조간접원가배부율 $= \frac{₩286,000}{800\text{시간}} = ₩357.50/\text{기계작업시간}$
- 연마부문 제조간접원가배부율 $= \frac{₩314,000}{400\text{시간}} = ₩785/\text{직접노동시간}$

3. 이중배분율법과 부문별배부율을 인과관계기준에 의해 적용하였다면, 2.의 부문별 제조간접원가배부율 방법을 사용한 것이 더 합리적이라고 판단된다.

해답 6-5

1. 부문별 제조간접원가 예정배부율

제1부문 : $\frac{₩300,000}{10,000\text{시간}} = ₩30/\text{직접노동시간}$

제2부문 : $\frac{₩360,000}{18,000\text{시간}} = ₩20/\text{기계작업시간}$

2. 제조지시서 #101에 예정배부되는 제조간접원가
제1부문 : ₩30×직접노동시간 4,000시간=₩120,000
제2부문 : ₩20×기계작업시간 7,000시간=₩140,000

3. ① 제조간접원가 배부차이의 계산

	제1부문		제2부문
제조간접원가 예정배부액	₩270,000		₩340,000
제조간접원가 실제발생액	320,000		340,000
배부차이	₩ 50,000	(과소배부)	₩ 0

② 분개

(차) 매출원가	₩50,000	(대) 제1부문 제조간접원가	₩50,000

해답 6-6

1. 제조간접원가 예정배부율

① $\dfrac{\text{제조간접원가 ₩2,400,000}}{\text{기계작업시간 40,000시간}}$ =₩60/기계작업시간

② $\dfrac{\text{제조간접원가 ₩2,400,000}}{\text{직접노동시간 20,000시간}}$ =₩120/직접노동시간

2. 제조간접원가 배부차이

① 제조간접원가 예정배부액 ₩2,700,000
(₩60×기계작업시간 45,000시간)
제조간접원가 실제발생액 2,500,000
배부차이(과대배부) ₩ 200,000

② 제조간접원가 예정배부액 ₩2,160,000
(₩120×직접노동시간 18,000시간)
제조간접원가 실제발생액 2,500,000
배부차이(과소배부) ₩ 340,000

3. 마감 분개

(차) 제조간접원가	₩200,000	(대) 매출원가	₩200,000

4.

계 정	총원가	배분비율	배분액
재 공 품	₩1,200,000	12%	₩40,800
제 품	1,800,000	18%	61,200
매출원가	7,000,000	70%	238,000
	₩10,000,000		₩340,000

(차) 재 공 품	₩40,800	(대) 제조간접원가	₩340,000
제 품	61,200		
매출원가	238,000		

제 7 장

해답 7－3

1. 분개

①	(차)	원재료	₩200,000	(대)	매입채무	₩200,000
②	(차)	재공품 #301	₩180,000	(대)	원재료	₩180,000
③	(차)	재공품 #301	₩350,000	(대)	미지급임금	₩500,000
		제조간접원가	150,000			
④	(차)	제조간접원가	₩250,000	(대)	미지급비용	₩250,000
⑤	(차)	재공품 #301	₩420,000	(대)	제조간접원가	₩420,000
⑥	(차)	제 품	₩1,000,000	(대)	재공품	₩1,000,000

2.

원 재 료

기초	20,000	②	180,000
①	200,000	기말	40,000

제조간접원가

③	150,000	⑤	420,000
④	250,000		
배부차이	20,000		

재공품 #301

기초	50,000	⑥ 제품	1,000,000
②	180,000		
③	350,000		
⑤	420,000		

(1) 원재료기말재고액 : ₩40,000

(2) 당기제품제조원가 : ₩1,000,000

(3) 제조간접원가 배부차이(과대배부) : ₩20,000

해답 7－4

1. 분개와 전기

①	(차)	원재료	₩500,000	(대)	현금예금	₩500,000
②	(차)	재공품 #201	₩80,000	(대)	원 재 료	₩200,000
		재공품 #202	90,000			
		제조간접원가	30,000			
③	(차)	재공품 #201	₩120,000	(대)	미지급임금	₩300,000
		재공품 #202	130,000			
		제조간접원가	50,000			
④	(차)	제조간접원가	₩100,000	(대)	미지급비용	₩100,000
⑤	(차)	재공품 #201	₩60,000*	(대)	제조간접원가	₩150,000
		재공품 #202	90,000			

* 직접노동시간 2,000시간×제조간접원가배부율 ₩30=₩60,000

⑥	(차)	A제품	₩280,000	(대)	재공품 #201	₩280,000
⑦	(차)	B제품	₩340,000	(대)	재공품 #202	₩340,000
⑧	(차)	매출원가	₩620,000	(대)	A제품	₩280,000
					B제품	340,000
⑨	(차)	매출채권	₩700,000	(대)	매 출	₩700,000
⑩	(차)	매출원가	₩30,000	(대)	제조간접원가	₩30,000

원 재 료

기초	100,000	②	200,000
①	500,000		

재공품 #201

기초	20,000	⑥	280,000
②	80,000		
③	120,000		
⑤	60,000		

A제품

⑥	280,000	⑦	280,000

미지급임금

		③	300,000

재공품 #202

기초	30,000	⑦	340,000
②	90,000		
③	130,000		
⑤	90,000		

B제품

⑦	340,000	⑦	340,000

제조간접원가

②	30,000	⑤	150,000
③	50,000	⑩	30,000
④	100,000		

미지급비용

		④	100,000

매출원가

⑦	620,000	②	
⑩	30,000		

매 출

		①	700,000

현금예금

		①	500,000

매출채권

⑨	700,000		

2. 개별원가계산표

개별원가계산표

	작업 #101	작업 #102	합 계
기초제공품	₩20,000	₩30,000	₩50,000
직접재료원가	80,000	90,000	170,000
직접노무원가	120,000	130,000	250,000
제조간접원가	60,000	90,000	150,000
합 계	₩280,000	₩340,000	₩620,000

해답 7－5

1. 부문원가 배부표

원 가 요 소	배부기준	금액	제조부문		보조부문	
			제1제조	제2제조	동력부	공장사무부
부문개별원가						
간접재료원가		₩145,000	₩50,000	₩45,000	₩20,000	₩30,000
간접노무원가		120,000	60,000	40,000	10,000	10,000
기 타 경 비		45,000	10,000	20,000	10,000	5,000
소 계		₩310,000	₩120,000	₩105,000	₩40,000	₩45,000
부문공통원가						
감가상각비	기계가액	₩50,000	₩20,000	₩30,000	－	－
공장보험료	점유면적	80,000	30,000	40,000	₩4,000	₩6,000
복리후생비	종업원수	20,000	8,000	9,000	1,000	2,000
소 계		₩150,000	₩58,000	₩79,000	₩5,000	₩8,000
부문원가 합계		₩460,000	₩178,000	₩184,000	₩45,000	₩53,000
동 력 부			₩13,500	₩31,500		
공장사무부			21,200	31,800		
제조부문원가 합계		₩460,000	₩212,700	₩247,300		

2. ① 부문별 제조간접원가배부율

제1제조부문 배부율 ₩212,700÷300시간＝₩709/직접노동시간

제2제조부문 배부율 ₩247,300÷320시간＝₩772.81/직접노동시간

② 작업별 제조간접원가배부액

	작업 #301	작업 #302
제1제조부문	₩99,260*	₩113,440
제2제조부문	115,922	131,378

＊작업시간 140시간×제1제조부문 제조간접원가배부율 ₩709＝₩99,260

3. ① 개별원가계산표

	작업 #301	작업 #302	합 계
기초재공품	₩10,000	－	₩10,000
직접재료원가	300,000	₩320,000	620,000
직접노무원가			
제1제조부문	98,000	112,000	210,000
제2제조부문	120,000	136,000	256,000
제조간접원가			
제1제조부문	99,260	113,440	212,700
제2제조부문	115,922	131,378	247,300
합 계	₩743,182	₩812,818	₩1,556,000

② 제품단위당 제조원가
총완성품원가 ₩743,182÷완성량 1,000개=₩743.182

해답 7-6

1.
제1부문의 예정배부율 ₩200,000÷4,000시간=₩50/직접노동시간
제2부문의 예정배부율 ₩300,000÷7,500시간=₩40/기계작업시간

2. ① 작업별 제조간접원가 예정배부액

	작업 #401	작업 #402
제조간접원가배부액		
제1부문	₩25,000	₩20,000
제2부문	24,000	20,000
합 계	₩49,000	₩40,000

② 정상개별원가계산표

개별원가계산표

	작업 #401	작업 #402
직접재료원가	₩50,000	₩65,000
직접노무원가	45,250	38,000
제조간접원가배부액		
제1부문	25,000	20,000
제2부문	24,000	20,000
합 계	₩144,250	₩143,000

③ 제품단위당 제조원가
#401 : 총제조원가 ₩144,250÷생산량 1,000개=₩144.25
#402 : 총제조원가 ₩143,000÷생산량 1,100개=₩130

3. ① 공장전체 총괄예정배부율
(₩200,000+₩300,000)÷(4,000시간+4,000시간)=₩62.5/직접노동시간

② 제조간접원가배부액
(3,800시간+3,600시간)×₩62.5=₩462,500

③ 제조간접원가 배부차이

제조간접원가배부액	₩462,500
제조간접원가 실제발생액	500,000
배부차이(과소배부)	₩37,500

④ 분개

(차) 매출원가	₩37,500	(대) 제조간접원가	₩37,500

해답 7－7

1. 5대의 선박에 배부된 OH

OH 예정배부율 = ₩56,000 ÷ 800대 = ₩70(대당)

또는 ₩56,000 ÷ (800대 × 2시간) = ₩35(시간당)

(선박 5대) OH총배부액 = ₩70(대당) × 5대 = ₩350

2. OH 관련 의사결정

구 분	(주)일호	(주)이호	(주)삼호
대당 예상매출액	103	101	99
대당 제조원가(₩20+₩80) *	100	100	100
1) (회사측)단위당 매출총이익	3(유리)	1(유리)	-1(불리)
2) 홍길동담당자 의사결정	체결	체결	체결거부

* 대당 재료비 ₩20 + (실제 OH발생액 ₩56,000 ÷700대)

제 8 장

해답 8-4

1. ① 선입선출법

	I. 물량흐름	II. 완성품환산량	
		직접재료원가	가공원가
기초재공품(30%)	1,000개		
당기투입량	9,000		
합 계	10,000개		
완성품량			
기초재공품완성분	1,000개	500개[1)]	700개
당기투입완성분	7,000	7,000	7,000
기말재공품(60%)	2,000	1,000[2)]	1,200
합 계	10,000개	8,500개	8,900개

1) 1,000개×50%=500개

2) 2,000개×50%=1,000개

② 평균법

	I. 물량흐름	II. 완성품환산량	
		직접재료원가	가공원가
기초재공품(30%)	1,000개		
당기투입량	9,000		
합 계	10,000개		
완성품량	8,000개	8,000개	8,000개
기말재공품(60%)	2,000	1,000	1,200
합 계	10,000개	9,000개	9,200개

2. ① 선입선출법

	I. 물량흐름	II. 완성품환산량	
		직접재료원가	가공원가
기초재공품(60%)	1,000개		
당기투입량	9,000		
합 계	10,000개		
완성품량			
기초재공품완성분	1,000개	200개[1)]	400개
당기투입완성분	7,000	7,000	7,000
기말재공품(70%)	2,000	1,700[2)]	1,400
합 계	10,000개	8,900개	8,800개

1) (1,000개×50%)×40%=200개

2) 1,000개+(1,000개×70%)=1,700개

② 평균법

	I. 물량흐름	II. 완성품환산량	
		직접재료원가	가공원가
기초재공품(60%)	1,000개		
당기투입량	9,000		
합 계	10,000개		
완성품량	8,000개	8,000개	8,000개
기말재공품(70%)	2,000	1,700*	1,400
합 계	10,000개	9,700개	9,400개

* 1,000개+(1,000개×70%)=1,700개

해답 8-5

	I. 물량흐름	II. 완성품환산량		
		직접재료원가 A	직접재료원가 B	가공원가
기 초 재 공 품(50%)	3,000개			
당 기 투 입 량	10,000			
합 계	13,000개			
완 성 품 량				
기초재공품완성분	3,000개	–	3,000개	1,500개
당기투입완성분	6,000	6,000개	6,000	6,000
기 말 재 공 품 (60%)	4,000	4,000	4,000	2,400
합 계	13,000개	10,000개	13,000개	9,900개
기 초 재 공 품 원 가	₩197,200	–	–	–
당 기 제 조 원 가	742,800	₩200,000	₩325,000	₩217,800
III. 배 분 대 상 원 가	₩940,000			
÷완성품환산량		÷10,000개	÷13,000개	÷9,900개
IV. 완성품환산량 단위당 원가		₩20	₩25	₩22

해답 8-6

1. 선입선출법

제 조 원 가 보 고 서

(20×1. 5. 1 ~ 5. 31)

	I. 물량흐름	II. 완성품환산량	
		직접재료원가	가공원가
기 초 재 공 품(40%)	4,000개		
당 기 투 입 량	16,000		
합 계	20,000개		
완 성 품 량			
기초재공품완성분	4,000개	–	2,400개
당기투입완성분	11,000	11,000개	11,000

		직접재료원가	가공원가
기말재공품(60%)	5,000	5,000	3,000
합 계	20,000개	16,000개	16,400개
기초재공품원가	₩90,000	–	–
당기제조원가	305,800	₩150,000	₩155,800
Ⅲ. 배분대상원가	₩395,800		
÷완성품환산량		÷16,000개	÷16,400개
Ⅳ. 완성품환산량 단위당 원가		₩9.375	₩9.5

Ⅴ. 원가의 배분		
1. 완성품원가		
기초재공품원가	₩90,000	
기초재공품당기추가원가	22,800	(2,400개×₩9.5)
당기투입완성품원가	207,625	(11,000개×₩18.875)
합 계	₩320,425	
2. 기말재공품원가		
직접재료원가	₩46,875	(5,000개×₩9.375)
가공원가	28,500	(3,000개×₩9.5)
합 계	₩75,375	

2. 평균법

제조원가보고서

(20×1. 5. 1 ~ 5. 31)

	Ⅰ. 물량흐름	Ⅱ. 완성품환산량	
		직접재료원가	가공원가
기초재공품(40%)	4,000개		
당기투입량	16,000		
합 계	20,000개		
완성품량	15,000개	15,000개	15,000개
기말재공품(60%)	5,000	5,000	3,000
합 계	20,000개	20,000개	18,000개
기초재공품원가	₩90,000	₩50,000	₩40,000
당기제조원가	305,800	150,000	₩155,800
Ⅲ 배분대상원가	₩395,800	₩200,000	₩195,800
÷완성품환산량		÷20,000개	÷18,000개
Ⅳ. 완성품환산량 단위당 원가		₩10	₩10.877

Ⅴ. 원가의 배분		
1. 완성품원가	₩313,170	(15,000개×₩20.878)
2. 기말재공품원가		
직접재료원가	₩50,000	(5,000개×₩10)
가공원가	32,630	(3,000개×₩10.877)
합 계	₩82,630	

해답 8-7

1. 선입선출법

제조원가보고서 (제1공정)

(20×1. 5. 1 ~ 5. 31)

	I. 물량흐름		II. 완성품환산량	
			직접재료원가	가공원가
기초재공품(20%)	1,000개			
당기투입량	9,000			
합계	10,000개			
완성품량(차공정대체량)				
기초재공품완성분	1,000개		–	800개
당기투입완성분	7,000		7,000개	7,000
기말재공품(40%)	2,000		2,000	800
합계	10,000개		9,000개	8,600개
기초재공품원가	₩50,000		–	–
당기제조원가	193,200		₩90,000	₩103,200
III 배분대상원가	₩243,200			
÷완성품환산량			÷9,000개	÷8,600개
IV. 완성품환산량 단위당 원가			₩10	₩12
V. 원가의 배분				
1. 완성품원가(차공정대체원가)				
기초재공품원가	₩50,000			
기초재공품당기추가원가	9,600	(800개×₩12)		
당기투입완성품원가	154,000	(7,000개×₩22)		
합계	₩213,600			
2 기말재공품원가				
직접재료원가	₩20,000	(2,000개×₩10)		
가공원가	9,600	(800개×₩12)		
합계	₩29,600			

2. 선입선출법

제조원가보고서 (제2공정)

(20×1. 5. 1 ~ 5. 31)

	I. 물량흐름	II. 완성품 환산량		
		전공정원가	직접재료원가	가공원가
기초재공품(40%)	2,000개			
당기투입량(전공정대체량)	8,000			
합계	10,000개			
완성품량				
기초재공품완성분	2,000개	–	–	1,200개
당기투입완성분	4,000	4,000개	4,000개	4,000
기말재공품(30%)	4,000	4,000	4,000	1,200
합계	10,000개	8,000개	8,000개	6,400개

기초재공품원가	₩70,000	–	–	–
당기제조원가	421,600	₩213,600	₩80,000	₩128,000
Ⅲ. 배분대상원가	₩491,600			
÷완성품환산량		÷8,000개	÷8,000개	÷6,400개
Ⅳ. 완성품환산량 단위당 원가		₩26.7	₩10	₩20
Ⅴ. 원가의 배분				
1. 완성품원가				
기초재공품원가	₩70,000			
기초재공품당기추가원가	24,000	(1,200개×₩20)		
당기투입완성품원가				
전공정원가	106,800	(4,000개×₩26.7)		
직접재료원가	40,000	(4,000개×₩10)		
가공원가	80,000	(4,000개×₩20)		
합계	₩320,800			
2. 기말재공품원가				
전공정원가	₩106,800	(4,000개×₩26.7)		
직접재료원가	40,000	(4,000개×₩10)		
가공원가	24,000	(1,200개×₩20)		
합계	₩170,800			

해답 8-8

1. 선입선출법

제조원가보고서 (직접재료원가)

(20×1. 5. 1 ~ 5. 31)

	Ⅰ. 물량흐름	Ⅱ. 완성품환산량 직접재료원가
기초재공품	4,000개[1]	
당기투입량	9,000[2]	
합계	13,000개	
완성품량[3]		
기초재공품완성분	4,000개	–
당기투입완성분	4,000	4,000개
기말재공품	5,000[4]	5,000
합계	13,000개	9,000개
기초재공품원가	₩120,000	–
당기제조원가	450,000	₩450,000
Ⅲ. 배분대상원가	₩570,000	
÷완성품환산량		÷9,000개
Ⅳ. 완성품환산량 단위당 원가		₩50
Ⅴ. 원가의 배분		
1. 완성품원가		
기초재공품원가	₩120,000	

당기투입완성품원가	200,000	(4,000개×₩50)
합 계	₩320,000	
2. 기말재공품원가	₩250,000	(5,000개×₩50)

1) 제1공정 기초재고량 1,000개+제2공정 기초재고량 3,000개=4,000개
2) 제1공정 투입량
3) 제2공정(최종공정)의 완성품량임.
4) 제1공정 기말재고량 3,000개+제2공정 기말재고량 2,000개=5,000개

2. 선입선출법

제조원가보고서 (제1공정 가공원가)
(20×1. 5. 1 ~ 5. 31)

	I. 물량흐름		II. 완성품환산량 가공원가
기초재공품(30%)	1,000개		
당기투입량	9,000		
합 계	10,000개		
완성품량(차공정대체량)			
기초재공품완성분	1,000개		700개
당기투입완성분	6,000		6,000개
기말재공품(40%)	3,000		1,200
합 계	10,000개		7,900개
기초재공품원가	₩200,000		–
당기제조원가	316,000		₩316,000
III. 배분대상원가	₩516,000		
÷완성품환산량			÷7,900개
IV. 완성품환산량 단위당 원가			₩40
V. 원가의 배분			
1. 완성품원가(차공정대체원가)			
기초재공품원가	₩200,000		
기초재공품당기추가원가	28,000	(700개×₩40)	
당기투입완성품원가	240,000	(6,000개×₩40)	
	₩468,000		
2. 기말재공품원가	₩48,000	(1,200개×₩40)	

3. 선입선출법

제조원가보고서 (제2공정 가공원가)

(20×1. 5. 1 ~ 5. 31)

	I. 물량흐름	II. 완성품환산량	
		전공정원가	가공원가
기초재공품(40%)	3,000개		
당기투입량(전공정대체량)	7,000		
합계	10,000개		
완성품량			
기초재공품완성분	3,000개	–	1,800개
당기투입완성분	5,000	5,000개	5,000
기말재공품(20%)	2,000	2,000	400
합계	10,000개	7,000개	7,200개
기초재공품원가	₩240,000	–	–
당기제조원가	864,000	₩468,000	₩396,000
III 배분대상원가	₩1,104,000		
÷완성품환산량		÷7,000개	÷7,200개
IV. 완성품환산량 단위당 원가		₩66.857	₩55

V. 원가의 배분

1. 완성품원가		
기초재공품원가	₩240,000	
기초재공품 당기추가원가	99,000	(1,800개×₩55)
당기투입완성품원가		
전공정원가	334,285	(5,000개×₩66.857)
가공원가	275,000	(5,000개×₩55)
합계	₩948,285	
2. 기말재공품원가		
전공정원가	₩133,715	(2,000개×₩66.857)
가공원가	22,000	(400개×₩55)
합계	₩155,715	

제 9 장

해답 9－4

1. 합격품량의 계산

① 공손검사시점이 40%인 경우
당기투입량 90,000개－공손량 5,000개＝85,000개

② 공손검사시점이 70%인 경우
(기초재공품10,000개＋당기투입량 90,000개)－공손량 5,000개＝95,000개

③ 공손검사시점이 90%인 경우
(기초재공품 10,000개＋당기투입량 90,000개)－(기말재공품 20,000개＋공손량 5,000개)
＝75,000개

④ 기초재공품(80%), 기말재공품(50%), 공손검사시점이 70%인 경우
당기투입량 90,000개－(기말재공품량 20,000개＋공손량 5,000개)＝65,000개

2. 공손수량의 구분

① 공손검사시점이 40%인 경우
합격품량 85,000개×정상공손율 2%＝정상공손량 1,700개
총공손량 5,000개－정상공손량 1,700개＝비정상공손량 3,300개

② 공손검사시점이 70%인 경우
합격품량 95,000개×정상공손율 2%＝정상공손량 1,900개
총공손량 5,000개－정상공손량 1,900개＝비정상공손량 3,100개

③ 공손검사시점이 90%인 경우
합격품량 75,000개×정상공손율 2%＝정상공손량 1,500개
총공손량 5,000개－정상공손량 1,500개＝비정상공손량 3,500개

④ 기초재공품(80%), 기말재공품(50%), 공손검사시점이 70%인 경우
합격품량 65,000개×정상공손율 2%＝정상공손량 1,300개
총공손량 5,000개－정상공손량 1,300개＝비정상공손량 3,700개

해답 9-5

1. 선입선출법

제조원가보고서

(20×1. 5. 1 ~ 5. 31)

	I. 물량흐름	II. 완성품환산량	
		직접재료원가	가공원가
기초재공품(30%)	2,000개		
당기투입량	10,000		
합계	12,000개		
완성품량			
기초재공품완성분	2,000개	–	1,400개
당기투입완성분	6,000	6,000개	6,000
정상공손	550[1]	550	385[3]
비정상공손	450[2]	450	315[4]
기말재공품(80%)	3,000	3,000	2,400
합계	12,000개	10,000개	10,500개
기초재공품원가	₩22,000	–	–
당기제조원가	144,000	₩60,000	₩84,000
III 배분대상원가	₩166,000		
÷완성품환산량		÷10,000개	÷10,500개
IV. 완성품환산량 단위당 원가		₩6	₩8
V. 원가의 배분			
1. 완성품원가			
기초재공품원가	₩22,000		
기초재공품 당기추가원가	11,200	(1,400개×₩8)	
당기투입완성품원가	84,000	(6,000개×₩14)	
정상공손원가	4,640[5]		
합계	₩121,840		
2. 기말재공품원가	₩37,200	(3,000개×₩6+2,400개×₩8)	
정상공손원가	1,740[5]		
합계	₩38,940		
3. 비정상공손원가	₩5,220	(450개×₩6+315개×₩8)	

1) (기초재공품량 2,000개+당기투입량 10,000개)−공손량 1,000개=합격품량 11,000개
11,000개×정상공손율 5%=정상공손량 550개

2) 총공손량 1,000개−정상공손량 550개=비정상공손량 450개

3), 4) 공손의 가공원가 완성도는 공손검사시점(70%)이다.

5) 정상공손원가의 배분은 기말재공품의 완성도가 공손검사시점보다 높으므로 완성품과 기말재공품에 공동 배분하여야 한다.

정상공손원가 ₩6,380 (550개×₩6+385개×₩8)

① 완성품에 배분 $₩6,380 \times \frac{8,000개}{8,000개+3,000개} = ₩4,640$

② 기말재공품에 배분 $₩6,380 \times \frac{3,000개}{8,000개+3,000개} = ₩1,740$

2. 평균법

제 조 원 가 보 고 서

(20×1. 5. 1 ~ 5. 31)

	Ⅰ. 물량흐름	Ⅱ. 완성품환산량 직접재료원가	Ⅱ. 완성품환산량 가공원가
기초재공품(30%)	2,000개		
당기투입량	10,000		
합계	12,000개		
완성품량	8,000개	8,000개	8,000개
정상공손	400[1]	400	360[3]
비정상공손	600[2]	600	540[4]
기말재공품(80%)	3,000	3,000	2,400
합계	12,000개	12,000개	11,300개
기초재공품원가	₩22,000	₩10,000	₩12,000
당기제조원가	144,000	60,000	84,000
Ⅲ 배분대상원가	₩166,000	₩70,000	₩96,000
÷완성품환산량		÷12,000개	÷11,300개
Ⅳ. 완성품환산량 단위당 원가		₩5.833	₩8.496
Ⅴ. 원가의 배분			
1. 완성품원가			
직접재료원가	₩46,664	(8,000개×₩5.833)	
가공원가	67,968	(8,000개×₩8.496)	
정상공손원가	5,392[5]	(4,000개×₩5.833+360개×₩8.496)	
합계	₩120,024		
2. 기말재공품원가			
직접재료원가	₩17,499	(3,000개×₩5.833)	
가공원가	20,390	(2,400개×₩8.496)	
합계	₩37,889		
3. 비정상공손원가	₩8,087	(600개×₩5.833+540개×₩8.496)	

1) (기초재공품량 2,000개+당기투입량 10,000개)−(기말재공품량 3,000개+공손량 1,000개)
=합격품량 8,000개
합격품량 8,000개×정상공손율 5%=정상공손량 400개

2) 총공손량 1,000개−정상공손량 400개=비정상공손량 600개

3), 4) 공손의 가공원가 완성도는 공손검사시점(90%)이다.

5) 정상공손원가는 기말재공품의 완성도가 공손검사시점보다 낮으므로 완성품에만 배분하여야 한다.

해답 9－6

1. 선입선출법

제 조 원 가 보 고 서

(20×1. 5. 1 ~ 5. 31)

	Ⅰ. 물량흐름	Ⅱ. 완성품환산량 직접재료원가	Ⅱ. 완성품환산량 가공원가
기 초 재 공 품(60%)	2,000개		
당 기 투 입 량	8,000		
합 계	10,000개		
완 성 품 량			
기초재공품완성분	2,000개	－	800개
당기투입완성분	4,000	4,000개	4,000
정 상 공 손	600[1]	600	300[3]
비 정 상 공 손	1,400[2]	1,400	700[4]
기 말 재 공 품(80%)	2,000	2,000	1,600
합 계	10,000개	8,000개	7,400개
기 초 재 공 품 원 가	₩44,000	－	－
당 기 제 조 원 가	191,000	₩80,000	₩111,000
Ⅲ 배 분 대 상 원 가	₩235,000		
÷완성품환산량		÷8,000	÷7,400
Ⅳ. 완성품환산량 단위당 원가		₩10	₩15
Ⅴ. 원 가 의 배 분			
1. 완 성 품 원 가			
기초재공품원가	₩44,000		
기초재공품 당기추가원가	12,000	(800개×₩15)	
당기투입완성품원가	100,000	(4,000개×₩25)	
정상공손원가	7,000[5]		
합 계	₩163,000		
2. 기말재공품원가	₩44,000	(2,000개×₩10＋1,600개×₩15)	
정상공손원가	3,500[5]		
합 계	₩47,500		
3. 비정상공손원가	₩24,500	(1,400개×₩10＋700개×₩15)	

1) 당기투입량 8,000개－공손량 2,000개＝합격품량 6,000개
   합격품량 6,000개×정상공손율 10%＝정상공손량 600개

2) 총공손량 2,000개－정상공손량 600개＝비정상공손량 1,400개

3), 4) 공손의 가공원가 완성도는 공손검사시점(50%)이다.

5) 정상공손원가의 배분
   정상공손원가 ₩10,500 (600개×₩10＋300개×₩15)

   ① 완성품에 배분 ₩10,500× $\frac{6,000개－2,000개}{6,000개－2,000개＋2,000개}$ ＝₩7,000

   ② 기말재공품에 배분 ₩10,500× $\frac{2,000개}{6,000개－2,000개＋2,000개}$ ＝₩3,500

2. 평균법

제 조 원 가 보 고 서

(20×1. 5. 1 ~ 5. 31)

	I. 물량흐름	II. 완성품환산량	
		직접재료원가	가공원가
기초재공품(60%)	2,000개		
당기투입량	8,000		
합계	10,000개		
완성품량	6,000개	6,000개	6,000개
정상공손	400[1)]	400	200[3)]
비정상공손	1,600[2)]	1,600	800[4)]
기말재공품(40%)	2,000	2,000	800
합계	10,000개	10,000개	7,800개
기초재공품원가	₩44,000	₩20,000	₩24,000
당기제조원가	191,000	80,000	111,000
III 배분대상원가	₩235,000	₩100,000	₩135,000
÷완성품환산량		÷10,000개	÷7,800개
IV. 완성품환산량 단위당 원가		₩10	₩17.308

V. 원가의 배분		
1. 완성품원가		
직접재료원가	₩60,000	(6,000개×₩10)
가공원가	103,846	(6,000개×₩17.308)
정상공손원가	7,462[5)]	(400개×₩10+200개×₩17.308)
합계	₩171,308	
2. 기말재공품원가		
직접재료원가	₩20,000	(2,000개×₩10)
가공원가	13,846	(800개×₩17.308)
합계	₩33,846	
3. 비정상공손원가	₩29,846	(1,600개×₩10+800개×₩17.308)

1) 당기투입량 8,000개－(기말재공품량 2,000개＋공손량 2,000개)＝합격품량 4,000개
   합격품량 4,000개×정상공손율 10%＝정상공손량 400개
2) 총공손량 2,000개－정상공손량 400개＝비정상공손량 1,600개
3), 4) 공손의 가공원가 완성도는 공손검사시점(50%)이다.
5) 정상공손원가는 기말재공품의 완성도가 공손검사시점보다 낮으므로 완성품에만 배부하여야 한다.

해답 9-7

1. 선입선출법

제 조 원 가 보 고 서
(20×1. 5. 1 ~ 5. 31)

	I. 물량흐름	II. 완성품환산량	
		직접재료원가	가공원가
기 초 재 공 품(30%)	1,000개		
당 기 투 입 량	9,000		
합 계	10,000개		
완 성 품 량			
기초재공품완성분	1,000개	–	700개
당기투입완성분	6,000	6,000개	6,000
정 상 공 손(1차)	470[1)]	470	188[5)]
비 정 상 공 손(1차)	130[2)]	130	52[6)]
정 상 공 손(2차)	140[3)]	140	126[7)]
비 정 상 공 손(2차)	260[4)]	260	234[8)]
기 말 재 공 품(70%)	2,000	2,000	1,400
합 계	10,000개	9,000개	8,700개
기 초 재 공 품 원 가	₩60,000	–	–
당 기 제 조 원 가	574,500	₩270,000	₩304,500
III 배 분 대 상 원 가	₩634,500		
÷완성품환산량		÷9,000개	÷8,700개
IV. 완성품환산량 단위당 원가		₩30	₩35

V. 원 가 의 배 분		
1. 완 성 품 원 가		
기 초 재 공 품 원 가	₩60,000	
기초재공품 당기추가원가	24,500	(700개×₩35)
당기투입완성품원가	390,000	(6,000개×₩65)
1차정상순공손원가	14,000[9)]	
2차정상순공손원가	8,050[9)]	
합 계	₩496,550	
2. 기 말 재 공 품 원 가		
직 접 재 료 원 가	₩60,000	(2,000개×₩30)
가 공 원 가	49,000	(1,400개×₩35)
1차정상순공손원가	4,000[9)]	
합 계	₩113,000	
3. 비정상순공손원가[10)]		
1차비정상순공손원가	₩5,200	
2차비정상순공손원가	14,950	
합 계	₩20,150	

1) 기초재공품량 1,000개+당기투입량 9,000개−1차공손량 600개=1차 합격품량 9,400개
1차 합격품량 9,400개×정상공손율 5%=1차 정상공손량 470개
2) 1차 총공손량 600개−1차 정상공손량 470개=1차 비정상공손량 130개
3) 1차 합격품량 9,400개−(기말재공품량 2,000개+2차 공손량 400개)=2차 합격품량 7,000개
2차 합격품량 7,000개×정상공손율 2%=2차 정상공손량 140개
4) 2차 총공손량 400개−2차 정상공손량 140개=2차 비정상공손량 260개
5), 6) 1차 공손의 가공원가 완성도는 공손검사시점(40%)이다.
7), 8) 2차 공손의 가공원가 완성도는 공손검사시점(90%)이다.
9) 정상순공손원가의 계산과 배분
① 정상순공손원가의 계산
− 1차 정상순공손원가

직접재료원가	₩14,100	(470개×₩30)
가 공 원 가	6,580	(188개×₩35)
처 분 가 치	(1,880)	(470개×₩4)
합 계	₩18,800	

− 2차 정상순공손원가

직접재료원가	₩4,200	(140개×₩30)
가 공 원 가	4,410	(126개×₩35)
1차 정상순공손원가	280*	
처 분 가 치	(840)	(140개×₩6)
합 계	₩8,050	

* 1차 정상순공손원가 재배분액 $₩18,800 \times \frac{140개}{7,000개 + 140개 + 260개 + 2,000개} = ₩280$

② 정상순공손원가의 배분
−1차 정상순공손원가
㉠ 완성품에 배분 $₩18,800 \times \frac{7,000개}{7,000개 + 400개 + 2,000개} = ₩14,000$
㉡ 기말재공품에 배분 $₩18,800 \times \frac{2,000개}{7,000개 + 400개 + 2,000개} = ₩4,000$
−2차 정상순공손원가
기말재공품의 완성도가 2차 공손검사시점보다 낮으므로 완성품에만 배분하여야 한다.

10) 비정상순공손원가의 계산
− 1차 비정상순공손원가

직접재료원가	₩3,900	(130개×₩30)
가 공 원 가	1,820	(52개×₩35)
처 분 가 치	(520)	(130개×₩4)
합 계	₩5,200	

− 2차 비정상순공손원가

직접재료원가	₩7,800	(260개×₩30)
가 공 원 가	8,190	(234개×₩35)
1차 정상순공손원가	520*	
처 분 가 치	(1,560)	(260개×₩6)
합 계	₩14,950	

* 1차 정상순공손원가 재배분액 $₩18,800 \times \frac{260개}{7,000개 + 140개 + 260개 + 2,000개} = ₩520$

2. 평균법

제 조 원 가 보 고 서

(20×1. 5. 1 ~ 5. 31)

	I. 물량흐름	II. 완성품환산량 직접재료원가	II. 완성품환산량 가공원가
기초재공품(30%)	1,000개		
당기투입량	9,000		
합계	10,000개		
완성품량	7,000개	7,000개	7,000개
정상공손(1차)	470	470	188
비정상공손(1차)	130	130	52
정상공손(2차)	140	140	126
비정상공손(2차)	260	260	234
기말재공품(70%)	2,000	2,000	1,400
합계	10,000개	10,000개	9,000개
기초재공품원가	₩60,000	₩20,000	₩40,000
당기제조원가	574,500	270,000	304,500
III 배분대상원가	₩634,500	₩290,000	₩344,500
÷완성품환산량		÷10,000개	÷9,000개
IV. 완성품환산량 단위당 원가		₩29	₩38.277
V. 원가의 배분			
1. 완성품원가			
직접재료원가	₩203,000	(7,000개×₩29)	
가공원가	267,944	(7,000개×₩38.277)	
1차 정상순공손원가	14,109[1)]		
2차 정상순공손원가	8,325[1)]		
합계	₩493,378		
2. 기말재공품원가			
직접재료원가	₩58,000	(2,000개×₩29)	
가공원가	53,589	(1,400개×₩38.277)	
1차 정상순공손원가	4,031[1)]		
합계	₩115,620		
3. 비정상순공손원가[2)]			
1차비정상순공손원가	₩5,241		
2차비정상순공손원가	15,461		
합계	₩20,702		

1) 정상순공손원가의 계산과 배분

① 정상순공손원가의 계산

– 1차 정상순공손원가

직접재료원가	₩13,630	(470개×₩29)
가공원가	7,196	(188개×₩38.277)
처분가치	(1,880)	(470개×₩4)
합계	₩18,946	

– 2차 정상순공손원가

직접재료원가	₩4,060	(140개×₩29)
가 공 원 가	4,823	(126개×₩38.277)
1차 정상순공손원가	282*	
처 분 가 치	(840)	(140개×₩6)
합 계	₩8,325	

* 1차 정상순공손원가 재배분액 ₩18,946× $\frac{140개}{7,000개+140개+260개+2,000개}$ =₩282

② 정상순공손원가의 배분

–1차 정상순공손원가

㉠ 완성품에 배분 ₩18,946× $\frac{7,000개}{7,000개+400개+2,000개}$ =₩14,109

㉡ 기말재공품에 배분 ₩18,946× $\frac{2,000개}{7,000개+400개+2,000개}$ =₩4,031

–2차 정상순공손원가

기말재공품의 완성도가 2차 공손검사시점보다 낮으므로 완성품에만 배분하여야 한다.

2) 비정상순공손원가의 계산

– 1차 비정상순공손원가

직접재료원가	₩3,770	(130개×₩29)
가 공 원 가	1,991	(52개×₩38.277)
처 분 가 치	(520)	(130개×₩4)
합 계	₩5,241	

– 2차 비정상순공손원가

직접재료원가	₩7,540	(260개×₩29)
가 공 원 가	8,957	(234개×₩38.277)
1차 정상순공손원가	524*	
처 분 가 치	(1,560)	(260개×₩6)
합 계	₩15,461	

* 1차 정상순공손원가 재배분액 ₩18,946× $\frac{260개}{7,000개+140개+260개+2,000개}$ =₩524

해답 9-8

1. 선입선출법

제 조 원 가 보 고 서 (1공 정)

(20×1. 5. 1 ~ 5. 31)

	Ⅰ. 물량흐름	Ⅱ. 완성품환산량	
		직접재료원가	가공원가
기초재공품(40%)	1,000개		
당기투입량	11,000		
합계	12,000개		
완성품량(차공정대체량)			
기초재공품완성분	1,000개	–	600개
당기투입완성분	8,000	8,000개	8,000
정상공손	450[1]	450	270[3]
비정상공손	550[2]	550	330[4]
기말재공품(50%)	2,000	2,000	1,000
합계	12,000개	11,000개	10,200개
기초재공품원가	₩80,000	–	–
당기제조원가	314,000	₩110,000	₩204,000
Ⅲ 배분대상원가	₩394,000		
÷완성품환산량		÷11,000개	÷10,200개
Ⅳ. 완성품환산량 단위당 원가		₩10	₩20

Ⅴ. 원가의 배분 (차공정대체원가)

1. 완성품원가		
기초재공품원가	₩80,000	
기초재공품 당기추가원가	12,000	(600개×₩20)
당기투입완성품원가	240,000	(8,000개×₩30)
정상공손원가	9,900[5]	(450개×₩10+270개×₩20)
합계	₩341,900	
2. 기말재공품원가	₩40,000	(2,000개×₩10+1,000개×₩20)
3. 비정상공손원가	₩12,100	(550개×₩10+330개×₩20)

1) (기초재공품량 1,000개+당기투입량 11,000개)−(기말재공품량 2,000개+공손량 1,000개)
=합격품량 9,000개
합격품량 9,000개×정상공손율 5%=정상공손량 450개

2) 총공손량 1,000개−정상공손량 450개=비정상공손량 550개

3), 4) 공손의 가공원가 완성도는 공손검사시점(60%)이다.

5) 기말재공품의 완성도가 공손검사시점보다 낮으므로 정상공손원가는 완성품에만 배분한다.

2. 선입선출법

제 조 원 가 보 고 서 (2공 정)

(20×1. 5. 1 ~ 5. 31)

	I. 물량흐름	II. 완성품환산량		
		전공정원가	직접재료원가	가공원가
기 초 재 공 품(50%)	2,000개			
당기투입량(전공정대체량)	9,000			
합 계	11,000개			
완 성 품 량				
기초재공품완성분	2,000개	–	1,000개[3]	1,000개
당기투입완성분	6,000	6,000개	6,000개	6,000
정 상 공 손	500[1]	500	250[4]	300[7]
비 정 상 공 손	500[2]	500	250[5]	300[8]
기 말 재 공 품(80%)	2,000	2,000	1,000[6]	1,600
합 계	11,000개	9,000개	8,500개	9,200개
기 초 재 공 품 원 가	₩80,000	–	–	–
당 기 제 조 원 가	610,900	₩341,900	₩85,000	₩184,000
III 배 분 대 상 원 가	₩690,900			
÷완성품환산량		÷9,000개	÷8,500개	÷9,200개
IV. 완성품환산량 단위당 원가		₩37,989	₩10	₩20

V. 원 가 의 배 분 (차공정대체원가)

1. 완 성 품 원 가		
기 초 재 공 품 원 가	₩80,000	
기초재공품 당기추가원가	30,000	(1,000개×₩10+1,000개×₩20)
당기투입완성품원가	407,934	(6,000개×₩67.989)
정 상 공 손 원 가	21,995.[9]	
합 계	₩539,929	
2. 기 말 재 공 품 원 가		
전 공 정 원 가	₩75,978	(2,000개×₩37.989)
직 접 재 료 원 가	10,000	(1,000개×₩10)
가 공 원 가	32,000	(1,600개×₩20)
정 상 공 손 원 가	5,498[9]	
합 계	₩123,476	
3. 비 정 상 공 손 원 가	₩27,495	(500개×₩37.989+250개×₩10+300개×₩20)

1) (기초재공품량 2,000개+당기투입량 9,000개)－공손량 1,000개=합격품량 10,000개
합격품량 10,000개×정상공손율 5%=정상공손량 500개
2) 총공손량 1,000개－정상공손량 500개=비정상공손량 500개
3) 2,000개×50%=1,000개
4), 5) 500개×50%=250개
6) 2,000개×50%=1,000개
7), 8) 공손의 가공원가 완성도는 공손검사시점(60%)이다.
9) 정상공손원가의 계산과 배분
정상공손원가 ₩27,495 (500개×₩37.989+250개×₩10+300개×₩20)

완성품에 배분 ₩27,495×$\frac{8,000\text{개}}{8,000\text{개}+2,000\text{개}}$=₩21,995

기말재공품에 배분 ₩27,495×$\frac{2,000\text{개}}{8,000\text{개}+2,000\text{개}}$=₩5,498

해답 9-9

1. 평균법

제조원가보고서
(20×1. 5. 1 ~ 5. 31)

	I. 물량흐름	II. 완성품환산량 직접재료원가	II. 완성품환산량 가공원가
기초재공품(40%)	1,200kg		
당기투입량	8,000		
합계	9,200kg		
완성품량	7,000kg	7,000kg	7,000kg
정상감손(50%)	200	200	100
기말재공품(60%)	2,000	2,000	1,200
합계	9,200kg	9,200kg	8,300kg
기초재공품원가	₩36,000	₩12,000	₩24,000
당기제조원가	222,000	80,000	142,000
III 배분대상원가	₩258,000	₩92,000	₩166,000
÷완성품환산량		÷9,200kg	÷8,300kg
IV. 완성품환산량 단위당 원가		₩10	₩20

V. 원가의 배분

1. 완성품원가		
직접재료원가	₩70,000	(7,000kg×₩10)
가공원가	140,000	(7,000kg×₩20)
정상감손원가	3,263*	
합계	₩213,263	
2. 기말재공품원가		
직접재료원가	₩20,000	(2,000kg×₩10)
가공원가	24,000	(1,200kg×₩20)
정상감손원가	737*	
합계	₩44,737	

* 정상감손원가의 배분은 기말재공품의 완성도가 공손검사시점보다 높으므로 완성품과 기말재공품에 공동배분한다.

① 완성품에의 배분(₩3,263)

직접재료원가 $₩2,000 \times \frac{7,000kg}{7000kg+2,000kg} = ₩1,556$

가공원가 $₩2,000 \times \frac{7,000kg}{7000kg+1,200kg} = ₩1,707$

② 기말재공품에의 배분(₩737)

직접재료원가 $₩2,000 \times \frac{2,000kg}{7000kg+2,000kg} = ₩444$

가공원가 $₩2,000 \times \frac{1,200kg}{7000kg+1,200kg} = ₩293$

해답 9－10

재 공 품 물량%(A재료)(B재료)(가공원가)

월초재공품		완성품	4,000
	2,500(1)(0)(0.4)	월초	2,500(0)(1)(0.6)
		당기	1,500
당기투입	3,520	공 손*	120(1)(0)(0.75)
		정상	100
		비정상	20
		월말재공품	1,900
		900(0)(0)(0.1)	
		1,000(1)(1)(0.8)	
합 계	6,020	합 계	6,020

* 공손수량의 구분

－정상공손수량＝(2,500＋1,500＋1,000)×2%＝100단위

－비정상공손수량＝120－100＝20단위

여기서 합격품량은 다음과 같이 손쉽게 구할 수도 있다.

(월초재공품 2,500＋당기투입량 3,520－(월말재공품 900＋공손량 120)＝5,000단위

제조원가보고서(선입선출법)

(20×1. 5. 1 ~ 5. 31)

		II. 완성품환산량		
	I. 물량흐름	A재료원가	B재료원가	가공원가
기초재공품 (40%)	2,500단위			
당기투입량	3,520			
합계	6,020단위			
완성품량				
기초재공품완성분 (40%)	2,500단위	0	2,500단위	1,500단위
당기투입완성분	1,500	1,500단위	1,500	1,500
기말재공품 (10%)	900	0	0	90
기말재공품 (80%)	1,000	1,000	1,000	800
정상공손 (75%)	100	100	0	75
비정상공손 (75%)	20	20	0	15
합계	6,020단위	2,620단위	5,000단위	3,980단위
기초재공품원가	₩677,000	—	—	—
당기제조원가	2,133,000	₩524,000	₩415,000	₩1,194,000
III. 배분대상원가	₩2,810,000			
÷완성품환산량		÷2,620단위	÷5,000단위	÷3,980단위
IV. 완성품환산량 단위당 원가		@₩200	@₩83	@₩300

V. 원가의 배분		
1. 완성품원가		
기초재공품원가	₩677,000	
당기완성품원가	1,532,000	(1,500단위×₩200+4,000단위×₩83+3,000단위×₩300)
정상공손원가	34,000*	
합계	₩2,243,000	
2. 기말재공품원가		
900단위(10%)	₩27,000	(90단위×₩300)
1,000단위(80%)	523,000	(1,000단위×₩200+1,000단위×₩83+800단위×₩300)
정상공손원가	8,500*	
합계	₩558,500	
3. 비정상공손원가	₩8,500	(20단위×₩200+15단위×₩300)

* A재료에서 발생한 정상공손원가의 배분은 완성품과 기말재공품에 공동배분한다.

정상공손원가 ₩42,500(100단위×₩200+75단위×₩300)

① 완성품에 배분 $₩42,500 \times \frac{4,000\text{단위}}{4,000\text{단위}+1,000\text{단위}} = ₩34,000$

② 기말재공품에 배분 $₩42,500 \times \frac{1,000\text{단위}}{4,000\text{단위}+1,000\text{단위}} = ₩8,500$

해답 9-11

1. • 기초재공품량(50개)+당기착수량(190개)
=완성품량(150개)+기말재공품량(50개)+공손량(?개) ∴ 40개(공손량)

• 기초재공품의 완성도(40%)는 검사시점50%)보다 낮고, 기말재공품의 완성도(50%)는 검사시점보다 높은 경우이므로

합격품량(?)=(기초재공품량 50개+당기투입량 190개)−공손량 40개

∴ 200개(합격품량)

따라서 정상공손량=합격품량 200개×10%=20개

비정상공손량=40개−20개=20개

또한 정상공손품원가는 완성품원가와 기말재공품원가에 공동부담시켜야 한다.

<가중평균법>

	[1단계]	[2단계] 완성품환산량	
	물량흐름	재료원가	가공원가
기 초 재 공 품	50		
당 기 착 수	190		
	240개		
당 기 완 성	150	150	150
정 상 공 손	20(50%)	20	10
비 정 상 공 손	20(50%)	20	10
기 말 재 공 품	50(80%)	50	30
	240개	240개	200개

2.

[3단계] 배분대상원가	재료원가	가공원가	합 계
기초재공품원가	₩100	₩6,000	₩6,100
당기제조원가	9,500	18,000	27,500
합 계	₩9,600	₩24,000	₩33,600
[4단계] 환산량 단위당원가			
완성품환산량	÷240개	÷200개	
완성품환산량 단위당원가	@₩40/개	@₩120/개	

3.

[5단계] 원가의 배분

1. 완성품원가	₩24,000	(150개×₩160)
정상공손원가*	1,500	
합 계	₩25,500	(완성품 제조원가)
2. 기말재공품원가	₩5,600	(50개×₩40+30개×₩120)
정상공손원가*	500	
합 계	₩6,100	
3. 비정상공손원가	₩2,000	

* 정상공손원가(20개×₩40+10개×₩120=₩2,000)의 배분
완성품 ₩2,000×150/(150+50)=₩1,500
기말재공품 ₩2,000×50/(150+50)=₩500

해답 9-12

1.

① (정상+비정상)총공손량과 합격품량을 먼저 계산함

(정상+비정상)총공손수량 = 1,000+23,580-4,000=580단위

당기 합격품량 19,000단위 = 당기투입량23,580-(기말재공품량4,000+공손량580)

② 아래 공식대로 정상공손량과 비정상공손량을 찾아낸다.

정상공손량 380단위 = 당기 합격품수량 19,000단위 × 정상공손률 2%

비정상공손량 200단위 = 총공손수량 580-정상공손량 380

③ 보조부문의 예정배부율 및 실제기계시간을 파악(아래 공식이용)

제조간접원가 예정배부액= 예정배부율×실제배부기준(실제기계시간)

㉠ 예정배부율

전력부문의 예산원가=₩50,000+₩0.25×200,000시간=₩100,000

전력부문의 예정배부율=₩100,000÷200,000시간=₩0.5(시간당)

㉡ 실제기계시간 (가공비 완성품환산량을 근거로)

제조부문A의 가공비 완성품 환산량 =

(기초)400+(당기착수)19,000×1+(기말)4,000×0.25

+ (정상공손)190+(비정상공손)100=20,890단위

제조부문A의 실제기계시간=20,890×3시간=62,670시간

④ 제조부문 A에 배부된 전력부문 원가(예정배부액)는

₩62,670시간×0.5(시간당)=₩31,335 <물음2>의 가공비 당기발생원가에 가산됨.

2.

제조부문A : 제조원가보고서 (선입선출법)

	[1단계]	[2단계] 완성품 환산량		
	물량의 흐름	재료비	가공비	
기초재공품	1,000			
당기착수	23,580			
	24,580개			
완 성 품				
기초재공품(60%)	1,000	-	400	
당기착수분	19,000	19,000	19,000	
정 상 공 손(50%)	380	380	190	
비정상공손(50%)	200	200	100	
기말재공품(25%)	4,000	4,000	1,000	
	24,580개	24,580개	20,690개	
[3단계] 총원가의 요약				
기초재공품원가				₩7,900
당기발생원가		₩70,740	₩145,715*	₩216,455
합 계				₩224,355
[4단계] 환산량 단위당 원가				
완성품환산량		÷ 23,580개	÷ 20,690개	
환산량 단위당 원가		@₩3	@₩7.04	
[5단계] 원가의 배부				
1. 완성품원가				
기초재공품원가(전기)				₩7,900
기초재공품원가(추가)	400×@₩7.04=			₩2,818
당기투입 완성품원가	19,000×@₩10.04=			₩190,815
정상공손원가	380×@₩3+190×@₩7.04=			₩2,478
합 계				₩204,011
2. 기말재공품원가	4,000×@₩3+1,000×@₩7.04=			₩19,040
3. 비정상공손원가	200×@₩3+100×@₩7.04=			₩1,304
합 계				₩224,355

* 114,380(당기발생 가공비)+31,335(제조부문 A로의 전력비 배부액)

상기 제조원가보고서에 제시된대로, 제조부문 A의 당기완성품원가는 정상공손원가를 모두 부담한 금액 ₩**204,011**이다. <이유는 정상공손원가(₩2,478)는 기말재공품은 검사시점을 통과하지 못하였으므로 부담하지 않으며, 완성품에만 부담하게 됨>

제 10 장

해답 10-3

1. 선입선출법

(1) 조간접원가의 배부

제품	배부비율	조간접원가 배부액
A	50%	₩200,000
B	50%	200,000
합 계	100%	₩400,000

(2) 제조원가보고서(A제품)

(20×1. 5. 1 ~ 5. 31)

	I. 물량흐름	II. 완성품환산량	
		직접재료원가	가공원가
기초재공품(40%)	200개		
당기투입량	1,000		
합계	1,200개		
완성품량			
기초재공품완성분	200개	–	120개
당기투입완성분	600	600개	600
기말재공품(50%)	400	400	200
합계	1,200개	1,000개	920개
기초재공품원가	₩400,000	–	–
당기제조원가	1,098,000	₩500,000	₩598,000*
III 배분대상원가	₩1,498,000		
÷완성품환산량		÷1,000개	÷920개
IV. 완성품환산량 단위당 원가		₩500	₩650
V. 원가의 배분			
1. 완성품원가			
기초재공품원가	₩400,000		
기초재공품 당기추가원가	78,000	(120개×₩650)	
당기투입완성품원가	690,000	(600개×₩1,150)	
합계	₩1,168,000		
2. 기말재공품원가	₩330,000	(400개×₩500+200개×₩650)	

* 당기투입 직접노무원가 ₩398,000+조간접원가 배부액 ₩200,000

2. 평균법

제조원가보고서(B제품)
(20×1. 5. 1 ~ 5. 31)

	I. 물량흐름	II. 완성품환산량 직접재료원가	II. 완성품환산량 가공원가
기초재공품(20%)	100개		
당기투입량	1,400		
합계	1,500개		
완성품량	1,000개	1,000개	1,000개
기말재공품(60%)	500	500	300
합계	1,500개	1,500개	1,300개
기초재공품원가	₩300,000	₩80,000	₩220,000
당기제조원가	1,060,000	370,000	690,000*
III 배분대상원가	₩1,360,000	₩450,000	₩910,000
÷완성품환산량		÷1,500개	÷1,300개
IV. 완성품환산량 단위당 원가		₩300	₩700
V. 원가의 배분			
1. 완성품원가	₩1,000,000 (1,000개×₩1,000)		
2. 기말재공품원가	₩360,000 (500개×₩300+300개×₩700)		

* 당기제조 직접노무원가 ₩490,000+조간접원가 배부액 ₩200,000

해답 10-4

1. 공정별 조별 가공원가의 계산

① 제조부문 제조간접원가의 계산

	제조부문		보조부문	
	제1공정	제2공정	동력부	수선부
제조간접원가	₩200,000	₩300,000	₩50,000	₩90,000
동력부	₩25,000	₩25,000		
수선부	50,000	40,000		
합계	₩275,000	₩365,000		

② 공정별 제조간접원가배부율의 계산

제1공정 : 제1공정 제조간접원가 ₩275,000÷제1공정 직접노동시간 1,000시간
=₩275/직접노동시간

제2공정 : 제2공정 제조간접원가 ₩365,000÷제2공정 직접노동시간 1,000시간
=₩365/직접노동시간

③ 공정별 조별 가공원가

A제품
- 제1공정 ₩200,000+(500시간×₩275)=₩337,500
- 제2공정 ₩240,000+(400시간×₩365)=₩386,000

B제품
- 제1공정 ₩200,000+(500시간×₩275)=₩337,500
- 제2공정 ₩300,000+(600시간×₩365)=₩519,000

2. A제품 제조원가보고서

① 평균법

제조원가보고서(제1공정)

	I. 물량흐름	II. 완성품환산량 직접재료원가	II. 완성품환산량 가공원가
기초재공품(20%)	200개		
당기투입량	800		
합계	1,000개		
완성품량	600개	600개	600개
기말재공품(60%)	400	400	240
합계	1,000개	1,000개	840개
기초재공품원가	₩308,500	₩100,000	₩208,500
당기제조원가	837,500	500,000	337,500
III 배분대상원가	₩1,146,000	₩600,000	₩546,000
÷완성품환산량		÷1,000개	÷840개
IV. 완성품환산량 단위당 원가		₩600	₩650
V. 원가의 배분			
1. 완성품원가	₩750,000	(600개×₩1,250)	
2. 기말재공품원가	₩396,000	(400개×₩600+240개×₩650)	

② 평균법

제조원가보고서(제2공정)

	I. 물량흐름	II. 완성품환산량 전공정원가	II. 완성품환산량 직접재료원가	II. 완성품환산량 가공원가
기초재공품(60%)	400개			
당기투입량	600			
합계	1,000개			
완성품량	800개	800개	800개	800개
기말재공품(40%)	200	200	200	80
합계	1,000개	1,000개	1,000개	880개
기초재공품원가	₩204,000	₩4,000	₩80,000	₩120,000
당기제조원가	1,536,000	750,000	400,000	386,000
III 배분대상원가	₩1,740,000	₩754,000	₩480,000	₩506,000
÷완성품환산량		÷1,000개	÷1,000개	÷880개
IV. 완성품환산량 단위당 원가		₩754	₩480	₩575
V. 원가의 배분				
1. 완성품원가	₩1,447,200	(800개×₩1,809)		
2. 기말재공품원가				
전공정원가	₩150,800	(200개×₩754)		
직접재료원가	96,000	(200개×₩480)		
가공원가	46,000	(80개×₩575)		
합계	₩292,800			

3. B제품 제조원가보고서

① 평균법

제조원가보고서(제1공정)

	I. 물량흐름	II. 완성품환산량	
		직접재료원가	가공원가
기초재공품(20%)	300개		
당기투입량	1,200		
합계	1,500개		
완성품량	1,300개	1,300개	1,300개
기말재공품(50%)	200	200	100
합계	1,500개	1,500개	1,400개
기초재공품원가	₩492,500	₩200,000	₩292,500
당기제조원가	737,500	400,000	337,500
Ⅲ 배분대상원가	₩1,230,000	₩600,000	₩630,000
÷완성품환산량		÷1,500개	÷1,400개
Ⅳ. 완성품환산량 단위당 원가		₩400	₩450
Ⅴ. 원가의 배분			
1. 완성품원가	₩1,105,000	(1,300개×₩850)	
2. 기말재공품원가	₩125,000	(200개×₩400+100개×₩450)	

② 평균법

제조원가보고서(제2공정)

	I. 물량흐름	II. 완성품환산량		
		전공정원가	직접재료원가	가공원가
기초재공품(50%)	100개			
당기투입량	1,300			
합계	1,400개			
완성품량	1,000개	1,000개	1,000개	1,000개
기말재공품(60%)	400	400	400	240
합계	1,400개	1,400개	1,400개	1,240개
기초재공품원가	₩340,000	₩15,000	₩100,000	₩225,000
당기제조원가	1,874,000	1,105,000	250,000	519,000
Ⅲ 배분대상원가	₩2,214,000	₩1,120,000	₩350,000	₩744,000
÷완성품환산량		÷1,400개	÷1,400개	÷1,240개
Ⅳ. 완성품환산량 단위당 원가		₩800	₩250	₩600
Ⅴ. 원가의 배분				
1. 완성품원가	₩1,650,000	(1,000개×₩1,650)		
2. 기말재공품원가				
전공정원가	₩320,000	(400개×₩800)		
직접재료원가	100,000	(400개×₩250)		
가공원가	144,000	(240개×₩600)		
합계	₩564,000			

해답 10-5

1. A제품(선입선출법)

① 직접재료원가

	I. 물량흐름	II. 완성품환산량 직접재료원가
기초재공품	400개[1)]	
당기투입량	900	
합계	1,300개	
완성품량[2)]		
기초재공품완성분	400개	–
당기투입완성분	200	200개
기말재공품	700[3)]	700
합계	1,300개	900개
기초재공품원가	₩250,000	–
당기투입완성분	360,000	₩360,000
III. 배분대상원가	₩610,000	
÷완성품환산량		÷900개
IV. 완성품환산량 단위당 원가		₩400
V. 원가의 배분		
1. 완성품원가		
기초재공품원가	₩250,000	
당기투입완성품원가	₩80,000	(200개×₩400)
	₩330,000	
2. 기말재공품원가	₩280,000	(700개×₩400)

1) 제1공정 기초재고량 100개＋제2공정 기초재고량 300개＝400개
2) 제2공정(최종공정)의 완성품량임
3) 제1공정 기말재고량 300개＋제2공정 기말재고량 400개＝700개

② 가공원가

<제1공정>

	I. 물량흐름	II. 완성품환산량 가공원가
기초재공품(30%)	100개	
당기투입량	900	
합계	1,000개	
완성품량		
기초재공품완성분	100개	70개
당기투입완성분	600	600
기말재공품(50%)	300	150
합계	1,000개	820개
기초재공품원가	₩200,000	–
당기제조원가	328,000	₩328,000
III. 배분대상원가	₩528,000	
÷완성품환산량		÷820개

Ⅳ. 완성품환산량 단위당 원가			₩400
Ⅴ. 원 가 의 배 분			
1. 완 성 품 원 가			
기 초 재 공 품 원 가	₩200,000		
기초재공품 당기추가원가	28,000	(70개×₩400)	
당기투입완성품원가	240,000	(600개×₩400)	
	₩468,000		
2. 기 말 재 공 품 원 가	₩60,000	(150개×₩400)	

<제2공정>

	Ⅰ. 물량흐름	Ⅱ. 완성품환산량	
		전공정원가	가공원가
기 초 재 공 품(50%)	300개		
당 기 투 입 량	700		
합 계	1,000개		
완 성 품 량			
기초재공품완성분	300개	–	150개
당기투입완성분	300	300개	300
기 말 재 공 품(60%)	400	400	240
합 계	1,000개	700개	690개
기 초 재 공 품 원 가	₩360,000	–	–
당 기 제 조 원 가	882,000	₩468,000	₩414,000
Ⅲ 배 분 대 상 원 가	₩1,242,000		
÷완성품환산량		÷700개	÷690개
Ⅳ. 완성품환산량 단위당 원가		₩668.571	₩600

Ⅴ. 원 가 의 배 분		
1. 완 성 품 원 가		
기 초 재 공 품 원 가	₩360,000	
기초재공품 당기추가원가	90,000	(150개×₩600)
당기투입완성품원가		
전 공 정 원 가	200,571	(300개×₩668.571)
가 공 원 가	180,000	(300개×₩600)
합 계	₩830,571	
2. 기 말 재 공 품 원 가		
전 공 정 원 가	₩267,429	(400개×₩668.571)
가 공 원 가	144,000	(240개×₩600)
합 계	₩411,429	

2. B제품(선입선출법)

① 직접재료원가

	I. 물량흐름		II. 완성품환산량 직접재료원가
기초재공품	600개		
당기투입량	1,000		
합계	1,600개		
완성품량			
기초재공품완성분	600개		–
당기투입완성분	100		100개
기말재공품	900		900
합계	1,600개		1,000개
기초재공품원가	₩150,000		–
당기제조원가	240,000		₩240,000
III. 배분대상원가	₩390,000		
÷완성품환산량			÷1,000개
IV. 완성품환산량 단위당 원가			₩240
V. 원가의 배분			
1. 완성품원가			
기초재공품원가	₩150,000		
당기투입완성품원가	24,000	(100개×₩240)	
	₩174,000		
2. 기말재공품원가	₩216,000	(900개×₩240)	

② 가공원가

<제1공정>

	I. 물량흐름		II. 완성품환산량 가공원가
기초재공품(20%)	200개		
당기투입량	1,000		
합계	1,200개		
완성품량			
기초재공품완성분	200개		160개
당기투입완성분	600		600
기말재공품(40%)	400		160
합계	1,200개		920개
기초재공품원가	₩240,000		–
당기투입완성분	404,800		₩404,800
III. 배분대상원가	₩644,800		
÷완성품환산량			÷920개
IV. 완성품환산량 단위당 원가			₩440
V. 원가의 배분			
1. 완성품원가			
기초재공품원가	₩240,000		
기초재공품 당기추가원가	70,400	(160개×₩440)	
당기투입완성품원가	264,000	(600개×₩440)	
합계	₩574,400		
2. 기말재공품원가	₩70,400	(160개×₩440)	

<제2공정>

	Ⅰ. 물량흐름	Ⅱ. 완성품환산량		
		전공정원가	가공원가	
기 초 재 공 품(40%)	400개			
당 기 투 입 량	800			
합 계	1,200개			
완 성 품 량				
기초재공품완성분	400개	–	240개	
당기투입완성분	300	300개	300	
기 말 재 공 품(80%)	500	500	400	
합 계	1,200개	800개	940개	
기 초 재 공 품 원 가	₩400,000	–	–	
당 기 제 조 원 가	1,091,400	₩574,400	₩517,000	
Ⅲ 배 분 대 상 원 가	₩1,491,400			
÷완성품환산량		÷800개	÷940개	
Ⅳ. 완성품환산량 단위당 원가		₩718	₩550	
Ⅴ. 원 가 의 배 분				
1. 완 성 품 원 가				
기 초 재 공 품 원 가	₩400,000			
기초재공품 당기추가원가	132,000	(240개×₩550)		
당기투입완성품원가				
전 공 정 원 가	215,400	(300개×₩718)		
가 공 원 가	165,000	(300개×₩550)		
합 계	₩912,400			
2. 기 말 재 공 품 원 가				
전 공 정 원 가	₩359,000	(500개×₩718)		
가 공 원 가	220,000	(400개×₩550)		
합 계	₩579,000			

해답 10-6

1. 각 작업공정별 단위당 가공원가

	작업공정 1	작업공정 2	작업공정 3
직접노무원가	₩200,000	₩100,000	₩100,000
제조간접원가	300,000	110,000	200,000
합 계	₩500,000	₩210,000	₩300,000
생 산 량	500개	300개	500개
단위당 가공원가	@₩1,000	@₩700	@₩600

2. 각 제품별 총제조원가와 단위당 원가

	A제품	B제품	합 계
직접재료원가	₩600,000	₩400,000	₩1,000,000
작업공정별 가공원가			
작업공정 1 (@₩1,000)	300,000	200,000	500,000
작업공정 2 (@₩700)	210,000	–	210,000
작업공정 3 (@₩600)	180,000	120,000	300,000
총제조원가	₩1,290,000	₩720,000	₩2,010,000
생 산 량	300개	200개	
단위당 원가	@₩4,300	@₩3,600	

3. 분 개

①	(차)	작업공정 1	₩1,000,000	(대)	직접재료원가	₩1,000,000
②	(차)	작업공정 1	₩500,000	(대)	가공원가	₩1,010,000
		작업공정 2	210,000			
		작업공정 3	300,000			
③	(차)	작업공정 2	₩900,000	(대)	작업공정 1	₩1,500,000
		작업공정 3	600,000			
④	(차)	작업공정 3	₩1,110,000	(대)	작업공정 2	₩1,110,000
⑤	(차)	A제품	₩1,290,000	(대)	작업공정 3	₩2,010,000
		B제품	720,000			

제 11 장

해답 11-5

1. 완성품원가의 계산(선입선출법)

	I. 물량흐름	II. 완성품환산량	
		직접재료원가	가공원가
기초재공품(60%)	2,000개		
당기투입량	8,000		
합계	10,000개		
완성품량			
기초재공품완성분	2,000개	–	800개
당기투입완성분	5,000	5,000개	5,000
기말재공품(50%)	3,000	3,000	1,500
합계	10,000개	8,000개	7,300개
기초재공품원가	₩120,000	–	–
당기제조원가	641,500	₩240,000	₩401,500
III 배분대상원가	₩761,500		
÷완성품환산량		÷8,000개	÷7,300개
IV. 완성품환산량 단위당 원가		₩30	₩55

V. 원가의 배분

1. 완성품원가		
기초재공품원가		
직접재료원가	₩40,000[1]	
가공원가	80,000[2]	
기초재공품 당기추가원가		
가공원가	44,000[2]	(800개×₩55)
당기투입완성품원가		
직접재료원가	150,000[1]	(5,000개×₩30)
가공원가	275,000[2]	(5,000개×₩55)
합계	₩589,000	
2. 기말재공품원가		
직접재료원가	₩90,000	(3,000개×₩30)
가공원가	82,500	(1,500개×₩55)
합계	₩172,500	

1) 완성품의 직접재료원가 : ₩40,000 + ₩150,000 = ₩190,000

2) 완성품의 가공원가 : ₩80,000 + ₩44,000 + ₩275,000 = ₩399,000

2. 완성품원가의 제품별 배분

① 직접재료원가의 배분

등급품	생산량	등가계수	적 수	배분율	배분액
A	4,000개	2.0	8,000	0.6557	₩124,583
B	3,000	1.4	4,200	0.3443	65,417
합계	7,000개		12,200	1.0	₩190,000

② 가공원가의 배분

등급품	생산량	등가계수	적 수	배분율	배분액
A	4,000개	1.2	4,800	0.5	₩199,500
B	3,000	1.6	4,800	0.5	199,500
합계	7,000개		9,600	1.0	₩399,000

3. 각 등급품의 단위당 원가

등급품	생산량	직접재료원가	가공원가	등급품원가	단위당 원가
A	4,000개	₩124,583	₩199,500	₩324,083	₩81.02
B	3,000	65,417	199,500	264,917	88.31
합계	7,000개	₩190,000	₩399,000	₩589,000	

해답 11-6

제품	최종판매가치	분리원가	순실현가치	배분율	결합원가배분액
A	₩2,800,000	₩800,000	₩2,000,000	40%	₩800,000
B	4,000,000	1,000,000	3,000,000	60%	1,200,000
합계	₩6,800,000	₩1,800,000	₩5,000,000	100%	₩2,000,000

제품	생산량	결합원가배분액	분리원가	총제조원가	단위당 제조원가
C	10,000개	₩800,000	₩800,000	₩1,600,000	@₩160
D	20,000	1,200,000	1,000,000	2,200,000	@₩220
합계	30,000개	₩2,000,000	₩1,800,000	₩3,800,000	

해답 11-7

1. 결합원가배분율

① 2차 분리점

제품	최종판매가치	분리원가	순실현가치	배분율
C	₩2,000,000	₩400,000	₩1,600,000	40%
D	3,000,000	600,000	2,400,000	60%
합계	₩5,000,000		₩4,000,000	

제품	최종판매가치	분리원가	순실현가치	배분율
E	₩8,000,000	₩1,000,000	₩7,000,000	70%
F	3,500,000	500,000	3,000,000	30%
합계	₩11,500,000		₩10,000,000	

② 1차 분리점

제품	최종판매가치	분리원가	순실현가치	배분율
A	₩4,000,000	₩800,000	₩3,200,000	32%
B	10,000,000	3,200,000	6,800,000	68%
합계	₩14,000,000		₩10,000,000	

2. 결합원가배분과 단위당 제조원가

① 1차 분리점

제품	결합원가배분액	분리원가	총제조원가
A	₩1,280,000	₩1,000,000	₩2,280,000
B	2,720,000	1,500,000	4,220,000
합계	₩4,000,000		₩6,500,000

② 2차 분리점

제품	결합원가배분액	분리원가	총제조원가	생산량	단위당 제조원가
C	₩512,000	₩400,000	₩912,000	1,000개	@₩912
D	768,000	600,000	1,368,000	1,000	1,368
합계	₩1,280,000		₩2,280,000		

③ 2차 분리점

제품	결합원가배분액	분리원가	총제조원가	생산량	단위당 제조원가
E	₩1,904,000	₩1,000,000	₩2,904,000	2,000개	@₩1,452
F	816,000	500,000	1,316,000	1,000	1,316
합계	₩2,720,000		₩4,220,000		

해답 11-8

1. A 제품

	총수익	추가가공원가	손 익
추가가공후의 판매			
X 제품	₩280,000	₩40,000	₩240,000
Y 제품	110,000	10,000	100,000
	₩390,000	₩50,000	₩340,000
분리점에서의 판매	₩300,000	−	₩300,000
차 이	₩90,000	₩50,000	₩40,000

∴ A 제품을 추가가공하면 ₩40,000의 이익이 발생하므로 추가가공하는 것이 유리하다.

2. B 제품

	총수익	추가가공원가	손 익
추가가공후의 판매			
갑 제품	₩440,000	₩60,000	₩380,000
을 제품	500,000	80,000	420,000
	₩940,000	₩140,000	₩800,000
분리점에서의 판매	₩1,000,000	–	₩1,000,000
차 이	(₩60,000)	(₩140,000)	(₩200,000)

∴ B제품을 추가가공하면 오히려 ₩200,000의 손실이 발생하므로 분리점에서 판매하는 것이 유리하다.

해답 11-9

1. 결합원가의 배분

제품	순실현가치	배분율	결합원가 배분액	분리원가	총제조원가
A	₩3,600,000	60%	₩1,752,000[1)]	₩400,000	₩2,152,000
B	2,400,000	40%	1,168,000	400,000	1,568,000
C			80,000	40,000	120,000
합 계	₩6,000,000	100%	₩3,000,000	₩840,000	₩3,840,000

1) 결합원가 ₩3,000,000－부산물의 순실현가치 ₩80,000＝주산물의 결합원가 ₩2,920,000
₩2,920,000×A제품 배분율 60%＝A제품 결합원가 배분액 ₩1,752,000

2. 제품별 손익계산서

	A 제품	B 제품	C 제품	합 계
매 출 액	₩3,000,000	₩2,800,000	₩120,000	₩5,920,000
매출원가				
당기제품제조원가	2,152,000	1,568,000	120,000	₩3,840,000
기말제품재고액	538,000*	–	–	538,000
소 계	₩1,614,000	₩1,568,000	₩120,000	₩3,302,000
매출총이익	₩1,386,000	₩1,232,000	0	₩2,618,000

* $₩2,152,000 \times \frac{100kg}{400kg} = ₩538,000$

제 12 장

해답 12-7

1. 구입시점에서 분리한 직접재료원가차이

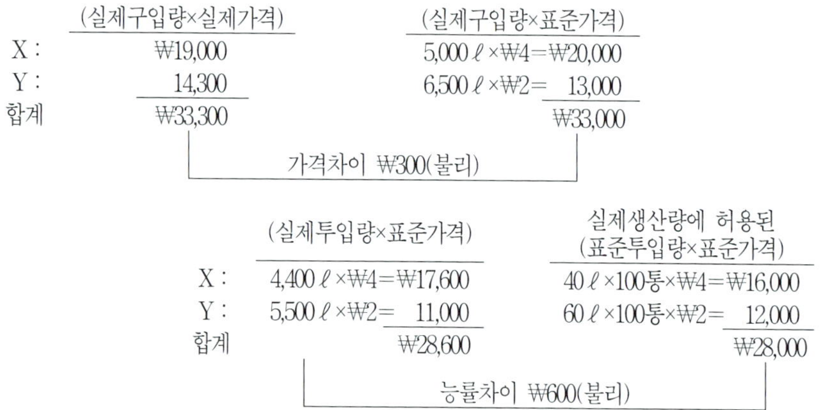

2. 투입시점에서 분리한 직접재료원가차이

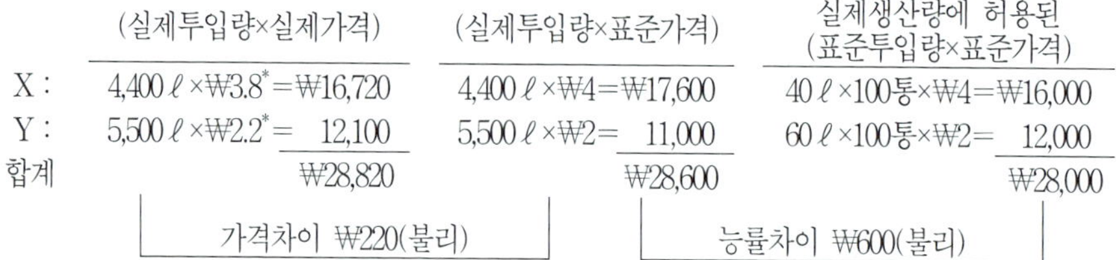

* 원재료 X의 실제소비단가 : ₩19,000÷5,000ℓ
  원재료 Y의 실제소비단가 : ₩14,300÷6,500ℓ

3. 배합차이와 수율차이

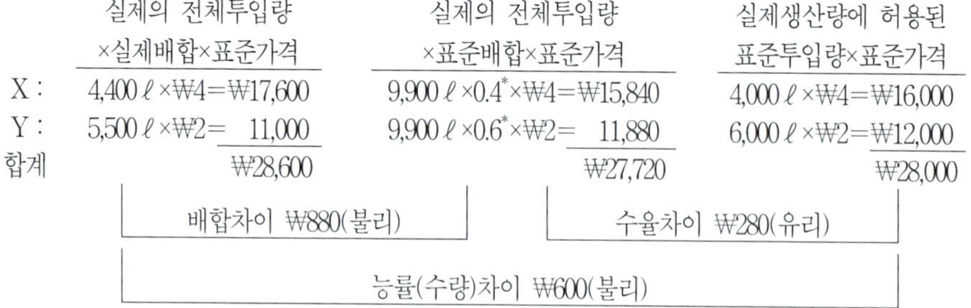

* 표준배합비율 : 원재료 X : 원재료 Y=40ℓ : 60ℓ=40% : 60%

해답 12-8

1. 직접노무원가 차이분석

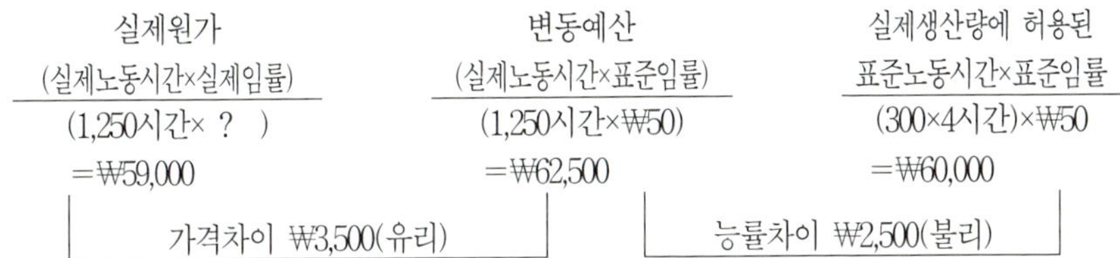

2. 제조간접원가 차이분석

(1) 4분법 :

	실제원가 (실제조업도×실제배부율)	실제투입량에 근거한 변동예산 (실제조업도×표준배부율)	실제생산량에 허용된 표준조업도에 근거한 변동예산 (표준조업도×표준배부율)
변동제조간접원가 :	₩38,000	1,250시간×₩32 =₩40,000	(300×4시간)×₩32 =₩38,400
	소비차이 ₩2,000(유리)		능률차이 ₩1,600(불리)
고정제조간접원가 :	₩55,000	1,400시간×₩45 =₩63,000	(300×4시간)×₩45 =₩54,000
	예산차이 ₩8,000(유리)		조업도차이 ₩9,000(불리)

(2) 3분법 : 소비차이 ₩10,000(유리) 능률차이 ₩1,600(불리) 조업도차이 ₩9,000(불리)

* 4분법의 소비차이와 예산차이의 합계가 3분법의 소비차이에 해당한다.

(3) 2분법 : 예산차이 ₩8,400(유리) 조업도차이 ₩9,000(불리)

* 3분법의 소비차이와 능률차이의 합계가 2분법의 예산차이에 해당한다.

해답 12-9

1. 원가차이분석

(1) 직접재료원가 차이분석

실제원가 (실제구입량×실제가격)	실제구입량의 표준원가 (실제구입량×표준가격)	실제투입량의 표준원가 (실제투입량×표준가격)	실제생산량에 허용된 표준투입량에 근거한 변동예산 (실제 생산량에 허용된 표준투입량×표준가격)
50,000kg×₩2.9 =₩145,000	50,000kg×₩3 =₩150,000	18,000kg×₩3 =₩54,000	2,500개×5kg×₩3 =₩37,500
구입가격차이 ₩5,000(유리)		능률(수량)차이 ₩16,500(불리)	

(2) 직접노무원가 차이분석

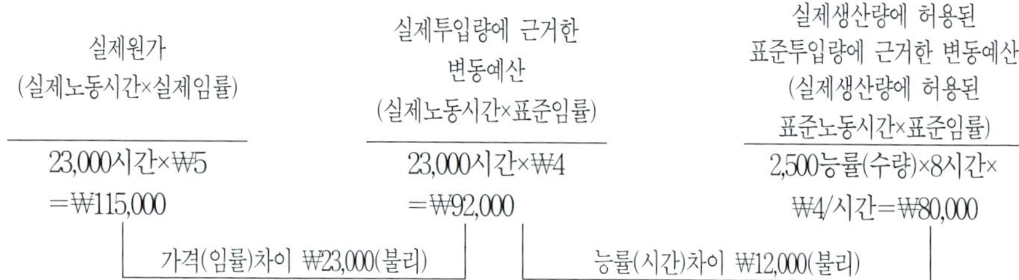

(3) 변동제조간접원가 차이분석

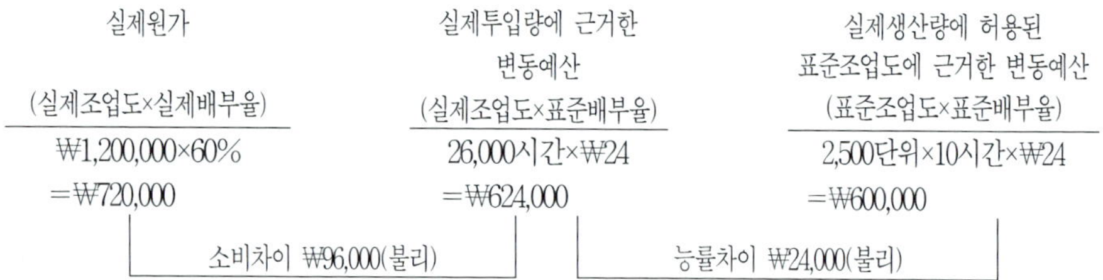

(4) 고정제조간접원가 차이분석

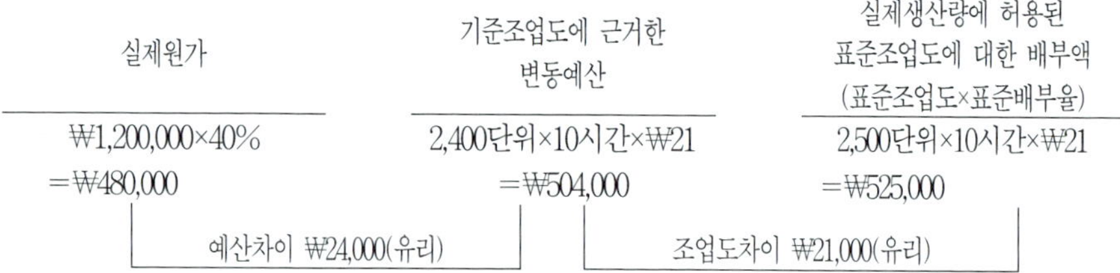

2. 표준원가의 유용성

① 제품원가계산의 신속성과 재무제표작성에 용이함.

② 원가차이분석을 통한 성과평가와 원가관리에 유용함.

③ 효과적인 예산편성을 통한 예산관리와 경영계획수립에 유용함.

해답 12-10

1. 완성품원가와 기말재공품원가

제 조 원 가 보 고 서 (표준)

	I. 물량흐름	II. 완성품환산량 직접재료원가	II. 완성품환산량 가공원가
기 초 재 공 품	0단위		
당 기 투 입 량	5,800		
합 계	5,800단위		
완 성 품 량	5,000단위	5,000단위	5,000단위
기 말 재 공 품 (60%)	800	800	480
합 계	5,800단위	5,800단위	5,480단위
1. 기초재공품 표준원가	₩0	–	–
2. 실제생산량에 허용된 표준원가	390,640	₩127,600[1)]	₩263,040[2)]
III. 배 분 대 상 원 가	₩390,640		
÷완성품환산량		÷5,800단위	÷5,480단위
IV. 완성품환산량 단위당 표준원가		@₩22	@₩48
V. 표 준 원 가 의 배 분			
1. 완 성 품 원 가	₩350,000	(5,000단위 × ₩22+5,000단위 × ₩48)	
2. 기 말 재 공 품 원 가	40,640	(800단위 × ₩22+480단위 × ₩48)	

1) 5,800단위×₩22=₩127,600　　2) 5,480단위×₩48=₩263,040

2. 원가차이분석

(1) 직접재료원가 차이분석

	실제원가	실제투입량에 근거한 변동예산(실제배합)	실제투입량에 근거한 변동예산(표준배합)	실제생산량에 허용된 표준투입량에 근거한 변동예산
	AQ×AP	AQ×SP	ΣAQ×표준배합비율×SP	SQ×SP
A	20,000×₩5=₩100,000	20,000×₩4=₩80,000	35,000×0.6*×₩4=₩84,000	5,800**×3kg×₩4=₩69,600
B	15,000×₩5= 75,000	15,000×₩5= 75,000	35,000×0.4*×₩5= 70,000	5,800**×2kg×₩5= 58,000
계	35,000 ₩175,000	35,000 ₩155,000	35,000 ₩154,000	₩127,600

가격차이 ₩20,000(불리)　배합차이 ₩1,000(불리)　수율차이 ₩26,400(불리)

가격차이 ₩20,000(불리)　능률차이 ₩27,400(불리)

직접재료원가 총차이₩47,400(불리)

* 표준배합비율 원재료A : 원재료B=3kg : 2kg=60% : 40%

** 기말재공품이 있는 경우에는 재료원가 완성품환산량(5,800단위)을 적용한다.

(2) 직접노무원가 차이분석

실제원가	실제투입량에 근거한 변동예산	실제생산량에 허용된 표준투입량에 근거한 변동예산
실제시간×실제임률	실제시간×표준임률	표준시간×표준임률
13,000시간×₩6=₩78,000	13,000시간×₩5=₩65,000	5,480*×2시간×₩5=₩54,800

가격차이 ₩13,000(불리) 　 능률차이 ₩10,200(불리)

* 기말재공품이 있는 경우에는 가공원가 완성품환산량(5,480단위)을 적용한다.

(3) 변동제조간접원가 차이분석

실제원가	실제투입량에 근거한 변동예산	실제생산량에 허용된 표준조업도에 근거한 변동예산
실제 발생액	실제조업도×표준배부율	표준조업도×표준배부율
₩100,000	13,000시간×₩8=₩104,000	5,480단위×2시간×₩8=₩87,680

소비차이 ₩4,000(유리) 　 능률차이 ₩16,320(불리)

(4) 고정제조간접원가 차이분석

실제원가	기준조업도에 근거한 변동예산	실제생산량에 허용된 표준조업도에 대한 배부액
실제 발생액	기준조업도×표준배부율	표준조업도×표준배부율
₩95,000	5,000단위×2시간×₩11=₩110,000	5,480단위×2시간×₩11=₩120,560

예산차이 ₩15,000(유리) 　 조업도차이 ₩10,560(유리)

해답 12-11

1. 원가요소별 비례배분법

(1) 원가차이 배분비율

	합 계	원재료	능률차이	재공품	제 품	매출원가
재료원가	₩1,000,000	₩180,000	₩20,000	₩100,000	₩200,000	₩500,000
(구입가격차이 배분비율)	100%	18%	2%	10%	20%	50%
재료원가	₩800,000	–	–	₩100,000	₩200,000	₩500,000
(능률차이 배분비율)	100%			12.5%	25%	62.5%
가공원가	₩500,000	–	–	₩80,000	₩120,000	₩300,000
(기타 모든차이 배분비율)	100%			16%	24%	60%

(2) 원가차이의 배분

	합 계	원재료	능률차이	재공품	제 품	매출원가
구입가격차이(불리)	₩40,000	₩7,200	₩800	₩4,000	₩8,000	₩20,000
능률 차이(불리)	20,000	–	(800)*	2,600	5,200	13,000
가격 차이(유리)	(50,000)	–	–	(8,000)	(12,000)	(30,000)
소비 차이(유리)	(40,000)	–	–	(6,400)	(9,600)	(24,000)
조업도차이(불리)	80,000	–	–	12,800	19,200	48,000
합 계	₩50,000	₩7,200	₩ 0	₩5,000	₩10,800	₩27,000

* 직접재료원가 구입가격차이에서 배분받은 ₩800을 능률차이(₩20,000)에 포함시켜, 직접재료원가 능률차이(₩20,800)를 능률차이배분비율로 배분시켜야 한다.

(3) 차이조정을 위한 회계처리

(차)	**원재료**	**₩7,200**	(대)	직접재료원가 가격차이	₩40,000
	재공품	**5,000**		직접재료원가 능률차이	20,000
	제 품	**10,800**		고정제조간접원가 조업도차이	80,000
	매출원가	**27,000**			
	직접노무원가 가격차이	50,000			
	변동제조간접원가 소비차이	40,000			

<참고> 차이조정후 재고자산과 매출원가 금액

	원재료	재공품	제 품	매출원가
(배 분 전) 표준원가	₩180,000	₩180,000	₩320,000	₩800,000
원 가 차 이 배 분 액	7,200	5,000	10,800	27,000
(차이조정후) 실제원가	₩187,200	₩185,000	₩330,800	₩827,000

2. 총원가 비례배분법

(1) 원가차이 배분비율

	합 계	원재료	능률차이	재공품	제 품	매출원가
총원가	₩1,500,000	₩180,000	₩20,000	₩180,000	₩320,000	₩800,000
(구입가격차이 배분비율)	100%	12%	1.3%	12%	21.3%	53.4%
총원가	₩1,300,000	–	–	₩180,000	₩320,000	₩800,000
(기타 모든차이 배분비율)	100%			13.8%	24.6%	61.6%

(2) 원가차이의 배분

	합 계	원재료	능률차이	재공품	제 품	매출원가
구입가격차이(불리)	₩40,000	₩4,800	₩520	₩4,800	₩8,520	₩21,360
능 률 차 이(불리)	20,000	–	(520)	2,832	5,048	12,640
가 격 차 이(유리)	(50,000)	–	–	(6,900)	(12,300)	(30,800)
소 비 차 이(유리)	(40,000)	–	–	(5,520)	(9,840)	(24,640)
조업도차이(불리)	80,000	–	–	11,040	19,680	49,280
합 계	₩50,000	₩4,800	₩ 0	₩6,252	₩11,108	₩27,840

(3) 차이조정을 위한 회계처리

(차)	**원재료**	**₩4,800**	(대)	직접재료원가 가격차이	₩40,000
	재공품	**6,252**		직접재료원가 능률차이	20,000
	제 품	**11,108**		고정제조간접원가 조업도차이	80,000
	매출원가	**27,840**			
	직접노무원가 가격차이	50,000			
	변동제조간접원가 소비차이	40,000			

3. 매출원가조정법

(차) **매출원가**	₩50,000	(대)	직접재료원가 가격차이	₩40,000
직접노무원가 가격차이	50,000		직접재료원가 수량차이	20,000
변동제조원가 소비차이	40,000		고정제조간접원가 조업도차이	80,000

해답 12-12

1. 제조원가보고서

제 조 원 가 보 고 서 (표준)

	Ⅰ. 물량흐름	Ⅱ. 완성품환산량	
		직접재료원가	가공원가
기초재공품(40%)	200단위		
당기투입량	1,400		
합계	1,600단위		
완성품량			
기초재공품완성분	200단위	–	120단위
당기투입완성분	1,000	1,000단위	1,000
정상공손[1]	60	60	54
비정상공손[1]	40	40	36
기말재공품(80%)	300	300	240
합계	1,600단위	1,400단위	1,450단위
기초재공품 표준원가	₩1,160,000[2]	–	–
실제생산량에 허용된 표준원가	9,900,000	₩7,000,000[3]	₩2,900,000[4]
Ⅲ. 배분대상원가	₩11,060,000		
÷완성품환산량		÷1,400단위	÷1,450단위
Ⅳ. 완성품환산량 단위당 표준원가		@₩5,000	@₩2,000
Ⅴ. 표준원가의 배분			
1. 완성품원가			
순수완성품표준원가	₩8,400,000	(1,200단위×₩5,000+1,200단위×₩2,000)	
정상공손표준원가[5]	408,000	(60단위×₩5,000+54단위×₩2,000)	
완성품표준원가	8,808,000		
2. 기말재공품원가	1,980,000	(300단위×₩5,000+240단위×₩2,000)	
3. 비정상공손표준원가	₩272,000	(40단위×₩5,000+36단위×₩2,000)	

1) 정상공손수량은 당기에 검사시점을 통과한 합격품의 5%이다.
정상공손수량=(200단위+1,000단위)×5%=60단위
비정상공손수량=100단위−60단위=40단위
2) 기초재공품 표준원가=200단위×₩5,000+200단위×40%×₩2,000=₩1,160,000
3) 1,400단위×₩5,000=₩7,000,000
4) 1,450단위×₩2,000=₩2,900,000
5) 기말재공품은 공손검사전이므로 정상공손품원가는 모두 완성품에만 배분됨.

2. 완성품 총표준원가와 단위당 표준원가

① 완성품 총표준원가 ₩8,808,000

② 완성품 단위당 표준원가 ₩8,808,000÷1,200단위 = @₩7,340

또는

직접재료원가	(10kg, ₩500/kg)		₩5,000
직접노무원가	(0.4시간, ₩2,500/시간)		1,000
변동제조간접원가	(0.4시간, ₩1,500/시간)		600
고정제조간접원가	(0.4시간, ₩1,000/시간)		400
순수완성품 단위당 표준원가			₩7,000
정상공손원가			
직접재료원가	(₩5,000×100%×5%)	₩250	
가공원가	(₩2,000×90%×5%)	90	340
완성품 단위당 표준원가			₩7,340

해답 12-13

1. 표준변동원가계산

단위당 표준원가	갑제품	을제품
직접재료비	₩30	₩50
직접노무비	2시간×₩20 =₩40	1시간×20=₩20
변동제조간접비	₩30×2시간+₩40×₩0.8=₩92	₩50×2시간+₩20×₩0.8=₩116
단위당 변동제조원가 합계	₩162	₩186

2. 표준전부원가계산

월간 직접노무시간 = 500개 × 2시간 + 500개 × 1시간 = 1,500시간

월간 고정제조간접비 표준배부율 = 200,000 ÷ 1,500시간 = ₩133.33(직접노무시간당)

단위당 표준원가	갑제품	을제품
변동제조원가	₩162	₩186
고정제조간접비	₩133.33×2시간=₩266.66	₩133.33×1시간=₩133.33
단위당 표준전부원가 합계	₩428.6	₩319.33

제 13 장

해답 13-4

1. 전부원가계산하의 손익계산서(단위 : 천원)

	1분기		2분기		3분기	
매출액		₩1,000		₩1,000		₩1,000
매출원가						
기초제품재고액	−		₩140		₩148	
당기제품제조원가	₩840		740		640	
기말제품재고액(-)	140	700	148	732	−	788
매출총이익		₩300		₩268		₩212
판매관리비*		140		140		140
영업이익		₩160		₩128		₩72

* 판매비와 관리비 : (10,000톤×₩4)+₩100,000=₩140,000

2. 변동원가계산하의 손익계산서 (단위 : 천원)

	1분기		2분기		3분기	
매출액		₩1,000		₩1,000		₩1,000
매출원가						
변동매출원가						
기초제품재고액	−		₩100		₩100	
당기제품제조원가	₩600		500		400	
기말제품재고액(-)	100		100		−	
	₩500		₩500		₩500	
변동판매관리비	40	540	40	540	40	540
공헌이익		₩460		₩460		₩400
고정원가						
고정제조간접원가		240		240		240
고정판매관리비		100		100		100
영업이익		₩120		₩120		₩120

3. 영업이익차이의 분기별 조정

	1분기	2분기	3분기
변동원가계산에 의한 영업이익	₩120,000	₩120,000	₩120,000
기초제품재고의 고정제조간접원가(-)	−	40,000	48,000
기말제품재고의 고정제조간접원가(+)	40,000	48,000	−
전부원가계산에 의한 영입이익	₩160,000	₩128,000	₩72,000

4. 생산 · 판매량과 이익의 함수관계

- 전부원가계산 : 판매량이 동일해도 생산량이 분기별로 감소(12,000톤→10,000톤→8,000톤)함에 따라 분기별 영업이익이 감소하므로, (영업)이익은 생산량과 함수관계를 가진다.
- 변동원가계산 : 생산량이 분기별로 감소해도 분기별로 판매량이 일정(10,000톤)함에 따라 분기별 영업이익이 동일하므로, (영업)이익은 판매량과 함수관계를 가진다.

해답 13-5

1. 전부원가계산

손 익 계 산 서

Ⅰ. 매출액(35,000개×@₩25)			₩875,000
Ⅱ. 매출원가			
기초제품재고액	₩75,000	(5,000개×@₩15[1])	
당기제품제조원가	600,000	(40,000개×@₩15)	
계	₩675,000		
기말제품재고액	150,000	(10,000개×@₩15)	
표준매출원가	₩525,000		
원가차이조정			
변동제조원가차이(유리)	(−)5,000		
고정제조간접원가배부차이(불리)	(+)10,000[2]		530,000
Ⅲ. 매출총이익			₩345,000
Ⅳ. 판매비와 관리비			
변동판매관리비	₩140,000	(35,000개×@₩4)	
고정판매관리비	65,000		205,000
Ⅴ. 영업이익			₩140,000

1) 단위당 표준제조원가
: 변동제조원가 @₩10+고정제조간접원가 표준배부율 @₩5(₩200,000÷40,000개) =@₩15

2) 고정제조간접원가 배부차이 : 예산 ₩200,000−실제 ₩210,000=₩10,000(과소배부)

2. 변동원가계산

손 익 계 산 서

Ⅰ. 매출액(35,000개×@₩25)			₩875,000
Ⅱ. 변동매출원가			
기초제품재고액	₩50,000	(5,000개×@₩10)	
당기제품제조원가	400,000	(40,000개×@₩10)	
계	₩450,000		
기말제품재고액	100,000	(10,000개×@₩10)	
표준매출원가	₩350,000		
변동제조원가차이(유리)	(−)5,000		
변동판매관리비	140,000	(35,000개×@₩4)	485,000
Ⅲ. 공헌이익			₩390,000
Ⅳ. 고정원가			
고정제조간접원가	₩210,000		
고정판매관리비	65,000		275,000
Ⅴ. 영업이익			₩115,000

3. 영업이익차이의 조정

전부원가계산하의 영업이익	₩140,000
(+)기초제품재고에 포함된 고정제조간접원가 (5,000개×@₩5)	25,000
(−)기말제품재고에 포함된 고정제조간접원가 (10,000개×@₩5)	50,000
변동원가계산하의 영업이익	₩115,000

전부원가계산하의 기초제품에 포함된 고정제조간접원가(₩25,000)은 당기비용화되지만 기말제품에 포함된 고정제조간접원가(₩50,000)는 당기비용화 되지 않고 차기로 이연처리된다. 따라서 양자의 차액 ₩25,000(5,000개×@₩5)만큼 전부원가계산하의 영업이익이 변동원가계산하의 영업이익보다 크게 계상된다.

해답 13-6

1. 총고정제조간접원가
   ① 전부원가계산하의 개당 제조원가 : ₩45,000,000÷12,000개=₩3,750
   ② 개당 고정제조간접원가 : ①−₩2,500=₩1,250
   ③ 총고정제조간접원가 : ₩1,250×15,000개=₩18,750,000

2. 총변동원가
   ① 변동제조원가 : 15,000개×₩2,500= ₩37,500,000
   ② 판매비와 관리비 : 12,000개×₩550= ₩6,600,000
   ③ 총변동원가=₩44,100,000

3. 변동원가계산에 의한 2002년 영업이익
   ① 전부원가계산과 변동원가계산의 영업이익 차이
   (기말제품수량−기초제품수량)×개당 고정제조간접원가
   (3,000개−0)×₩1,250=₩3,750,000
   ② 변동원가계산의 영업이익
   전부원가계산의 영업이익−양자의 이익차이=변동원가계산의 영업이익
   ₩6,000,000−₩3,750,000=₩2,250,000

4. 차이점

구 분	변동원가계산	전부원가계산
① 기본목적	계획수립 및 내부통제	외부보고용 재무제표 작성
② 제품원가	변동제조원가	총제조원가
③ 기간비용	고정제조원가, 판매비와 관리비	판매비와 관리비
④ 이익함수	이익=f(판매량)	이익=f(판매량, 생산량)
⑤ 손익계산서 형식	공헌손익계산서	기능(전통적) 손익계산서

5. 변동원가계산제도를 선호하는 이유

① 의사결정 측면 : 변동원가계산은 변동원가와 고정원가로 구분된 원가정보를 적시에 제공할 수 있는 원가시스템으로서 CVP분석 등 단기적 의사결정에 유용하게 활용된다.

② 업적평가 측면 : 변동원가계산에서는 생산량 및 재고정책이 배제된 순이익이 산출되므로 업적평가측면에서 전부원가계산보다 우월한 측면이 있다.

<참고>

손 익 계 산 서(변동원가계산)

매 출 액			₩66,000,000
변동원가			
변동매출원가	₩30,000,000	(12,000개×₩2,500)	
변동판매비와 관리비	6,600,000		36,600,000
공헌이익			₩29,400,000
고정원가			
고정제조간접원가	18,750,000		
고정판매비와 관리비	8,400,000	(₩15,000,000－₩6,600,000)	27,150,000
영업이익			₩2,250,000

제 14 장

해답 14-5

1. 단위당 활동원가배부율
   ① 설계활동 : 생산량
   ₩5,000,000÷5,000개=₩1,000/개
   ② 작업준비활동 : 작업준비횟수
   ₩2,000,000÷40회=₩50,000/회
   ③ 기계가동활동 : 기계시간
   ₩14,000,000÷14,000시간=₩1,000/시간
   ④ 마무리활동 : 직접노동시간
   ₩2,000,000÷10,000시간=₩200/시간

2. 제품별 단위당 제조원가

	제품 A	제품 B
직접재료원가	₩5,450,000	₩5,950,000
직접노무원가	4,000,000	3,600,000
제조간접원가		
설　계	2,000,000	3,000,000
작업준비	750,000	1,250,000
기계가동	8,000,000	6,000,000
마 무 리	800,000	1,200,000
총제조원가	₩21,000,000	₩21,000,000
생 산 량	2,000개	3,000개
단위당 제조원가	₩10,500	₩7,000

해답 14-6

1. 활동기준원가계산상의 제품별 단위당 제조간접원가

활동구분	활동원가	표준형*	고급형*
1. 노무감독활동	₩39,600,000	₩36,000,000 (4,500시간×₩8,000)	₩3,600,000 (450시간×₩8,000)
2. 구매주문활동	195,000,000	135,000,000 (450회×₩300,000)	60,000,000 (200회×₩300,000)
3. 품질검사활동	359,400,000	215,640,000 (90회×₩2,396,000)	143,760,000 (60회×₩2,396,000)
총제조간접원가	₩594,000,000	₩386,640,000	₩207,360,000
÷생산판매량		90,000장	6,000장
단위당 제조간접원가		₩4,296	₩34,560

* 활동별 활동단위당 원가

① 노무감독활동 : ₩39,600,000/4,950시간 =₩8,000/직접노무시간

② 구매주문활동 : ₩195,000,000/650횟수 =₩300,000/주문횟수

③ 품질검사활동 : ₩359,400,000/150횟수˚ =₩2,396,000/품질검사횟수

• 품질검사횟수의 파악 (검사횟수와 뱃치수는 동일함)

표준형 티셔츠 : 90,000장÷1,000장=90 검사횟수

고급형 티셔츠 : 6,000장÷100장=60 검사횟수

2. 제품단위당 수익성 비교

구 분	활동기준원가계산			
		표준형		고급형
단위당 판매가격		₩20,000		₩60,000
단위당 제조원가				
직접재료원가	₩4,000		₩20,000	
직접노무원가	4,000		6,000	
제조간접원가	4,296	(12,296)	34,560	(60,560)
단위당 매출총이익		₩7,704		₩△560
단위당 판매관리비		(1,000)		(2,000)
단위당 이익		₩6,704		₩△2,560

현행(전통)원가계산방법과 활동기준원가계산방법을 비교하면 단위당 제조간접원가에서만 원가배부차이가 발생한다. 그 결과 현행원가계산방법으로는 표준형과 고급형 모두 단위당 이익이 발생하였지만 활동기준계산방법에서는 고급형의 경우 단위당 손실이 크게 나타났다.

수익성면에서 이런 차이가 발생하는 이유는 다음과 같다. 전통원가계산에서는 총직접노무원가(₩39,600,000)를 총제조간접원가(₩594,000,000)의 단일배부기준으로 사용함으로써 단위당 제조간접원가가 표준형 티셔츠에는 과대계상, 고급형 티셔츠에는 과소계상되는 원가왜곡현상이 초래되었다.

반면에 활동기준원가계산에서는 제조간접원가 중 생산량(직접노무원가 등)과 관련없는 구매주문 활동원가와 품질검사 활동원가는 배부기준으로 주문횟수와 품질검사횟수

를 사용하여 각 제품에 배부함으로써, 제품별 단위원가가 전통원가계산보다 합리적으로 계산되었다.

3. 양자의 차이점

구 분	전통원가계산제도	활동기준원가계산제도
기본가정	• 각 제품이 자원을 소비한다는 가정하에 제조간접원가는 제품 생산량에 비례하여 발생함	• 활동이 자원을 소비한다는 가정하에 제조간접원가는 생산량 이외의 다른 활동원가동인에 비례하여 발생함
제조간접원가의 배부기준	• 조업도관련 배부기준 사용 (예 : 직접노무원가, 직접노동시간, 기계시간 등 재무적 측정치가 배부기준으로 사용됨) • 배부기준의 수 : 적음	• 활동별 배부기준 사용 (예 : 작업준비횟수, 구매주문횟수, 품질검사횟수 등 비재무적측정치가 배부기준으로 사용됨) • 배부기준의 수 : 많음
배부기준의 인과관계	• 제조간접원가와 배부기준간의 인과관계가 낮아, 개별제품의 원가계산시 원가정보가 왜곡됨	• 제조간접원가와 배부기준간의 인과관계가 높아, 개별제품의 원가계산이 비교적 합리적으로 산출됨
원가집합	• 부문별	• 활동별

4. 전통원가계산제도의 몰락과 활동원가계산제도의 대두 배경

① 기업간 경쟁격화와 제품에 대한 소비자의 욕구다양화 및 고급화 현상

② 소품종 대량생산방식에서 다품종소량생산방식으로의 변화

③ 노동집약적 생산방식에서 기계와 정보기술(IT) 중심의 공장자동화 생산방식으로의 변화상기와 같은 기업환경 및 제조환경변화는 원가요소중 직접노무원가를 감소시키고 제조간접원가의 비중을 크게 증가시키는 원가구조의 변화를 야기하였다.

전통원가계산제도는 제조간접원가의 발생요인과는 무관한 조업도위주의 배부기준(예 : 직접노무원가, 직접노동시간 등)을 사용하여 왔다. 그 결과 생산량이 많은 제품원가는 높게, 생산량이 적은 제품원가는 낮게 나타남으로써 제품별 원가계산, 가격결정, 수익성분석 등에서 왜곡현상을 초래하였다.

반면에 활동기준원가제도는 제조간접원가를 유발시키는 활동원가와 인과관계가 깊은 원가동인을 규명하여 제조간접원가를 비교적 합리적으로 배부함으로써, 제품별 원가계산의 왜곡현상이 줄어들게 되었다.

따라서 이러한 환경변화에 따른 원가계산의 정확성 문제로 인해 전통원가계산제도는 몰락하고 있으며 실무상 활동원가계산제도가 대두되게 되었다.

5. 활동기준원가계산의 유용성

① 제조간접원가를 각 항목별 특성을 고려하여 배부하므로 제품원가계산의 정확성이 개선된다.

② 정확한 원가정보를 이용함으로써 제품별 가격분석 및 수익성 분석과 각종 의사

결정(CVP분석 등)이 개선된다.

③ 활동별로 원가가 집계되므로, 원가계산의 신속성과 원가관리 효율성이 개선된다.

④ 부가가치활동과 비부가가치활동(낭비활동)을 구분할 수 있어, 생산공정의 개선 및 원가절감이 더욱 개선된다.

⑤ 각종 활동정보는 비재무적 측정치를 제공하기 때문에 의사결정과 성과평가가 개선된다.

해답 14-7

1. 활동기준원가계산상의 모델별 단위당 제조원가 및 영업이익

	표준형 단 가	총 액	고급형 단 가	총 액
매 출 액	₩1,000	₩3,000,000	₩1,500	₩3,000,000
직접재료원가	200		275	
직접노무원가	(6시간×₩25) 150		(9시간×₩25) 225	
제조간접원가[1]	236		546	
매출원가(제조원가)	₩586	₩1,758,000	₩1,046	₩2,092,000
매출총이익	₩414	₩1,242,000	₩454	₩908,000
판매비와 관리비[2]	150	450,000	400	800,000
영업이익	₩264	₩792,000	₩54	₩108,000

1) 제조간접원가의 활동별배부

활 동(원가동인)	활동원가①	표준형	고급형
품질검사 (생산량)	₩480,000	①× $\frac{3,000단위}{5,000단위}$ =₩288,000	①× $\frac{2,000단위}{5,000단위}$ =₩192,000
작업준비 (작업준비시간)	680,000	(3,000단위÷50단위)×3시간 =180준비시간 ①× $\frac{180}{680}$ =₩180,000	(2,000단위÷20단위)×5시간 =500준비시간 ①× $\frac{500}{680}$ =₩500,000
고객주문처리 (주문처리횟수)	640,000	3,000단위÷50단위=60회 ①× $\frac{60}{160}$ =₩240,000	2,000단위÷20단위=100회 ①× $\frac{100}{160}$ =₩400,000
합 계 ÷생산판매량	₩1,800,000 5,000단위	₩708,000 3,000단위	₩1,092,000 2,000단위
단위당 제조간접원가		@₩236	@₩546

2) 판매비와 관리비의 활동원가계산

	표준형	고급형	합 계
판매수수료	₩150,000 (매출액의 5%)	₩300,000 (매출액의 10%)	₩450,000
광고비	120,000	200,000	320,000
기타 판매비와 관리비 (배부기준 : 고객주문처리횟수)	180,000 (60회)	300,000 (100회)	480,000
합 계 ÷생산판매량	₩450,000 3,000단위	₩800,000 2,000단위	₩1,250,000 5,000단위
단위당 판매비와 관리비	@₩150	@₩400	

<참고> 현행원가계산상의 모델별 단위당 제조원가 및 영업이익

	표준형	고급형
단위당 매출액	₩1,000	₩1,500
직접재료원가	200	275
직접노무원가	150	225
제조간접원가(직접노동시간기준 배분)	300	450
단위당 매출원가(제조원가)	₩650	₩950
단위당 매출총이익	₩350	₩550
단위당 판매비와 관리비	208.33	312.50
단위당 영업이익	₩141.67	₩237.50

2. 현행원가계산제도에서는 모델별 생산판매량에 차이가 있는데도 제조간접원가(직접노동시간 기준)와 판매비와 관리비(매출액 기준)의 총액이 단일의 동일비율 기준으로 모델별로 동일액이 배분되었다. 그 결과 생산판매량이 적은 고급형이 표준형보다 더 적은 단위당 제조간접원가와 판매비와 관리비를 부담함으로써 원가왜곡현상이 초래되었고, 영업이익 또한 과대표시되어 왜곡되었다.

반면에 활동기준원가계산에서는 직접노동시간기준이 아닌 인과관계가 합리적으로 고려된 품질검사활동, 작업준비활동, 고객주문처리활동과 관련된 다수의 원가동인수로 제조간접원가를 세부적으로 배부하였다. 또한 판매비와 관리비도 매출액기준이 아닌 고객주문처리횟수로 배부하였다.

3. 활동기준원가계산상의 모델별 영업이익률 계산

	표준형	고급형
단위당 매출액[1)]	₩1,000	₩1,500
단위당 영업이익[2)]	264	54
영업이익률(2)÷1))	26.4%	3.6%

영업이익률은 표준형(26.4%)이 고급형(3.6%)보다 수익성이 더 높게 나타났다.
(참고로 문제의 자료로 계산된 현행원가계산방법에 의한 영업이익률은 표준형(14.17%)과 고급형(15.83%)이 서로 비슷하다.)

4. 수익성증대를 위한 생산관련 권고사항
   1) 표준형의 영업이익률(26.4%)이 더 높으므로, 고급형의 생산을 축소 또는 중지시키고 표준형의 생산을 증가시킨다.
   2) 고급형의 작업준비시간(단위당 5시간)을 표준형(단위당 3시간)수준으로 낮추는 방안과 고급형의 고객주문처리횟수(1회당 20단위)를 표준형(1회당 50단위)수준으로 높이는 방안을 강구함으로써, 고급형의 제조간접원가(@₩546)를 낮추도록 한다.

5. 수익성증대를 위한 판매관련 권고사항
   1) 고급형의 영업이익률(3.6%)이 낮으므로 고급형의 판매단가(₩1,500)를 표준형의 영업이익률(26.4%)수준이 되도록 인상시킨다.
   2) 표준형(@₩150)에 비해 고급형(@₩400)의 판매비와 관리비가 매우 높아 영업이익률이 낮으므로, 판매수수료를 절감시키고 고객주문횟수를 감소시킬 필요가 크다.

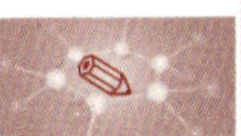

찾아보기

ㄱ

가공원가 ······ 27
가공원가 공정별 원가계산 ······ 194
가공원가 공정별 조별원가계산 ······ 254
가공원가 공정별원가계산 ······ 194
간접경비 ······ 81
간접노무원가 ······ 76
간접원가 ······ 31
감손 ······ 228
개별법 ······ 69
개별원가계산 ······ 18, 148, 148, 180
개별원가계산표 ······ 150
결합원가 ······ 273
결합원가계산 ······ 273
경비 ······ 81
계단식 원가 ······ 30
계속기록법 ······ 68
계속제조지시서 ······ 148
고정예산 ······ 301
고정원가 ······ 29
고정제조간접원가 예산차이 ······ 319
고정제조간접원가 조업도차이 ······ 319
고정제조간접원가에 대한 차이분석 ······ 311
공손 ······ 216
공손원가 ······ 162
공손품 ······ 162
공손품평가액 ······ 162
공장전체 배부율 ······ 126
공장전체 총괄배부율 ······ 126
공정별 원가계산 ······ 193
공정별 조별원가계산 ······ 251
관련범위 ······ 28
관련원가 ······ 31
관리비 ······ 27
관리회계 ······ 15
균등매출총이익율법 ······ 278
급료 ······ 75
기간비용 ······ 19
기간원가 ······ 27
기계작업시간법 ······ 124
기대조업도 ······ 304
기업회계기준 ······ 15
기준조업도 ······ 130
기초원가 ······ 25, 27
기회원가 ······ 32

ㄴ

노무부비 ······ 75
노무원가 ······ 74
노무주비 ······ 75
능률차이의 발생원인 ······ 313, 316, 318

ㄷ

단계배부법 ······ 104
단순개별원가계산 ······ 151
단순조별원가계산 ······ 248
단일배부율법 ······ 103
단일배분법 ······ 268
당기투입원가 배분법 ······ 270
등가계수 ······ 268
등급별 원가계산 ······ 268
등급별원가계산 ······ 268
등급품 ······ 268

ㅁ

매몰원가 ······ 33
매출배합차이 ······ 333
매출수량차이 ······ 333, 334
매출원가가감법 ······ 132
매출원가조정법 ······ 325
매출총이익 ······ 358
목적비용 ······ 25
물량기준법 ······ 275

ㅂ

발생경비 ······ 83

배치관련활동 ···· 388
배합차이 ···· 322
변동예산 ···· 301
변동원가 ···· 29
변동원가계산 ···· 19, 356
변동제조간접원가 능률차이 ···· 317
변동제조간접원가 소비차이 ···· 317
변동제조원가에 대한 차이분석 ···· 309
보조부문 ···· 96
보조재료 ···· 63
복리후생비 ···· 75
부가원가 ···· 25, 32, 32
부문개별원가 ···· 98
부문공통원가 ···· 98
부문별 개별원가계산 ···· 154
부문별 배부율 ···· 126
부문별 원가계산 ···· 62, 94, 94
부문별배부율 ···· 126
부문원가 배부표 ···· 99
부분품 ···· 63
부산품 ···· 282
분리원가 ···· 273
분리점 ···· 273
불리한 차이 ···· 309
비관련원가 ···· 31
비례배분법 ···· 133
비용 ···· 25
비정상공손 ···· 163, 216, 216
비정상공손량 ···· 218
비정상공손원가 ···· 223
비제조원가 ···· 27

| ㅅ |

상대적 판매가치법 ···· 276
상호배부법 ···· 105
생산기준법 ···· 283
생산량기준 ···· 124
선입선출법 ···· 70, 183, 183, 187, 187
설비유지활동 ···· 388
소모공구기구비품 ···· 63
소비임금 ···· 76
소비임률 ···· 77
손익계산서 ···· 45
수율 ···· 228
수율차이 ···· 322
순공손원가 ···· 227
순실현가치법 ···· 276
시장규모차이 ···· 334
시장점유율차이 ···· 334
실제기대조업도 ···· 130
실제배부율 ···· 127
실제원가계산 ···· 18, 300
실제임률 ···· 77
실제적 조업도 ···· 130
실지재고조사법 ···· 68

| ㅇ |

역산법 ···· 69
연기가능원가 ···· 33
연산품 ···· 273
연산품원가계산 ···· 273
영업외손익법 ···· 134, 326, 326
영업이익에 차이가 나는 주된 이유 ···· 359
영업이익의 조정 ···· 364
예산 ···· 300
예산차이의 발생원인 ···· 319
예정배부율 ···· 127
예정임률 ···· 78
예정조업도 ···· 130
완성품원가 배분법 ···· 269
완성품환산량 ···· 183
요소별 원가계산 ···· 62
요소별배분법 ···· 268
원가 ···· 24
원가계산준칙 ···· 3, 15
원가대상 ···· 24
원가동인 ···· 388
원가배부 ···· 120
원가배부대상 ···· 120
원가법 ···· 69
원가부문 ···· 95
원가부착개념 ···· 357
원가시스템 ···· 44
원가와 비용 ···· 26
원가요소별 비례배분법 ···· 325
원가의 3요소 ···· 26
원가차이 ···· 309
원가차이분석 ···· 331

원가통제목적 ··· 311
원가회계 ··· 14, 15
원가회계시스템 ··· 18
원가회피개념 ··· 357
원가흐름 ··· 45, 187
원가흐름의 가정 ··· 187
월할경비 ··· 82
유리한 차이 ··· 309
이동평균법 ··· 70
이론적 조업도 ··· 130
이상적 조업도 ··· 304
이중배부율법 ··· 103
임금 ··· 74
임의고정원가 ··· 29

ㅈ

자산 ··· 24
작업 ··· 258
작업별 원가계산 ··· 258
작업폐물 ··· 165, 282
잡금 ··· 75
재고자산 및 매출원가 비례배분법 ··· 325
재료 ··· 63
재료검수보고서 ··· 65
재료구입시점의 가격차이와 투입시점의 가격차이 ··· 313
재료구입청구서 ··· 64
재료출고청구서 ··· 66
재무회계 ··· 15
전부원가계산 ··· 19, 357
전원가요소 공정별 원가계산 ··· 193
전원가요소 공정별 조별원가계산 ··· 251
전원가요소 공정별원가계산 ··· 193
정상개별원가계산 ··· 159
정상공손 ··· 163, 216, 216
정상공손량 ··· 218
정상원가계산 ··· 18
정상적 조업도 ··· 304
제조간접원가 배부차이 ··· 131
제조간접원가 비례배분법 ··· 133
제조간접원가 예정배부 ··· 129
제조간접원가 예정배부액 ··· 131
제조간접원가 예정배부율 ··· 130
제조간접원가계정 ··· 120
제조간접원가배부 ··· 120
제조간접원가배부율 ··· 122, 126, 126
제조간접원가배부의 절차 ··· 122
제조간접원가의 예정배부 ··· 130
제조부문 ··· 96, 102
제조원가 ··· 26
제조원가명세서 ··· 45
제조원가의 3요소 ··· 26
제품묶음 ··· 258
제품묶음별생산 ··· 258
제품별 원가계산 ··· 62
제품원가 ··· 19, 27
제품원가계산목적 ··· 311
제품유지활동 ··· 388
조별원가계산 ··· 248
조업도 ··· 28
조업도 비례활동 ··· 387
종업원 퇴직금 ··· 75
종업원상여수당 ··· 75
종합원가계산 ··· 18, 180, 180
주문서 ··· 65
주산품 ··· 282
주요재료 ··· 63
준고정원가 ··· 30
준변동원가 ··· 29
중성비용 ··· 25
지급경비 ··· 82
지급임금 ··· 76
직접경비 ··· 81
직접노동시간법 ··· 124
직접노무원가 ··· 76
직접노무원가 가격차이 ··· 315
직접노무원가 능률차이 ··· 316
직접노무원가법 ··· 123
직접배부법 ··· 104
직접원가 ··· 30
직접원가계산 ··· 356
직접재료원가 가격차이 ··· 312
직접재료원가 능률차이 ··· 313
직접재료원가법 ··· 123

ㅊ

차액원가 ··· 32
총산출량 ··· 182

총원가 비례배분법 ······ 133, 325
총투입량 ······ 182
총평균법 ······ 71
추적가능성 ······ 98
측정경비 ······ 82

ㅌ

통제가능원가 ······ 31
통제불가능원가 ······ 31
특정제조지시서 ······ 148

ㅍ

판매기준법 ······ 285
판매비 ······ 27
평균법 ······ 183, 190, 190
평균조업도 ······ 130
표준 ······ 300
표준고정제조간접원가 ······ 304
표준변동제조간접원가 ······ 304
표준원가 ······ 300
표준원가계산 ······ 18, 19, 300
표준원가계산의 원가흐름 ······ 305, 308
표준직접노무원가 ······ 303
표준직접재료원가 ······ 303
품질검사 ······ 217

ㅎ

합격품량 ······ 217
현금지출원가 ······ 33
혼합원가 ······ 29
혼합원가계산 ······ 248
확정고정원가 ······ 29
활동기준원가계산 ······ 382
회계의 분류 ······ 14
회피가능원가 ······ 33
후입선출법 ······ 70

저자 약력

■ 정 재 권(鄭在權)

· 건국대학교 경영학과 졸업
· 서울대학교 대학원 경영학과 수료(경영학석사)
· 건국대학교 대학원 경영학과 수료(경영학박사)
· 미국 일리노이대학교 방문교수
· 한국경영학회 이사, 한국회계학회 이사
· 한국국제경상교육학회 회장
· 충북대학교 경영대학장 겸 경영대학원장
· (현)충북대학교 경영대학 경영학부 교수

〈저서 및 주요 논문〉

- 관리회계(전정판), 도서출판 두남, 2013
- 의사결정회계, 무역경영사, 2011
- 쉽고 재미있는 회계, 무역경영사, 2012
- "리스원가의 분석 및 평가에 관한 연구" 외 논문 다수

■ 백 대 기(白大基)

· 연세대학교 졸업
· 서울대학교 대학원 경영학과 수료(경영학석사)
· 연세대학교 대학원 경영학과 수료(경영학박사)
· 연세대학교 강사
· 미국 미네소타대학교 객원교수
· 한국경영학회 감사, 한국회계학회 이사
· 충북대학교 경영대학원장
· 충북대학교 경영대학 경영학부 명예교수

〈저서 및 주요 논문〉

- 관리회계(전정판), 도서출판 두남, 2013
- "원가관리회계연구에 관련된 최근의 논쟁과 실증연구" 등 논문 다수

인 지

원가회계 : 전정판

초 판 1쇄 발행 —— 2003년 3월 10일
초 판 2쇄 발행 —— 2006년 1월 20일
개정증보1쇄 발행 —— 2007년 2월 28일
개정증보2쇄 발행 —— 2010년 2월 5일
전정판 1쇄 발행 —— 2011년 3월 1일
전정판 2쇄 발행 —— 2012년 2월 25일
전정판 3쇄 발행 —— 2014년 3월 1일
지은이 —— 정 재 권 · 백 대 기
펴낸이 —— 전 두 표
펴낸데 —— 도서출판 **두남**
서울시 강동구 성내로6길 34-16 두남빌딩
신 고 : 제25100-1988-9호
TEL : 02) 478-2065, 2066, 2067, 2311
FAX : 02) 478-2068
E-mail : dunam1@unitel.co.kr
http://www.dunam.co.kr

정가 29,000원

ISBN 978-89-6414-180-9 93320